Spoken Norwegian

Revised

Spoken Norwegian

Revised

EINAR HAUGEN
Harvard University

KENNETH G. CHAPMAN
University of California, Los Angeles

HOLT, RINEHART AND WINSTON: NEW YORK

Library of Congress Catalog Card Number: 64–15729

0 1 2 3   038   15 14 13

ISBN 0-03-019065-7

PRINTED IN THE UNITED STATES OF AMERICA

Til Eva og Astrid

PREFACE

The first edition of this book was prepared in 1944 at the invitation of J. Milton Cowan, acting on behalf of the American Council of Learned Societies. As director of its Intensive Language Program and as secretary of the Linguistic Society of America, he was involved in an effort to develop new materials and improved methods in American teaching of foreign languages. A program initiated well before the U.S. entry into World War II was tapped by the Armed Forces and made a part of their war effort. The resulting publicity identified the methods of American linguists as an "army method," though in fact they built on the results of a linguistic science which had its roots in the thinking of such European scholars as Henry Sweet, Wilhelm Viëtor, and Otto Jespersen. As an early convert to these ideas, the author was happy to contribute this volume to the series of "spoken" manuals which were prepared at the expense of the United States Armed Forces Institute and eventually released for civilian use under the imprint of Henry Holt and Company.

Over the years the book has been widely used in situations for which it was not primarily designed. It has been used in American high schools and colleges, and in the Oslo International Summer School. While its basic principles have stood the test of time, it is inevitable that its specific form and content should have become out of date. The spoken language series of the Armed Forces was designed for a non-classroom situation, in which American soldiers would find themselves in foreign countries, without language teachers but with an abundant supply of native speakers. The classroom calls for a rather different approach, in which the teacher is central, and native speakers may be available only in recorded form. Drill materials were conspicuously weak in the spoken language series, and the content inevitably reflected the masculine and military situation which had called forth the books.

It was therefore welcome news to the author of the first edition that his colleague and former student, Prof. Kenneth G. Chapman, was interested in preparing an informal revision of *Spoken Norwegian* for use in his classes in Norwegian at UCLA. He was encouraged to put this revision into publishable form, and this was made possible by a grant during the 1961–1962 academic year from the Department of Health, Education and Welfare under the National Defense Education Act. The reviser received valuable assistance in this part of the work from Mr. Paul H. Overton, at that time a graduate student at UCLA, who prepared all the vocabularies.

A fortunate series of circumstances made it possible for Prof. Chapman to return to the University of Wisconsin for the summer and fall of 1962, during which time the original author and the reviser were able to work closely together on the final manuscript. With the encouragement of the publishers they were able to complete the final revision by the end of the year. They were greatly assisted in this task by the linguistic competence of their Norwegian-born wives, to whom this book is gratefully dedicated, and by that of their friend and colleague, Harald S. Næss, Associate Professor of Scandinavian at the University of Wisconsin, who combed every lesson for violations of Norwegian idiom and ways of thinking.

Among the improvements in the book which are specifically due to the work of the junior author are the pattern drills and other oral and written exercises which now make it possible to use the book in the classroom. He has also tailored each unit into equal halves, with a balanced number of new learning items in each. In the second half of the book he has reshaped the basic conversations extensively in order to give the dramatized situations greater actuality. This has also involved the writing of numerous new supplementary conversations (*La oss lytte*) for these later lessons. In many cases the grammar has had to be rewritten to suit the new material. However, the senior author still assumes responsibility for the material on pronunciation and the major share of the grammar. A feature that is entirely the contribution of the junior author is the reader which is published separately, but which is intended to accompany *Spoken Norwegian*. Thanks to the pleasant and fruitful, though rigorous, collaboration which we have enjoyed during the preparation of the final manuscript, the book is in all ways a truly cooperative effort.

A few final words should be devoted to the problem of standards and usage. Within the lifetime of the senior author, the Norwegian language has gone through three major spelling reforms and several minor ones, to the accompaniment of intense controversy. The best one can say about this situation in brief is that the result is a written form of the language which reflects closely the speech of the more educated segments of the Norwegian population. Many textbook authors in Norway have gone beyond this, however, in response to government pressure for a more native and folk-based Norwegian.

While this trend will undoubtedly have its effect in the future, the authors have not felt justified in adopting the more radical forms of the latest official norm (that of 1959). The ideal remains the same as in the first edition, "an approximation as of the present day to the informal speech of cultivated but not fussy people in Oslo."

Disc Recordings and Magnetic Tape Recordings are available to accompany this text.

May the book fulfill its mission as an introduction not only to Norwegian linguistic patterns, but also to Norwegian social and cultural life.

Einar Haugen
Kenneth G. Chapman

NOTE: Throughout the text —

◓ stands for Pronunciation sections

☆ stands for Grammar sections

TABLE OF CONTENTS

Første del (First Part): Greetings and other practical phrases. Places and directions. Pronunciation: 1.1 Introduction. 1.2 Long and short vowels. 1.3 The vowel **a.** 1.4 The vowel **i.** 1.5 Practice.

Annen del (Second Part): Buying things. Eating and drinking. Numbers 1–12. Pronunciation: 1.6 The vowel **e.** 1.7 The vowel **æ.** 1.8 The rounded vowels **y ø å.** 1.9 The overround vowels **u o.** 1.10 The vowel system of Norwegian. 1.11 Practice. La oss lytte (Let's listen).

Annen del: Grammar: 23.1 Norwegian names (**norske navn**). 23.2 Kinship terms. La oss lytte.

Første del

Annen del: Grammar: 24.1 Mountains and weather in Norway. 24.2 Courtesy phrases. 24.3 Emphatic demonstratives. La oss lytte.

Første del

Annen del: Grammar: 25.1 Why are many Norwegian and English words alike? 25.2 Grammar survey. La oss lytte. VOCABULARY LIST (Lessons 21–25).

Spoken Norwegian

Revised

FØRSTE **1** LEKSE

How do you do?

ENGLISH EQUIVALENTS

1 How do you do? ('Good day')
2 Hello.
3 Good morning.
4 Good evening.
5 How are you?
6 Just fine, thanks.
7 And how are you?
8 Fine, thanks.
9 Do you speak Norwegian?
10 Yes, a little./Sorry, I don't. ('No, unfortunately')
11 I have to go now. ('I must ..')
12 Do you understand?
13 No, I don't understand.
14 Would you repeat it ('. . say it once more')?
15 I have to go now.
16 Do you understand me now?
17 Yes, now I understand you.
18 That's fine. ('That was fine.')
19 Goodbye.
20 So long.

LISTENING SCRIPT

1 [go da´g]
2 [mår´n]
3 [go må´ᵉrn]
4 [go af`tᵉn]
5 [vor´dan stå`r-de-till]
6 [ba`re bra´, takk´]
7 [å vor´dan har di´ de]
8 [takk´, bra´]
9 [snak`ker di´ når´sk]
10 [ja´, litt´. næi´, dessvær´re]
11 [jæi´ må gå´ nå´]
12 [fårstå´r-di]
13 [næi´, jæi´ fårstå´r ikke]
14 [vill di si´-de e´n gang till´]
15 [jæi må gå´ nå´]
16 [fårstå´r-di-mæi nå´]
17 [ja´, nå´ fårstå´(r)-jæi-demm]
18 [de´ va(r) bra´]
19 [adjø´]
20 [mår´n a]

God dag

Greetings and other practical phrases

God dag.	1
Morn.	2
God morgen.	3
God aften.	4
Hvordan står det til?	5
Bare bra, takk.	6
Og hvordan har De det?	7
Takk, bra.	8
Snakker De norsk?	9
Ja, litt./Nei, dessverre.	10
Jeg må gå nå.	11
Forstår De?	12
Nei, jeg forstår ikke.	13
Vil De si det en gang til?	14
Jeg må gå nå.	15
Forstår De meg nå?	16
Ja, nå forstår jeg Dem.	17
Det var bra.	18
Adjø.	19
Morn da.	20

21 Excuse me.
22 Where can I find a hotel?
23 A restaurant.
24 A telephone.
25 Where is the hotel?
26 Over there.
27 To the right./To the left.
28 Can you tell me the way to the station?
29 The station is straight ahead.
30 Thank you very much. ('Many thanks.')
31 You're welcome. ('Be so good.')
32 Don't mention it. ('Nothing to thank for.')

21 [unn´/sjyll˙]
22 [vorr´ kann jæi fin`ne ett hotell´]
23 [en restæurang´]
24 [en telefo´n]
25 [vorr´ æ(r) hotel´le]
26 [dæ´r bor`te]
27 [te høy´re. te ven´stre]
28 [kann di si´-mæ(i) væi´en te stasjo´n^en]
29 [stasjo´n^en æ(r) rett´ framm´]
30 [mang`e takk´]
31 [vær´ så go´]
32 [ik`ke-no å tak`ke-fårr]

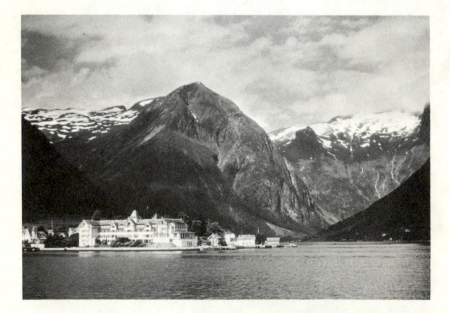

Places and directions

PRONUNCIATION

1.1 Introduction

A good pronunciation, acquired from the very start, is the best basis for learning a language. If your sounds are right, the native will put up with many errors in your grammar. If your sounds are wrong, he has great difficulty in guessing what you are trying to say.

The chief obstacle to making the right sounds is your English language habits. These have been drilled into you from childhood and are not easy to overcome. Learning Norwegian pronunciation means the substitution of new habits for old by constant practice and self-correction.

Pronunciation cannot be learned from books, but it can be learned from a native speaker or from a good recording made by a native speaker. All a book can do is to help you identify the sounds by teaching you an alphabet consisting of letters which you can associate with them. Your part of the work is to listen attentively and repeatedly to the new sounds, both in isolation and in context, until you can really hear them. After that you can try to produce them yourself. Your teacher will correct you, and you can contribute by recording your pronunciation on a tape and comparing your sounds with the correct ones. Not until you have learned to produce the sounds automatically and correctly have you really learned them.

1-A

Norwegian spelling is a much more efficient guide to pronunciation than English. Even so there is a good deal which it does not tell you about the sounds. Whenever there is need for additional information, a respelling has been introduced between brackets. However, the values assigned to the letters between brackets are the same as those of the regular spelling; in either case they are not those of English. The difference is that the respelling reflects the Norwegian sounds more accurately than the spelling, and should help to remind you of the correct pronunciation.

Do not be afraid to try new sounds even if they sound strange to you. At first you may feel foolish when making new and unaccustomed noises, but remember that they do not sound strange to Norwegians. And as soon as you have learned them, they will not seem strange to you, either. Listen especially to the rhythm and melody of the whole sentence. Imitate it as closely as you can, for this is often more important in carrying across the meaning of the sentence than the sounds of the individual letters.

1.2 LONG AND SHORT VOWELS

Norwegian has nine vowels, written with the following letters:

a	e	i	o	u	y	æ	ø	å
A	E	I	O	U	Y	Æ	Ø	Å

Only the last three of these are unfamiliar to you. They come at the end of the alphabet in the order given. In handwriting they look as follows:

Each of these nine vowels has its own pronunciation, more or less different from that which the corresponding letters have in English. The sound is most distinct when each letter is pronounced in isolation, for example when reading the alphabet. This is because they are then pronounced with *stress*, or emphasis, which makes them *long*. The regular spelling does not clearly show which vowels are stressed, and it will therefore be necessary here to respell some words to show it. In the respelling a stressed vowel will be followed immediately by an accent mark, either ['] or [ˋ] (the difference between these will be explained later). Thus the letters listed alphabetically above are pronounced [a´ e´ i´ o´ u´ y´ æ´ ø´ å´]. The accent mark means that they are both stressed and long.

The same vowels can also be pronounced short, i.e., with a crisp, quick quality unlike most English vowels. This happens whenever the stress does not fall primarily, or at all, on the vowel. We distinguish two possibilities:

[6]

(a) the syllable is stressed, but the vowel shares the stress with the following consonant; (b) the syllable is unstressed, in which case the vowel is always short. In our respelling all such vowels will be written without a following stress mark: [a e i o u y æ ø å].

1.3 THE VOWEL a

Below are listed all the examples of this vowel which have occurred in the sentences you have learned. Long [a´] sounds almost like English *a* in *father,* short [a] almost like English *u* in *cut.* But listen carefully to these words and learn to distinguish long from short just as Norwegians do.

LONG: [a´]

bare [ba`re]   dag [da´g]
bra [bra´]   ja [ja´]

Notice that in these words the vowel is followed by one consonant or none.

SHORT: [a]

(a) The syllable is stressed, but the vowel shares the stress with the following consonant (and for that reason the stress mark is placed after the consonant):

aften [af`t^en]   restaurant [restæurang´]
fram [framm´]   snakker [snak`ker]
gang [gang´]   takk [takk´]
mange [mang`e]   takke [tak`ke]

Notice that in these words the vowel is followed by two consonants; the only exception **(fram)** is due to a spelling rule which forbids double **m** in final position.

(b) The syllable is unstressed, in which case the vowel is always short. An unstressed syllable may either be coupled with a stressed syllable (as in **adjø, hvordan**) in the same word or be a word of its own which has lost its stress in this particular sentence:

adjø [adjø´]   kan De si meg [kann di si´ mæi]
det var bra [de´ var bra´]   morn da [mår´n a]
hvordan har De det [vor´dan ha´r di de]   stasjonen [stasjo´n^en]

Notice that here it makes no difference how many consonants follow the vowel.

RULE: *When a syllable is stressed, the vowel is long if it is followed by one consonant or none, short if it is followed by two or more. When it is unstressed, the vowel is always short.*

[7]

1-A

◐ 1.4 THE VOWEL i

Long i [i'] is about like English *ee* in *knee:*

blir [bli'r]   De [di']   si [si']

Notice that the word **De** (as well as **de** 'they') is spelled **e** but pronounced **i.** Short i [i] is like long **i,** only shorter. It is not like English *i* in *knit,* which is laxer and lower:

(a) In stressed syllables:

finne [fin`ne]   litt [litt']   til [till']
ikke [ik`ke]   snill [snill']

Notice that **til** is spelled with one **l** but pronounced as if it had two. Unstressed, it is often pronounced [te].

(b) In unstressed syllables:

forstår De [fårstå'r di]   til høyre [til høy're]
Jeg forstår ikke [jæi fårstå'r ikke]   vil De si det [vill di si' de]

Notice that the words **De, ikke,** and **til** appear both unstressed and stressed. This is true generally of such classes of words as pronouns, prepositions, and articles. In context they are usually unstressed, but when pronounced alone, or given emphasis, they are stressed.

◐ 1.5 PRACTICE

Pronounce the following pairs of nonsense syllables, paying special attention to the length difference:

a'g	—	agg'	i'g	—	igg'
a'k	—	akk'	i'k	—	ikk'
a'm	—	amm'	i'm	—	imm'
a'n	—	ann'	i'n	—	inn'
a'p	—	app'	i'p	—	ipp'
a's	—	ass'	i's	—	iss'
a't	—	att'	i't	—	itt'

⊙ **Repetisjon (Pattern Practice)**

Combine the elements in each group to form different sentences:

⊙ This symbol indicates which sections have been recorded on the tapes.

a)

Hvor er

| hotellet? |
| restauranten? |
| telefonen? |
| stasjonen? |

b)

Kan De si meg veien til

| stasjonen? |
| hotellet? |
| restauranten? |

c)

Hvor kan jeg finne

| et hotell? |
| hotellet? |
| en restaurant? |
| restauranten? |
| en telefon? |
| telefonen? |

d)

Hotellet		
Stasjonen	er	der borte.
Restauranten		til høyre.
Telefonen		til venstre.
		rett fram.

⊙ Spørsmål (Questions)

1. Hvordan står det til? 2. Hvordan har De det? 3. Snakker De norsk?
4. Forstår De meg? 5. Hvor kan jeg finne en telefon? 6. Hvor er stasjonen?
7. Kan De si meg veien til hotellet? 8. Er hotellet til venstre? 9. Er restauranten rett fram? 10. Er telefonen der borte?

Samtaleøvelse (Conversation Practice)

⊙ 1. You meet a friend on the street, greet him, ask him how he is, etc.
2. You meet a stranger on the street, ask him if he speaks Norwegian and ask him the way to a hotel or restaurant. He gives you directions.
⊙ 3. You walk up to a man on the street and ask him where you can find a telephone. He doesn't understand and asks you to repeat what you said. He finally understands you and gives you directions.
4. You ask a policeman where the station is. He looks puzzled, so you ask him if he understands, to which he answers no, etc.

ENGLISH EQUIVALENTS

33 Can I help you?
34 Yes, thanks.
35 I'd like some apples. ('should have')
36 How many would you like? ('shall you have')
37 Just two, please. ('thanks')
38 And what do the chocolates cost?
39 Ten *kroner* a box. ('the box')
40 Then I'll take a box, please. ('thanks')
41 Here you are. ('be so good')
42 Thank you. How much will it be? ('becomes it')

LISTENING SCRIPT

33 [kann jæi jel`pe-demm]
34 [ja´ takk´]
35 [jæi´ skulle ha´ noen ep`ler]
36 [vorr mang`e ska di ha´]
37 [ba`re to´, takk´]
38 [å va´ kås`ter konfek´t ᶜn]
39 [ti´ kro`ner es`ken]
40 [da´ ta´r jæ(i) en es`ke, takk´]
41 [vær´ så go´]
42 [takk´. vorr my`e blir de´]

God dag

(fortsatt *continued*)

Buying things

43 That will be eleven *kroner* and fifty *øre*.
44 Here you are.
45 Thank you.
46 I'd like something to eat, please.
47 Would you like dinner?
48 No thanks, just a couple of sandwiches.
49 What will you have to drink?
50 I'll have a glass of milk, please.
51 Water.
52 Beer.
53 Wine.
54 A cup of coffee.
55 Tea.

43 [de´ bli(r) el`ve kro`ner å fem´ti ø`re]
44 [vær´ så go´]
45 [mang`e takk´]
46 [jæi´ skulle ha´ no`e å spi`se takk´]
47 [ska di ha mid´dag]
48 [næi´ takk´. ba`re ett parr smør´brø]
49 [va´ ska di ha´ å drik`ke]
50 [jæi´ ska ha´ ett glass mel´k takk´]
51 [vann´]
52 [øll´]
53 [vi´n]
54 [en kåpp kaf´fe]
55 [te´]

One	Seven
Two	Eight
Three	Nine
Four	Ten
Five	Eleven
Six	Twelve

[e´n, ett´]	[sy´v, sju´]
[to´]	[åt`te]
[tre´]	[ni´]
[fi`re]	[ti´]
[femm´]	[el`ve]
[sek´s]	[tåll´]

Det blir elleve kroner og femti øre. 43

Vær så god. 44

Mange takk. 45

Eating and drinking

Jeg skulle ha noe å spise, takk. 46

Skal De ha middag? 47

Nei takk, bare et par smørbrød. 48

Hva skal De ha å drikke? 49

Jeg skal ha et glass melk, takk. 50

Vann. 51

Øl. 52

Vin. 53

En kopp kaffe. 54

Te. 55

Numbers

En, ett	Syv (Sju)
To	Åtte
Tre	Ni
Fire	Ti
Fem	Elleve
Seks	Tolv

1 –B

PRONUNCIATION

◖ **1.6** THE VOWEL e

Long **e** [e´] is about like German *e* in *sehen* or the beginning of English *a* in *late,* but is steady in quality or slightly falling:

det [de´]	te [te´]
en [e´n]	tre [tre´]

Notice that in **det** the final **t** is not pronounced. Short **e** [e] has widely varying values, according to its position and stress. (a) In stressed syllables it is most like English *e* in *sex, ten,* but slightly higher, approaching *i* in *six, tin:*

ett [ett´]	hotell [hotell´]	rett [rett´]
fem [femm´]	melk [mel´k]	seks [sek´s]

(b) In unstressed initial syllables it is about the same as in stressed syllables:

en gang [en gang´]	restaurant [restæurang´]
et hotell [ett hotell´]	telefon [telefo´n]

In later syllables the **e** is slurred, about like the English *e* of *muted* or the *a* of *senate;* notice the second **e** of **telefon** above:

bare [ba`re]	koster [kås`ter]	noe [no`e]
fire [fi`re]	krone [kro`ne]	esken [es`ken]
hjelpe [jel`pe]	kroner [kro`ner]	si det [si´ de]
kaffe [kaf´fe]	mange [mang`e]	spise [spi`se]
venstre [ven´stre]	mye [my`e]	takke [tak`ke]

In some positions the **e** disappears almost entirely, especially in rapid speech, e.g. after **d, t,** or **n** before **n,** or next to **r,** as indicated by the raised **e**:

aften [af`t^{e}n]	konfekten [konfek´t^{e}n]
amerikaner [am^{e}rika´ner]	stasjonen [stasjo´n^{e}n]

In the word **elleve** [el`ve] the second **e** is never pronounced; in **noen** [non], **noe** [no] the **e** disappears in rapid speech.

◖ **1.7** THE VOWEL æ

Long **æ** [æ´] sounds like English *a* in *mad,* except that the mouth is more open. In standard Norwegian it is nearly always found before **r.** It is spelled **æ** except in a few common words like **der** and **er:**

der [dæ´r]	er [æ´r]	vær [væ´r]

Short **æ** [æ] is like English *a* in *mat,* but shorter and more open. It is mostly found before **r**, where it is usually written **e**. It may also occur as the first element in the diphthongs **ei** [æi] and **au** [æu], which will be discussed later:

> der borte [dær bor`te]
> vær så god [vær så go´]
> hvor er hotellet [vorr´ ær hotel´le]

● **1.8 THE ROUNDED VOWELS y ø å**

The four preceding vowels (**a i e æ**) have all been *unrounded*, i.e. pronounced with the lips drawn back, most for **i**, progressively less for **e, æ,** and **a**. The vowels **y ø å** are *rounded*, i.e. pronounced with the lips slightly rounded and protruded. For **y** and **ø** the front of the tongue is raised as for **i** and **e** respectively, while for **å** the back of the tongue is raised. These have no counterparts in English, so you should listen very carefully to them.

Long **y** [y´] is between *i* and German *ü* (French *u*), being less rounded than the latter. Start with **i** [i´] and relax the corners of the mouth until you have reached a moderately rounded position, about like that of English *oo* in *book:*

> mye [my`e]　　　　　syv [sy´v]

Short **y** [y] is like long **y,** but shorter and more relaxed. It is also the second member of the diphthong **øy:**

> hyggelig [hyg`geli] 'pleasant'　　høyre [høy´re]　　unnskyld [unn´/sjyll´]

Notice that in **unnskyld ld** is pronounced [ll].

Long **ø** [ø´] is similar to German *ö* and French *eu*, but less rounded than these. To produce it, start with **e** [e´] and round the lips as you did for **y:**

> adjø [adjø´]　　　brød [brø´]　　　øre [ø`re]

Notice that in **brød** the final **d** is not pronounced.

Short **ø** [ø] is like long **ø,** but shorter. It also forms the first member of the diphthong **øy:**

> første [før`ste]　　　　øl [øll´]
> smørbrød [smør´brø]　　høyre [høy´re]

[15]

Long **å** [å´] is a mid back rounded vowel, similar to English *o* in *horn* or *hone,* but higher than these and without their diphthongal offglides. It is steady and more rounded. It is spelled either **å** or **o**:

forstår [fårstå´r]	gå [gå´]	står [stå´r]
god morgen [go må´ern]	nå [nå´]	så [så´]

Notice that in **morgen** the **g** is not pronounced.

Short **å** [å] is lower and less rounded than long **å,** about like English *o* in *horse.* It is mostly spelled **o,** but may also be **å:**

(a) In stressed syllables:

kopp [kåpp´]	morn [mår´n]	tolv [tåll´]
koster [kås`ter]	norsk [når´sk]	åtte [åt`te]

Notice that **lv** in **tolv** is pronounced [ll].

(b) In unstressed syllables:

forstår [fårstå´r]	hvordan står det til [vor´dan står de till´]
vær så god [vær så go´]	jeg må gå nå [jæi må gå´ nå]
og hvordan [å vor´dan]	å takke [å tak`ke]

Notice that some of these are reduced from long vowels because of their position in the sentence, and that the **g** of **og** is not pronounced.

◔ 1.9 THE OVERROUND VOWELS **u o**

These are the hardest of the Norwegian vowels, because they are produced by an unfamiliar combination of lip and tongue positions. They are called "overround" because of their narrow, puckered lip position, much like that used in whistling. For **u** the tongue is fronted, about as for **i;** the result is a sound somewhat like German *ü* or French *u.* For **o** the tongue is raised in the back, almost as for English *oo* in *soon;* the result is a sound somewhat like German *u,* but with more rounding.

Long **u** [u´] can be produced by starting with [y´] and puckering the lips while holding the tongue steady; southern Americans produce a similar sound in words like *Sue, shoe.*

fru [fru´] 'Mrs.' (to be introduced in Lesson 2)   sju [sju´]

Short **u** [u] is like long **u,** but less high and tense:

skulle [skul`le] unnskyld [unn´/sjyll˙]

Long **o** [o´] can be produced by starting with English *o* in *go* and puckering the lips as described above; but only imitation of actual pronunciation is likely to give the right result:

god [go´] noe [no`e] telefon [telefo´n]
krone [kro`ne] to [to´] stasjonen [stasjo´n^en]

Notice that the **d** of **god** is not pronounced.

Short **o** [o] is like long **o,** but less high and tense:

borte [bor`te]  hvor [vorr´]  noen epler [non ep`ler]
god dag [go da´g] hvordan [vor´dan] hotell [hotell´]
ikke noe [ik`ke-no]

● 1.10 THE VOWEL SYSTEM OF NORWEGIAN

All together the vowels form a pattern as displayed in the chart below. This shows which vowels are neighbors, and how you can move from one to the next with the smallest amount of adjustment of lips and tongue. The front of the tongue is to the left, the back to the right; tongue height is shown by perpendicular elevation; and rounding is shown by a single circle (for rounding) and a double circle (for overrounding) around the letters:

● 1.11 PRACTICE

1. Pronounce the vowels one after the other in alphabetic order: (a) after the same consonant, e.g. [ba´, be´, bi´, bo´, bu´, by´, bæ´, bø´, bå´]. Then do the same after **d, f, h, m, n, p.** (b) before the same consonant, e.g. [a´k, e´k, i´k, o´k, u´k, y´k, æ´k, ø´k, å´k]. Then do the same before **m, n, p, s, t, v.** (c) before the same double consonant, e.g. [akk´, ekk´, ikk´, okk´, ukk´, ykk´, ækk´, økk´, åkk´]. Then do the same before **g, m, n, p, s, t.** (d) alternately before single and double consonant, to practice long vs. short, e.g. [a´k — akk´, e´k — ekk´, i´k — ikk´] etc., using the same ones as above. Then say each with a consonant before it, e.g. (ba´k — bakk´, be´k — bekk´, bi´k — bikk´] etc.

1-B

2. Pronounce the vowels in pairs or triplets that are next to each other in the vowel system, as shown above. (a) Start with [i′] and lower the jaw; you should get [i′ — e′ — æ′]. (b) Start with [i′] and round the lips: you should get [i′ — y′ — u′]. (c) Start with [e′] and round the lips: you should get [e′ — ø′]. (d) Start with [a′] and round the lips while raising the back of the tongue: you should get [a′ — å′ — o′]. (e) Start with [ø′] and draw the tongue back to get [å′]. (f) Start with [ø′], overround it to get [u′]; then draw the tongue back to get [o′].

3. Practice each of these groups of vowels with consonants preceding and following as in 1 above: (a) [bi′, be′, bæ′] etc. (b) [bi′, by′, bu′] etc. (c) [be′, bø′] etc. (d) [ba′, bå′, bo′] etc. (e) [bø′, bå′] etc. (f) [bø′, bu′, bo′] etc.

⊙ Repetisjon (Pattern Practice)

Combine the elements in each group to form different sentences:

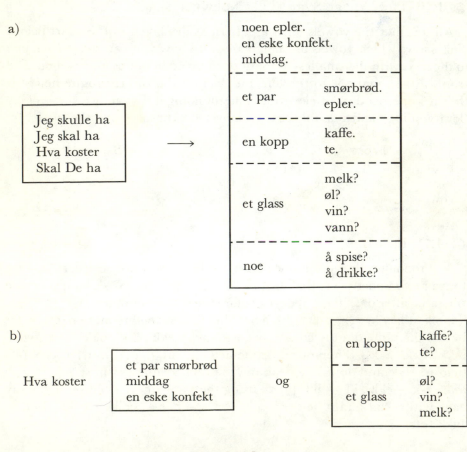

a)

Jeg skulle ha
Jeg skal ha
Hva koster
Skal De ha

⟶

noen epler.	
en eske konfekt.	
middag.	
et par	smørbrød.
	epler.
en kopp	kaffe.
	te.
et glass	melk?
	øl?
	vin?
	vann?
noe	å spise?
	å drikke?

b)

Hva koster

et par smørbrød
middag
en eske konfekt

og

en kopp	kaffe?
	te?
et glass	øl?
	vin?
	melk?

[18]

⊙ Spørsmål (Questions)

1. Hva koster en eske konfekt og et par epler? 2. Hvor mange esker skal De ha? 3. Hva skal De ha å spise? 4. Hvor mye blir et par smørbrød og et glass vin? 5. Skal De ha noe å spise? 6. Hva koster middag og et glass øl? 7. Hvor mange smørbrød skal De ha? 8. Hva skal De ha å drikke? 9. Hvor mye er tre og fem? 10. Hvor mye er seks og fire? (etc.)

Samtaleøvelse (Conversation Practice)

⊙ 1. You go into a store and ask for a box of chocolates. After you have received them and paid for them, you ask the clerk the way to the station. He gives you directions.

2. You go into a restaurant and say you want something to eat. The waiter asks if you would like to have sandwiches, but you want dinner and something to drink, etc.

⊙ 3. You go into a restaurant and the waiter asks if you would like something to eat, but you say you would just like something to drink. He asks what you would like to drink, etc.

4. You go into a restaurant and meet a friend there. You greet him, etc., and he asks you if you would like something to eat, etc.

⊙ La oss lytte (Let's Listen)

1. *Places and directions. Mr. Unneberg stops Mr. Pedersen on the street.*

U: Unnskyld. Hvor kan jeg finne et hotell?
P: Rett fram og så til høyre.
U: Unnskyld. Vil De si det en gang til? Jeg forstår ikke.
P: Rett fram og så til høyre. Forstår De nå?
U: Ja takk, nå forstår jeg. Mange takk.
P: Ikke noe å takke for.
U: Adjø.
P: Adjø.

2. *Buying things.*

A: God aften. Jeg skulle ha litt konfekt.
B: Hvor mye skal De ha?
A: To esker, takk. Hva koster det?
B: Det koster seks kroner esken. Det blir tolv kroner.
A: Unnskyld, kan De si meg veien til stasjonen?
B: Stasjonen er rett fram og så til venstre. Forstår De meg?
A: Nei. Vil De si det en gang til?

[19]

1-B

B: De vil finne stasjonen der borte.
A: Takk, nå forstår jeg Dem. Adjø.
B: Adjø.

3. *Eating and drinking. Mr. Berg and Mr. Dal meet in a restaurant.*

B: Morn. Hvordan står det til?
D: Bare bra, takk. Og hvordan har De det?
B: Takk, bra. Skal De ha et glass øl?
D: Nei, jeg skulle ha noe å spise. (*To the waitress*) Jeg skal ha et par smør-
   brød, takk.
W: Skal De ha noe å drikke?
D: Et glass vin, takk.
W: (*As she hands it to him*) Vær så god.
D: Takk. Hvor mye blir det?
W: Det blir fem kroner og femti øre, takk.
D: Vær så god.
W: Mange takk.

ANNEN **2** LEKSE

2-A

ENGLISH EQUIVALENTS

1 Excuse me, aren't you an American?
2 Yes, indeed. I just arrived from America. ('. . come from . .')
3 What's your name?
4 My name is George Smith.
5 But who are you?
6 I'm Trygve Christensen,
7 an old friend of your father.
8 Welcome to Norway!
9 Thank you, Mr. Christensen.
10 My father has often talked about you.
11 How is your father?
12 He's fine ('has it fine'), thank you.
13 I was supposed to say hello. ('greet so much.')
14 Thank you. That's nice. ('That was . . .')
15 Do you know my mother, too?
16 Yes, very well.
17 May I introduce [you]?
18 This is my wife.
19 How do you do, Mrs. Christensen. It's a pleasure ('it pleases me').
20 The pleasure is mine. ('In like manner.')

LISTENING SCRIPT

1 [unn´sjyll, æ´r-ikke di´ am^{e}rika´ner]
2 [jo´ da. jæi kåmmer net´tåpp fra ame´rika]
3 [va he`ter di´]
4 [jæi he`ter ge´årg smitt´]
5 [menn vemm´ ær di´]
6 [jæi´ æ(r) tryg`ve kris´t^{e}ns^{e}n]
7 [en gam`mel venn´ a deres fa´r]
8 [velkåm´men te når`ge]
9 [takk´ ska di ha´, hærr kris´t^{e}ns^{e}n]
10 [minn fa´r ha(r) åf`te snak`ket åmm demm]
11 [vor´dan står de till´ me deres fa´r]
12 [takk´, hann ha´r de bra´]
13 [jæi skulle hil`se så my`e]
14 [takk´. de´ va(r) hyg`geli]
15 [kjen`ner-di min mo´r ås´så]
16 [ja, me`get gått´]
17 [få(r) jæi presangte´re]
18 [det`te æ(r) minn ko`ne]
19 [go da´g, fru kris´t^{e}ns^{e}n. de gle`de(r)-mæi]
20 [i li`ge må`de]

Velkommen til Norge!

A young American, George Smith, has just arrived in Bergen by boat. He is looking around a bit uncertainly when an older man, Mr. Trygve Christensen, walks up to him:

CHRISTENSEN	Unnskyld, er ikke De amerikaner?	1
SMITH	Jo da. Jeg kommer nettopp fra Amerika.	2
CHRISTENSEN	Hva heter De?	3
SMITH	Jeg heter Georg Smith.	4
	Men hvem er De?	5
CHRISTENSEN	Jeg er Trygve Christensen,	6
	en gammel venn av Deres far.	7
	Velkommen til Norge!	8
SMITH	Takk skal De ha, herr Christensen.	9
	Min far har ofte snakket om Dem.	10
CHRISTENSEN	Hvordan står det til med Deres far?	11
SMITH	Takk, han har det bra.	12
	Jeg skulle hilse så mye.	13
CHRISTENSEN	Takk. Det var hyggelig.	14
SMITH	Kjenner De min mor også?	15
CHRISTENSEN	Ja, meget godt.	16
	Får jeg presentere?	17
	Dette er min kone.	18
SMITH	God dag, fru Christensen. Det gleder meg.	19
FRU CHRISTENSEN	I like måte.	20

2-A

PRONUNCIATION

⬤ **2.1** THE DIPHTHONGS: **ei au øy**

Each of these consists of two short vowels so pronounced that they make only one syllable. They may remind you at first of the English diphthongs in *bay, bough, boy.* But they are quite different. In the English diphthongs the first element is emphasized and the second is a consonantal glide (*y, w*); in the Norwegian diphthongs the second element is at least as prominent as the first and is a clear vowel. Since the spellings are misleading, we shall re-spell them as [æi], [æu], and [øy] respectively.

ei [æi´] starts with the mouth more open than English *ay* in *May* and ends after a quick upward glide in a clear Norwegian [i]:

> jeg [jæi´]   meg [mæi´]   nei [næi´]   veien [væi´en]

Notice that in a few words [æi] is spelled **eg** instead of **ei** (**veien** can also be spelled **vegen**). The pronouns often lose the final [i] when unstressed: [jæ, mæ].

au [æu´] may instead begin with [ø], but it should end in a clear [u]; some substitute [v] here, but this is not recommended:

> au [æu´] ouch *   graut [græu´t] porridge *   sau [sæu´] sheep *

øy [øy´] ends in a clear [y] and must not sound like English *oy* (though it does remind one a little of the "Brooklynese" pronunciation of *burn* which is sometimes written "boyn"):

> øy [øy´] island *   høy [høy´] high *   høyre [høy´re]

PRACTICE: (a) Say the diphthongs after each other: [æi´], [æu´], [øy´]; be sure to overround the [u] of [æu] by pursing your lips; round very gently for [øy]. (b) Try saying [æ´]—[æi´]—[i´]; [æ´]—[æu´]—[u´]; [ø´]—[øy´]—[y´]; watch the length of the vowels. (c) Say each diphthong with preceding and following consonants: **hei—hau—høy, eik—auk—øyk,** etc.

⬤ **2.2** THE CONSONANT **r**

R is produced by tapping the tip of the tongue quickly and lightly against the ridge behind the teeth. It is quite unlike American *r*, but is similar to that of Italian or Spanish. Other similar sounds are British *r* between vowels, e.g. in *very*, or the American *t* between vowels, e.g. in *city, catty.* If you have

---

* Introduced here for pronunciation purposes.

any trouble producing it, try starting from a *d*. Then relax the tongue so that the contact will be very light.

PRACTICE THE FOLLOWING WORDS: (a) before vowels, initially; **restaurant, rett;** (b) before vowels, after consonants: **bra, drikke, fram, fru, frøken, krone, presentere, tre;** (c) between vowels: **Amerika, bare, Deres, fire, høyre, øre;** (d) after vowels, before consonants: **Georg, Norge;** (e) after vowels, finally: **blir, der** [dæ´r], **er** [æ´r], **far, her** [hæ´r], **herr** [hærr´], **mor;** (f) finally, unstressed: **kjenner, koster, epler, snakker.**

When **r** comes before any one of the tongue-tip consonants, **d, l, n, s,** or **t,** many Norwegians pronounce it without the tap. This is true even if the **r** is in one word and the following consonant is in the next word, if there is no pause between them. The resulting sound is a fusion between the **r** and its neighbor. This is most conspicuous in the case of **r + s,** which become like English *sh*. Before the other consonants **r** without the tap sounds a little like American *r*. The fusion does not take place in western Norway, and even in the East there are some words and some styles in which it is avoided. It will not be specially marked in our respelling.

M.S. Bergensfjord

2–A

PRACTICE THE FOLLOWING WORDS: (a) before **d: blir det, forstår De, hvordan, snakker De;** (b) before **l: Karl;** (c) before **n: morn, morgen** [må`ern]; (d) before **s: forstår, norsk, vær så god;** (e) before **t: borte.**

In rapid speech there is a tendency to drop final **r** before following consonants when it is not fused with them. E.g., one may often hear [de´ va bra´] for **det var bra,** [vo mang`e] for **hvor mange.** In the keys this is shown by parentheses around the **r.**

Along the south coast of Norway from Risør to Stavanger, and in the city of Bergen, an entirely different **r** is used. This is produced in the throat and is similar to that used in Danish and in standard French and German. If you find this easier to make than the tongue-tip **r** described above, use it in your Norwegian; it is quite acceptable.

⊙ **Repetisjon** (Pattern Practice)

Combine the elements in each group to form different sentences:

a)

| Han |
| Jeg |
| De |
| Smith |
| Fru Christensen |

Deres	far
Min	mor
	venn
	kone

kommer nettopp fra

| Amerika. |
| stasjonen. |
| Norge. |

b)

Deres	kone
	venn
	mor
Christensen	

er en gammel venn av

min	mor.
	far.
	kone.
Smith.	
meg.	

c)

Hvordan står det til med

Deres	mor?
min	far?
	kone?
	venn?
Smith?	
fru Christensen?	

[27]

2–A

⊙ **Spørsmål** (Questions)

1. Hva er Georg Smith? 2. Hvor kommer Smith nettopp fra? 3. Hva heter De? 4. Hva heter Deres venn? 5. Hvor kommer De fra? 6. Hvor kommer Deres mor (far) fra? 7. Kjenner De min far? 8. Kjenner Christensen Deres mor?

Samtaleøvelse (Conversation Practice)

⊙ 1. You arrive in Norway and are met by a friend. He welcomes you and introduces you to his wife. She asks you how your wife is; you say she's fine and that you were supposed to say hello. They thank you and ask about your father, etc.

2. You meet a friend on the street, greet him and introduce him to your wife (who is with you). He asks you how your mother is, you inquire about his wife, etc.

GRAMMAR

☆ **2.1** VERB FORMS: INFINITIVE, PRESENT, IMPERATIVE

(a) The infinitive is the form you will find listed as the first in the vocabularies of this book and in dictionaries. It is used, as in English, after the infinitive marker (å 'to') and after the modal auxiliaries:

After the infinitive marker:

Ikke noe **å takke** for.　Jeg skulle ha noe **å spise**.　Hva skal De ha **å drikke?**

After the modal auxiliaries:

Jeg **må gå** nå.　　　　**Kan** jeg **hjelpe** Dem?　Jeg **skulle hilse** så mye.
Jeg **skulle ha** . . .　　**Vil** De **si** det en gang til?　**Får** jeg **presentere?**
Hvor **kan** jeg **finne** . . . ?　Hva **skal** De **ha**. . . ?　**Kan** De **si** meg veien til. . . ?
Jeg **skal ha**. . . .

As these examples show, the infinitive ends in either an unstressed **-e** or a final stressed vowel: (1) drikk**e**, finne, hilse, hjelpe, presentere, spise, takk**e**; (2) gå, ha, si.

The modal auxiliaries used so far are: **får, kan, må, skal, skulle, vil.** For further discussion see GRAMMAR **2.3.**

(b) The present tense is formed by adding an **-r** to the infinitive in all persons (remember that the English -s is only for the third person singular).

We have had a number of examples:

	PERSON	PRESENT	INFINITIVE
Hvordan **står** det til?	3 SING.	står	stå
Hvordan **har** De det?	2 SING.	har	ha
Snakker De norsk?	2 SING.	snakker	snakke
Forstår De meg?	2 SING.	forstår	forstå
Nå **forstår** jeg Dem.	1 SING.	forstår	forstå
Hva **koster** konfekten?	3 SING.	koster	koste
Det **blir** elleve kroner.	3 SING.	blir	bli
Jeg **kommer** nettopp fra Amerika.	1 SING.	kommer	komme
Jeg **heter** Georg Smith.	1 SING.	heter	hete
Kjenner De min mor også?	2 SING.	kjenner	kjenne
Får jeg presentere?	1 SING.	får	få
Det **gleder** meg.	3 SING.	gleder	glede

The verb 'to be' is irregular, as in most languages (cf. Eng. *be, am, is, are*):

Hvor **er** hotellet?	3 SING.	er	være
Hvem **er** De?	2 SING.	er	være

(c) The imperative is formed by dropping the **-e** of the infinitive, if there is one:

	IMPERATIVE	INFINITIVE
Vær så god.	vær	være
Gå nå. 'Go now.'	gå	gå
Unnskyld.	unnskyld	unnskylde

(d) Verb usage; statements and questions: In English most verbs can appear in statements either as simple verbs (*I go*) or as complex verbs (*I do go, I am going*). In questions most of them can appear only as complex verbs (*do I go, am I going*). In Norwegian there are no complex verbs of this type. All verbs must appear as simple verbs both in statements and questions: **jeg går** 'I go, do go, am going'; **går jeg?** 'do I go, am I going?'

Exercises

Translate into Norwegian:

1. I speak Norwegian. 2. He speaks Norwegian. 3. I am speaking Norwegian. 4. Speak Norwegian! 5. You don't understand. 6. Does he understand you? 7. Can you help me? 8. Help me! 9. He is eating dinner. 10. Are you eating dinner? 11. Does he know my father? 12. May I introduce my wife? 13. He is talking about me. 14. I can't find the station. 15. Find my father!

Bergen

ENGLISH EQUIVALENTS

21 And this is our daughter, Anne-Marie.
22 How do you do. Welcome to Bergen.
23 How do you do, Miss Christensen. Thank you (for that).
24 It was kind of you to meet me.
25 As you know, I've never been here before.
26 Have you had a good trip?
27 Oh, not especially. ('Nothing special.') I was very seasick on the trip.
28 That's too bad. ('That was . .')
29 Do you have any place to live?
30 Unfortunately, we don't have room at home,
31 or ('otherwise') you could live with us.
32 Thank you, but can you recommend a hotel?
33 Yes, Victoria is a good hotel.
34 How long are you going to stay here in town? ('. . in the city')
35 Just a couple of days.
36 That's much too little in a city like Bergen.
37 You ought to stay here at least a couple of weeks.
38 If you'd like, we'll show you the city.
39 Thank you, you're much too kind.
40 I think it is going to be pleasant in Norway.

LISTENING SCRIPT

21 [å det`te æ(r) vår dat`ter, anne mari´e]
22 [go da´g. velkåm´men till bær´gen]
23 [go da´g, frøken kris´t^{e}ns^{e}n. takk´ fårr de´]
24 [de va(r) snil´t a dere å mø´te-mæi]
25 [jæi ha´r jo al`dri vær´t hær fø´r]
26 [har di hatt´ en go´ tu´r]
27 [å´, ik`ke noe sæ`rli. jæi var me`get sjø´/sy`k på tu^{e}rn]
28 [de´ va(r) synn´]
29 [ha´r-di noe ste´d å bo´]
30 [vi ha´r dessvær´re ik`ke plass´ jem`me,]
31 [el´lers kun`ne di bo´ hoss åss´]
32 [takk´, menn kann di an´/befa˙le ett hotell´]
33 [ja, vikto´ria ær ett gått´ hotell´]
34 [vorr leng`e skall di bli´ hær´ i by´en]
35 [ba`re et parr´ da`ger]
36 [de´ ær al´t fårr li´te i en by´ såmm bær´gen]
37 [di bur`de bli´ hær min´st et parr´ u`ker]
38 [viss di vill´, skall vi vi`se-demm by´en]
39 [takk´, dere æ(r) al´t fårr snil´le]
40 [jæi tro´r de ska bli hyg`geli i når´ge]

Velkommen til Norge!

(fortsatt *continued*)

CHRISTENSEN	Og dette er vår datter, Anne-Marie.	21
ANNE-MARIE	God dag. Velkommen til Bergen.	22
SMITH	God dag, frøken Christensen. Takk for det.	23
	Det var snilt av dere å møte meg.	24
	Jeg har jo aldri vært her før.	25
ANNE-MARIE	Har De hatt en god tur?	26
SMITH	Å, ikke noe særlig. Jeg var meget sjøsyk på turen.	27
ANNE-MARIE	Det var synd!	28
FRU CHRISTENSEN	Har De noe sted å bo?	29
	Vi har dessverre ikke plass hjemme,	30
	ellers kunne De bo hos oss.	31
SMITH	Takk, men kan De anbefale et hotell?	32
CHRISTENSEN	Ja, Victoria er et godt hotell.	33
	Hvor lenge skal De bli her i byen?	34
SMITH	Bare et par dager.	35
CHRISTENSEN	Det er altfor lite i en by som Bergen.	36
	De burde bli her minst et par uker.	37
ANNE-MARIE	Hvis De vil, skal vi vise Dem byen.	38
SMITH	Takk, dere er altfor snille.	39
	Jeg tror det skal bli hyggelig i Norge.	40

2–B

PRONUNCIATION

⬤ 2.3 Consonants, Short and Long

The 18 consonants of Norwegian will be written as follows in our respelling: [b d f g h j k kj l m n ng p r s sj t v]. These symbols are also used in the regular spelling, but not consistently, as some consonants are also spelled in other ways. The symbols in brackets have the same sound values as those of the International Phonetic Alphabet, except for [kj ng sj], which correspond to [ç ŋ ʃ] in IPA. We use the Norwegian spellings for these in order to make the respelling look as much like regular Norwegian as possible. Discussion of the individual consonants will be postponed until the next lesson.

Like the vowels, consonants can be both short and long. They are long only when they share some of the stress with a preceding short vowel. Short consonants are no problem, for they are just like English consonants. The nearest thing to long consonants in English is found in words like *cat-tail, hip-pocket, rock-candy,* where the same consonant ends one word and starts the next. In the spelling of English there are many double consonants, as in *hotter* or *Finnish,* but they are pronounced short. It is important to pronounce the Norwegian double consonants, especially between vowels, quite distinctly. The difference can be heard if you compare Norwegian **datter** with English *hotter,* or **finne** with *Finnish.* In the Norwegian words you dwell on the consonant, as if saying **dat-ter** or **fin-ne.** This is shown in the respelling by placing the stress mark between the consonants: [dat`ter], [fin`ne].

The rule does not hold if the syllable is unstressed. E.g., the two **t**'s in **litteratur** 'literature' do not make a long **t**: [literatu´r]. But in a stressed syllable it is a rule that *only a short consonant can follow a long vowel and only a long consonant can follow a short vowel.* Here are some examples we have had of long consonants: (a) between vowels: **drikke, finne, ikke, kaffe, middag, takke;** (b) finally: **ett, hotell, kopp, rett, vann.** When the long consonant is final, its length is not so conspicuous. But the vowel must be short and crisp.

Practice these pairs, in which the vowels and consonants are the same, but their length is different:

Short Vowel + Long Consonant	Long Vowel + Short Consonant
takk [takk´] thanks	tak [ta´k] ceiling
takke [tak`ke] thank	taket [ta´ke] the ceiling
hatt [hatt´] had	hat [ha´t] hate
spisse [spis`se] sharpen	spise [spi´se] eat

⬤ 2.4 THE SPELLING OF LONG CONSONANTS

There are many exceptions to the general rule that long consonants are written double, short consonants single.

(a) The complex letters **ng** and **sj** are always long after vowels and are not doubled: **mange** [mang`e]; **hesje** [hesj`e] 'hay rack.' But long [kj] is written **kkj**: **bikkje** [bikj`e] 'dog.'

(b) **m** is never doubled finally, though it is usually long: **Dem** [demm´], **fem** [femm´], **fram** [framm´], **hvem** [vemm´], **om** [åmm´].

(c) **l** and **r** are not doubled finally in some words, though they are long in standard speech: **par** [parr´], **smør** [smørr´] 'butter' (as in **smørbrød**), **øl** [øll´].

(d) A final long consonant is not doubled in most words that are usually unstressed, even though they have a long consonant when they are stressed: **et** [ett´], **for** [fårr´], **hos** [hoss´], **hvor** [vorr´], **kan** [kann´], **men** [menn´], **min** [minn´], **skal** [skall´], **til** [till´], **vil** [vill´]. In our respelling these are regularly written with doubled consonant to remind you that the vowel is short, though the consonant is also short when there is no stress mark. Sometimes the consonant even drops out entirely, e.g. in [ska] for **skal.**

(e) Short consonants are written double, especially in some words of foreign origin, where the foreign spelling is retained, e.g. **akkurat** [akura´t] 'accurate,' **litteratur** [literatu´r] 'literature' (cf. French *littérature*).

(f) If the long consonant is followed by another, different consonant, it is usually written single. Examples: **epler** [ep`ler], **hjelpe** [jel`pe], **seks** [sek´s], **venstre** [ven´stre]. Most of the time this causes no confusion, since vowels are regularly short before two or more consonants. But it is possible to have long vowels when the second consonant is a grammatical ending, like the **-t** in **rent** [re´nt], a form of **ren** 'clean,' and **vist** [vi´st], a form of **vis** 'wise.' To avoid confusion, the spelling therefore doubles consonants when the **-t** is added to stems with short vowels: **rennt** [ren´t], a form of **renne** 'run,' **visst** [vis´t], a form of **viss** 'certain.'

2-B

⊙ **Repetisjon** (Pattern Practice)

Combine the elements in each group to form different sentences:

a)

	dere		meg.
Det var snilt av	Dem	møte	Smith.
	Christensen	hjelpe	fru Christensen.

b)

De
Jeg
Frøken Christensen
Dere
Vi

burde
skal
kan
vil

bli

her
i byen
i Amerika
i Norge
i Bergen

minst   et par   uker.
bare   dager.

lenge.

c)

Frøken Christensen

skal
vil

vise

Smith
oss
Dem

min   venn
Deres

byen.
Bergen.
Norge.
Amerika.

⊙ **Spørsmål** (Questions)

1. Har Georg Smith hatt en god tur fra Amerika? 2. Skal han bo hos herr og fru Christensen? 3. Kan Christensen anbefale et godt hotell? 4. Hvor lenge skal Smith bli i Bergen? 5. Er ikke det altfor lite i en by som Bergen? 6. Hvor lenge burde Smith bli i Bergen? 7. Hvem skal vise Smith byen? 8. Hvor lenge vil De bli i Bergen?

Samtaleøvelse (Conversation Practice)

1. You stop a man on the street and ask him the way to a hotel. He says he doesn't understand you and asks you to repeat. You ask him if he's an American and he says yes. You say you're an American too. He asks you where you are from in America and you tell him, etc. You ask him if he has any place to live and he says he lives with a friend. You ask him if he can recommend a hotel and he says you can live with his friend too. You thank him, etc.

⊙ 2. You stop a man on the street and ask him if he knows Trygve Christensen. He replies that he is a good friend of his and asks you if you know Trygve Christensen too. You say he's an old friend of your father. You ask him where Christensen lives and he gives you directions. You thank him.

⊙ 3. You go into a restaurant and order something to eat. The waiter asks you if you are an American. You answer yes, etc. He says he has a good friend in America. You ask him what his friend's name is and where he lives in America, etc.

GRAMMAR

☆ 2.2 Articles And Nouns In The Singular

Nouns may be used either with or without articles. If there is an article, it is either *indefinite* (like English *a, an*) or *definite* (like English *the*). In most cases these are used as in English.

The indefinite article is either **en, ei,** or **et.** So far the following examples have appeared:

	en				et	
en by	**en** krone	**en** restaurant	**en** tur	**et** glass	**et** par
en kopp	**en** eske	**en** telefon	**en** venn	**et** hotell	

The definite article is either **-en, -a,** or **-et** (pronounced [e]). Examples so far:

	-en			-et
by**en**	stasjon**en**	vei**en**		hotell**et** [hotel´le]
esk**en**	tur**en**			

Several nouns have appeared with both indefinite and definite articles:

en by a city	by**en** the city	**et** hotell a hotel	hotell**et** the hotel
en tur a trip	tur**en** the trip		
en eske a box	esk**en** the box		

2-B

As these examples show, the indefinite article appears before the noun as a separate word (as in English), but *the definite article is suffixed to the noun.* If the noun already ends in **-e,** the **-e** is lost.

If the indefinite article used with a noun is **en** and the definite article is **-en,** the noun is called an **en**-noun. Similarly, if the indefinite article is **et** and the definite article is **-et,** the noun is called an **et**-noun. This distinction is purely grammatical, and must be learned for each noun. The best way to do this is to associate the article with the noun at the same time as you learn the meaning of the noun. In other words, don't just connect 'city' with **by** and 'pair' with **par,** but with **en by** and **et par.** It may help to know that (1) there are many more **en**-nouns than **et**-nouns, (2) words referring to people are usually **en**-nouns, (3) many **et**-nouns have only one syllable.

If you are in doubt about whether a noun is an **en**-noun or an **et**-noun, look it up in the vocabulary at the end of the book, where the article used with each noun is given in parentheses following the noun.

There is also a subdivision of the **en**-nouns called **ei**-nouns. The indefinite article used with them is **ei,** and the suffixed definite article is **-a.** These will be discussed in greater detail in GRAMMAR **5.1.**

Exercises

A. Fill in the correct indefinite articles:

a)

Jeg skal ha

> ___ eske konfekt.
> ___ glass vin.
> ___ kopp kaffe.
> ___ par smørbrød.

b)

Hvor kan jeg finne

> ___ hotell?
> ___ telefon?
> ___ venn?
> ___ stasjon?
> ___ by som Bergen?

B. Fill in the correct definite articles:

a)

Det koster femti øre

> eske___.
> glass___.
> kopp___.
> par___.

[38]

b)

Hvor er
stasjon___ ?
telefon___ ?
vei___ til hotell___ ?
vei___ til by___ ?

☆ **2.3** THE MODAL AUXILIARIES: **burde, få, kan, må, skal, vil**

Like the corresponding English verbs (*can, may, must, shall, will*), these are quite irregular in form. Only **få,** which also functions as a regular verb, adds **-r** in the present tense. The others have present tenses without **-r** and mostly with a different vowel in the stem than the past and infinitive forms. The meanings are also complex, and often differ subtly from those of the related English words.

The negative **ikke** follows the auxiliary immediately unless a pronoun intervenes:

Jeg skal **ikke** ha noe å spise.	'I won't have anything to eat.'
Skal De **ikke** ha noe å drikke?	'Won't you have something to drink?'

Some examples and notes on usage may be helpful at this point:

burde 'ought to': De **burde** bli her minst et par uker.
få 'may': **Får** jeg presentere? (Other meanings will be given later.)
kan 'can, is able': **Kan** De si meg veien til stasjonen? **Kan** jeg hjelpe Dem? **Kan** De anbefale et hotell? Hvor **kan** jeg finne et hotell?
kunne 'could, was able' (past of **kan**): Ellers **kunne** De bo hos oss.
må 'have to, must': Jeg **må** gå nå.
skal 'shall, will, is going to.' This is the usual expression of the simple future: Hva **skal** De ha å drikke? Jeg **skal** ha et glass melk. **Skal** De ha middag? Jeg tror det **skal** bli hyggelig i Norge. Takk **skal** De ha.
skulle 'should, would like to, was going to.' This is more polite than **skal** when making a direct request: Jeg **skulle** ha noe å spise (noen epler). It also implies obligation: Jeg **skulle** hilse så mye 'I was supposed to greet you.'
vil 'wants to, wishes to, will.' This does not usually translate English 'will' in a simple future, e.g. *he will go;* Norwegian **han vil gå** means 'he wants to go': **Vil** De si det en gang til? Hvis De **vil** ('wish'), skal vi vise Dem byen.

Exercises

Translate into Norwegian:

1. Christensen can't help me. 2. He doesn't want to help me. 3. I'd like something to drink. 4. You ought to have something to eat. 5. You (plural) have to (must) help us. 6. We have to (must) find a good hotel. 7. May I

2-B

help you? 8. I'm going to stay here at least two days. 9. I want to stay in Bergen a couple of weeks. 10. Do you want to show me the town?

⊙ La oss lytte (Let's Listen)

1. *George Smith is sitting in the hotel restaurant when another man comes up to him:*

K: Unnskyld, er ikke De amerikaner?
S: Jo, det er jeg. Men hvem er De?
K: Får jeg presentere meg? Jeg heter Hans Kjerulf.
S: Det gleder meg. Jeg heter Georg Smith.
K: God dag. Hvor kommer De fra i Amerika?
S: Jeg kommer fra Chicago. Kjenner De byen?
K: Jeg har en meget god venn i Chicago, men jeg har aldri vært der.
S: Skal De ha noe å spise?
K: Ja, jeg tror jeg skal ha et glass øl og et par smørbrød. Bor De her på hotellet?
S: Ja, men bare et par dager.
K: Hvordan er hotellet?
S: Ikke så bra, dessverre.
K: Det var synd. Var De sjøsyk på turen fra Amerika?
S: Ja, litt. Men det var en bra tur.
K: Hvor lenge skal De bli her i Bergen?
S: Å, minst et par uker. Jeg har en venn her.
K: De snakker godt norsk.
S: Takk, det var snilt av Dem. Men jeg må gå nå. Det var meget hyggelig å snakke med Dem.
K: Takk, i like måte. Velkommen til Bergen.
S: Takk skal De ha. Adjø.
K: Adjø.

2. *Mr. Christensen is stopped on the street by a stranger:*

S: Unnskyld, men kan De si meg hvor jeg kan finne et hotell?
C: Ja, jeg kan anbefale hotell Norge. Det er et godt sted å bo.
S: Unnskyld, vil De si det en gang til?
C: Å, snakker De ikke norsk?
S: Jo, men jeg forstår ikke så mye.
C: Er De amerikaner?
S: Ja, jeg kommer nettopp fra Amerika. Jeg heter Alf Henriksen.
C: Er Deres far norsk?
H: Ja, og min mor også.

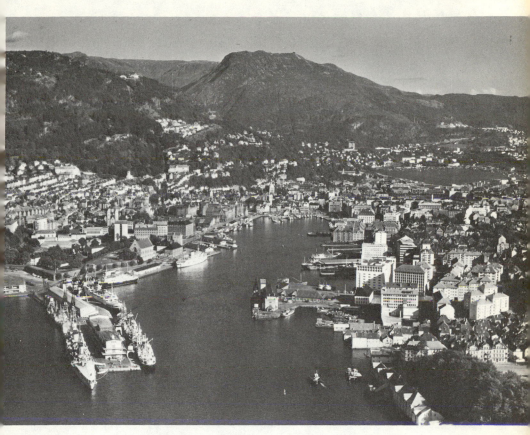

God dag. Velkommen til Bergen.

C: Hva heter Deres far?

H: Han heter Hans Henriksen og kommer fra Bergen.

C: Å, men jeg kjenner Hans Henriksen meget godt. Deres far er en gammel venn av meg. Jeg heter Trygve Christensen.

H: Det var hyggelig.

C: Har Deres far snakket om meg?

H: Ja, ofte. Jeg skulle hilse så mye.

C: Takk. Men vil De ikke bo hos oss? Vi har ikke mye plass hjemme, men vi skal finne Dem et sted.

H: Takk, det var altfor snilt av Dem.

C: Og så kan min datter vise Dem byen.

H: Ja, nå tror jeg det skal bli hyggelig i Bergen!

2-B

Vocabulary List (Lessons 1–2)

All words occurring in Lessons 1 and 2 are included in the following list. If you are not absolutely sure of the meaning and usage of each word in this list, check it in the sentence in which the word first occurred. The numbers following each word give the lesson and line number of its first occurrence. If more than one line number is given for a word, it means that the word is used in different meanings in the sentences indicated.

Nouns

En-nouns

aften 1.4
amerikaner 2.1
by 2.36
dag 1.1
datter 2.21
del 1
eske 1.39
far 2.7
fru 2.19
frøken 2.23
gang 1.14
herr 2.9

kaffe 1.54
kone 2.18
konfekt 1.38
kopp 1.54
krone 1.39
lekse 1
melk 1.50
middag 1.47
mor 2.15
morgen 1.3
måte 2.20

plass 2.30
restaurant 1.23
stasjon 1.28
te 1.55
telefon 1.24
tur 2.26
uke 2.37
vei 1.28
venn 2.7
vin 1.53
øre 1.43

Et-nouns

eple 1.35
glass 1.50
hotell 1.22

par 1.48
smørbrød 1.48
sted 2.29

vann 1.51
øl 1.52

Names of Places

Amerika 2.2

Norge 2.8

Verbs

anbefale 2.32
bli (1) 1.42
bli (2) 2.34
bo 2.29
burde 2.37
drikke 1.49
finne 1.22
forstå 1.12
få 2.17
glede 2.19
gå 1.11

hilse 2.13
hjelpe 1.33
kan 1.22
kunne 2.31
kjenne 2.15
komme 2.2
koste 1.38
møte 2.24
må 1.11
presentere 2.17
si 1.14; 28

snakke 1.9
snakket 2.10
spise 1.46
stå 1.5
ta 1.40
takke 1.32
tro 2.40
vil 1.14
er 1.25
vær 1.31
var 2.24; 1.18

[42]

ha   1.7
hatt   2.26
hete   2.3

skal   1.36
skulle   1.35

vært   2.25
vise   2.38

Adjectives

annen   1
bra   1.18
Deres   2.7
først   1
gammel   2.7
god   1.1

hyggelig   2.14
høyre   1.27
lik   2.20
lite   2.36
mange   1.30
min   2.10
noe   2.29

noen   1.35
norsk   1.9
sjøsyk   2.27
snill   2.24
venstre   1.27
vår   2.21

Adverbs

aldri   2.25
altfor   2.36
bare   1.6
borte   1.26
bra   1.6
da   1.20; 1.40
der   1.26
dessverre   1.10
ellers   2.31
for   1.32
fram   1.29

før   2.25
godt   2.16
her   2.25
hjemme   2.30
hvor   1.22; 36
hvordan   1.5
ikke   1.13
jo   2.2; 25
lenge   2.34
litt   1.10
meget   2.16

minst   2.37
mye   1.42
nettopp   2.2
nå   1.11
ofte   2.10
også   2.15
rett   1.29
synd   2.28
særlig   2.27
så   1.31
til   1.5

Articles

en   1.14

et   1.22

Conjunctions

hvis   2.38
men   2.5

og   1.7
som   2.36

Exclamations and Greetings

adjø   1.19
bare bra   1.6
god aften   1.4
god dag   1.1
god morgen   1.3
hvordan har De det?   1.7
hvordan står det til?   1.5

i like måte   2.20
ja   1.10
jo da   2.2
morn   1.2
morn da   1.20
nei   1.10
takk   1.6; 40

takk for det   2.23
takk skal De ha   2.9
mange takk   1.30
ikke noe å takke for   1.32
unnskyld   1.21
velkommen   2.8
vær så god   1.31; 41
å   2.27

2–B

Infinitive Marker

å   1.32

Numerals

en 1	fem 1	ti 1.39
ett 1	seks 1	elleve 1.43
to 1.37	syv (sju) 1	tolv 1
tre 1	åtte 1	femti 1.43
fire 1	ni 1	

Prepositions

av 2.7	hos 2.31	om 2.10
fra 2.2	i 2.20	på 2.27
	med 2.11	til 1.27

Pronouns

Personal Pronouns

De 1.7	det 1.5	meg 1.16
Dem 1.17	han 2.12	oss 2.31
dere 2.24	jeg 1.11	vi 2.30

Other Pronouns

dette 2.21	hva 1.38	hvem 2.5

Idiomatic Expressions

der borte 1.26	hos oss 2.31	til høyre 1.27
det gleder meg 2.19	ikke noe særlig 2.27	til venstre 1.27
en gang til 1.14	jeg skulle ha 1.35	

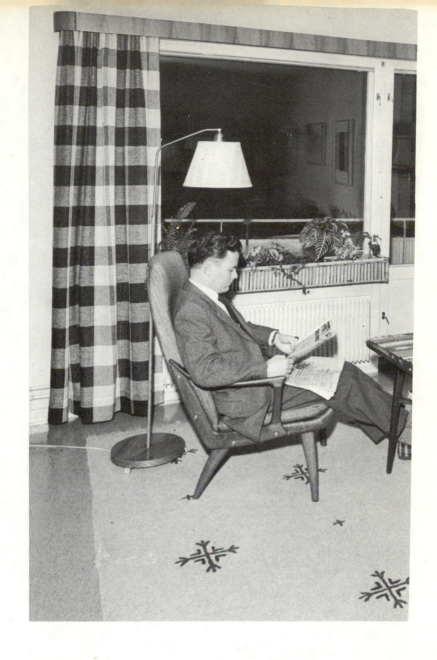

TREDJE **3** LEKSE

I'm a journalist

3-A

ENGLISH EQUIVALENTS

1 Thank you for the food, Mrs. Christensen.
2 You're welcome.
3 Let's sit in the living room and chat a while.
4 Thanks, that would be pleasant.
5 Will you have a cigar?
6 No thanks, I prefer to smoke a pipe. ('smoke preferably')
7 What kind of tobacco do you smoke?
8 Oh, it's an American tobacco.
9 Would you like to try it?
10 Yes, thanks. That's really a good, strong tobacco. ('That was . .')
11 What do you think of Norwegian tobacco?
12 The tobacco is a little too mild, I think.
13 But the cigars are quite good.
14 Have you ever ('any time') been in America, (Mr.) Captain?
15 Yes indeed, many times.
16 I sailed for ten years between Boston and Rio.
17 Did you sail on ('with') American ships?
18 No, I sailed only on Norwegian ships.
19 I became a captain five years ago.

LISTENING SCRIPT

1 [takk′ få(rr) ma′t^{e}n, fru kris′t^{e}ns^{e}n]
2 [vell′ bekåm′me]
3 [la åss sit`te i stu`en å pra`te en stunn′]
4 [takk′, de′ ville være hyg`geli]
5 [ska di ha′ en siga′r]
6 [næi′ takk′, jæi rø`ker hel′st pi`pe]
7 [va′ sjlak′s tobakk′ rø`ker-di]
8 [å′, de æ′r en am^{e}rika′nsk tobakk′]
9 [vill di′ prø`ve-denn]
10 [ja′ takk′ de′ va(r) rik`ti en go′ stær′k tobakk′]
11 [va syn′s di omm når′sk tobakk′]
12 [tobak′ken ær litt′ få(rr) mill′, syns jæi′]
13 [menn siga′^{e}rne ær rik`ti go`e]
14 [har di vært′ i ame′rika non gang′, hærr kaptæi′n]
15 [ja′ da, mang`e gang`er]
16 [jæi sæi`lte i ti′ å′r mellåm bås′tån å ri′o]
17 [sæi`lte-di me am^{e}rika′nske sji′p]
18 [næi′, jæi sæi`lte ba`re me når`ske sji′p]
19 [jæi ble′ kaptæi′n fårr femm′ å′r sid^{e}n]

Jeg er journalist

*Smith has had dinner with the Christensens and their friend, Captain
Sigurd Knudsen. They are just getting up from the table:*

SMITH	Takk for maten, fru Christensen.	1
FRU CHRISTENSEN	Vel bekomme.	2
CHRISTENSEN	La oss sitte i stuen og prate en stund.	3
SMITH	Takk, det ville være hyggelig.	4
CHRISTENSEN	Skal De ha en sigar?	5
SMITH	Nei takk, jeg røker helst pipe.	6
KNUDSEN	Hva slags tobakk røker De?	7
SMITH	Å, det er en amerikansk tobakk.	8
	Vil De prøve den?	9
KNUDSEN	Ja takk. Det var riktig en god, sterk tobakk.	10
	Hva synes De om norsk tobakk?	11
SMITH	Tobakken er litt for mild, synes jeg.	12
	Men sigarene er riktig gode.	13
	Har De vært i Amerika noen gang, herr kaptein?	14
KNUDSEN	Ja da, mange ganger.	15
	Jeg seilte i ti år mellom Boston og Rio.	16
SMITH	Seilte De med amerikanske skip?	17
KNUDSEN	Nei, jeg seilte bare med norske skip.	18
	Jeg ble kaptein for fem år siden.	19

3–A

PRONUNCIATION

🔊 3.1 The Consonants

The following chart lists all the consonants and shows how they are produced:

		(a) Labial	(b) Dental	(c) Alveolar	(d) Palatal	(e) Velar
STOPS	VOICED	b	d			g
	VOICELESS	p	t			k
NASALS	VOICED	m	n			ng
SPIRANTS	VOICED	v	l	r	j	
	VOICELESS	f	s	sj	kj	h

(a) The labials: These are pronounced as in English, and need no further discussion.

(b) The dentals: These are pronounced as in English, except for the fact that in Norwegian the tip of the tongue touches the back of the teeth, while in English it touches the alveolar ridge (behind the gums). This does not make much difference in their sound, except for **l**. Norwegian **l** is "light" compared with English "dark" *l*, because the tongue is higher and flatter and farther forward. In English the *l* of *million* is much lighter than that of *mill*. See if you can hear and feel the difference when you say them. Then make Norwegian **l** even lighter than the *l* of *million*, with the tip of the tongue touching the teeth and the back of the tongue raised. Practice The Following Words:

lite	bli	snill	til [till´]	hotell	aldri	unnskyld
litt	hilse	snilt	vil [vill´]	skal [skall´]	seilte	melk

(c) The alveolars: **R** has already been discussed (above, p. 24). It remains to note that double **r** consists of two or three quick taps, or trills. Experience has shown that it is difficult for American students, and needs much practice. It comes after a short vowel and must be held just like any other long consonant. Practice: **herr** [hærr´], **par** [parr´], **smør** [smørr´], **dessverre** [desvær´re].

Sj is about like English *sh*. It is also spelled **skj**, and before the vowels **i, y, ei, øy** it is regularly spelled **sk**. Initial **sl** is generally pronounced **sjl** in Eastern Norway, e.g. in **slags** [sjlaks], while **rs** is pronounced **sj** (as noted above p. 25). Practice: **sju, sjøsyk, stasjonen, unnskyld** [unn´/sjyll´], **skip** [sji´p], **ellers** [el´lesj], **slags.**

[48]

(d) The palatals: **J** is like English *y* in *yes*. It is also spelled **gj, hj,** and **lj,** and before the vowels **i, y, ei, øy** it is regularly spelled **g.** PRACTICE: **gjør** [jø´r], **hjelpe** [jel`pe], **gift** [jif´t] 'married,' **begynner** [bejyn´ner] 'begins.'

Kj is different from any English sound, being most like the *ch* of German *ich.* The closest in English is the *h* of words like *hue* and *Hubert.* You can approximate it by holding the tongue at the position of **ee** (Norwegian **i**) and blowing out with the noise of a steam kettle. It must be clearly distinguished from **sj** (English *sh*) and from English *ch.* It is also spelled **tj** and before the vowels **i, y, ei, øy** it is regularly spelled **k.** PRACTICE: **kjenner** [kjen`ner], **tjue** [kju`e], 'twenty.'

(e) The velars: These are pronounced exactly as in English. Note, however, that in the combinations **kn** and **gn** the **k** and **g** are pronounced: **Knut** [knu´t], **gnage** [gna`ge] 'gnaw.' **Ng** is never pronounced like *ng* in English *finger* or *linger,* but like that of *sing* and *singer,* only longer: **sang** [sang´] 'song,' **finger** [fing´er] 'finger.' Before **k** it is spelled **n,** as in **tenke** [teng`ke] 'think,' and before **n** it is spelled **g,** as in **vogn** [vång´n] 'wagon.'

⊙ **Repetisjon** (Pattern Practice)

Combine the elements in each group to form different sentences:

a)

La oss

sitte i stuen.		
gå nå.		
spise middag.		
finne	et hotell.	
	en restaurant.	
møte min	far	i Bergen.
	venn	
bli lenge her.		

b)

Hva synes

De	amerikanske	skip?
Deres far	norske	epler?
Georg Smith		sigarer?
min mor	sterk tobakk?	
kaptein Knudsen	hotellet?	
	Norge?	
	maten?	

om

3–A

c)

Hvor lenge	skal..	De	..bli	i Norge?
		min mor		her i byen?
		dere		hos oss?
	har..	fru Christensen	..vært	hos kaptein Knudsen?
				i Amerika?

⊙ Spørsmål (Questions)

1. Hvor sitter Smith, Christensen og kaptein Knudsen? 2. Hva slags tobakk røker Smith? 3. Hva synes kaptein Knudsen om den? 4. Hva synes Smith om norske sigarer? 5. Røker De sigarer? 6. Hvem er kaptein Knudsen? 7. Hvor lenge har han vært kaptein? 8. Hva slags skip seilte han med? 9. Har han vært i Amerika noen gang? 10. Har De vært i Norge noen gang?

Samtaleøvelse (Conversation Practice)

⊙ 1. You have just finished eating dinner at a friend's house and are leaving the table. Your host offers you a cigar, but you say you don't smoke. He asks you if you would like a glass of wine then, and you say yes and thank him. He asks you how long you are going to stay in town, etc.

2. You meet a friend on the street. He asks you how you are, etc. He offers you a cigar, but you say you prefer to smoke a pipe. He asks what kind of tobacco you smoke, etc. You ask him if he'd like a glass of beer and he says that would be nice. You ask a passerby where a restaurant is, he tells you, you go to the restaurant, etc.

GRAMMAR

☆ **3.1** ARTICLES AND NOUNS IN THE PLURAL

(a) The indefinite plural: We have had several examples of the indefinite use of nouns in the plural:

		PLURAL	SINGULAR
1.35	Jeg skulle ha noen **epler.**	epler	et eple
1.43	Det blir elleve **kroner.**	kroner	en krone
2.37	De burde bli her minst et par **uker.**	uker	en uke
3.15	Ja da, mange **ganger.**	ganger	en gang
3.17	Seilte De med amerikanske **skip?**	skip	et skip

En-nouns regularly add **-er** to form the indefinite plural. If the noun ends in an unaccented **-e**, this is dropped before the plural ending is added.

Et-nouns: one-syllable et-nouns have identical singular and plural indefinite forms. Polysyllabic et-nouns add **-er** to form the plural as in the case of **en**-nouns.

(b) The definite plural: We have had one example of the definite article in the plural:

3.13   Men **sigarene** er riktig gode.

The definite article in the plural is **-ene,** suffixed directly to the noun unless the noun ends in unaccented **-e,** in which case the final **-e** is dropped before the ending is added. This applies to all **en-** (and **ei-**) nouns and most **et-**nouns, both monosyllabic and polysyllabic.

The following nouns will illustrate all the regular noun forms in Norwegian:

	en-nouns		et-nouns	
	INDEFINITE	DEFINITE	INDEFINITE	DEFINITE
SING.	en by	byen	et skip	skipet
PLUR.	byer	byene	skip	skipene
SING.	en krone	kronen	et hotell	hotellet
PLUR.	kroner	kronene	hoteller	hotellene

Exercises

Fill in the correct plural endings:

a) Det er mange by__ i Norge. Det er mange skip__ i Norge. Det er mange stasjon__ i byen. Det er mange hotell__ i byen. Det er mange uke___ i året. b) Jeg har mange venn___ i Norge. Jeg har ikke mange krone___ . c) Han har vært i Norge i mange dag___ . Han har vært i Norge i mange år___ .

☆ 3.2 INTRODUCTIONS AND TITLES

The customs prevalent in Norway are somewhat different from those of America, though possibly less so from those of England. The formulas for introduction provided in Lesson 2 are limited to highly formal occasions. For the most part people are simply not introduced. At parties everyone goes around and shakes hands with the other guests on arrival. To those whom they do not know they mumble their own names and get the other person's in reply. Women generally say their *full name,* men their *last name,* in no case prefaced by titles such as **herr, fru,** or **frøken.** It should also be observed that while the latter correspond to English *Mr., Mrs.,* and *Miss,* they are used rather differently. They are hardly ever used by anyone about him- or herself. While **fru** and **frøken** are commonly used in addressing women, **herr** is rarely used in addressing men, except with a title: **herr kaptein, herr professor.** If one knows the man well enough to drop the title, one uses just the last name, without **herr.** Only in addressing an envelope is the **herr** usual, then abbreviated as **hr.**

3-B

ENGLISH EQUIVALENTS

20 But now tell us a little about your work (Mr.) Smith.
21 What do you do in America?
22 I'm a journalist.
23 I work for a large American newspaper.
24 Are you going to write while you're here?
25 Yes, I intend to ('have thought to') write a book about Norway.
26 But first I'm going to travel around in the country.
27 How long do you intend to stay then?
28 Oh, at least a year.
29 And then I'm [going] back to America.
30 Isn't your father a doctor?
31 Yes, he's a physician at a large hospital.
32 But he is getting ('beginning to become') old now.
33 Do you have any brothers and sisters?
34 Yes, I have one brother who's a teacher,
35 and one who's a businessman.
36 My only sister is an office girl.
37 Are you married?
38 No, not yet.
39 No one will have me. ('There is no one who . .')
40 Oh, don't say that.

LISTENING SCRIPT

20 [menn fårtell´-åss nå´ litt´ åmm deres ar`bæid, smitt´]
21 [va jø´r-di i ame´rika]
22 [jæi´ ær sjornalis´t]
23 [jæi arbæi´der i en sto´r ameᵉrika´nsk avi´s]
24 [ska di skri`ve mens di æ´r hær]
25 [ja´, jæi har teng´t å skri´ve en bo´k åmm når`ge]
26 [menn før´st ska jæi ræi`se åmkring´ i lan´ne]
27 [vorr leng`e har di teng´t å bli´ da]
28 [å´, min´st ett å´r]
29 [å så´ ska jæi teba`ke till ame´rika]
30 [æ´r-ikke de`res fa´r dåk´tor]
31 [jo´, han ær le`ge ve et sto´rt sy`ke/hu`s]
32 [menn hann bejyn´ner å bli gam`mel nå´]
33 [ha´r-di noen søs`ken]
34 [ja´, jæi ha´r en bro´r såmm ær læ`rer,]
35 [å e´n såmm æ(r) fåret´nings/mann`]
36 [minn e`neste søs`ter æ(r) konto´r/da´me]
37 [ær di jif´t]
38 [næi´, ik`ke en`nå]
39 [de æ(r) ing`en såmm vil ha´-mæi]
40 [å´, si´ ikke de´]

[54]

Jeg er journalist

(fortsatt *continued*)

CHRISTENSEN	Men fortell oss nå litt om Deres arbeid, Smith.	20
	Hva gjør De i Amerika?	21
SMITH	Jeg er journalist.	22
	Jeg arbeider i en stor amerikansk avis.	23
CHRISTENSEN	Skal De skrive mens De er her?	24
SMITH	Ja, jeg har tenkt å skrive en bok om Norge.	25
	Men først skal jeg reise omkring i landet.	26
CHRISTENSEN	Hvor lenge har De tenkt å bli da?	27
SMITH	Å, minst et år.	28
	Og så skal jeg tilbake til Amerika.	29
KNUDSEN	Er ikke Deres far doktor?	30
SMITH	Jo, han er lege ved et stort sykehus.	31
	Men han begynner å bli gammel nå.	32
KNUDSEN	Har De noen søsken?	33
SMITH	Ja, jeg har en bror som er lærer,	34
	og en som er forretningsmann.	35
	Min eneste søster er kontordame.	36
KNUDSEN	Er De gift?	37
SMITH	Nei, ikke ennå.	38
	Det er ingen som vil ha meg.	39
CHRISTENSEN	Å, si ikke det.	40

3-B

thirteen	eighteen	fifty
fourteen	nineteen	sixty
fifteen	twenty	seventy
sixteen	thirty	eighty
seventeen	forty	ninety

[tret`t^{e}n]	[at`t^{e}n]	[fem´ti]
[fjor`t^{e}n]	[nit`t^{e}n]	[sek´sti]
[fem`t^{e}n]	[ty`ve, kju`e]	[søt´ti]
[sæis`t^{e}n]	[træd`ve, tret´ti]	[åt´ti]
[søt`t^{e}n]	[før´ti]	[nit´ti]

Numbers

tretten	atten	femti
fjorten	nitten	seksti
femten	tyve (tjue)	sytti
seksten	tredve (tretti)	åtti
sytten	førti	nitti

PRONUNCIATION

● 3.2 CONSONANTS THAT AREN'T THERE

The spelling shows some consonants that are usually not pronounced, or that are pronounced differently from the way they are spelled. You have already had some examples of this.

(1) Before **s** and **t** the voiced consonants **b d g v** are unvoiced, i.e. are pronounced respectively as **p t k f: Ibsen** [ip´sen], **Knudsen** [knut´sen], **godt** [gått´], **slags** [sjlak´s], **lagt** [lak´t] 'laid,' **livs** [lif´s] 'life's.'

(2) Before the high front vowels **i** and **y** (and in some words before **ei** and **øy**) the velar consonants **g** and **k** are pronounced as palatals, i.e. as **j** and **kj** respectively: **gift** [jif´t], **begynne** [bejyn´ne], **kino** [kji´no] 'movie house,' **kirke** [kjir`ke] 'church.' In the same position **sk** is pronounced as **sj: ski** [sji´] 'ski,' **skip** [sji´p], **unnskyld** [unn´/sjyll´]. When these sounds occur before other vowels, they are most often written with an intervening **j**, as **gj kj skj: gjør** [jø´r], **kjenne** [kjen`ne], **skjære** [sjæ`re] 'cut.'

(3) These consonants are silent in the positions stated:

d	after long vowels in many words: **god** [go´], **med** [me´], **smørbrød** [smør´brø], **ved** [ve´], but **siden** [si`den], **sted** [ste´d] (or [ste´]);
	after **r** in most words: **bord** [bo´r] 'table,' but **burde** [bur`de] 'ought';
	after **l** and **n** in most words, when it is replaced by a second **l** or **n: mild** [mill´], **stund** [stunn´], **synd** [synn´], **unnskyld** [unn´/sjyll´].
g	in the suffixes **-ig** and **-lig: hyggelig** [hyg`geli], **riktig** [rik`ti];
	in the words **og** [å´], **også** [ås´så], **morgen** [må`ern];
	after **e** (and **ø**) in some words, where it is replaced by **i: jeg** [jæi´], **meg** [mæi´].
h	before **j** and **v: hjelpe** [jel`pe], **hjemme** [jem`me], **hva** [va´], **hvis** [viss´], **hvor** [vorr´], **hvordan** [vor´dan].
t	in the pronoun **det** [de´] and the neuter definite article **-et** [-e].
v	in the preposition **av** [a´];
	after **l,** where it is replaced by a second **l: halv** [hall´], **selv** [sell´] 'self,' **tolv** [tåll´].

● 3.3 SECONDARY STRESS

Simple, uncompounded words have only one stressed syllable, but compounds may have two. It is a general rule, both for English and Norwegian, that in such cases the second is weaker than the first and the two are distinguished as *primary* and *secondary* stress. Examples in English are *mailman* or *weekday,* in which the second part of the compound has secondary stress. Compare these with *seaman* or *Sunday,* in which the second part is unstressed.

In the same way Norwegian compounds may have secondary stress, in which case either the vowel or the following consonant is long, though the length is less marked than it is under primary stress. In our respelling the break between the two parts is shown by a slash, while the length is marked by a raised dot. You have had these examples:

anbefale [an´/befa·le]   forretningsmann [fårret´nings/mann·]
sykehus [sy`ke/hu·s]   kontordame [konto´r/da·me]
                                 sjøsyk [sjø`/sy`k]
                                 unnskyld [unn´/sjyll·]

Watch carefully the long vowels in secondary stress, since it is easy to miss them. Not all compounds have secondary stress. In some the second part has been weakened: **smørbrød** [smør´brø]. In others the first part has been weakened, so that the primary stress is on the second part: **dessverre** [dessvær´re], **omkring** [åmkring´], **selvfølgelig** [selføl´geli] 'of course,' **tilbake** [tilba`ke], **velkommen** [velkåm´men].

Notice that compounds are always written together in Norwegian, while in English they are sometimes divided or hyphenated instead.

⊙ **Repetisjon** (Pattern Practice)

Combine the elements in each group to form different sentences:

a)

| Jeg
Smith
Min bror
Deres far | kjenner en amerikaner
har en venn | som | er
skal bli
har vært | journalist.
forretningsmann.
lege.
lærer. |

b)

Han Georg Jeg Vi ——— Min ⎰ far ⎱ bror venn	har tenkt å	skrive en bok om reise til	Norge. Bergen. Amerika.
		ha middag røke en sigar	nå.
		sitte i stuen en stund. bli lenge i Bergen.	

3-B

c)

| Min
Deres | far
bror
venn
søster
mor
datter | kommer fra
arbeider i

har ofte · vært i
· snakket om

skal · skrive en bok om
· reise tilbake til | Norge.
Amerika.
Bergen.
en stor by i Amerika. |

⊙ Spørsmål (Questions)

1. Hva gjør Georg i Amerika? 2. Hva skal han gjøre mens han er i Norge? 3. Skal han bare være i Bergen? 4. Hvor lenge har han tenkt å bli i Norge? 5. Hva skal han så gjøre? 6. Hva gjør Georgs far? 7. Hvor mange søsken har Georg? 8. Hva gjør Georgs søster? 9. Har De en bror? Har De en søster? 10. Er Deres bror (søster) lege? 11. Hvor gammel er Deres bror (søster)? 12. Er De gift?

Samtaleøvelse (Conversation Practice)

1. You have just arrived in Norway and are met by a friend of your brother. You exchange the usual greetings, etc. He asks you how your brother is, etc., and also how your sister is. You are surprised and ask him if he knows your sister too (you didn't know that) and he says that he knows your sister very well. He asks what your sister is doing now, etc.

⊙ 2. You are dining at a restaurant with an old friend of your mother. He asks you how she is, how many brothers and sisters you have, how old each one of them is, what they do, what you are going to do in Norway, etc.

GRAMMAR

☆ **3.3** Adjective Endings

We have seen adjectives used in a number of sentences:

		Adjective
2.24	Det var **snilt** av dere å møte meg.	snilt
2.39	Takk, dere er altfor **snille.**	snille
1.9	Snakker De **norsk?**	norsk
3.11	Hva synes De om **norsk** tobakk?	norsk

[60]

1.1	**God** dag.	god
2.33	Victoria er et **godt** hotell.	godt
3.13	Sigarene er riktig **gode.**	gode
3.23	Jeg arbeider i en **stor amerikansk** avis.	stor, amerikansk
3.31	Han er lege ved et **stort** sykehus.	stort
3.17	Seilte De med **amerikanske** skip?	amerikanske
3.32	Men han begynner å bli **gammel** nå.	gammel

(a) There are three possible forms of the adjective:

> No ending, used with **en**-nouns in the singular.
> The ending **-t,** used with **et**-nouns in the singular.
> The ending **-e,** used with *all* nouns in the plural.

The endings are used whether the adjective stands in front of the noun or after the verb in the sentence (i.e., in either attributive or predicate position).

(b) Adjectives ending in **-sk** and **-ig** do not add the ending **-t.** E.g., **amerikansk, norsk, hyggelig.** Thus the **en**-noun and **et**-noun forms of such adjectives are identical:

> en **norsk** by, et **norsk** hotell
> en **amerikansk** sigar, et **amerikansk** skip
> en **hyggelig** by, et **hyggelig** land

The plural of these adjectives is formed regularly, i.e., by adding **-e.** E.g., **norske epler, hyggelige byer, amerikanske skip.**

(c) Adjectives ending in a long vowel (not a diphthong) add **-tt** instead of **-t.** E.g. **nytt** from **ny** 'new.'

(d) Dissyllabic adjectives with an unaccented **-e-** in the second syllable contract the second syllable when the **-e** ending is added (e.g., **en gammel by, gamle byer**). If there are two identical consonants, the second is lost.

Exercises

Translate into Norwegian:

(a) The glass is large. He has a large glass.
   The glasses are large. He has many large glasses.
(b) Norwegian beer is good. Norwegian tobacco is good.
   Norwegian ships are good. Norwegian hotels are good.
   Norwegian cigars are good.

(c)   He is very kind.

It was very kind of you to show
me the town.

Mr. and Mrs. Christensen are very
kind.

(d)   Bergen is a pleasant city.

I have many pleasant friends in
Norway.

I think it's going to be pleasant in
Bergen.

☆ 3.4 PARTITIVE CONSTRUCTIONS

We have had a number of examples of this construction:

1.50	et glass **melk**	*a glass* of milk
1.54	en kopp **kaffe**	*a cup* of coffee
2.37	et par **uker**	*a couple* of weeks

When one noun describes a part of a quantity expressed by a following
noun, the two nouns stand directly beside each other in Norwegian (but
are joined by *of* in English).

☆ 3.5 OMISSION OF THE ARTICLE IN DESCRIPTIONS OF A PERSON'S TRADE, PROFESSION, NATIONALITY, OR RANK

We have had a number of examples of this construction:

2.1	Er ikke De **amerikaner?**	*Aren't you* an American?
3.19	Jeg ble **kaptein** for fem år siden.	*I became* a captain *five years ago.*
3.22	Jeg er **journalist.**	*I'm* a journalist.
3.30	Er ikke Deres far **doktor?**	*Isn't your father* a doctor?
3.31	Han er **lege** ved et stort sykehus.	*He's* a physician *at a large hospital.*

The article is never used in such constructions in Norwegian.

Exercises

Complete the sentences as indicated:

1. Jeg skal ha _____ (*a couple of sandwiches*) og _____ (*a cup of coffee*). 2. Han har vært i Norge i _____ (*a couple of years*). 3. Min bror er _____ (*a doctor*) og min far er _____ (*a business man*). 4. Jeg har en venn som er _____ (*a teacher*). Han er _____ (*an American*).

☆ **3.6** Use Of The Past Tense To Express Present Time

When a Norwegian wishes to emphasize a statement or to express strong feeling (e.g., agreement, pity, approval, concern, disdain, etc.), he often uses the past tense even though he is referring to something occurring at the present time. We have already had four examples of this:

1.18	Det **var** bra.	That's good.
2.14	Det **var** hyggelig.	That's nice.
2.28	Det **var** synd!	That's too bad!
3.10	Det **var** riktig en god, sterk tobakk.	That's really a good, strong tobacco.

The verb **var** 'was' is most often used in this construction, since most such expressions involve direct description, but other verbs can also be used similarly in certain expressions.

⊙ **La oss lytte** (Let's Listen)

1. *Hans Berg steps off the train in Oslo and is met by an old friend of his mother's.*

V: Unnskyld, heter De Berg?

B: Ja, Hans Berg. Men hvem er De?

V: Jeg er en gammel venn av Deres mor. Jeg heter Henrik Tangen. Velkommen til Oslo!

B: Takk, det var snilt av Dem å møte meg. Mor har ofte snakket om Dem.

T: Hvor lenge blir De i byen?

B: Å, bare et par uker.

T: Har De noe sted å bo ?

B: Nei, ikke ennå. Kan De anbefale et hotell?

T: Ja, Bristol er et godt hotell. Men skal De ikke ha noe å spise?

B: Jo takk.

2. *They go to a restaurant, where they order food:*

T: Skal De ha middag?

B: Nei takk, bare et par smørbrød.

T: Frøken, vi skal ha fire smørbrød og kaffe.

B: Har De vært i Amerika noen gang?

T: Nei, aldri. Vær så god, skal De ha en sigar?

B: Takk, jeg røker helst pipe.

T: Hva slags tobakk røker De?

3-B

B: Det er en amerikansk tobakk som er riktig god og sterk. Vil De prøve den?

T: Nei takk, den er litt for sterk for meg. Hvordan står det til med Deres mor?

B: Takk, bare bra. Kjenner ikke De min søster også?

T: Jo, Deres mor og søster var i Norge for noen år siden. Er ikke Deres søster journalist?

B: Jo, min søster skriver for en stor amerikansk avis. Jeg skulle hilse så mye.

T: Takk. Men hva skal De gjøre mens De er her i landet?

B: Jeg skal reise omkring, og så skal jeg skrive en bok.

T: Å, er De journalist, De også?

B: Nei, jeg er forretningsmann, men jeg har tenkt å skrive en bok om Norge.

Do you have a room for rent?

4–A

ENGLISH EQUIVALENTS

1 Excuse me, do you have a room available?
2 No, I'm sorry, all the rooms are taken.
3 There are many tourists in the city now.
4 Do you perhaps know where we can find a room?
5 Yes, I know about a place where they rent out rooms.
6 It is at number eleven Welhaven's Street.
7 You can get good rooms at reasonable prices there.
8 Thank you very much.
To Smith: 9 Come, let's take a taxi.
10 Good evening. Do you have a room for rent?
11 Yes, I have a nice, furnished room.
12 Is it on the first floor?
13 No, it's on the second.
14 May I look at it?
15 Yes, please come (along) up.
In the room: 16 As you see, the room is quite large.
17 There is a table and two chairs.
18 Isn't that bed rather poor?
19 No, it's almost new.
20 I bought it a year ago.

LISTENING SCRIPT

1 [unn´/sjyll´, ha´r di ett væ`r^else-le˙di]
2 [næi´ dessvær´re, al`le væ`r^els^ene ær åpp´/tatt˙]
3 [de æ(r) mang`e turis´ter i by´en nå´]
4 [ve´t-di kan`sje vorr´ vi kan fin`ne et væ`r^else]
5 [ja´, jæi ve`t-åmm˙ ett ste´d vorr di læi`er-u˙t væ`r^elser]
6 [de´ ær i vel´ha˙vens ga`te nommer el`ve]
7 [dæ´r kann di få´ go`e væ`r^elser till ri`melie pri`ser]
8 [mang`e takk´]
[till Smitt´:]   9 [kåmm´ så ta´(r)-vi en bi´l.]
10 [go af`t^en. ha´r-di ett væ`r^else-till-læie]
11 [ja´, jæi ha´r et pe´nt møble´rt væ`r^else]
12 [æ´r de i før`ste-eta˙sje]
13 [næi´, de æ´r i a`en]
14 [få(r) jæi se´ på de]
15 [ja´, vær så go´, bli`-me˙ åpp´]
[på væ`r^else:]   16 [såmm di se´r, æ(r) væ`r^else gan`ske sto´rt]
17 [de ær ett bo´r å to´ sto´ler]
18 [æ`r-ikke denn seng`a nåk`så då`rli]
19 [næi´, denn´ ær nes`t^en ny´]
20 [jæi kjøp`te-n fårr ett å´r sid^en]

[66]

Har De et værelse til leie?

Mr. Christensen goes with George Smith to Hotel Victoria to help him get a room. They speak to the hotel clerk:

CHRISTENSEN	Unnskyld, har De et værelse ledig?	1
PORTIEREN	Nei, dessverre, alle værelsene er opptatt.	2
	Det er mange turister i byen nå.	3
CHRISTENSEN	Vet De kanskje hvor vi kan finne et værelse?	4
PORTIEREN	Ja, jeg vet om et sted hvor de leier ut værelser.	5
	Det er i Welhavens gate nummer elleve.	6
	Der kan De få gode værelser til rimelige priser.	7
CHRISTENSEN	Mange takk.	8

Til Smith:

Kom, så tar vi en bil. 9

* * * * * * * * * * *

	God aften. Har De et værelse til leie?	10
VERTINNEN	Ja, jeg har et pent, møblert værelse.	11
SMITH	Er det i første etasje?	12
VERTINNEN	Nei, det er i annen.	13
SMITH	Får jeg se på det?	14
VERTINNEN	Ja, vær så god, bli med opp.	15

På værelset:

	Som De ser, er værelset ganske stort.	16
	Det er et bord og to stoler.	17
SMITH	Er ikke den senga nokså dårlig?	18
VERTINNEN	Nei, den er nesten ny.	19
	Jeg kjøpte den for et år siden.	20

PRONUNCIATION

● **4.1** THE NORWEGIAN ALPHABET

Each letter has its own name, which is used whenever you spell a Norwegian word. The names of the vowels are simply the long vowels, while the consonants are filled out by adding a vowel. Memorize these names, which you will see are a little different from the English ones. Say the alphabet over many times, and then practice spelling the words you have learned so far. You may even find that in Norway you will have to spell your own name!

A a [a´]	I i [i´]	Q q [ku´]	Y y [y´]
B b [be´]	J j [jådd´]	R r [ærr´]	Z z [sett´]
C c [se´]	K k [kå´]	S s [ess´]	Æ æ [æ´]
D d [de´]	L l [ell´]	T t [te´]	Ø ø [ø´]
E e [e´]	M m [emm´]	U u [u´]	Å å [å´]
F f [eff´]	N n [enn´]	V v [ve´]	
G g [ge´]	O o [o´]	W w [dåb´belt/ve´]	
H h [hå´]	P p [pe´]	X x [ek´s]	

The capitals are referred to as **stor** 'large,' the small letters as **liten** 'small': **stor A og liten a.** Spell **Norge:** [sto´r enn´, o´, ærr´, ge´, e´]; spell **amerikaner:** [li`ten a´, emm´, e´, ærr´, i´, kå´, a´, enn´, e´, ærr´]. Of course it is not necessary to say **liten** except where there might be some doubt.

The letters **c, q, w, x,** and **z** are unnecessary in Norwegian words, and foreign words that have been fully accepted in Norway will usually be respelled so as to eliminate them. Examples: **sigar, konfekt, Amerika, kvartett** 'quartette,' **vaier** 'wire,' **mikse** 'mix,' **sebra** 'zebra.' But many words retain their foreign spellings, especially if they are proper names: **Victoria, Welhaven, Quisling.** The 'foreign' letters are then given a Norwegian pronunciation, with these values: **c** [s] before the (front) vowels **e i y æ**, [k] elsewhere; **q(u)** [kv]; **w** [v]; **x** [ks]; **z** [s]. One of the most frequent uses of these letters is in the abbreviation **W.C.** 'toilet,' pronounced [ve´ se´], from English 'water closet.'

Exercise

Spell in Norwegian: værelse, Victoria, Welhaven, unnskyld, møblert, turist, dessverre, etasje, søsken, arbeid, ennå, Bergen, seksten, sytti, kaptein, Boston.

⊜ 4.2 UNSTRESSED VOWELS

In English unstressed vowels are usually slurred and blended into one indistinct vowel, as in the last syllables of words like *credit, rennet, minute, senate, bacon, taken,* or the first of *attain, effect, occur,* etc. This habit must be overcome in learning Norwegian, where the unstressed vowels remain distinct, although short. Listen carefully to the difference between **Amerika** [ame'rika], with initial and final short [a], and *America*, pronounced something like "uhmerikuh." Practice the following, making sure that the unstressed vowels have their own distinct qualities:

konfekt	hotell	møblert	kontor
tobakk	fortell [fårtell']	turist	doktor [dåk'tor]

The only Norwegian vowel that shows a tendency like that of English vowels is **e,** which tends to be slurred and therefore sounds to English speakers like the slurred English vowel. Since short *a* also sounds something like this vowel, the two are often confused by learners. But both of them do remain distinct: the **e** is higher than English *uh,* while **a** is lower. Listen to **pipe** 'pipe' vs. **pipa** 'the pipe'; **lenge** 'a long time' vs. **senga** 'the bed.' Practice saying these two pairs.

As stated earlier (PRONUNCIATION **1.6**), in the sequence **-nen** or **-ten,** the **e** is weakened so that it is heard only as part of the **n.** Something like this happens in English in words like *button* and *cotton*. Practice these words: **maten** [ma't^{e}n], **konfekten** [konfek't^{e}n], **stasjonen** [stasjo'n^{e}n]. The raised **e** shows that the sound is very faint.

⊙ **Repetisjon** (Pattern Practice)

Combine the elements in each group to form different sentences (NB: in this set of exercises select the proper adjective form where necessary):

a)

Vet De kanskje hvor	jeg vi Smith	kan	finne	et værelse? en telefon? et hotell?
			kjøpe	en god seng? en eske konfekt? et glass øl? et stort bord? noe å spise?

4–A

b)

Jeg / Vi / Smith — vet om — et sted / et hotell / en restaurant — hvor de har (god, godt, gode) — mat. / øl. / smørbrød.

c)

Som De ser, — er — det / værelset / bordet / den / senga / stolen / de / stolene / smørbrødene — riktig / nokså / ganske / meget — stor, stort, store. / ny, nytt, nye. / gammel, gammelt, gamle. / rimelig, rimelig, rimelige. / dårlig, dårlig, dårlige.

⊙ **Spørsmål** (Questions)

1. Har portieren et værelse ledig? 2. Hva anbefaler han? 3. Hvor leier de ut værelser? 4. Er alle værelsene opptatt der? 5. Hva slags værelse har vertinnen til leie? 6. Er det i første etasje? 7. Hvor stort er værelset? 8. Hvordan er det møblert? 9. Hvordan er senga? 10. Hvor gammel er den?

Samtaleøvelse (Conversation Practice)

1. You stop a man on the street and ask him if he can tell you the way to a hotel. He tells you, but adds that all the rooms are taken there, and in all the hotels in town. You ask him if he can recommend a place where they rent out rooms. He says his mother rents out rooms and gives you the address. You ask where that is and he gives you directions, etc.

⊙ 2. You knock on the door of a rooming house. The landlord opens the door and you ask if he has a room for rent. He says that, unfortunately, all the rooms are taken, but that he can recommend a hotel. He gives you the name of the hotel, but you say you've been there and all the rooms are taken there, too. You say you have to have a place to live and he says he'll try to find you a place. You thank him, etc.

GRAMMAR

☆ 4.1 THE PERSONAL PRONOUNS

We have already had most of the personal pronouns. They are arranged in the chart below according to whether they are the subject or object form, and according to person and number. Those which have not already occurred in the conversations are included in parentheses.

PERSON	SUBJECT FORM		OBJECT FORM	
1 SING.	jeg	*I*	meg	*me*
2 SING.	De	*you*	Dem	*you*
3 SING.	han	*he*	(ham)	*him*
	(hun)	*she*	(henne)	*her*
	den (with **en**-nouns)	*it*	den	*it*
	det (with **et**-nouns)		(det)	
1 PLUR.	vi	*we*	oss	*us*
2 PLUR.	dere	*you*	(dere)	*you*
3 PLUR.	de	*they*	(dem)	*them*

(a) The second person pronouns.

An important distinction is made in Norwegian between singular and plural pronouns in the second person. **De, Dem** are used when addressing one person, **dere** only when addressing more than one. In Lesson 6 a special second person singular pronoun used when addressing friends and relatives will be introduced.

(b) The third person singular pronouns **den** and **det**.

The pronoun **den** is used when referring to an **en**-noun or **ei**-noun, **det** when referring to an **et**-noun. E.g., in

> 4.12   Er **det** i første etasje?
> 4.13   Nei, **det** er i annen.

det refers to an **et**-noun (værelse). And in

> 4.19   Nei, **den** er nesten ny.
> 4.20   Jeg kjøpte **den** for et år siden.

den refers to an **en**-noun (seng).

When reference is made to a general idea, **det** is used. E.g.,

> 2.40   Jeg tror **det** skal bli hyggelig i Norge.

If the noun is not expressed until after the verb, **det** is used, regardless of whether the noun is an **en**-noun or an **et**-noun, singular or plural. E.g.,

> 3.8   **Det** er en amerikansk tobakk.

Exercises

Underline the correct pronoun in the following sentences:

1. Han forstår (jeg, meg) ikke. 2. Kan De si (vi, oss) veien til Bergen? 3. Får jeg bo hos (De, Dem)? 4. (Vi, Oss) skal skrive en bok om Amerika.

5. Vil (De, Dem) vise oss byen? 6. (Jeg, Meg) har aldri vært i Norge. 7. Er Bergen en pen by? Ja, (den, det) er meget pen. 8. Er norsk øl godt? Ja, (den, det) er meget godt. 9. Hva synes De om hotellet? Jeg synes (den, det) er altfor dyrt. 10. Hva synes De om norsk mat? Jeg synes (den, det) er meget god.

☆ **4.2 WORD ORDER**

Most sentences have a kernel consisting of their *subject* (a pronoun or a noun with its modifiers) and a *verb* (which may be simple or complex). In addition, there may be objects, predicate nouns and adjectives, and adverbial modifiers of the verb. If the subject (S) comes before the verb (V), we call it *normal* order: SV. If the verb comes before the subject, we call it *inverted* order: VS.

(a) Normal order: SV. You have had many examples of this, e.g.:

		SUBJECT	VERB
1.13	Nei, **jeg forstår** ikke	jeg	forstår
3.36	**Min eneste søster er** kontordame	min eneste søster	er

Det er mange turister i byen nå.

This is the order in all independent clauses in declarative sentences introduced by the subject. Notice that exclamations like **nei, ja, å,** etc. are not part of the sentence.

Normal order also occurs in all dependent clauses, introduced by subordinating conjunctions like **hvis** and **som,** as well as relative pronouns:

2.38	Hvis **De vil,** (skal vi vise Dem byen).	De	vil
4.16	Som **De ser,** (er værelset ganske stort).	De	ser

(b) Inverted order: VS. Here are some examples of this:

1.17	Ja, nå **forstår jeg** Dem.	jeg	forstår
4.9	Kom, så **tar vi** en bil.	vi	tar
3.26	Men først **skal jeg** reise omkring i landet.	jeg	skal
2.38	Hvis De vil, **skal vi** vise Dem byen.	vi	skal
4.16	Som de ser, **er værelset** ganske stort.	værelset	er

This is the order which is used in independent clauses when they are introduced by some other part of the sentence than the subject. Notice that this may be a single word, usually but not necessarily an adverb, or a whole subordinate clause (**hvis De vil, som De ser**). But a coordinating conjunction (**eller, for, men, og,** etc.) does not count: it is just a connecting element. Notice also that when there is an auxiliary (**skal, vil**) with the verb, it is the auxiliary that is inverted.

Most questions are introduced either by the verb or by a question word (**hva, hvem, hvor, når,** etc.). Thus the order in these is also inverted:

		Subject	Verb
1.9	**Snakker De** norsk?	De	snakker
1.12	**Forstår De?**	De	forstår
1.33	**Kan jeg** hjelpe Dem?	jeg	kan
1.25	Hvor **er hotellet?**	hotellet	er
2.3	Hva **heter De?**	De	heter
2.5	Men hvem **er De?**	De	er

(c) The position of **ikke.** Any affirmative sentence can be made negative by adding **ikke.** This word is placed *immediately* after the verb, unless the verb is followed by either a pronoun or certain adverbs (like **dessverre**); then it comes after these, unless the pronouns are emphasized. If the verb is complex, the rule applies to the auxiliary.

1.13	Nei, jeg **forstår ikke.**	
2.1	Unnskyld, **er ikke** De amerikaner?	(emphasis on pronoun)
2.30	Vi **har** dessverre **ikke** plass hjemme.	(intervening adverb)
3.30	**Er ikke** Deres far doktor?	(**Deres** is a modifier of **far**)
3.40	Å, **si ikke** det.	(emphasis on pronoun)
4.18	**Er ikke** den senga nokså dårlig?	

4–A

Exercises

A. Rewrite the following sentences, putting the bold-face portion first:

1. Jeg var meget sjøsyk **på turen.** 2. Det er altfor lite **i en by som Bergen.** 3. Jeg ble kaptein **for fem år siden.** 4. Jeg kjøpte den **for et år siden.** 5. Som De ser, **er værelset ganske stort.**

B. Translate into Norwegian, producing from each English sentence two Norwegian sentences with different word order:

1. I understand you now. 2. I work for a newspaper in America. 3. All the rooms are taken here. 4. There are many tourists in the city, as you see. 5. If you'd like, you can live with me.

C. Change the following statements into questions, first by preceding them with the question word indicated, and then by just inverting the verb and subject. E.g. Stasjonen er rett fram. (a) Hvor er stasjonen? (b) Er stasjonen rett fram?

1. Hotellet er til høyre. (**hvor**) 2. Han skal ha et glass melk. (**hva**) 3. Det koster to kroner. (**hvor mye**) 4. Jeg heter Georg Smith. (**hva**) 5. Dette er min kone. (**hvem**) 6. Han har det bra. (**hvordan**) 7. Jeg kommer fra Amerika. (**hvor**)

D. Change each of these sentences from the affirmative to the negative by adding **ikke** in the proper place (without emphasizing the pronouns):

1. Jeg skal ha melk, takk. 2. Kan jeg hjelpe Dem? 3. Jeg er en venn av Deres far. 4. Det gleder meg. 5. Det var snilt av dere. 6. Kan De anbefale et hotell? 7. Det er en amerikansk tobakk. 8. Jeg seilte med norske skip. 9. Jeg skal dessverre tilbake til Amerika. 10. Jeg har tenkt å skrive en bok.

4–B

ENGLISH EQUIVALENTS

21 Does the sun come in here?
22 Oh yes, this window faces ('turns toward') east,
23 and the other south.
24 Is the room with or without bath?
25 The bath is right next door. ('. . by the side of . .')
26 Is there both hot and cold water?
27 Yes, of course, and a shower.
28 What does the room cost?
29 A hundred crowns a month.
30 (*to Christensen*) Isn't that a little expensive?
31 No, not at all. I think it is quite reasonable.
32 You'll surely not get any cheaper room.
33 (*to the landlady*) I think I'll take the room.
34 When do you want to move in?
35 This evening, right away.
36 Shall we wake you tomorrow morning ('tomorrow early')?
37 No thanks, I want to stay in bed ('lie') as long as possible.
38 Good night, Smith.
39 Good night, and thanks for today.
40 Same to you ('self thanks'), and sleep well.

LISTENING SCRIPT

21 [ær de so´l hær inn`e]
22 [ja´ da, det`te vin`due ven`ne(r) mot øs´t]
23 [å de an`dre mot sø´r]
24 [ær væ`r^else me´ eller u`t^en ba´d]
25 [ba´de ær li`ke ve si`d^en a]
26 [ær de bå`de var´mt å kal´t vann´]
27 [ja sellføl´geli, å dusj´]
28 [va kås`ter væ`r^else]
29 [hun`dre kro`ner må`nt^en]
30 [æ`r-ikke de´ litt dy´rt]
31 [næi´, sjlett´ ik`ke. jæi´ sy`nes de æ(r) gan`ske ri`meli]
32 [di får sik´kert ik`ke noe bil`liere væ`r^else]
33 [jæi tro´r jæi ta´r væ`r^else]
34 [nårr´ vi(ll) di flyt`te-inn`]
35 [nå´ i kvell´, me de sam`me]
36 [skall vi vek`ke-demm i må´ ^ern- ti ˙ li]
37 [næi´ takk´, jæi´ vil lig`ge så leng`e såmm mu`li]
38 [go natt´, smitt´]
39 [go natt´ da, å takk´ fårr i da´g]
40 [sell´ takk´, å så´v gått´]

Har De et værelse til leie?

(fortsatt *continued*)

SMITH	Er det sol her inne?	21
VERTINNEN	Ja da, dette vinduet vender mot øst,	22
	og det andre mot sør.	23
SMITH	Er værelset med eller uten bad?	24
VERTINNEN	Badet er like ved siden av.	25
SMITH	Er det både varmt og kaldt vann?	26
VERTINNEN	Ja, selvfølgelig, og dusj.	27
SMITH	Hva koster værelset?	28
VERTINNEN	Hundre kroner måneden.	29
SMITH	(*til Christensen*) Er ikke det litt dyrt?	30
CHRISTENSEN	Nei, slett ikke. Jeg synes det er ganske rimelig.	31
	De får sikkert ikke noe billigere værelse.	32
SMITH	(*til vertinnen*) Jeg tror jeg tar værelset.	33
VERTINNEN	Når vil De flytte inn?	34
SMITH	Nå i kveld, med det samme.	35
VERTINNEN	Skal vi vekke Dem i morgen tidlig?	36
SMITH	Nei takk, jeg vil ligge så lenge som mulig.	37
CHRISTENSEN	God natt, Smith.	38
SMITH	God natt da, og takk for i dag!	39
CHRISTENSEN	Selv takk, og sov godt!	40

4–B

PRONUNCIATION

◓ **4.3** THE LOCATION OF STRESS

The correct placing of the stresses is an essential part of learning the pronunciation, and has to be memorized for each word. If you forget, you can look it up in the vocabulary at the end of the book. It may be helpful if we give you here a few general rules concerning the location of stress.

(1) Most Norwegian words are stressed on the *first* syllable: **landet** [lan´ne], **maten** [ma´t^{e}n], **opptatt** [åpp´/tatt`], **rimelige** [ri`melie] .The rising musical pitch (see PRONUNCIATION **4.4**) may make you think at first that the stress is on the last syllable, but this is an illusion.

(2) Some compounds and derivatives are stressed on later syllables than the first. For the compounds see PRONUNCIATION **3.3** (words like **selvfølgelig**). Examples of derivatives are: **amerikaner** [am^{e}rika´ner], **amerikansk** [am^{e}rika´nsk] from **Amerika** [ame´rika]. In such words the stress is either on the suffix or on the immediately preceding syllable.

(3) The prefixes **be-** and **for-** (when it is used with verbs) are never stressed: **begynne** [bejyn´ne], **bekomme** [bekåm´me], **forstå** [fårstå´], **fortelle** [fårtel´le].

(4) Words of French origin are usually stressed on the *last* syllable. Most of these have also been borrowed into English, but with a switch of stress: **adjø, hotell, journalist, kaptein, konfekt, kontor, møblert, restaurant, sigar, stasjon, tobakk, turist.** If they end in unstressed **-e,** the preceding syllable gets the stress: **etasje** [eta´sje], **presentere** [presangte´re].

(5) Words of Latin origin often retain a stress on an earlier syllable than the last: **doktor** [dåk´tor], **professor** [profes´sor] 'professor.'

(6) The addition of the definite article does not change the place of stress: **sigarene** [siga´r^{e}ne], **smørbrødet** [smør´brøe], **stasjonen** [stasjo´n^{e}n].

When words are strung together into sentences, many of them lose the stress they have when pronounced by themselves. Just how many words lose it depends on the tempo of speech: the faster a person speaks, the fewer stresses there are. The general rule is that the "little" words, which function as markers of the grammar, lose their stresses first. Pronouns, prepositions, articles, conjunctions, many adverbs, and even some verbs, like **ha** and **være**, are unstressed unless they are emphasized for contrast. Nouns, verbs, adjectives, and numerals usually keep their stress.

◓ **4.4** MUSICAL PITCH

In Norwegian, as in English, the voice not only produces vowels and consonants, but also moves up and down the musical scale during speech. You must already have noticed that Norwegian has a different melody from

English, or as some people say, that "Norwegians sing when they talk." The reason for this is that Norwegian often goes up where English goes down, and vice versa. In both languages pitch is important, particularly for expressing finer shades of feeling. But it also plays a part in the basic framework of the languages.

In Norwegian *every syllable with primary stress* is the starting point of a potential *pitch contour,* or *melody.* In a normal, unemotional sentence there are just two such melodies, which keep repeating themselves, sometimes a little higher in the register, sometimes a little lower. While they are never quite the same twice in a row, they have a very characteristic profile, though they differ somewhat from person to person and even more from dialect to dialect. These melodies are called *word tones,* Tone 1 and Tone 2 respectively. In our respelling of Norwegian they have been marked on each stressed syllable by an *acute accent* for Tone 1, viz. [´], and a *grave accent* for Tone 2, viz. [`].

It takes some ear-training to hear the difference, since we have nothing like this in English. But for speakers of Norwegian it is important enough so that they can tell apart words of different meaning just by these tones. We

4-B

have not yet had any such word pairs in the text, but we have had several words with mates that differ only in their tone. Here are some examples:

Tone 1	Tone 2
været [væ´re] the weather	være [væ`re] be
hjemmet [jem´me] the home	hjemme [jem`me] at home
badet [ba´de] the bathroom	bade [ba`de] bathe

As pronounced by people from Oslo, the word pairs above are distinguished by the following pitch curves, which come from actual measurements. Notice that the main sections of the curves move in the same direction as the accent marks we have used to represent them. The curves have been placed on a musical staff to show the approximate intervals in terms of notes, but they do not jump from note to note as music does; they slide continuously up and down except where they are interrupted by voiceless consonants. The pitches here are those of a male voice; they could have been transposed either up or down according to the normal pitch of the speaker. They can also be steeper and they can cover up to a whole octave.

All words with stress on the last syllable (which includes all monosyllables) have Tone 1, and this does not change when the definite article is added: **bad** [ba´d], **badet** [ba´de]; **hotell** [hotell´], **hotellet** [hotel´le]. All other words must have either Tone 1 or Tone 2 when they are pronounced with stress, and the rules are quite complicated. If they lose their stress, they also lose their tone. Short unstressed words, especially pronouns, usually join a preceding stressed word and are covered by its tone: **Forstår De meg?** is pronounced [fårstå´r-di-mæi], with a Tone 1 which runs from [å´] to the end. An unstressed **ikke** will also join a preceding verb and after a vowel may lose its **i** and be reduced to [ke]: **Er ikke De amerikaner?** [æ´r-ikke di´ amᵉrika´ner]; **Å, si ikke det.** [å´, si´-ke de´]. In East Norwegian a preposition which forms a grammatical unit with a preceding verb may join with the verb into a Tone 2. In this case the preposition gets secondary stress. Here are some examples you have had:

4.5	Jeg **vet om** et sted.	[ve`t-åmm´]
4.5	De **leier ut** værelser.	[læi`er-u˙t]
4.15	**Bli med** opp.	[bli`-me´]
4.34	Når vil De **flytte inn?**	[flyt`te-inn´]

In West Norwegian the preposition gets primary stress and the verb loses its stress: [vet åmm´] etc.

The word tones are strongly influenced by the intonation of the sentence as a whole. At the end of the sentence it is quite common that the tones do not go up, but down. The final pitch of the Norwegian sentence has three main types: *high, mid,* and *low.* Mid is the pitch shown in the diagrams above. It is used when the speaker is narrating something and expects to continue talking. *High* may go up an octave or more, and is used when the speaker is in good spirits, is interested in what he is saying, or just excited. It is not especially characteristic of questions, as foreigners are sometimes led to believe. *Low* is used when the speaker is definitely finished, if he is being curt or cross, or dispirited.

Pitch and intonation can only be learned by close listening and imitation. One can speak quite adequate Norwegian without clearly distinguishing the word tones. But it is important to learn the pitch movement of the sentence as a whole.

⊙ Repetisjon (Pattern Practice)

Combine the elements in each group to form different *sensible* sentences (NB: not all elements of all groups fit together in these drills):

a)

Stasjonen		hotellet.
Hotellet		stasjonen.
Restauranten		restauranten.
Badet	er like ved siden av	værelset.
Vinduet		stolen.
Senga		bordet.
Bordet		vinduet.
Stolen		senga.

b)

		dagen.
	100 kroner	uken.
Værelset koster	20 kroner	måneden.
	2 kroner	året.

4–B

c)

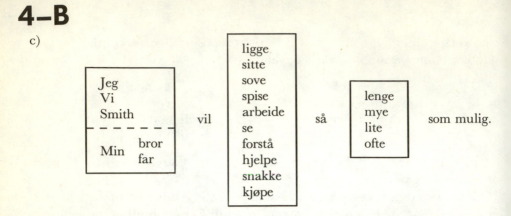

⊙ Spørsmål (Questions)

1. Hvor mange vinduer er det i værelset? 2. Er værelset med bad? 3. Hvor er dusjen? 4. Er ikke hundre kroner måneden litt dyrt? 5. Får Smith noe billigere værelse? 6. Tar Smith værelset? 7. Skal han flytte inn i morgen? 8. Hva vil Smith gjøre i morgen tidlig? 9. Hva slags værelse har De? 10. Er det rimelig eller dyrt?

Samtaleøvelse (Conversation Practice)

⊙ 1. You knock on the door of a rooming house and ask the landlady if she has a room available. She says she has two and asks you if you would like to see the rooms, etc. While looking at one of the rooms you ask where the bath is, what the room costs, etc. You decide to take it, etc.

2. You go into a hotel and ask for a room. The clerk asks if you want a room with or without bath. You ask what each costs, etc. He tells you and you say that it is too much. He says there are so many tourists in town now. You tell him you're not a tourist and that the room is too expensive. You ask him where you can get a cheaper room, etc.

GRAMMAR

☆ **4.3** THE FUTURE

Future time is expressed in several different ways in Norwegian:
(a) Future time expressed by the present tense.

1.42	Hvor mye **blir** det?		*How much* will *it* be?
1.43	Det **blir** elleve kroner.		*That* will *be eleven* kroner.
4.33	Jeg tror jeg **tar** værelset.		*I think I'll* take *the room.*
4.32	De **får** sikkert ikke noe billigere værelse.		*You'll surely not* get *any cheaper room.*

(b) Future time expressed by **skal.**

2.34	Hvor lenge **skal** De **bli** her i byen?	*How long are you* going to stay . . . ?
2.38	Hvis De vil, **skal** vi **vise** Dem byen.	*If you wish, we'*ll show *you the town.*
2.40	Jeg tror det **skal bli** hyggelig.	*I think it'*s going to be *nice.*
3.24	**Skal** De **skrive** mens De er her?	Are *you* going to write *while you're here?*
4.36	**Skal** vi **vekke** Dem i morgen?	Shall *we* wake *you tomorrow?*

(c) Future time expressed by **vil.**

3.9	**Vil** De **prøve** den?	*Do you* wish to try *it?*
4.34	Når **vil** De **flytte** inn?	*When* do *you* want to move *in?*
4.37	Jeg **vil ligge** så lenge som mulig.	*I* want to sleep *as long as possible.*

Notice from these examples that:

(1) if the context makes it clear that the action described is going to take place in the future, the present tense may be used to express future time.

(2) **skal** states that something *is going to* take place, or that something is predetermined to take place.

(3) **vil** expresses volition in connection with future action (see also the discussion of the use of **skal** and **vil** in, GRAMMAR **2.4**).

4–B

Exercises

A. Rewrite, using the future expressed by **skal** and **vil** and translate if the meaning is altered:

Jeg tar værelset.

B. Rewrite, substituting **vil** for **skal,** and translate:

1. Vi skal vise Dem byen. 2. Skal De skrive en bok? 3. Hvor lenge skal De bli her i byen?

C. Rewrite, substituting **skal** for **vil,** and translate:

1. Vil De prøve den? 2. Når vil De flytte inn? 3. Jeg vil ligge så lenge som mulig.

D. Rewrite, substituting the present tense, and translate:

1. Når vil De flytte inn? 2. Skal De skrive en bok?

☆ 4.4 Synes, tro, tenke

The English verb 'think' is translated by three different verbs in Norwegian:

2.40	Jeg **tror** det skal bli hyggelig i Norge.	*I* think *it's going to be . . . .*
4.33	Jeg **tror** jeg tar værelset.	*I* think *I'll take the room.*
3.11	Hva **synes** De om norsk tobakk?	*What do you* think *about . . . . ?*
4.31	Jeg **synes** det er ganske rimelig.	*I* think *it's quite reasonable.*
3.25	Jeg **har tenkt** å skrive en bok om Norge.	*I've* thought *about writing. . . . .*
3.27	Hvor lenge **har** De **tenkt** å bli i landet?	*How long* have *you* thought *about staying in the country?*

(1) **Tro** is used when the speaker is expressing something he *believes* to be true. It can be translated with either 'think' or 'believe.'

(2) **Synes** is used when the speaker is expressing a taste or an opinion. **Jeg synes** can be translated either 'I think' or 'It is my opinion that . . .'.

(3) **Tenke** emphasizes that the process of thinking or consideration is taking place. **Jeg tenker** can be translated either 'I am thinking' or 'I am considering,' even 'I am intending (to).'

Exercise

Translate Into Norwegian:
1. What do you think of Anne Marie? 2. George Smith has thought of

[84]

travelling around. 3. He thinks the room is a little expensive. 4. I think he has been in Norway before.

⊙ **La oss lytte** (Let's Listen)

1. *Mrs. Christensen is questioning George about his room.*

FRU CHRISTENSEN	Hva synes De om værelset?
GEORG	Det er et meget godt værelse, synes jeg.
FRU CHRISTENSEN	Er det stort eller lite?
GEORG	Det er et ganske stort værelse, og det er mye sol der inne.
FRU CHRISTENSEN	Er det mange vinduer?
GEORG	Det er to. Ett vender mot sør, og det andre mot øst.
FRU CHRISTENSEN	Er værelset i annen etasje?
GEORG	Nei, det er i første.
FRU CHRISTENSEN	Er det med eller uten bad?
GEORG	Det er uten bad, men badet er like ved siden av. Der er det dusj, med både varmt og kaldt vann.
FRU CHRISTENSEN	Er værelset møblert?

4–B

GEORG	Ja selvfølgelig. Jeg har et stort bord hvor jeg kan skrive, og to gode stoler.
FRU CHRISTENSEN	Det var bra.
GEORG	Ja, det er et hyggelig sted å bo.

2. *En amerikansk turist, Robert Hansen, snakker til en mann på gata.*

HANSEN	Unnskyld. Kan De si meg hvor jeg kan finne et hotell?
MANNEN	Ja, hotell Norge er rett fram.
HANSEN	Takk skal De ha.
MANNEN	Ikke noe å takke for. Er De turist kanskje?
HANSEN	Ja, jeg reiser litt omkring i landet.

(*mens de går mot hotellet*)

MANNEN	Har De vært her før?
HANSEN	Jeg har vært i Norge før, men dette er første gang jeg er i Bergen.
MANNEN	Hva synes De om byen?
HANSEN	Jeg er nettopp kommet, men jeg tror det skal bli hyggelig her.
MANNEN	Ja, det blir det sikkert. Bergen er en meget hyggelig by.
HANSEN	Kommer De fra Bergen?
MANNEN	Nei, jeg kommer fra Oslo, men jeg er forretningsmann og er ofte i Bergen.
HANSEN	Er det dette hotellet?
MANNEN	Ja, det er hotell Norge. Her kan De sikkert få et værelse. Velkommen til Bergen!
HANSEN	Mange takk. Det var hyggelig å prate med Dem.
MANNEN	I like måte. Adjø.
HANSEN	Adjø.

3. *Hansen går inn og snakker med portieren.*

HANSEN	Unnskyld, har De et værelse ledig?
PORTIEREN	Ja, jeg har et par.
HANSEN	Har De ett med bad til en rimelig pris?
PORTIEREN	Nei, dessverre, jeg har bare værelser uten bad.
HANSEN	Hvor mye koster et værelse uten bad da?
PORTIEREN	Tredve kroner dagen.
HANSEN	Å, men det er altfor dyrt. Kan De anbefale et sted hvor jeg kan få et billigere værelse?
PORTIEREN	Nei, jeg tror ikke De kan finne et billigere værelse i byen nå. Alle turistene vil ha værelser, forstår De.
HANSEN	Da tar jeg værelset her.
PORTIEREN	Vil De flytte inn med det samme?

HANSEN   Ja, helst det.
PORTIEREN   Skal vi vekke Dem i morgen tidlig?
HANSEN   Nei takk, jeg vil ligge så lenge som mulig i morgen.

Vocabulary List (Lessons 1–4)

Nouns

En-nouns

aften 1.4	kaffe 1.54	portier 4.2
amerikaner 2.1	kaptein 3.14	pris 4.7
avis 3.23	kone 2.18	restaurant 1.23
bil 4.9	konfekt 1.38	seng 4.18
bok 3.25	kontordame 3.36	side 4.25
bror 3.34	kopp 1.54	sigar 3.5
by 2.36	krone 1.39	sol 4.21
dag 1.1	kveld 4.35	stasjon 1.28
datter 2.21	lege 3.31	stol 4.17
del 1	leie 4.10	stue 3.3
doktor 3.30	lekse 1	stund 3.3
dusj 4.27	lærer 3.34	søster 3.36
eske 1.39	mat 3.1	te 1.55
etasje 4.12	melk 1.50	telefon 1.24
far 2.7	middag 1.47	tobakk 3.7
forretningsmann 3.35	mor 2.15	tur 2.26
fru 2.19	morgen 1.3	turist 4.3
frøken 2.23	måned 4.29	uke 2.37
gang 1.14	måte 2.20	vei 1.28
gate 4.6	natt 4.38	venn 2.7
herr 2.9	pipe 3.6	vertinne 4.11
journalist 3.22	plass 2.30	vin 1.53
		øre 1.43

Et-nouns

arbeid 3.20	land 3.26	sykehus 3.31
bad 4.24	nummer 4.6	vann 1.51
bord 4.17	par 1.48	vindu 4.22
eple 1.35	skip 3.17	værelse 4.1
glass 1.50	smørbrød 1.48	øl 1.52
hotell 1.22	sted 2.29	år 3.16

Plural—Both et-noun and en-noun

søsken 3.33	slags 3.7

[87]

4–B

Names of Places

Amerika   2.2

Norge   2.8

Verbs

anbefale   2.32
arbeide   3.23
begynne   3.32
bli   2.34
⌈ bli   1.42
⌊ ble   3.19
bo   2.29
burde   2.37
drikke   1.49
finne   1.22
flytte   4.34
forstå   1.12
fortelle   3.20
få   2.17
få   4.7
gjøre   3.21
glede   2.19
gå   1.11
⌈ ha   1.7
⌊ hatt   2.26
hete   2.3
hilse   2.13
hjelpe   1.33

kan   1.22
⌊ kunne   2.31
kjenne   2.15
kjøpe   4.20
komme   2.2
koste   1.38
la   3.3
leie   4.5
ligge   4.37
møte   2.24
må   1.11
prate   3.3
presentere   2.17
prøve   3.9
reise   3.26
røke   3.7
se   4.14
seile   3.16
si   1.14; 28
sitte   3.3
⌈ skal   1.36
⌊ skulle   1.35

skrive   3.24
⌈ snakke   1.9
⌊ snakket   2.10
sove   4.40
spise   1.46
stå   1.5
synes   3.11
ta   1.40
takke   1.32
tenke   3.25
tro   2.40
vekke   4.36
vende   4.22
vite (vet)   4.4
⌈ vil   1.14
⌊ ville   3.4
vise   2.38
⌈ være   3.4
er   1.25
vær   1.31
var   2.24; 1.18
⌊ vært   2.25

Adjectives

alle   4.2
amerikansk   3.8
andre   4.23
annen   1
billig   4.32
bra   1.18
Deres   2.7
dyr   4.30
dårlig   4.18
eneste   3.36
fjerde   4
først   1
gammel   2.7
gift   3.37
god   1.1

hyggelig   2.14
høyre   1.27
kald   4.26
ledig   4.1
like   2.20
lite   2.36
mange   1.30
mild   3.12
min   2.10
mulig   4.37
møblert   4.11
⌈ noen   1.35
⌊ noe   2.29
norsk   1.9
ny   4.19

opptatt   4.2
pen   4.11
rimelig   4.7
samme   4.35
sjøsyk   2.27
snill   2.24
stor   3.23
sterk   3.10
sør   4.23
tredje   3
varm   4.26
venstre   1.27
vår   2.21
øst   4.22

Adverbs

aldri 2.25	hjemme 2.30	når 4.34
altfor 2.36	hvor 1.22; 36	ofte 2.10
bare 1.6	hvordan 1.5	også 2.15
borte 1.26	ikke 1.13	omkring 3.26
bra 1.6	inn 4.34	opp 4.15
da 1.20; 40	inne 4.21	rett 1.29
der 1.26	jo 2.2; 25	riktig 3.10
dessverre 1.10	kanskje 4.4	selvfølgelig 4.27
ellers 2.31	lenge 2.34	siden 3.19
ennå 3.38	like 4.25	sikkert 4.32
for 1.32	litt 1.10	slett 4.31
fram 1.29	med 4.15	synd 2.28
før 2.25	meget 2.16	særlig 2.27
først 3.26	minst 2.37	så 1.31; 3.29; 4.37
ganske 4.16	mye 1.42	tidlig 4.36
godt 2.16	nesten 4.19	til 1.5
helst 3.6	nettopp 2.2	tilbake 3.29
her 2.25	nokså 4.18	ut 4.5
	nå 1.11	vel 3.2

Articles

en 1.14	et 1.22	det 4.23

Conjunctions

både 4.26	men 2.5	og 1.7
eller 4.24	mens 3.24	som 2.36
hvis 2.38		

Exclamations and Greetings

adjø 1.19	sov godt 4.40
bare bra 1.6	takk 1.6; 40
god aften 1.4	takk for det 2.23
god dag 1.1	takk for i dag 4.39
god morgen 1.3	takk for maten 3.1
god natt 4.38	takk skal De ha 2.9
hvordan har De det? 1.7	ikke noe å takke for 1.32
hvordan står det til? 1.5	mange takk 1.30
i like måte 2.20	selv takk 4.40
ja 1.10	unnskyld 1.21
ja da 3.15	vel bekomme 3.2
jo da 2.2	velkommen 2.8
morn 1.2	vær så god 1.31; 41
morn da 1.20	å 2.27
nei 1.10	

4–B

Infinitive Marker

å   1.32

Numerals

1–90 cf. 1B, 3B (Basic Sentences)   hundre   4.29

Prepositions

av 2.7	i 2.20	om 2.10
for 3.1	med 2.11	på 2.27
fra 2.2	mellom 3.16	til 1.27
hos 2.31	mot 4.22	uten 4.24
		ved 3.31

Pronouns

Personal Pronouns

de 4.5	dere 2.24	meg 1.16
De 1.7	det 1.5; 3.39	oss 2.31
Dem 1.17	han 2.12	vi 2.30
den 3.9	jeg 1.11	

Other Pronouns

den 4.18	hva 1.38	selv 4.40
det 3.40	hvem 2.5	som 3.34
dette 2.21	ingen 3.39	

Idiomatic Expressions

der borte 1.26	i morgen 4.36	slett ikke 4.31
det gleder meg 2.19	i ti år 3.16	så . . . som 4.37
det var synd 2.28	i første etasje 4.12	så tar vi . . . 4.9
en gang til 1.14	ikke noe særlig 2.27	til høyre 1.27
for . . . siden 3.19	jeg skulle ha 1.35	til venstre 1.27
hos oss 2.31	jeg røker helst 3.6	til leie 4.10
hva slags . . ? 3.7	like ved siden av 4.25	til rimelige priser 4.7
i dag 4.39	med det samme 4.35	
i kveld 4.35	noen gang 3.14	

FEMTE **5** LEKSE

Would you like to look at the town?

5-A

ENGLISH EQUIVALENTS

1 Hello there.
2 Hello. Thanks for yesterday.
3 Same to you. Well, what do you think of the room?
4 I like it ('me') very much here.
5 I slept like a log ('stone') all night.
6 That's good to hear.
7 Would you like to come along and look at the town a little today?
8 Yes, with pleasure.
9 I'd like that very much.
10 Do you by any chance have a map of the city?
11 Yes, this is a good map.
12 Here, do you want to look at it?
13 Yes thanks. Where are we now?
14 We're right here on the map now.
15 Oh, then we're quite near the harbor.
16 Is there anything interesting to see down there?
17 Yes indeed. The Fish Market is lots of fun ('an amusing place'),
18 and the German Wharf is very interesting.
19 We also have several old churches and museums in the city.
20 And we definitely mustn't forget the parks.

LISTENING SCRIPT

1 [mår´n mår´n]
2 [mår´n. takk´ fårr i gå´r]
3 [sell´ takk´. nå´, va sy`nes di åmm væ`r^{e}lse]
4 [jæi li´ker mæi rik`ti bra´ hær]
5 [jæi så´v såmm en stæi´n i he`le natt´]
6 [de´ va(r) gått´ å hø`re]
7 [vill di væ`re-me å se´ litt på by´en i da´g]
8 [ja´, me fårnøy´else]
9 [de´ vill jæi svæ´rt jæ`rne]
10 [ha´r di kan`sje et kar´t åve(r) by´en]
11 [ja´, det`te ær et gått´ kar´t]
12 [vær´ så go´, vill di se´ på de]
13 [ja´ takk´. vorr´ æ´r vi nå´]
14 [nå´ ær vi ak´kurat hæ´r på kar`te]
15 [å´, da´ æ(r) vi gan`ske næ´r hav´n^{e}n]
16 [æ´r de no int^{e}resang´t å se´-dær-ne`de]
17 [ja´ da. fis`ke/tår`ve æ´r et mor`såmt ste´d]
18 [å tys`ke/bryg`gen ær me`get int^{e}resang´]
19 [vi har ås´så fle`re gam`le kjir`ker å muse´er i by´en]
20 [å vi må en`deli ik`ke glem`me par`kene]

[92]

Vil De se litt på byen?

Mr. Christensen calls on Smith the next morning:

CHRISTENSEN	Morn morn.	1
SMITH	Morn. Takk for i går.	2
CHRISTENSEN	Selv takk. Nå, hva synes De om værelset?	3
SMITH	Jeg liker meg riktig bra her.	4
	Jeg sov som en stein i hele natt.	5
CHRISTENSEN	Det var godt å høre.	6
	Vil De være med og se litt på byen i dag?	7
SMITH	Ja, med fornøyelse.	8
	Det vil jeg svært gjerne.	9
	Har De kanskje et kart over byen?	10
CHRISTENSEN	Ja, dette er et godt kart.	11
	Vær så god, vil De se på det?	12
SMITH	Ja, takk. Hvor er vi nå?	13
CHRISTENSEN	Nå er vi akkurat her på kartet.	14
SMITH	Å, da er vi ganske nær havnen.	15
	Er det noe interessant å se der nede?	16
CHRISTENSEN	Ja da. Fisketorvet er et morsomt sted,	17
	og Tyskebryggen er meget interessant.	18
	Vi har også flere gamle kirker og museer i byen.	19
	Og vi må endelig ikke glemme parkene.	20

5–A

⊙ **Repetisjon**

Combine the elements in each group to form different sentences:

a)

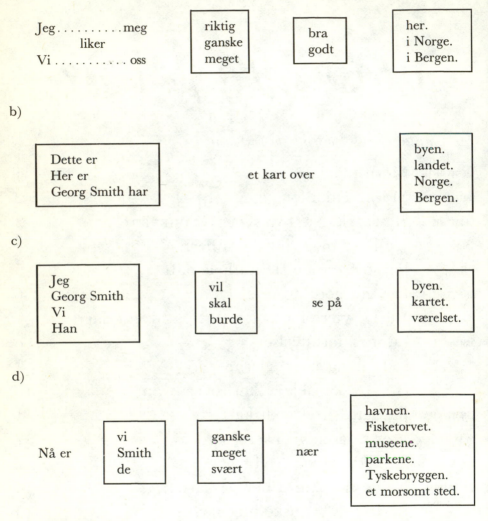

Jeg.........meg | riktig | bra | her.
liker | ganske | godt | i Norge.
Vi...........oss | meget | | i Bergen.

b)

Dette er | | byen.
Her er | et kart over | landet.
Georg Smith har | | Norge.
                  | | Bergen.

c)

Jeg | vil | | byen.
Georg Smith | skal | se på | kartet.
Vi | burde | | værelset.
Han | | |

d)

Nå er | vi | ganske | nær | havnen.
      | Smith | meget | | Fisketorvet.
      | de | svært | | museene.
      | | | | parkene.
      | | | | Tyskebryggen.
      | | | | et morsomt sted.

⊙ **Spørsmål**

1. Hva synes Smith om værelset? 2. Hvordan sov han? 3. Hva skal Smith og Christensen gjøre i dag? 4. Hva er det Christensen har? 5. Hvor er de? 6. Er det noe interessant å se i byen? 7. Er Fisketorvet et interessant sted? 8. Hva må de endelig ikke glemme? 9. Har De noen gang vært på Fisketorvet? 10. Hvis De var i Bergen, hva ville De helst se?

Samtaleøvelse

⊙ 1. You meet a friend who has just moved into a new room. You ask him how the room is and he tells you about it and describes it, etc. You ask him what he's going to do today and he says he's going to look at the town. He asks you if there is anything interesting to see and you tell him about the different sights in town. He asks you if you have a map of the city, but you don't, unfortunately, so he says he'll buy one.

2. You go into a store and ask if you can buy a map there and the storekeeper says he has many maps of the city. You look at them, choose one, ask how much it is, pay for it, etc. Then you go out to look at the town.

3. You stop a man on the street and ask the way to the Fish Market. He gives you directions. Then you ask if there are any good restaurants down there and he says there are a couple of very good restaurants. You ask if they are expensive, but he says no, they're quite reasonable and that the food is very good. You thank him and head for the Fish Market.

Fisketorvet er et morsomt sted.

5–A

GRAMMAR

☆ **5.1 Ei-Nouns**

A number of **ei**-nouns have occurred in the conversations since they were mentioned in Lesson 2 (Grammar **2.2**). Only one, however, has been used with the suffixed definite singular article **-a:**

4.18   Er ikke den senga nokså dårlig?

Several other **ei**-nouns have been used as **en**-nouns: **en krone, en kone, en datter, en mor, en stund, en bok, en søster, en sol.** The indefinite article **ei** may be used with all of these. We have had three **ei**-nouns used with the **en**-noun definite article: **stuen (stua), siden (sida), havnen (havna).**

It is important to remember that all **ei**-nouns may be treated as **en**-nouns, but not vice versa. Nor do all **ei**-nouns occur equally often with **ei**-noun endings in cultivated Oslo speech. The reason for this is that the **ei**-noun forms were originally dialect forms which have gradually been introduced into the standard language during the past few decades. This process is still going on, and it is therefore impossible to give any rules concerning the use of the **ei**-noun forms. It is very common that an **ei**-noun is treated as an **en**-noun in the indefinite form and as an **ei**-noun in the definite form. I.e., many people in Oslo and other cities say **en bok, boka; en sol, sola; en kone, kona.** Whether an **en**-noun may be treated as an **ei**-noun is something that must be learned for each noun, but notice that: (1) Most names for

Tyskebryggen er meget interessant.

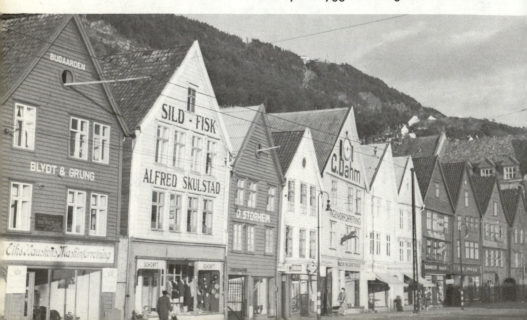

women (as well as female animals) are **ei**-nouns. (2) Many nouns ending in unaccented **-e** (e.g. **krone, kone, stue, side**) are **ei**-nouns. In the plural, all **ei**-nouns are treated like **en**-nouns (endings **-er, -ene**).

☆ 5.2 PAST FORMS OF THE VERB

Several verbs have been used in the simple past:

		PAST	INFINITIVE
2.24	Det **var** snilt av dere å møte meg.	var	være
3.18	Jeg **seilte** bare med norske skip.	seilte	seile
3.19	Jeg **ble** kaptein for fem år siden.	ble	bli
4.20	Jeg **kjøpte** den for et år siden.	kjøpte	kjøpe
5.5	Jeg **sov** som en stein i hele natt.	sov	sove

Vi har også flere gamle kirker i byen.

5–A

In Norwegian, as in English, the present perfect tense is formed by using the present form of the verb **ha** with a past participle. We have had the examples:

		PARTICIPLE	INFINITIVE
2.10	Min far **har** ofte **snakket** om Dem.	snakket	snakke
2.26	**Har** De **hatt** en god tur?	hatt	ha
3.14	**Har** De **vært** i Amerika noen gang?	vært	være
3.25	Jeg **har tenkt** å skrive en bok om Norge.	tenkt	tenke

The past perfect tense is formed, as in English, by using the past form of **ha,** i.e. **hadde,** with a past participle (e.g., **hadde snakket** 'had talked'). No examples of this have occurred yet.

From the above examples it can be seen that the past and participial forms of the verb are usually formed by either adding endings to the verb stem or by changing the vowel in the verb stem, just as in English.

(1) Weak verbs. The verbs which add endings to form the past are called 'weak' verbs and are of several different types:

(a) **-et, -et:** Many verbs whose stems end in *more than one consonant* add the ending **-et** to form both the simple past and the past participle:

INFINITIVE	SIMPLE PAST	PAST PARTICIPLE
snakke	snakket	snakket

(b) **-te, -t:** Many verbs whose stems end in *a single consonant* (or **nn, mm, ll, nk**) add the ending **-te** to form the simple past and the ending **-t** to form the past participle:

seile	seilte	seilt
kjøpe	kjøpte	kjøpt
tenke	tenkte	tenkt

(c) **-dde, -dd:** Many verbs whose stems end in *an accented vowel* add the endings **-dde** and **-dd:**

bo	bodde	bodd
tro	trodde	trodd

Ha almost fits into this group, but its participle is irregular:

ha	hadde	hatt

(2) Strong verbs. The verbs which do not add endings to form the past are called 'strong' verbs:

Infinitive	Simple Past	Past Participle
sove	sov	sovet
komme	kom [kåmm´]	kommet

Most strong verbs change the vowel of the stem in the past, and often in the participle as well. Compare English *sing, sang, sung*. Only two examples have occurred so far:

være (present **er**)	var	vært
bli	ble	blitt

There are some weak verbs which form the past and the participle by *both* adding endings and changing the stem vowel. Some of these have occurred in the present tense, but as yet their past tenses have not occurred.

In addition to the verb **være** (present **er**), a few other verbs have irregular present forms. So far we have had **gjøre** (present **gjør**) and **vite** (present **vet**).

Exercises

Translate:

1. I talked with George today. 2. Have you ever been in Norway? 3. How long did you sail on Norwegian ships? 4. I bought four chairs yesterday. 5. I've bought a new map of the city. 6. Have you ever talked with my father? 7. I have often slept in that bed. 8. He came to (the) town three weeks ago. 9. I lived with friends in Norway. 10. I thought he was Norwegian.

Bergen: Akvariet

5–B

ENGLISH EQUIVALENTS

21 What do you want to see first?
22 I really don't know.
23 I'd like to see everything.
24 But couldn't we wait with the museums?
25 Yes, we can certainly do that. Shall we rather begin with the Fish Market?
26 Yes, let's. Is it far (to there)?
27 No, it'll take us only ten minutes.
28 Shall we walk or shall we ride?
29 Is there any streetcar or bus?
30 Yes, the bus stops at this corner,
31 but it will surely only do us good ('we have only good of') to walk.
32 First we'll walk through the city,
33 and then we'll take the Fløyen railroad up to Fløyen.
34 Where is that?
35 It's on top of that mountain.
36 It's good we don't have to ('we escape to') walk up there.
37 Yes, isn't it ('not true')?
38 But the view from the top is great.
39 We'll see the whole city and the fjord and all the islands.
40 And then we'll eat dinner in the restaurant.

LISTENING SCRIPT

21 [va´ vil di se´ før´st]
22 [jæi ve´t-ikke-rikti]
23 [jæi vil jæ`rne se´ al´t sam´men]
24 [menn kun`ne-vi-ikke ven`te me muse´ene]
25 [jo´, de´ kann vi gått´. ska vi hel´ler by`ne me fis`ke/tår`ve]
26 [ja la´ åss de´. ær de lang´t di´t]
27 [næi´, de ta´r-åss ba`re ti´ minut´ter]
28 [ska vi gå´, eller ska vi kjø`re]
29 [ær de noen trikk´ elle(r) buss´]
30 [ja bus´sen stan`ser ve det`te jø`rne]
31 [menn vi ha´r-da ba`re gått´ av å gå´]
32 [før´st gå´r-vi jen´nåm by´en]
33 [å så´ ta(r) vi fløy´/ba˙n^en åpp´ till fløy´en]
34 [vorr´ ær de´ da]
35 [de´ æ(r) på tåp´pen av de´ fjel´le]
36 [de æ(r) bra´ vi slip´per å gå´ di´t åpp]
37 [ja´, ik`ke san´t]
38 [menn u`t/sik´t^en fra tåp´pen æ(r) flått´]
39 [vi se´r he`le by´en å fjo´<sup>e</sup>rn å al`le øy`ene]
40 [å så´ spi´se(r) vi mid´da på restæurang´en]

Vil De se litt på byen?

(fortsatt *continued*)

CHRISTENSEN	Hva vil De se først?	21
SMITH	Jeg vet ikke riktig.	22
	Jeg vil gjerne se alt sammen.	23
	Men kunne vi ikke vente med museene?	24
CHRISTENSEN	Jo, det kan vi godt. Skal vi heller begynne	25
	med Fisketorvet?	
SMITH	Ja, la oss det. Er det langt dit?	26
CHRISTENSEN	Nei, det tar oss bare ti minutter.	27
SMITH	Skal vi gå eller skal vi kjøre?	28
	Er det noen trikk eller buss?	29
CHRISTENSEN	Ja, bussen stanser ved dette hjørnet,	30
	men vi har da bare godt av å gå.	31
	Først går vi gjennom byen,	32
	og så tar vi Fløybanen opp til Fløyen.	33
SMITH	Hvor er det da?	34
CHRISTENSEN	Det er på toppen av det fjellet.	35
SMITH	Det er bra vi slipper å gå dit opp.	36
CHRISTENSEN	Ja, ikke sant?	37
	Men utsikten fra toppen er flott.	38
	Vi ser hele byen og fjorden og alle øyene.	39
	Og så spiser vi middag på restauranten.	40

Repetisjon

Combine the elements in each group to form different sentences:

a)

| Jeg
Vi
Smith | vil gjerne | se på byen i dag.
spise middag nå.
gå opp til Fløyen.
møte Anne-Marie. |

b)

| Smith
Vi
De | har | ikke
bare
sikkert | godt av å | gå til havnen.
Fisketorvet.
arbeide så mye.
spise
reise omkring i landet.
tilbake til Amerika.
se på byen.
ligge så lenge som mulig. |

c)

	vi dere Georg	

Det er bra   [vi / dere / Georg]   slipper å

| gå dit opp. |
| arbeide i dag. |
| - - - - - - - - - - - - - |
| kjøre
gå   gjennom byen. |

⊙ Spørsmål

1. Vet Smith hva han vil se først? 2. Hva vil han vente med? 3. Hva begynner de med? 4. Er det langt til Fisketorvet? 5. Er det ikke noen buss? 6. Hvor skal de gå først? 7. Hvor skal de spise middag? 8. Hvordan skal de komme opp til Fløyen? 9. Hvorfor går de ikke opp? 10. Hva skal de se fra toppen av fjellet?

Samtaleøvelse

1. You get on the Fløyen railroad and ask the conductor how much it costs to ride up to Fløyen. He says it costs a *krone*. You pay him and ask if there is a restaurant there. He tells you and you thank him, etc.

⊙ 2. You stop a man on the street and ask him where the German Wharf is. He tells you it's a long way (far). You ask him if you have to take a bus or a streetcar and he says yes and that it's much too far to walk. He tells you that the streetcar stops at this corner. You thank him.

⊙ 3. You go into a store and ask for some chocolates, cigars, or tobacco, etc. While the clerk is getting them for you, you notice a map of the city on the counter and ask him if that isn't a map of the city, etc. You ask if it's a good map, how much it costs, etc., and finally buy it and pay for your purchases.

GRAMMAR

☆ **5.3** FORMATION OF ADVERBS FROM ADJECTIVES

In English, many adverbs end in *-ly* (e.g., *surely,* formed from the adjective *sure*). The corresponding ending in Norwegian is **-t,** that is, the same ending as the **et**-noun ending of the adjective. We have had a number of examples:

		ADVERB		ADJECTIVE	
2.16	Ja, meget **godt.**	godt	well	god	good
4.32	De får **sikkert** ikke noe billigere værelse.	sikkert	certainly	sikker	certain
5.9	Det vil jeg **svært** gjerne.	svært	very	svær	large, heavy
5.26	Er det **langt** dit?	langt	far	lang	long

5–B

Remember that the -t cannot be added to adjectives ending in -sk or -ig (cf. GRAMMAR **3.3**):

5.4 Jeg liker meg **riktig** bra her.   riktig *adv.* really   riktig *adj.* real

5.20 Og vi må **endelig** ikke glemme parkene.   endelig *adv.* definitely   endelig *adj.* final

5.22 Jeg vet ikke **riktig**.

☆ **5.4** DEMONSTRATIVE PRONOUNS

We have had a number of sentences containing demonstrative pronouns:

		DEMONSTRATIVE PRONOUN	
2.18	**Dette** er min kone.	dette	this
2.21	Og **dette** er vår datter.	dette	this
2.28	**Det** var synd!	det	that
3.40	Si ikke **det!**	det	that
4. 22	**Dette** vinduet vender mot sør.	dette	this
4.18	Er ikke **den** senga nokså darlig?	den	that
4.30	Er ikke **det** litt dyrt?	det	that
5.6	**Det** var godt å høre.	det	that
5.30	Bussen stanser ved **dette** hjørnet.	dette	this
5.34	Hvor er **det** da?	det	that
5.35	Det er på toppen av **det** fjellet.	det	that

The following chart lists all the demonstrative pronouns, including those that have not yet occurred:

with **en-nouns**

den byen	that town	**denne** byen	this town
de byene	those towns	**disse** byene	these towns

with **ei-nouns**

den senga	that bed	**denne** senga	this bed
de sengene	those beds	**disse** sengene	these beds

with **et-nouns**

det fjellet	that mountain	**dette** fjellet	this mountain
de fjellene	those mountains	**disse** fjellene	these mountains

NB: Nouns which directly follow demonstrative pronouns must have definite articles attached. You have had examples of all the demonstrative pronouns in the conversations except **denne** and **disse. De** has occurred as the personal pronoun 'they' (4.5 : ... de leier ut). Note that all the forms for 'that' and 'those' are also personal pronouns ('it' and 'they'). Look back at sentences 4.18–4.20. Reread these sentences carefully and make sure that you understand which **den** means 'it' and which means 'that.' When **den, det,** or **de** are used as demonstrative pronouns, they are normally stressed. E.g.,

> Jeg kjøpte **den** for et år siden.   *would mean*   I bought that (one) a
>   year ago.

☆ 5.5 Det er, det var

The expression **det er** can mean either 'it is' or 'there is,' depending on the context:

(a) with the meaning 'it is':

3.8	**Det er** en amerikansk tobakk.
4.12	**Er det** i første etasje?
4.13	Nei, **det er** i annen.
5.35	**Det er** på toppen av det fjellet.
5.36	**Det er** bra vi slipper å gå dit opp.

(b) with the meaning 'there is':

3.39	**Det er** ingen som vil ha meg.
4.17	**Det er** et bord og to stoler.
4.21	**Er det** sol her inne?
5.29	**Er det** noen trikk eller buss?

If the subject is plural, the meaning is 'there are':

4.3	**Det er** mange turister i byen nå.

Similarly, if the verb is **var,** the meaning is 'there was (were).' E.g., we could rewrite sentence 4.3 in the past:

> **Det var** mange turister i byen da.

Of course, **det var** can also mean 'it was':

2.24	**Det var** snilt av dere å møte meg.

When accented, **det** means 'that,' as explained above:

2.28	**Det** var synd.
5.34	Hvor er **det** da ?

5-B

Exercises

Translate:

1. How long are you going to stay in that city? 2. How long have you been in this city? 3. Sit on that bed. 4. I bought these beds a year ago. 5. This bed is very large. 6. This map is very large. 7. Those mountains are very large. 8. That mountain is not as large as this mountain. 9. This trip has been very pleasant. 10. That hotel is very reasonable. 11. There are many mountains in Norway. 12. There's a lot to do in this country. 13. It's not far (to there). 14. It was pleasant to sail on a Norwegian ship. 15. There were several ships in the harbor.

Så tar vi Fløybanen opp til Fløyen.

Vi ser hele byen og fjorden og alle øyene.

⊙ La oss lytte

1. *Georg Smith snakker med Arne Solum:*

SOLUM   Er ikke De amerikaner?

SMITH   Jo, men hvordan vet De det?

SOLUM   Å, jeg har vært i Amerika flere ganger. Hvor lenge har De vært her?

SMITH   Bare tre dager.

SOLUM   Hvordan liker De Dem i Norge?

SMITH   Jeg liker meg svært godt her. Bergen er en meget interessant by, synes jeg.

SOLUM   Har De vært på noen av museene?

SMITH   Nei, jeg har bare vært på Fisketorvet og på Fløyen.

SOLUM   Ja, da må De gå og se på museene. De er meget interessante. Jeg skal bli med og vise Dem veien.

SMITH   Takk, det var da altfor snilt. Får jeg presentere meg? Jeg heter Georg Smith.

SOLUM   God dag. Jeg heter Arne Solum.

SMITH   God dag.

[107]

5–B

2. *Solum og Smith går gjennom byen:*

SOLUM Si meg, hva er Deres arbeid?

SMITH Jeg er journalist. Jeg arbeider i en stor amerikansk avis.

SOLUM Det var da interessant! Jeg er også journalist.

SMITH Det var morsomt å høre. Da kan De fortelle meg litt om norske aviser. Er det mange aviser her i Bergen?

SOLUM Ja, vi har fem.

SMITH Fem? Er ikke det nokså mange for en by som Bergen?

SOLUM Jo, kanskje det. Men noen av dem er meget gode.

SMITH Hvor er Deres avis?

SOLUM Den er ved Fisketorvet.

SMITH Er det aften- eller morgenavis?

SOLUM Det er aftenavis. Den kommer bare en gang om dagen. Det er en svært gammel avis. Men den er selvfølgelig ikke så stor som amerikanske aviser.

SMITH Å, jeg tror ikke alle amerikanske aviser er så store. Men jeg vil svært gjerne se denne avisen. Kunne vi ikke vente med museene?

SOLUM Jo, gjerne det. Så går vi til Fisketorvet og ser på avisen.

SMITH Godt! Og i morgen skal jeg se på museene.

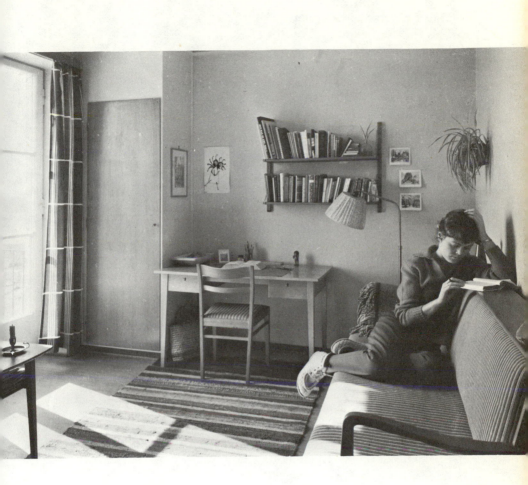

SJETTE **6** LEKSE

Are you going to write

a letter?

6-A

ENGLISH EQUIVALENTS

1 May I borrow some of your writing paper?
2 This isn't my paper, it's mother's.
3 I have mine upstairs.
4 Are you going to write [some] letters?
5 Yes, I'm going to write to a cousin in America.
6 But I forgot to buy writing paper.
7 Just a moment, and (then) I'll get some for you.
8 Thanks, that's ('was') nice of you.
9 You're welcome.
10 Here you are, is this good enough?
11 Yes, thanks a lot ('a thousand thanks')—the best is good enough.
12 Oh, my pen has begun to leak! May I borrow yours?
13 There unfortunately isn't [any] ink in mine.
14 But why don't you use a pencil?
15 Oh, I lost my pencil this morning.
16 Well, you're a fine journalist!
17 How do you intend to write to your paper then?
18 Oh, I can always use my typewriter.
19 I type ('write on machine') too.
20 I was an office girl for two years.

LISTENING SCRIPT

1 [få(r) jæi lå`ne no`e a skri`ve/papi´re-ditt]
2 [det`te æ´r ikke mitt´ papi´r, de ær mo´rs]
3 [jæi´ har mitt´ å`ven/på´]
4 [ska du skri`ve bre´v]
5 [ja´, jæi ska skri`ve til en fet´ter i ame´rika]
6 [menn jæi glem`te å kjø´pe skri`ve/papi´r]
7 [ett øy`e/blikk´, så ska jæi hen`te-no te dæi]
8 [takk´, de´ var snil´t a dæi]
9 [ing`en å`r/sa`k]
10 [vær´ så go´, ær det`te gått´-nåkk`]
11 [ja tu´sen takk´, de bes`te æ(r) gått´-nåkk`]
12 [uff´, pen´n^{e}n-minn har by`nt å lek`ke. får jæi lå`ne dinn´]
13 [de æ´r dessvær´re ikke blekk´ i minn´]
14 [menn vorr´fårr bru`ker-du-ke bly´ant]
15 [næi´, jæi mis`tet bly´ant$^e$n-minn i går`res]
16 [jo du´ ær en fi´n sjurnalis´t]
17 [vor´dan har du teng´t å skri`ve till avi´sen-dinn da´]
18 [å´, jæi kann´-jo all´tid bru`ke skri`ve/masji´n^{e}n-minn]
19 [jæi´ skriver ås´så på masji´n]
20 [jæi´ var konto´r/da`me i to´ å´r]

[110]

Skal du skrive brev?

George is visiting the Christensens:

GEORG	Får jeg låne noe av skrivepapiret ditt?	1
ANNE-MARIE	Dette er ikke mitt papir, det er mors.	2
	Jeg har mitt ovenpå.	3
	Skal du skrive brev?	4
GEORG	Ja, jeg skal skrive til en fetter i Amerika.	5
	Men jeg glemte å kjøpe skrivepapir.	6
ANNE-MARIE	Et øyeblikk, så skal jeg hente noe til deg.	7
GEORG	Takk, det var snilt av deg.	8
ANNE-MARIE	Ingen årsak.	9

* * * * * * * * * * * * * * * * *

ANNE-MARIE	Vær så god, er dette godt nok?	10
GEORG	Ja, tusen takk—det beste er godt nok.	11
	Uff, pennen min har begynt å lekke! Får jeg låne din?	12
ANNE-MARIE	Det er dessverre ikke blekk i min.	13
	Men hvorfor bruker du ikke blyant?	14
GEORG	Nei, jeg mistet blyanten min i morges.	15
ANNE-MARIE	Jo, du er en fin journalist!	16
	Hvordan har du tenkt å skrive til avisen din da?	17
GEORG	Å, jeg kan jo alltid bruke skrivemaskinen min.	18
ANNE-MARIE	Jeg skriver også på maskin.	19
	Jeg var kontordame i to år.	20

6–A

⊙ Repetisjon

Combine the elements of each group to form different *sensible* sentences (NB: not all elements of all groups fit together in these drills):

a)

| Jeg Smith | skal må vil | skrive til | en fetter i Amerika. min mor. Anne-Marie. Deres far. din bror. |

b)

| Jeg Han Vi | skal kjøpe kjøpte | en ny blyant penn — — — — — en eske skrivepapir noe å spise den senga | i dag. i morgen. i går. for et år siden. |

c)

| Anne-Marie | skal hente henter hentet har hentet | en blyant noe skrivepapir en skrivemaskin | til | Georg. meg. deg. Dem. min bror. |

⊙ Spørsmål

1. Har Georg Smith noe skrivepapir? 2. Hvor er Anne-Maries skrive-papir? 3. Hva vil Georg skrive? 4. Hvem skal han skrive til? 5. Hva glemte Georg å kjøpe? 6. Har Georg en god penn? 7. Har De noen gang mistet blyanten Deres? 8. Skriver De på maskin?

Samtaleøvelse

⊙ 1. You meet a friend who has just arrived in town a few days before and ask him how he likes it here. He answers that he likes it very much and is going to stay as long as possible. You ask what he's going to do now and he says he has to buy some writing paper. He asks you where he can buy some and you say you know about a place where they sell writing paper. He asks if it's far and you say it'll only take five minutes to walk there.

⊙ 2. You start off. He says he has to buy a pen also. He explains that he lost his pen the day before. You say he can borrow your pen if he doesn't have many letters to write. You explain that you have to write to your sister today. He thanks you, but says he has at least five letters he has to write and would rather buy a new pen. You arrive at the store, go in and he purchases paper and a pen, etc.

3. You are talking to your room-mate and saying that you can't find your pen. He (she) says that you can borrow his (hers). You say thanks, but you'll use your pencil, you're only going to write to your brother. He (she) says that if you're going to write to your brother, you ought to use a pen, and says he'll (she'll) get his (hers) right away.

GRAMMAR

☆ **6.1** THE FAMILIAR PRONOUN

In Lesson 6 the familiar pronoun **du, deg** is introduced. This is used when addressing relatives and close friends. It is customary for all students to use it to each other, but not to their teachers or professors. When addressing a stranger, the pronoun **De, Dem** should always be used. The change from using **De** to using **du** is made only after one has become well acquainted with a person, and then only on the suggestion of the older or the more distinguished of the two. It is always a formal step and may be accompanied by a small ceremony of drinking 'dus.'

No distinction is made in the plural, i.e., when you are addressing more than one person. Here **dere** is nearly always used, regardless of whether you would say **du** or **De** to the individuals involved.

☆ **6.2** THE POSSESSIVES

A large number of possessives occur in Lesson 6 (as well as in Lessons 2 and 3). The possessives in Norwegian are basically of two types: (a) those which are invariable in form, and (b) those which vary their form according to the noun they modify.

(a) The invariable possessives. These all end in **-s:**

		CORRESPONDING PERSONAL PRONOUN
Deres	your, yours (SING.)	De, (Dem)
deres	your, yours (PLUR.)	dere, (dere)
hans	his	han, (ham)
hennes	her, hers	hun, (henne)
deres	their, theirs	de, (dem)

(b) The variable possessives. These change their form according to whether the noun they modify is an **en-**, **ei-**, or **et-**noun, and whether it is singular or plural:

en-noun	ei-noun	et-noun	PLURAL	
min	mi	mitt	mine	my, mine
din	di	ditt	dine	your, yours (fam.)
sin	si	sitt	sine	his, her, their (own)
vår	vår	vårt	våre	our, ours

It is very important to notice that the form of the possessive does not change according to its position in the sentence, as in English (cf. *my, mine*), but according to the type of noun it modifies or refers to. This is because the Norwegian possessive is both an adjective, used with nouns, and a pronoun, used by itself. English *my* is an adjective, *mine* a pronoun. Compare the Norwegian and English possessives in the sentences:

6.2 Dette er ikke **mitt** papir.   *This isn't* my *paper.*
6.3 Jeg har **mitt** ovenpå.   *I have* mine *upstairs.*

☆ **6.3** THE POSITION OF THE POSSESSIVES

The normal position of the possessives is *after* the noun they modify. Notice that the noun then has the article suffixed:

6.1 Får jeg låne noe av skrivepapir**et ditt?**
6.12 Penn**en min** har begynt å lekke.
6.15 Jeg mistet blyant**en min** i morges.
6.17 Hvordan har du tenkt å skrive til avis**en din** da?
6.18 Jeg kan jo alltid bruke skrivemaskin**en min.**

The possessives precede the noun they modify only when they are stressed (to emphasize the ownership of what is described by the noun) or when the noun refers to a member of the family (as a matter of courtesy):
(a) stressed

3.20 Men fortell oss nå litt om **Deres** arbeid, Smith.
6.2 Dette er ikke **mitt** papir, det er mors.

(b) courtesy

2.10 **Min** far har ofte snakket om Dem.
2.15 Kjenner De **min** mor også?

2.18 Dette er **min** kone.
2.21 Og dette er **vår** datter, Anne-Marie.
3.30 Er ikke **Deres** far doktor?

Notice that when the possessive precedes the noun, the article is *not* suffixed to the noun.

☆ **6.4** THE POSSESSION OF NOUNS

Nouns show possession by adding an **-s:**

6.2 Dette er ikke mitt papir, det er mor**s.**
6.38 Jeg skal finne mor**s** fyllepenn.

Notice that *no apostrophe* is written between the noun and the possessive ending **-s.** The ending **-s** can also be added to a suffixed article:

Det er mor**ens** papir.   It is the mother's paper.

The possession of nouns can also be shown in Norwegian by the use of prepositional phrases, corresponding to the use of phrases with 'of' in English, but these will be taken up later.

Exercises

Translate:

1. I can't find your typewriter. 2. Where is my map? 3. My car is very old, but his car is almost new. 4. My room is right next door to his. 5. Is your room expensive? 6. I lost my pencils. 7. Our father knows your mother very well. 8. His friend works for my father. 9. Our cities are very large. 10. I'm going to write a book about your cousin.

6-B

ENGLISH EQUIVALENTS

21 But what are you doing now?
22 I'm in the last year ('fifth class') in secondary school.
23 And in the fall I'm going to go to the University.
24 My cousin graduated ('became student') last year.
25 Here's ('you will see') a picture of him.
26 Is that *his* dog?
27 Yes, he always has his dog with him.
28 Who's that girl standing ('who stands') beside him?
29 Oh, it's one of his girl friends.
30 They're standing right in front of our house.
31 Is this an old photograph?
32 No, it was taken this spring.
33 He's three years younger than I.
34 I think he looks older in the picture.
35 Oh, do you think so?
36 But now I have to write that letter.
37 May I borrow pen and ink?
38 Surely. I'll find mother's fountain pen,
39 and take the ink along at the same time.
40 Then I won't have to go upstairs again.

LISTENING SCRIPT

21 [menn va jø´r du´ nå´]
22 [jæi gå´r i fem`te-klas`se i gymna´sie]
23 [å till høs´t^{e}n skall jæ(i) på univærsite´te]
24 [minn´ fet´ter ble studen´t i fjo´r]
25 [hæ´r ska du se´ et bil`de a hamm]
26 [ær de han´s hunn´]
27 [ja´, hann ha(r) all´tid hun´n^{e}n-sinn me´-sæi]
28 [vemm´ ær denn pi`ken såmm stå(r) ve si`d^{e}n a hamm]
29 [å´, de æ(r) e´n a vennin`n^{e}ne-hans]
30 [di står li`ke fårran hu`se-vårt]
31 [ær det`te et gam`melt fotografi´]
32 [næi´, de ble tatt´ i vå´r]
33 [hann´ æ(r) tre´ å´r yng´re enn mæi´]
34 [jæi sy`nes hann ser el´dre u´t på bil`de]
35 [jas`så, syns du de´]
36 [menn nå´ må jeg skri`ve de´ bre`ve]
37 [får jæi lå`ne penn´ å blekk´]
38 [ja´ da, jæi´ ska fin`ne mo´rs fyl`le/penn`]
39 [å ta`-me· blek`ke me de sam`me]
40 [så sjlip´pe(r)-jæi å gå å`ven/på· e´n-gang till´]

Skal du skrive brev?

(fortsatt *continued*)

GEORG	Men hva gjør du nå?	21
ANNE-MARIE	Jeg går i femte klasse i gymnasiet.	22
	Og til høsten skal jeg på universitetet.	23
GEORG	Min fetter ble student i fjor.	24
	Her skal du se et bilde av ham.	25
ANNE-MARIE	Er det *hans* hund?	26
GEORG	Ja, han har alltid hunden sin med seg.	27
ANNE-MARIE	Hvem er den piken som står ved siden av ham?	28
GEORG	Å, det er en av venninnene hans.	29
	De står like foran huset vårt.	30
ANNE-MARIE	Er dette et gammelt fotografi?	31
GEORG	Nei, det ble tatt i vår.	32
	Han er tre år yngre enn meg.	33
ANNE-MARIE	Jeg synes han ser eldre ut på bildet.	34
GEORG	Ja så, synes du det?	35
	Men nå må jeg skrive det brevet.	36
	Får jeg låne penn og blekk?	37
ANNE-MARIE	Ja da, jeg skal finne mors fyllepenn,	38
	og ta med blekket med det samme.	39
	Så slipper jeg å gå ovenpå en gang til.	40

6–B

⊙ **Repetisjon**

Combine the elements in each group to form different *sensible* sentences (NB: not all elements of all groups fit together in these drills):

a)

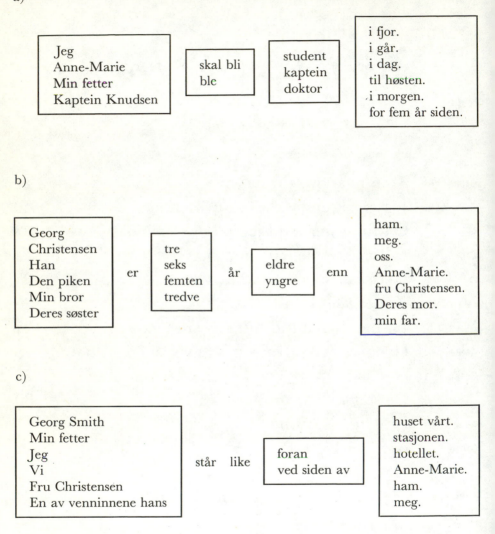

| Jeg
Anne-Marie
Min fetter
Kaptein Knudsen | skal bli
ble | student
kaptein
doktor | i fjor.
i går.
i dag.
til høsten.
i morgen.
for fem år siden. |

b)

| Georg
Christensen
Han
Den piken
Min bror
Deres søster | er | tre
seks
femten
tredve | år | eldre
yngre | enn | ham.
meg.
oss.
Anne-Marie.
fru Christensen.
Deres mor.
min far. |

c)

| Georg Smith
Min fetter
Jeg
Vi
Fru Christensen
En av venninnene hans | står like | foran
ved siden av | huset vårt.
stasjonen.
hotellet.
Anne-Marie.
ham.
meg. |

⊙ **Spørsmål**

1. Hva gjør Anne-Marie nå? 2. Er hun student? 3. Hvem ble student i fjor? 4. Hva har Georgs fetter alltid med seg? 5. Hvem står ved siden av ham? 6. Er han eldre enn Georg? 7. Er Deres søsken eldre eller yngre enn Dem? 8. Hva vil Georg låne nå? 9. Hva skal Anne-Marie hente til Georg nå? 10. Hvorfor vil Anne-Marie ta med blekket med det samme?

Samtaleøvelse

1. You are talking with a friend about your brother. He asks you if he is older or younger than you and what he is doing. You tell him he is older and is going to the University. He asks you when your brother graduated ('became a student'), and you tell him three years ago. He says that his sister became a student three years ago, too.

2. He asks if you would like to see a picture of her. You say yes, of course, and he shows you the picture. You ask him who the girl standing beside his sister is and he says it's one of her girl friends. You say you would like to know that girl friend. He says he'll introduce you. You thank him, etc.

⊙ 3. You are looking at a picture of your friend's brother and his wife. You ask him if his brother is older than he is. He says no, his brother is younger than he is, but looks older. You say that his brother's wife looks older than he does. He says, oh no, his wife is much younger than he is, but the picture isn't good.

GRAMMAR

☆ **6.5** THE REFLEXIVE PRONOUNS

These are pronouns in the object form which refer back to the subject of the clause in which they stand. As an example take the sentences:

6.27	Han har alltid hunden sin med **seg.**	*He always has his dog with* him.
6.28	Hvem er den piken som står ved siden av **ham?**	*Who is that girl standing beside* him?

In these two sentences the forms **seg** and **ham** both mean 'him' and refer to the same person (George's cousin). In the first sentence the reflexive pronoun **seg** is used because it refers back to the subject **han.** In the second sentence the regular personal pronoun object form **ham** is used because it does not refer to the subject of its clause (which begins with **som** 'who').

The pronoun **seg** is used only in the third person, but includes all its forms. In other words, it substitutes for **ham** 'him,' **henne** 'her,' **den** 'it,' **det** 'it,' and **dem** 'them.' In most sentences it is or can be translated with *-self* or *-selves*, i.e. *himself, herself, itself,* or *themselves*:

Hun ser **seg** i speilet.	She *sees* herself *in the mirror.*
Han kjøper **seg** en hund.	He *buys* himself *a dog.*
De finner **seg** et hus.	They *find* themselves *a house.*

If the subject in sentences like these is in the first or second person, the reflexive pronoun is identical with the object form of the pronoun. E.g., **Jeg ser meg i speilet** 'I see myself in the mirror.' The following chart shows the possible sequences:

1 person	jeg...meg	myself	vi...oss	ourselves	
2 person	du...deg	yourself	dere...dere	yourselves	
	De...Dem	yourself			
3 person	han...seg	himself	de...seg	themselves	
	hun...seg	herself			
	den, det...seg	itself			

There are some verbs, like English *enjoy oneself,* which require a reflexive object to complete their sense. We have had an example of this:

5.4	**Jeg** liker **meg** riktig bra her.	I like it ('myself') very much here.

☆ 6.6 The Reflexive Possessive

Corresponding to the reflexive pronoun there is a reflexive possessive: **sin** (with **en**-nouns), **si** (with **ei**-nouns), **sitt** (with **et**-nouns), and **sine** (with plurals). This is used instead of **hans, hennes, dens, dets,** and **deres** whenever the possessor is also the subject of the clause. This means that in some sentences you will have to remember to use a form of **sin** to mean 'his, hers, its, theirs,' as the case may be. Study these examples:

6.26 Er det **hans** hund?

6.27 Ja, **han** har alltid hunden **sin** med seg.

6.28 Hvem er den piken som står ved siden av **ham?**

6.29 Å, det er en av venninnene **hans.**

Notice that the possessives **hans** (6.26, 6.29) and **sin** (6.27) refer back to the same possessor (George's cousin) and both translate into English as 'his.' The choice of **sin** in 6.27 is due to the fact that it refers back to **han,** the subject of the clause. In the other two sentences the subject is **det,** meaning 'that.'

In the first and second person, the reflexive possessives are identical with the regular possessives. The following sample sentences show how the reflexive pronouns and possessives fit together:

Jeg		min		mitt		mine		meg.
Du		din		ditt		dine		deg.
De	'you'	Deres		Deres		Deres		Dem.
Han		sin		sitt		sine		seg.
Hun	har hunden	sin	, kartet	sitt	og vennene	sine	med	seg.
Vi		vår		vårt		våre		oss.
Dere		deres		deres		deres		dere.
De	'they'	sin		sitt		sine		seg.

Exercises

A. Fill in the blanks with appropriate reflexive pronouns and possessives:
1. Jeg liker _____ riktig bra her. 2. Han liker _____ riktig bra her. 3. Vi liker _____ riktig bra her. 4. Georg og Arne liker _____ riktig bra her. 5. Georg Smith liker _____ riktig bra her. 6. Fru Christensen liker _____ riktig bra her. 7. Har hun alltid hunden _____ med _____ ? 8. Har du alltid hunden _____ med _____ ? 9. Har De alltid hunden _____ med _____ ? 10. Har de alltid hunden _____

med _____ ? 11. Har dere alltid hunden _____ med _____ ?
12. Har Deres fetter alltid hunden _____ med _____ ?

B. Translate the following sentences. Translate the English possessive in two ways whenever possible.

1. His brother lost his book. 2. My sister lost her pen. 3. They live in his house. 4. He lives in their house. 5. He lives in his house. 6. He drinks his beer. 7. They drink his beer. 8. He drinks their beer. 9. They drink their beer. 10. She doesn't want to eat her food.

⊙ **La oss lytte:**

1. *Georg Smith kan ikke finne pennen sin.*

S: Vet De kanskje hvor pennen min er, Christensen?
C: Det ligger en penn der på bordet. Er det Deres?
S: Nei, jeg tror det må være Anne-Maries.
C: Ja, min datter mister alltid pennene sine. Men disse blyantene er Deres, ikke sant?
S: Jo, de er mine. Skrivemaskinen der er også min.
C: En journalist må selvfølgelig ha skrivemaskin.
S: Ja da. Jeg kan ikke skrive til avisen min med penn eller blyant.
C: Skriver De brev på maskinen også?
S: Jeg skriver alle forretningsbrevene mine på maskin. Men når jeg skriver til far og mor, da bruker jeg pennen.
C: Det var bra. Jeg liker ikke å få brev fra venner når de skriver på maskin.
S: Når jeg skriver til Dem, skal jeg alltid bruke pennen.
C: Takk. Det gleder meg å høre.

2. *Smith forteller Christensen om sin fetter.*

S: Jeg har en fetter i Amerika som skal bli doktor.
C: Er han eldre enn Dem?
S: Han er tre år yngre enn meg, men ser eldre ut.
C: Er det på Deres mors eller Deres fars side?
S: Hans far var mors yngre bror.
C: Ja så, jeg kjenner ikke ham. Bor han også i Chicago?
S: Nei, dessverre. Han går på universitetet i Wisconsin.
C: Er det langt fra Chicago til dette universitetet?
S: Nei, men han er meget opptatt, og jeg ser ham ikke ofte. Her skal De se et bilde av ham.
C: Hvem er den piken som står ved siden av ham?
S: Å, det er en av venninnene hans.
C: Har han så mange da?
S: Ja, De vet hvordan studenter er.

SJUENDE (SYVENDE) **7** LEKSE

I have to buy a new suit

7-A

ENGLISH EQUIVALENTS

George and Christensen are walking in town:
1 I have to buy a new suit.
2 Then you ought to go to Sundt's Department Store.
3 It's the largest in town.
4 Where is ('lies') it [located]?
5 It's the large building you see over there.
6 Could you come along with me (there)?
7 Surely. I need to buy a few things myself.
   In the store.
8 Are you being waited on?
9 No, could you help me?
10 Of course. How can I be of ('stand to') service?
11 I'd like a suit.
12 Certainly. Which color did you have in mind?
13 Let me see something in blue.
14 And what size ('number') do you take?
15 I believe it's thirty-eight.
16 At any rate, that's the size I take in America.
17 I don't know if it's the same here.

LISTENING SCRIPT

[ge´årg å krist´t^ens^en gå´r i by´en]
1 [jæi´ må kjø`pe-mæi en ny´ dress´]
2 [da´ bør di gå´ till sun´ts magasi´n]
3 [de´ ær de stør`ste i by´en]
4 [vorr´ ligger de´ da]
5 [de´ ær den sto`re byg`ningen di se´r dær bor`te]
6 [kun`ne di bli`-me-mæi di´t]
7 [ja´ da. jæi treng´er å kjø`pe en de´l ting´ sell´]
   [i´ butik´ken]
8 [bli´r di ekspede´rt]
9 [næi´, kunne di´ jel`pe-mæi]
10 [sellføl´geli. vor´dan kann jæi stå´ te tje`neste]
11 [jæi´ skulle ha´ en dress´]
12 [ja vell´, vil´ken far`ge hadde di teng´t-demm]
13 [la mæi se´ no`e i blått´]
14 [å vil´ket nom´mer-bru`ker-di]
15 [jæi tro´r de æ(r) åt`te å træd`ve]
16 [de´ ær i all´fall nom´re jæi bru`ker i ame´rika]
17 [jæ(i) ve´t-ikke åmm de ær de sam`me hæ´r]

Jeg må kjøpe meg en ny dress

Georg og Christensen går i byen:

GEORG	Jeg må kjøpe meg en ny dress.	1
CHRISTENSEN	Da bør De gå til Sundts Magasin.	2
	Det er det største i byen.	3
GEORG	Hvor ligger det da?	4
CHRISTENSEN	Det er den store bygningen De ser der borte.	5
GEORG	Kunne De bli med meg dit?	6
CHRISTENSEN	Ja da. Jeg trenger å kjøpe en del ting selv.	7

I butikken.

EKSPEDITØREN	Blir De ekspedert?	8
GEORG	Nei, kunne De hjelpe meg?	9
EKSPEDITØREN	Selvfølgelig. Hvordan kan jeg stå til tjeneste?	10
GEORG	Jeg skulle ha en dress.	11
EKSPEDITØREN	Ja vel, hvilken farge hadde De tenkt Dem?	12
GEORG	La meg se noe i blått.	13
EKSPEDITØREN	Og hvilket nummer bruker De?	14
GEORG	Jeg tror det er åtte og tredve.	15
	Det er i all fall nummeret jeg bruker i Amerika.	16
	Jeg vet ikke om det er det samme her.	17

18 You probably take size fifty.
19 Here is one for 329 *kroner*.
20 What do you think of it?
21 Well, I think it's very nice.

18 [di bru`ker sannsy′nli/vi`s nommer fem′ti]
19 [hæ′r har vi e′n te tre′ hun`dre å ni′ å tyve kro`ner]
20 [va sy`nes di åmm denn′]
21 [ja′, jæi sy`nes denn æ(r) me`get pe′n]

⊙ Repetisjon

Combine the elements in each group to form different sentences (NB: select the correct pronoun or possessive adjective to match the subject):

a)

| Jeg Vi Du De Smith Han Dere | må skal kan | kjøpe | meg oss deg Dem seg dere | en ny | dress. penn. skrivemaskin. |

b)

| Jeg Han Georg Smith Frøken Christensen | vet ikke om nummeret | mitt hans hennes sitt | er det samme her. |

EKSPEDITØREN	De bruker sannsynligvis nummer femti.	18
	Her har vi en til tre hundre og ni og tyve kroner.	19
	Hva synes De om den?	20
GEORG	Ja, jeg synes den er meget pen.	21

⊙ Spørsmål

1. Hva skal Smith kjøpe seg? 2. Hvorfor bør han gå til Sundts Magasin? 3. Hvorfor vil Christensen være med Smith? 4. Hva slags dress skulle Smith ha? 5. Hvilket nummer bruker Smith? 6. Er nummeret det samme i Norge? 7. Hvor mye koster dressen? 8. Hva synes Smith om dressen? 9. Har De noen gang kjøpt en dress i Norge? 10. Hvilket nummer bruker De?

Samtaleøvelse

1. You go into a department store. The clerk asks you if he can help you. You say you would like to buy a new suit. He asks you what color you had in mind and what size you take. You tell him. He brings out a suit and asks you what you think of it, etc. After discussing the price you decide whether or not to take it.

⊙ 2. You ask a friend if he would like to see your new suit. He says yes, and asks you when you bought it, etc. He says he also has to buy a new suit and asks you where you bought yours, if it's a good store, etc. He asks you how much a new suit costs, and you tell him how much yours cost. He says he thinks that is very expensive, but you say that it is a very good suit and that you think it was quite reasonable.

7-A

GRAMMAR

☆ **7.1** CARDINAL NUMBERS

Review all the numbers given so far (cf. the lists in Lessons 1 and 3). The remaining cardinal numbers are:

et hundre [hun`dre]	(plural: to hundre)
et tusen [tu´s^{e}n]	(plural: to tusen)
en million [millio´n]	(plural: to millioner)

Compound numbers are formed in either of two ways in Norwegian: with either the integer or the decimal first. E.g., 52 is either

to og femti [to´ å fem´ti]
or   femtito [femtito´]

The former is the older system, but it is slowly being replaced by the latter, which is now the official form taught in the schools. The former is, however, still widely used, and both systems must be learned.

The word for 40 has two different forms:

førti, used with nouns
førr, used without nouns
Hvor mye koster det? Det koster to og førti kroner.
Hvor mange kroner koster det? To og førr.

If the new counting system is used, the answer in both cases is **førtito** [førtito´]. The forms **syv, tyve** and **tredve** are used only in the older counting system:

tre og tyve, syv og tredve
but   tjuetre, trettisju.

Exercises

1. Write the following numbers in numeral form: førtisju, sex og tyve, tjueni, nittifem, tre og åtti, åtte og femti, seksten, femtifire, to hundre og syttifem, fem hundre og fem og tyve, ni hundre og trettito, åttien, fire hundre og to, tjuesju.

2. Write out the following numbers in both systems: 24, 97, 64, 58, 77, 81, 45, 38, 375, 956, 444, 637, 725.

3. Do the following simple problems in addition: (a) Hvor mange er 7 og 2? 7 og 2 er _____ . (b) Hvor mange er 11 og 15? 11 og 15 er _____ . (c) Hvor mange er 33 og 5? 33 og 5 er _____ . (d) Make up and solve a few addition problems of your own.

7–B

ENGLISH EQUIVALENTS

22 Would you like to try it on?
23 Yes, thanks. The jacket fits very well.
24 but you have to make the pants a little shorter.
25 All right, we'll see to that. ('It shall be done').
26 When can I pick it up?
27 It will be ready on Tuesday.
28 Is there anything else today?
29 I'd like some shirts.
30 Here are some for 18 *kroner* a piece ('the piece').
31 These are very popular now.
32 And here are some really fine [ones] for 30 *kroner*.
33 Why are the white [ones] so much more expensive than the others?
34 Because there is better material in them.
35 We sell a lot of these.
36 I'll take two of the white [ones], size thirty-eight, please.
37 Is that all?
38 Yes, thanks. That's all for ('I won't have any more') today.
39 That'll be sixty *kroner,* please.
40 Here you are.

The days of the week

Sunday, Monday, Tuesday, Wednesday, Thursday, Friday, Saturday

LISTENING SCRIPT

22 [vill di prø`ve-denn]
23 [ja´ takk´. Jak`ken passer u´d/mær`ket]
24 [menn di må jø`re bok`sene litt kår`tere]
25 [ja vell´, de´ ska bli jor´t]
26 [nårr´ kann jæ(i) hen`te-denn]
27 [denn bli(r) fær`di på ti´rsda]
28 [va´r de no a`ent i da´g]
29 [jæi´ ska ha´ noen sjor`ter]
30 [hæ´r har vi no`en till at`ten-kro`ner styk`ke]
31 [dis`se ær me`get populæ´re nå´]
32 [å hæ´r ær no`en rik`ti fi`ne till træd`ve-kro`ner]
33 [vorr´fårr ær di vi`te så my`e dy`rere enn di an`dre]
34 [fårdi´ de ær be´dre ståff´ i demm]
35 [vi sel´ler svæ´rt mang`e a disse]
36 [jæi´ tar to´ a di vi`te, nommer åt`te å træd`ve takk´]
37 [var de´ al´t]
38 [ja´ takk´. jæi´ ska ik`ke ha´ mer i da´g]
39 [de´ bli(r) sek´sti kro`ner, takk´]
40 [vær´ så go´]

[u`ke/da`gene]
[søn´da, man´da, tir´sda, on´sda, tår´sda, fre´da, lø´rda]

Jeg må kjøpe meg en ny dress

(fortsatt *continued*)

EKSPEDITØREN	Vil De prøve den?	22
GEORG	Ja takk. Jakken passer utmerket,	23
	men De må gjøre buksene litt kortere.	24
EKSPEDITØREN	Ja vel, det skal bli gjort.	25
GEORG	Når kan jeg hente den?	26
EKSPEDITØREN	Den blir ferdig på tirsdag.	27
	Var det noe annet i dag?	28
CHRISTENSEN	Jeg skal ha noen skjorter.	29
EKSPEDITØREN	Her har vi noen til atten kroner stykket.	30
	Disse er meget populære nå.	31
	Og her er noen riktig fine til tredve kroner.	32
CHRISTENSEN	Hvorfor er de hvite så mye dyrere enn de	33
	andre?	33
EKSPEDITØREN	Fordi det er bedre stoff i dem.	34
	Vi selger svært mange av disse.	35
CHRISTENSEN	Jeg tar to av de hvite, nummer åtte og tredve,	36
	takk.	
EKSPEDITØREN	Var det alt?	37
CHRISTENSEN	Ja takk. Jeg skal ikke ha mer i dag.	38
EKSPEDITØREN	Det blir seksti kroner, takk.	39
CHRISTENSEN	Vær så god.	40

Ukedagene

søndag, mandag, tirsdag, onsdag, torsdag, fredag, lørdag

7–B

Combine the elements in each group to form different sentences (NB: correlate the possessive adjective and noun forms):

| Smith
Jeg
Vi
Du
De 'they' | vil
må
skal | selge | bildet, bildene
huset, husene
pennen, pennene
hunden, hundene | min, mitt, mine.
hans.
sin, sitt, sine.
vår, vårt, våre.
din, ditt, dine. |

⊙ **Spørsmål**

1. Hvordan passer jakken? 2. Passer buksene også? 3. Når kan Smith hente dressen? 4. Hva er det Christensen skal ha? 5. Hvor mye koster skjortene som er så populære nå? 6. Hva slags skjorter koster tredve kroner? 7. Hvorfor er de dyrere enn de andre? 8. Hva er det Christensen kjøper?

Samtaleøvelse

⊙ 1. You go into a store and tell the clerk that you would like some new shirts. The clerk asks you for your size, what color you would like, etc. You tell him, ask the prices of the different shirts he shows you, etc. You buy several and pay for them.

2. You meet a friend (usual greetings, etc.) You tell him that you've just bought a new suit. He says he'd like to see it and asks when you are going to pick it up. You tell him it will be ready on Friday and ask him if he doesn't want to come along and see it then. He thanks you and says he'd like to very much.

3. Your friend suggests that you go get something to eat. You say yes, you'd like to, and ask him where you should go. He says that there is a new restaurant down by the station and suggests that you try it. You ask if you should take a bus, but he says that the walk will only do you good, and you both set off.

4. You and your friend arrive at the restaurant, go in, order, etc. While eating you discuss what you think of the new restaurant, the food, etc.

⊙ 5. You are meeting a friend of your sister's at the boat. You spot her and ask her if she isn't American, etc. You ask about your sister, she asks about your mother and father, etc. You ask her what she does, etc., and if she has a place to stay in town. She says she is going to stay at **(bo på)** Hotell Norge and you say that's a good place to stay.

6. She says it was nice of you to meet her, but you say not at all, it was a pleasure, etc. You ask how the trip was, and she tells you about it

(whether she was seasick or not, etc.). You ask her how long she is going to stay in Norway and what she is going to do. She tells you. You then ask her how long she intends to stay in town. She tells you and you tell her that you will show her the town. She thanks you, etc.

☆ **7.2** EXPRESSIONS OF PRICE

We have had several examples of expressions of price:

1.39	Ti kroner esk**en.**	*Ten kroner* per *box.*	
4.29	Hundre kroner måned**en.**	*(A) hundred kroner* a *month.*	
7.30	Atten kroner stykk**et.**	*Eighteen kroner* a *piece.*	

Notice that while English uses either *per* or *a* before the unit of quantity, Norwegian always uses the definite article.

Exercises

Write the following expressions of price in Norwegian:

1. Ten *kroner* a day. 2. Fifty *øre* per cup. 3. Two *kroner* a piece. 4. Forty *kroner* a week. 5. Twenty *kroner* per box. 6. (A) thousand *kroner* a year.

☆ **7.3** THE DEFINITE ADJECTIVE

We have had several examples of adjectives used after the pronominal forms **den, det, de:**

4.23	**det** andre	the other (one)
6.11	**det** beste	the best
7.3	**det** største	the largest (one)
7.33	**de** hvite	the white (ones)
7.33	**de** andre	the other (ones)

Notice (1) that in such expressions **den, det, de** are translated 'the,' and (2) that the adjective always ends in **-e,** whether it follows **den, det** or **de.**

Notice also that when we translate this type of construction into English we sometimes have to add the word 'one(s)' to give better sense. In such expressions some noun is always understood. E.g., **de hvite, de andre** in the sentence in 7.33 refer to **skjortene.** If we supply the noun, these expressions become:

> **de** hvite skjortene
> **de** andre skjortene

If we look back at Lesson 4, we find that **det andre** refers to **vinduet,** i.e.,

> **det** andre vinduet

Similarly, **det største** (7.3) refers to **det største magasinet.** In 7.5 we had one such expression in which the noun is stated:

den store bygn**ingen**

Notice (1) In such expressions the adjective ending is **-e,** whether the noun is stated or not. (2) When the noun is stated it has the article attached. This means that in such expressions, 'the' is really expressed in two ways: by **den, det** or **de** in front of the adjective and by the article on the end of the noun. This "double definition" is the rule in spoken Norwegian (cf. also the use of the article on the noun after demonstrative pronouns: GRAMMAR **5.4**). (3) **Den, det** or **de** must be used to translate 'the' when a noun is modified by an adjective, but not otherwise:

byen	the city	den store byen	the large city
kartet	the map	det nye kartet	the new map
skjortene	the shirts	de hvite skjortene	the white shirts

With a few adjectives, such as **først, hel,** idioms are formed in which it is not necessary to use **den, det** or **de** or (in some cases) an article on the noun. We have had the examples **i hele natt** 'all night,' **i første etasje** 'on the first floor,' **hele byen** 'the whole city.' In such idioms the meaning of the adjective implies definiteness, and it is not necessary to express it more explicitly.

Exercises

A. Write out 15 different sentences from the following combination table:

| Jeg skal | ha
kjøpe
prøve | den

det

de | andre
store
beste
største
hvite
gamle
nye
pene | esken.
senga.
dressen.

bordet.
glasset.
vinduet.

skjortene.
bildene.
stolene. |

B. Translate into Norwegian:

1. This map of the city is the best (one) I have. 2. White shirts are not always the best (ones). 3. I think I'll buy the white shirt. 4. Have you been in the new restaurant? 5. Yes, but the old (one) is better. 6. Victoria is the largest hotel in the city.

⊙ La oss lytte

1. *Georg Smith går inn i en butikk.*

E: God dag, kan jeg hjelpe Dem?
S: Ja, jeg skulle ha noen skjorter.
E: Hvilket nummer?
S: Jeg vet ikke riktig. Jeg er amerikaner. Jeg bruker kanskje ikke samme nummer i Norge som i Amerika.
E: Hva er Deres nummer i Amerika?
S: Femten.
E: Og hvilken farge skal De ha?
S: Jeg skal ha et par blå skjorter.
E: Vær så god, her har jeg noen skjorter som jeg tror skal passe.
S: Nei, jeg liker ikke fargen.
E: Her er noen andre da. Hva synes De om dem?
S: Nei, jeg tror ikke de er store nok. Har De ikke noen bedre skjorter enn disse?
E: Nei, dessverre, det er de beste vi har.
S: Det var synd. Kan De kanskje anbefale et sted hvor jeg kan kjøpe noen bedre skjorter?
E: Ja, kjenner De det store magasinet like ved Fisketorvet?
S: Den store, hvite bygningen?
E: Ja, nettopp. Der kan de få alt De vil ha.
S: Takk skal De ha. Det var snilt av Dem.
E: Ingen årsak. Adjø.

2. *Georg går ut på gata og snakker til en mann:*

G: Unnskyld. Kan De si meg veien til Fisketorvet?
M: Ja, De går rett frem, og så til høyre når De kommer til havnen.
G: Er det langt dit? Må jeg ta trikk?
M: Nei da. Det tar Dem bare fem minutter å gå dit. Jeg ser De er amerikaner. Dere vil alltid kjøre.
G: Å, ikke jeg. Jeg går helst, hvis det ikke er altfor langt.
M: Det var bra å høre. Det er mye bedre å gå enn å sitte i en bil og kjøre.
G: Ja, det synes jeg også. Men er det noe interessant å se på veien til Fisketorvet?
M: Ja. De ser den nye kirken like før De kommer til havnen. Og den gamle Tyskebryggen er like ved Fisketorvet.
G: Ja, jeg har hørt mye om Tyskebryggen. Jeg skal ikke glemme å se på den mens jeg er der nede.
M: Og så er det alltid mange interessante skip å se på havnen.
G: Nei takk. Jeg liker ikke skip. Jeg ble sjøsyk på turen hit.

7–B

M: Det var synd. Men da kan De heller ta en tur opp på Fløyen.

G: Kan jeg gå dit opp også?

M: Nei, dit slipper De å gå. Det er litt for langt. Fløybanen kjører rett opp.

G: Da skal jeg ta den. Takk skal De ha.

M: Ingen årsak. Adjø.

G: Adjø.

Disse skjortene er meget populære nå.

Vocabulary List (Lessons 1–7)

Nouns

En-nouns

aften 1.4
amerikaner 2.1
avis 3.23
bil 4.9
blyant 6.14
bok 3.25
bror 3.34
bukse 7.24
buss 5.29
butikk 7
by 2.36
bygning 7.5
dag 1.1
datter 2.21
del 1
doktor 3.30
dress 7.1
dusj 4.27
ekspeditør 7.8
eske 1.39
etasje 4.12
far 2.7
farge 7.12
fetter 6.5
fjord 5.39
fornøyelse 5.8
forretningsmann 3.35
fru 2.19
frøken 2.23
fyllepenn 6.38
gang 1.14
gate 4.6
havn 5.15
herr 2.9
hund 6.26
høst 6.23

jakke 7.23
journalist 3.22
kaffe 1.54
kaptein 3.14
kirke 5.19
klasse 6.22
kone 2.18
konfekt 1.38
kontordame 3.36
kopp 1.54
krone 1.39
kveld 4.35
lege 3.31
leie 4.10
lekse 1
lærer 3.34
maskin 6.19
mat 3.1
melk 1.50
middag 1.47
mor 2.15
morgen 1.3
måned 4.29
måte 2.20
natt 4.38
park 5.20
penn 6.12
pike 6.28
pipe 3.6
plass 2.30
portier 4.2
pris 4.7
restaurant 1.23
seng 4.18
side 4.25
sigar 3.5

skjorte 7.29
skrivemaskin 6.18
sol 4.21
stasjon 1.28
stein 5.5
stol 4.17
student 6.24
stue 3.3
stund 3.3
søster 3.36
te 1.55
telefon 1.24
ting 7.7
tjeneste 7.10
tobakk 3.7
topp 5.35
trikk 5.29
tur 2.26
turist 4.3
uke 2.37
utsikt 5.38
vei 1.28
venn 2.7
venninne 6.29
vertinne 4.11
vin 1.53
vår 6.32
øre 1.43
øy 5.39
årsak 6.9
  Ukedagene 7
mandag
tirsdag 7.27
onsdag
torsdag
fredag
lørdag
søndag

7–B

Et-nouns

arbeid 3.20	hus 6.30	stoff 7.34
bad 4.24	kart 5.10	stykke 7.30
bilde 6.25	land 3.26	sykehus 3.31
blekk 6.13	magasin 7.2	universitet 6.23
bord 4.17	minutt 5.27	vann 1.51
brev 6.36	museum 5.19	vindu 4.22
eple 1.35	nummer 4.6	værelse 4.1
fjell 5.35	papir 6.2	øl 1.52
fotografi 6.31	par 1.48	øyeblikk 6.7
glass 1.50	skip 3.17	år 3.16
gymnasium 6.22	skrivepapir 6.1	
hjørne 5.30	smørbrød 1.48	
hotell 1.22	sted 2.29	

Plural—Both et-noun and en-noun

søsken 3.33   slags 3.7

Names of Places

Amerika 2.2	Fisketorvet 5.17	Norge 2.8
Bergen 2.22	Fløyen 5.33	Tyskebryggen 5.18

Verbs

anbefale 2.32	høre 5.6	skal 1.36
arbeide 3.23	kan 1.22	skulle 1.35
begynne 3.32	kunne 2.31	skrive 3.24
bli 2.34	kjenne 2.15	slippe 5.36
bli 1.42	kjøpe 7.1	snakke 1.9
ble 3.19	kjøpte 4.20	snakket 2.10
bo 2.29	kjøre 5.28	sove 4.40
bruke 6.14; 7.14	komme 2.2	sov 5.5
bør 7.2	koste 1.38	spise 1.46
burde 2.37	la 3.3	stanse 5.30
drikke 1.49	leie 4.5	stå 1.5
ekspedere 7.8	lekke 6.12	synes 3.11
finne 1.22	ligge 4.37	ta 1.40
flytte 4.34	like 5.4	tatt 6.32
forstå 1.12	låne 6.1	takke 1.32
fortelle 3.20	miste 6.15	tenke 3.25
få 2.17	møte 2.24	trenge 7.7
få 4.7	må 1.11	tro 2.40
gjøre 3.21	passe 7.23	vekke 4.36
gjort 7.25	prate 3.3	vende 4.22
glede 2.19	presentere 2.17	vente 5.24
glemme 5.20	prøve 3.9	vil 1.14
gå 1.11	reise 3.26	ville 3.4

ha   1.7
hadde   7.12
hatt   2.26
hente   6.7
hete   2.3
hilse   2.13
hjelpe   1.33

røke   3.7
se   4.14
selge   7.35
seile   3.16
si   1.14; 28
sitte   3.3

vise   2.38
vite (vet)   4.4
være   3.4
er   1.25
vær   1.31
var   2.24; 1.18
vært   2.25

Adjectives

alt   5.23
alle   4.2
amerikansk   3.8
annen   4.13
annet   7.28
andre   4.23
bedre   7.34
best   6.11
billig   4.32
blå   7.13
bra   1.18
dyr   4.30
dårlig   4.18
eldre   6.34
eneste   3.36
ferdig   7.27
fin   6.16
flere   5.19
flott   5.38
først   1

gammel   2.7
gift   3.37
god   1.1
hele   5.5
hvilken   7.12
hvilket   7.14
hvit   7.33
hyggelig   2.14
høyre   1.27
ingen   6.9
interessant   5.16
kald   4.26
kort   7.24
ledig   4.1
like   2.20
lite   2.36
mange   1.30
mild   3.12
morsom   5.17
mulig   4.37

møblert   4.11
noen   1.35
noe   2.29
norsk   1.9
ny   4.19
opptatt   4.2
pen   4.11
populær   7.31
rimelig   4.7
samme   4.35
sant   5.37
sjøsyk   2.27
snill   2.24
sterk   3.10
stor   3.23
største   7.3
sør   4.23
utmerket   7.23
varm   4.26
venstre   1.27
yngre   6.33
øst   4.22

Possessives

min   2.10
mitt   6.2

din   6.17
ditt   6.1
Deres   2.7

hans   6.26
sin   6.27
vår   2.21

Ordinals

første   1
annen   2
tredje   3

fjerde   4
femte   5
sjette   6
sjuende (syvende)   7

7–B

Adverbs

akkurat 5.14
aldri 2.25
alltid 6.18
altfor 2.36
bare 1.6
borte 1.26
bra 1.6
da 1.20; 40
der 1.26
dessverre 1.10
dit 5.26
ellers 2.31
endelig 5.20
ennå 3.38
for 1.32
fram 1.29
før 2.25
først 3.26
ganske 4.16
gjerne 5.9
godt 2.16
[heller 5.25
[helst 3.6

her 2.25
hjemme 2.30
hvor 1.22; 36
hvordan 1.5
hvorfor 6.14
i all fall 7.16
ikke 1.13
inn 4.34
inne 4.21
jo 2.2; 25
kanskje 4.4
langt 5.26
lenge 2.34
like 4.25
litt 1.10
med 4.15
meget 2.16
minst 2.37
mye 1.42
nede 5.16
nesten 4.19
nettopp 2.2
nok 6.10

nokså 4.18
nå 1.11
når 4.34
ofte 2.10
også 2.15
omkring 3.26
opp 4.15
ovenpå 6.3
rett 1.29
riktig 3.10
sammen 5.23
sannsynligvis 7.18
selvfølgelig 4.27
siden 3.19
sikkert 4.32
slett 4.31
svært 5.9
synd 2.28
særlig 2.27
så 1.31
tidlig 4.36
til 1.5
tilbake 3.29
ut 4.5
vel 3.2

Articles

en 1.14

et 1.22

den 7.5
det 4.23

Conjunctions

både 4.26
eller 4.24
enn 6.33
fordi 7.34

hvis 2.38
men 2.5
mens 3.24
og 1.7

om 7.17
som 2.36

Infinitive Marker

å 1.32

Exclamations and Greetings

adjø   1.19
bare bra   1.6
god aften   1.4; 4.10
god dag   1.1
god morgen   1.3
god natt   4.38
hvordan har De det?   1.7
hvordan står det til?   1.5
i like måte   2.20
ingen årsak   6.9
ja   1.10
ja da   3.15
ja vel   7.12
jo   6.16
jo da   2.2
morn   1.2
morn da   1.20
morn morn   5.1

nei   1.10; 6.15
nå   5.3
sov godt   4.40
takk   1.6; 40
takk skal De ha   2.9
mange takk   1.30
tusen takk   6.11
takk for det   2.23
takk for i dag   4.39
takk for i går   5.2
takk for maten   3.1
ikke noe å takke for   1.32
selv takk   4.40
uff   6.12
unnskyld   1.21
vel bekomme   3.2
velkommen   2.8
vær så god   1.31; 41
å   2.27

Numerals

1–90 cf. 1B, 3B (Basic Sentences)

hundre   4.29
tusen   6.11

Prepositions

av   2.7
for   3.1
foran   6.30
fra   2.2
gjennom   5.32
hos   2.31

i   2.20
med   2.11
mellom   3.16
mot   4.22
om   2.10
over   5.10

på   2.27
til   1.27
uten   4.24
ved   3.31
nær   5.15

Pronouns

Personal Pronouns

jeg   1.11
meg   1.16
du   6.4
deg   6.7
han   2.12
ham   6.25

den   3.9
det   1.5; 3.39
vi   2.30
oss   2.31

De   1.7
Dem   1.17
de   4.5
dem   7.34
dere   2.24
seg   6.27

[141]

7–B

Demonstrative Pronouns

den   4.18
det   3.40; 5.35

dette   2.21
disse   7.31

Other Pronouns

hva   1.38
hvem   2.5

ingen   3.39
selv   4.40

som   3.34

Idiomatic Expressions

der borte   1.26
det gleder meg   2.19
det var synd   2.28
en del ting   7.7
en gang til   1.14
for . . . siden   3.19
hos oss   2.31
hva slags . . . ?   3.7
i dag   4.39
i fjor   6.24
i første etasje   4.12
i går   5.2
i hele natt   5.5
i kveld   4.35
i morgen tidlig   4.36
i morges   6.15
i ti år   3.16
i vår   6.32
ikke noe særlig   2.27
ikke sant   5.37

jeg liker meg   5.4
jeg skulle ha   1.35
jeg røker helst   3.6
like ved siden av   4.25
med det samme   4.35
noe annet   7.28
noen gang   3.14
slett ikke   4.31
så . . . som   4.37
så tar vi . . .   4.9
til høsten   6.23
til høyre   1.27
til . . . kroner   7.19
til leie   4.10
til rimelige priser   4.7
til venstre   1.27
å bli med   4.15
å ta med   6.39
å være med   5.7

ÅTTENDE **8** LEKSE

Where are you going

this evening?

8-A

ENGLISH EQUIVALENTS

George is talking with Alf Heggen who lives in the room next to him:

1 I've invited Anne-Marie Christensen out with me this evening.
2 Is that so? She's a very sweet girl.
3 Yes, isn't she nice?
4 Where are you going to go?
5 We're going to eat supper at Fløyen,
6 and then we're going to the theater.
7 Why don't you go to the movies instead?
8 There's ('There goes') a good movie at Forum.
9 No, we've seen that film before,
10 and besides we prefer plays.
11 But now I have to take a bath,
12 and then I'm going to shave.
13 Do you have an electric razor?
14 No, I use a safety razor.
15 Tell me, where did you get your hair cut?
16 Does it really look so funny?

LISTENING SCRIPT

From now on this column will contain only the new words in each sentence. Transcriptions will be included only when they differ from the traditional spelling. Each noun is followed by its article and each verb by its past and participial forms. For other words only irregular forms are given.

åttende [åt´t^{e}ne]

1 be, bad, bedt [bett´]
2 veldig [vel`di]; søt
3 hun [hunn´]; grei
4 hen [henn´]
5 aftens [af`t^{e}ns]
6 teater [tea´ter], et, def. teatret [tea´tre]
7 kino [kji´no], en
8
9 film, en; se, så, sett
10 dessuten [dess´/u·t^{e}n]; foretrekke [få`re/trek`ke]; skuespill [sku`e/spill´], et
11
12 barbere [barbe´re], -te, -t
13 elektrisk [elek´trisk]; barbermaskin [barbe´r/masji·n], en
14 barberhøvel [barbe´r/høv`el], en
15 få, fikk, fått; klippe, -et, -et; hår, et
16 rar; se ut

Hvor skal dere hen i kveld?

Georg snakker med Alf Heggen som bor på værelset ved siden av:

GEORG	Jeg har bedt Anne-Marie Christensen med meg ut i kveld.	1
HEGGEN	Ja så? Det er en veldig søt pike.	2
GEORG	Ja, er ikke hun grei?	3
HEGGEN	Hvor skal dere hen da?	4
GEORG	Vi skal spise aftens på Fløyen,	5
	og siden skal vi i teatret.	6
HEGGEN	Hvorfor går dere ikke heller på kino?	7
	Det går et godt stykke på Forum.	8
GEORG	Nei, den filmen har vi sett før,	9
	og dessuten foretrekker vi skuespill.	10
	Men nå må jeg ta et bad,	11
	og så skal jeg barbere meg.	12
HEGGEN	Har du elektrisk barbermaskin?	13
GEORG	Nei, jeg bruker barberhøvel.	14
HEGGEN	Si meg, hvor fikk du klippet håret?	15
GEORG	Ser det så rart ut da?	16

17 Yes, it's terrible.
18 I'll tell you what happened.
19 I went into the big barbershop on the market place.
20 I suppose you had to wait quite a while there?
21 Yes, I must have sat there ('I sat there surely') for half an hour.

17 forferdelig [fårfær´d^eli]
18 hende, -te, -t [hen`ne]
19 gå, gikk [jikk´], gått; barbersalong [barbe´r/salång`], en; torv [tår´v].
    et
20
21 sitte, satt, sittet; halv [hall´]; time, en

HEGGEN Ja, det er forferdelig. 17

GEORG Jeg skal si deg hva som hendte. 18

Jeg gikk inn i den store barbersalongen på torvet. 19

HEGGEN Der måtte du vel vente nokså lenge? 20

GEORG Ja, jeg satt der sikkert en halv time. 21

⊙ **Repetisjon**

Combine the elements in each group to form different grammatically correct and logical sentences:

a)

Georg Smith
Du
Vi
Jeg
Dere

må barbere

meg.
dere.
seg.
deg.
oss.

b)

Georg Smith
Vi
Jeg
Anne-Marie

foretrekker å gå
går helst

i teatret.
på kino.
til byen.
på universitetet.

c)

Jeg
Smith
Vi

gikk inn i

en   stor
et   stort
den   store
det

restaurant(en).
hotell(et).
barbersalong(en).
magasin(et).

⊙ **Spørsmål**

1. Hva synes Alf Heggen om Anne-Marie? 2. Hvor skal Georg og Anne-Marie spise aftens? 3. Hvor skal de så hen? 4. Hvorfor vil de heller gå i teatret enn på kino? 5. Foretrekker De film eller skuespill? 6. Hva bruker

8–A

Georg å barbere seg med? 7. Hvor fikk Georg klippet håret? 8. Hvor lenge måtte han vente? 9. Ser han pen ut på håret nå? 10. Hvor får De klippet håret?

Samtaleøvelse

⊙ 1. You are discussing with a friend what you are going to do this evening. He (or she) asks you who you have invited out with you. You tell him and ask if he knows your date, etc. He asks what you are going to do and you say you are going out for dinner and then you're going to the movies. He says there is a good play on now and why don't you rather go to the theater. You say you prefer to go to the movies, and that your date (use her name) does too, and besides it's too expensive to go to the theater. He says he'll lend you ten *kroner* if you'd rather go to the theater, but you assure him once more that you prefer to go to the movies.

2. A friend asks you where you got your hair cut. You ask him if it looks funny. He says no, it looks very good and that he would like to have his hair cut there too. You tell him where the barbershop is, etc. He then asks you how much it costs to get your hair cut there. You tell him, and he thinks that's a little expensive. You say you think it is quite reasonable because your hair looks so good.

GRAMMAR

☆ 8.1 Omission Of The Verb Of Motion

Norwegian has no verb describing the general action of moving from one place to another, such as English 'go.' All Norwegian verbs of motion describe a specific type of motion. **Gå** means to walk, when referring to people; **reise** means to travel by some means of transportation; **kjøre** means to drive or ride in a vehicle, etc. When modal auxiliary verbs are used in phrases describing general motion, a verb describing the motion is usually not used and an adverb or adverbial phrase is used instead. E.g.,

3.29 Og så **skal** jeg **tilbake** til Amerika.
6.23 Til høsten **skal** jeg **på universitetet.**
8.4   Hvor **skal** dere **hen** da?

☆ 8.2 Adverbs Of Location And Motion

Certain adverbs that indicate location and motion have two forms, one ending in **-e** (indicating location at a place), the other with no ending (indicating motion). We have had a number of examples of these adverbs:

1.26 (Hotellet er) der **borte.**
1.29 Stasjonen er rett **fram.**
2.30 Vi har dessverre ikke plass **hjemme.**
4.21 Er det sol her **inne?**
4.34 Når vil De flytte **inn?**
5.33 Så tar vi Fløybanen **opp** til Fløyen.
5.36 Det er bra vi slipper å gå dit **opp.**
5.16 Er det noe interessant å se der **nede?**
8.4 Hvor skal dere **hen** da?

All the forms of these adverbs and their meanings are:

MOTION		LOCATION	
ut	(going) out	ute	outside
inn	(going) in	inne	inside
opp	(going) up	oppe	up (on)
ned	(going) down	nede	down (at)
bort	(going) away	borte	away (at a place)
hjem	(going) home	hjemme	at home
fram	(going) forward	framme	at a destination
hen	(going) away	henne	away (at a place)

Hen, henne are used only in questions introduced by **hvor** and are best not translated into English. E.g.,

Hvor skal du **hen?**   Where are you going?
Hvor er han **henne?**   Where is he?

A possible answer to the first question might be **Jeg skal hjem.** But to the second question it would be **Han er hjemme.**

Exercises

A. Translate into English:

1. Jeg skal ut nå. 2. Jeg må til byen. 3. Hvor skulle han hen? 4. Når skal du hjem? 5. Er Christensen hjemme? 6. Nei, han er ute.

B. Translate into Norwegian, omitting all verbs of motion:

1. I have to go away. 2. He lives at home. 3. Where does he want to go? 4. Would you like to go up to Fløyen? 5. Where is your father? 6. He's inside. 7. Shall we go in now? 8. Are you going to go to Norway? 9. I want to get ahead (forward). 10. He's down by the church. 11. He had to go out a while ago. 12. He's up in his room.

8–B

ENGLISH EQUIVALENTS

22 Finally the barber said that it was my turn.
23 Did he ask you how you wanted (to have) it cut?
24 Yes, and I thought he had understood me.
25 But he did exactly the opposite of what I had said.
26 He must have been thinking about something else.
27 Maybe so. But now I wonder where my clothes are.
28 Which clothes do you mean?
29 I sent my shirts to the laundry.
30 They were all dirty and had to be washed.
31 Don't you have any clean ones left ('Have you no . . .')?
32 No, and I haven't gotten my new suit, either.
33 But didn't you send the old one to the cleaner this morning?
34 Yes, it had to be cleaned and pressed.
35 Haven't you gotten it back?
36 No. They promised to deliver ('send') it before five o'clock,
37 and now it's already twenty after five.
38 I'll lend you a shirt and a pair of old pants.
39 Then you can put on a fancy tie,
40 and then she won't notice the rest.

LISTENING SCRIPT

22 si, sa, sagt [sak´t]; barberer [barbe´rer], en; at [att´]
23 spørre (pres. spør [spørr´]), spurte [spu`rte], spurt [spu´rt]
24 forstå [fårstå´], forstod [fårsto´], forstått
25 gjøre [jø`re], gjorde [jo`re], gjort [jor´t]; motsatt [mo´t/satt`]
26 vel [vell´]
27 lure, -te, -t; klær; min, mitt, mine
28 hvilke [vil´ke]; mene, -te, -t
29 sende [sen`ne], -te, -t; vaskeri [vaskeri´], et
30 skitten, pl skitne; vaske, -et, -et
31 ren; igjen [ijenn´]
32 få, fikk, fått; heller [hel´ler]
33 renseri [renseri´], et
34 rense, -et, -et; presse, -et, -et
35
36 love [lå`ve], -et, -et; før; klokke, -a (or -en)
37 alt
38
39 flott; slips, et
40 legge, la, lagt [lakt]; merke, et; legge merke til; rest, en

Hvor skal dere hen i kveld?

(fortsatt *continued*)

GEORG	Endelig sa barbereren at det var min tur.	22
HEGGEN	Spurte han deg hvordan du ville ha det klippet?	23
GEORG	Ja, og jeg trodde han hadde forstått meg.	24
	Men han gjorde akkurat det motsatte av hva jeg hadde sagt.	25
HEGGEN	Han tenkte vel på noe annet.	26
GEORG	Kanskje det. Men nå lurer jeg på hvor klærne mine er.	27
HEGGEN	Hvilke klær mener du?	28
GEORG	Jeg sendte skjortene mine til vaskeriet.	29
	De var skitne alle sammen og måtte vaskes.	30
HEGGEN	Har du ingen rene igjen?	31
GEORG	Nei, og jeg har ikke fått den nye dressen min heller.	32
HEGGEN	Men sendte du ikke den gamle på renseriet i morges?	33
GEORG	Jo, den måtte renses og presses.	34
HEGGEN	Har du ikke fått den igjen da?	35
GEORG	Nei. De lovet å sende den før klokka fem,	36
	og nå er den alt ti på halv seks.	37
HEGGEN	Jeg skal låne deg en skjorte og et par gamle bukser.	38
	Så kan du ta på deg et flott slips,	39
	og da legger hun ikke merke til resten.	40

8-B

⊙ Repetisjon

Combine the elements in each group to form different grammatically correct and logical sentences:

a)

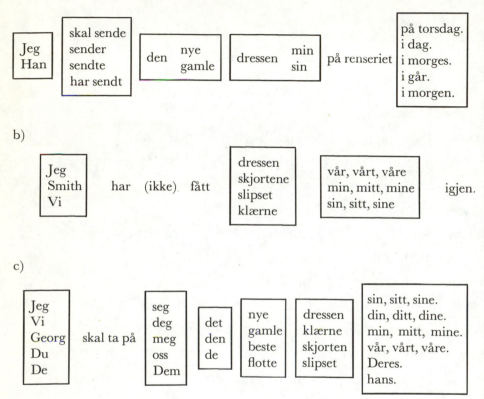

b)

c)

⊙ Spørsmål

1. Hva spurte barbereren Georg om? 2. Hva gjorde barbereren så? 3. Hvorfor gjorde han det? 4. Hva lurer Georg på nå? 5. Hvor sendte Georg skjortene sine hen? 6. Hvor er den gamle dressen hans? 7. Hvorfor sendte han den dit? 8. Hvorfor tar han ikke på seg den nye dressen sin? 9. Hvor skal han få klær fra? 10. Tror De at Anne-Marie legger merke til de gamle buksene?

Samtaleøvelse

1. The cleaners haven't sent your suit when they promised it and you have called them on the telephone. You ask them why they haven't sent your suit. The clerk at the cleaners says that, unfortunately, it's not ready

yet. You ask when it will be ready. He says he doesn't know exactly. You say that you have to have it this evening, because you are going to the theater. He says that they will try to send it before seven o'clock. You say that's not enough, they have to promise to send it before seven o'clock. He then promises to send it before seven. You thank him, etc.

⊙ 2. You go into a laundry and tell the clerk (after the usual greetings, etc.) that you have some shirts that must be washed. He says that they can wash them for you. You ask him how much it will cost, etc. You ask him when you can pick them up. He asks how many shirts you have that have to be washed, and you tell him. He says they will be ready on Wednesday. You thank him and tell him that will be fine.

3. You say that you also have a suit that has to be cleaned and ask him if he can recommend a good cleaner. He gives you directions to a cleaner and you thank him, etc.

GRAMMAR

☆ **8.3** THE PASSIVE

When a sentence is changed from active to passive, the object of the verb becomes the subject of the new sentence. E.g., 'George took the picture this spring' becomes 'The picture was taken by George this spring.' In Norwegian the passive can be formed in two different ways, either with the auxiliary **bli** or the suffix **-es.**

(1) The passive with **bli.** While the corresponding English passive uses the verb 'to be,' Norwegian uses **bli** 'to become,' combined with a past participle, as in these examples:

6.32	Nei, det (fotografiet) **ble tatt** i vår.	. . . was taken . . .
7.25	Ja vel, det **skal bli gjort.**	. . . will be done . . .

These sentences in other tenses are as follows:

Det **blir tatt** i dag.	*It* is being taken *today.*
Det **blir tatt** i morgen.	*It* will be taken *tomorrow.*
Det **skal bli tatt** i morgen.	*It* is going to be taken *tomorrow.*
Det **ble gjort** i går.	*It* was done *yesterday.*
Det **blir gjort** i dag.	*It* is being done *today.*
Det **blir gjort** i morgen.	*It* will be done *tomorrow.*

This type of passive construction usually refers to the occurrence of a single event at one specific time.

(2) **The passive in -es.** When reference is being made to a more general or customary event, especially after a modal auxiliary, a different passive construction is used. This is formed by adding **-es** to the verb stem:

8.30 De var skitne alle sammen og måtte **vaskes.**   . . . to be washed . . .

8.34 Jo, den måtte **renses** og **presses.**   . . . to be cleaned and pressed . . . .

Except after modal auxiliaries, this form is mostly limited to the written language. It is common, for example, in signs. A dry cleaner might advertise: KLÆR RENSES 'clothes cleaned.' But anyone speaking of a particular set of clothes would say, **klærne blir renset** 'the clothes are being cleaned.'

The form in **-es** is nearly always either an infinitive or a present, which have exactly the same form: **presses** 'is being pressed' or 'to be pressed.' The past and past participle are rarely used.

Verbs ending in **-es** are not always passive in meaning. They may be *active* ('deponent'), as in **synes** 'think,' or *reciprocal*, as in **møtes** 'meet (one another)' or **skilles** 'part (from one another).' Here the past forms are common: **syntes** 'thought,' **møttes** 'met,' **skiltes** 'parted.'

(3) **Agent.** In either form of the passive the agent, who is the subject when the verb is active, may be added after the verb by using the preposition **av** 'by':

Fotografiet ble tatt **av** min bror.   *The picture was taken* by *my brother.*
Skjorten skal vaskes **av** min søster.   *The shirt will be washed* by *my sister.*

But these sentences are regarded as stylistically poor. Norwegians prefer to use the active form:

Min bror tok fotografiet.
Min søster skal vaske skjorten.

Exercises

A. Fill in with forms of the verb **bli:**

1. Han _____ ofte sett på denne restauranten. (*is*) 2. Min søster _____ sendt til Norge som student. (*was*) 3. Den senga _____ kjøpt i fjor. (*was*) 4. Fotografiet _____ tatt foran huset mitt. (*was*) 5. Den filmen _____ vist i kveld. (*will be*)

B. Fill in with passive forms in **-es:**

1. Klær _____ på vaskeriet. (*are washed*) 2. Dressen _____ først, og _____ så fra renseriet. (*is pressed*) (*is sent*) 3. Det _____ mye øl i Norge. (*is drunk*) 4. Det _____ norsk i mange land. (*is spoken*)

☆ **8.4** THE DEFINITE ADJECTIVE WITH POSSESSIVES

When a noun is modified by a definite adjective and a possessive at the same time, there are two ways of combining them. The possessive can either precede or follow, just as it can when it occurs alone with a noun (cf. GRAMMAR **6.4**). Notice these examples:

3.36   **Min eneste søster** er kontordame.
8.32   Jeg har ikke fått **den nye dressen min** heller.

These could have been turned around: **den eneste søsteren min, min nye dress.** But the forms given in the examples are more common in speech. The possessive *precedes* in reference to a member of the family, and in more formal speech or writing. The possessive *follows* in informal speech, and then **den (det, de)** must precede the adjective.

Notice that the adjective in this position has to have the definite ending **-e.** This is also true if it is preceded by a noun in the possessive form:

mors eneste søster   *mother's* only *sister*
fars nye dress   *father's* new *suit*

Exercises

Translate:

1. My new shirts were very expensive. 2. My best room is on the second floor. 3. Our largest hotel is near the harbor. 4. Father's only brother is a teacher. 5. My older brother lives in Norway. 6. He sent his old suit to the cleaners this morning.

⊙ **La oss lytte**

1. *Smith spør Heggen hvor han kan få vasket og renset noen klær:*

S: Vet du om noe godt vaskeri?
H: Ja, det er et stort vaskeri i Wergelands gate. Hva er det du vil ha vasket?
S: Fire skjorter. Og den blå dressen min må renses.
H: Ja, den kan du ikke sende til vaskeriet.
S: Nei, jeg vet da det. Men hvor skal jeg sende den hen?
H: Skal den også presses?
S: Ja, selvfølgelig. Jeg kan ikke gjøre det selv, vet du.
H: Prøv renseriet i Olav Kyrres gate. Jeg vet ikke hvordan det er, jeg har aldri sendt noe dit, men jeg har hørt det er bra.
S: Takk, jeg skal gjøre som du sier.

8-B

2. *To nordmenn, Arne Lie og Dag Bråten, skal ut med et par piker:*

A: Hvor skal vi hen i kveld?

D: Jeg vil helst på kino.

A: Hva slags stykke er det som går?

D: Det er en riktig morsom amerikansk film på Forum.

A: Å ja, den vil jeg svært gjerne se. Men pikene vil sikkert heller gå i teatret.

D: Men det blir veldig dyrt, og slett ikke så morsomt.

A: Hva skal vi gjøre da?

D: La oss bare fortelle dem at vi har sett det stykket som går på teatret!

A: Ja, det kan vi gjøre. Da blir det ikke så dyrt. Men siden kan vi vel gå på en liten restaurant og ta et glass øl?

D: Ja da. Det må vi ikke glemme.

A: Men nå må vi vaske og barbere oss. Får jeg låne barbermaskinen din? Jeg har ikke fått min igjen ennå.

D: Ja, vær så god. Du kan bruke den først.

A: Takk skal du ha.

D: Jeg har ingen rene skjorter. Tror du hun legger merke til at denne skjorten er skitten?

A: Nei da, bare ta et flott slips, du. Da legger ikke hun merke til det. Jeg har bare én ren skjorte igjen selv, ellers ville jeg låne deg en.

D: Når skal vi hente dem?

A: Var det ikke klokken syv?

D: Jo, jeg tror det.

NIENDE **9** LEKSE

Waiter, may I have the check?

9–A

ENGLISH EQUIVALENTS

George and Anne-Marie enter Fløyen Restaurant.

1 Where shall we sit?
2 Let's take the little table by the window.
3 Good evening. Here is the menu and the wine list.
4 Would you like a sandwich list, too?
5 No, thanks, I don't believe so.
   To Anne-Marie: 6 You'll have dinner ('warm supper'), won't you?
7 Yes, thank you. I believe I'll have roast veal.
8 I'll take that too. I'm very hungry.
9 Would you like something to drink?
10 I'd like a glass of wine, thank you.
11 How about ('What do you say about') half a bottle of red wine?
12 Thank you, that would be very nice.
13 As soon as the waiter comes back, we can order.
   A little later: 14 How is ('tastes') the roast?
15 Both the meat and the vegetables are excellent.
16 Would you like more potatoes?
17 No, thank you. I'm satisfied.
18 Would you like something for dessert?
19 We can have ('get') cake or fruit or ice cream.
20 I'd prefer a little ice cream.

LISTENING SCRIPT

   niende [ni´ene]
1
2 lille, df. sg. of liten
3 kelner [kel´ner], en; meny [meny´], en; vinliste [vi`n/lis˙te], en
4 smørbrødliste [smør´brø/lis˙te], en
5
6
7 kalvestek [kal`ve/ste˙k], en
8 sulten, pl. and def. sultne
9 ha lyst på
10
11 flaske, en; rødvin [rø´/vi˙n], en
12 deilig [dæi`li]
13 snart [sna´rt]; komme igjen; bestille [bestil´le], bestilte, bestilt
14 sen; smake, -te, -t; stek, en
15 kjøtt, et; grønnsaker [grønn`/sa˙ker]
16 mere; potet [pote´t], en
17 forsynt [fårsy´nt]
18 dessert [desæ´r], en
19 kake, en; frukt, en; is, en
20

Kelner, kan jeg få regningen?

Georg og Anne-Marie kommer inn på Fløyen Restaurant.

GEORG	Hvor skal vi sitte?	1
ANNE-MARIE	La oss ta det lille bordet ved vinduet.	2
KELNEREN	God aften. Vær så god, her er menyen og vinlisten.	3
	Vil De ha en smørbrødliste også?	4
GEORG	Nei, takk, jeg tror ikke det.	5

Til Anne-Marie:

	Det skal være varm aftens, ikke sant?	6
ANNE-MARIE	Jo takk. Jeg tror jeg skal ha kalvestek.	7
GEORG	Det tar jeg også. Jeg er svært sulten.	8
	Har du lyst på noe å drikke?	9
ANNE-MARIE	Jeg tar gjerne et glass vin, takk.	10
GEORG	Hva sier du om en halv flaske rødvin?	11
ANNE-MARIE	Takk, det skulle bli deilig.	12
GEORG	Så snart kelneren kommer igjen, kan vi bestille.	13

Litt senere:

	Hvordan smaker steken?	14
ANNE-MARIE	Både kjøttet og grønnsakene er utmerkede.	15
GEORG	Har du lyst på mere poteter?	16
ANNE-MARIE	Nei takk. Jeg er forsynt.	17
GEORG	Vil du ha noe til dessert?	18
	Vi kan få kake eller frukt eller is.	19
ANNE-MARIE	Jeg tar helst litt is, takk.	20

Smørbrødliste

Røket Laks med eggerøre		
Hummer i mayonnaise	kr.	7.50
Røket Ål m/ eggerøre	«	6.00
Kold Laks med mayonnaise	«	4.50
Reker med mayonnaise	«	3.50
Hamburger	«	3.50
Roastbeef med remoulade	«	3.25
Røket Skinke	«	2.50
Stek	«	2.50
Karbonader med løk	«	2.00
Skinkeomelett	«	2.70
Italiensk salat	«	2.00
Russisk salat	«	2.00
Gaudaost	«	1.25
Roquefortost	«	1.30
Camembertost	«	2.00
Snitter de Lux (5 stk.)	«	8.50
Bløtkake	«	2.00
Tørre kaker	«	1.00

Sandwiches

Smoked Salmon with scrambled eggs		
Lobster with mayonnaise	kr.	7.50
Smoked eel with scrambled eggs	«	6.00
Cold Salmon with mayonnaise	«	4.50
Shrimps with mayonnaise	«	3.50
Hamburger	«	3.50
Roastbeef with remoulade sc.	«	3.25
Smoked ham	«	2.50
Steak	«	2.50
Beef-cakes with fried onions	«	2.00
Ham omelet	«	2.70
Italian salad	«	2.00
Russian salad	«	2.00
Gauda cheese	«	1.25
Roquefort cheese	«	1.30
Camembert cheese	«	2.00
Snitte de Lux	«	8.50
Cream cakes	«	2.00
Ordinary cakes	«	1.00

⊙ **Repetisjon**

Combine the elements in each group to form different sentences:

a)

Georg Smith Anne-Marie	vil gjerne ha tar gjerne	et glass	øl. vin.
		noe å	spise. drikke.
		en kopp	kaffe. te.

b)

Jeg skal ha	litt	frukt. is.
Vi Du kan få	en kopp	kaffe. te.
	kalvestek og grønnsaker. noe til dessert nå.	

c)

Jeg Georg Min mor	har lyst	på	noe å spise. drikke. til dessert.
			mere poteter. en kopp te. kaffe.
		til å kjøpe	reise til Norge.
			en ny dress. noen skjorter.
			spise middag nå.

9-A

⊙ **Spørsmål**

1. Hvor vil Anne-Marie sitte? 2. Hvorfor vil ikke Georg ha en smørbrød-liste? 3. Har han tenkt å spise mye? 4. Hva tar Anne-Marie? 5. Har hun lyst på noe å drikke? 6. Når kan de bestille? 7. Hvordan er grønnsakene? 8. Har Anne-Marie lyst på mere poteter? 9. Skal hun ikke ha dessert? 10. Hva foretrekker De til dessert—frukt, kake eller is?

Samtaleøvelse

1. You go into a restaurant. The waiter asks if you are going to have dinner, or just some sandwiches. You say you'll have dinner and ask for a menu. He gives you one, you thank him. You ask him if he recommends the roast veal. He says that it is excellent today and asks if you want that. You say yes, you think you'll have that, then order some vegetables, dessert, something to drink, etc.

⊙ 2. You are telling a friend that you ate in a new restaurant yesterday. He asks you where it is, how the food is, if it is expensive, etc., and you answer all his questions. You say that you are going to eat there again today, and ask him to join you (come along). He asks you when you are going to eat, and you arrange to meet him at the restaurant at a given time.

GRAMMAR

☆ **9.1** WHAT TIME IS IT?

Hvor mange er klokka (klokken)?
Hva er klokka (klokken)?

Den er . . . ti over åtte.	8:10	It is . . . ten past eight.
kvart over åtte.	8:15	quarter past eight.
ti på halv ni.	8:20	twenty past eight. ('ten to half nine')
halv ni.	8:30	half past eight. ('half nine')
ti over halv ni.	8:40	twenty to nine. ('ten past half nine')
kvart på ni.	8:45	quarter to nine.
ti på ni.	8:50	ten to nine.

(or, using the 24-hour system:)

[162]

Når går bussen?		When does the bus leave?
Klokken ett.	1:00 AM	(At) one o'clock.
Ett tredve.	1:30 AM	(At) one thirty.
Klokken fjorten.	2:00 PM	Two o'clock.
Fjorten tredve.	2:30 PM	Two thirty.

Telling time in Norwegian differs in certain respects from telling time in English. The principal differences are:

1. The half hours are reckoned before, not after, the hour: **halv seks** = 5:30, half past five;

2. Minutes (up to ten) are reckoned before and after the half hour intervals: **ti på halv syv** = 6:20; **fem over halv fire** = 3:35; **syv på ni** = 8:53;

3. The 24-hour clock is used to give all scheduled times such as train departures, movie times, radio program schedules, etc., and the minutes are then given after the hour: 7:45 PM = **nitten førtifem;** 3:20 PM = **femten tjue.**

NB: When using the 12-hour system, **femten minutter** can also be expressed as either **kvart** or **et kvarter.** E.g.,

6:15 can be either **femten minutter over seks**
or **kvart over seks**
or **et kvarter over seks.**

Exercises

A. Write out the following times, using the 12-hour system: 7:30, 8:10, 10:23, 1:55, 2:15, 4:45, 6:08.

B. Write out the following times, using the 24-hour system: 1:15 PM, 3:30 PM, 6:50 PM, 9:40 PM, 11:20 PM.

9–A

☆ **9.2** THE ORDINAL NUMBERS

We have had several of the ordinal numbers, both in the conversations themselves and in the titles of the lessons. All the ordinals from 1 to 1000 are:

første	first	fjortende	fourteenth
annen (en-noun form) ⎫		femtende	fifteenth
annet (et-noun form) ⎭ second		sekstende [sæi`st^{e}ne]	sixteenth
tredje	third	syttende [søt`t^{e}ne]	seventeenth
fjerde [fjæ`re]	fourth	attende	eighteenth
femte	fifth	nittende	nineteenth
sjette	sixth	tjuende [kju`ene] (tyvende)	twentieth
sjuende [sju´ene] ⎫		trettiende (tredevte [tred`defte])	thirtieth
syvende ⎭ seventh		førtiende	fortieth
åttende	eighth	femtiende	fiftieth
niende	ninth	sekstiende [sek`stiene]	sixtieth
tiende	tenth	syttiende [søt`tiene]	seventieth
ellevte [el`lefte]	eleventh	åttiende	eightieth
tolvte [tål`te]	twelfth	nittiende	ninetieth
trettende [tret`t^{e}ne]	thirteenth	hundrede	hundredth
		tusende [tu`sene]	thousandth

The general rule for the formation of ordinal numbers from the cardinal numbers is: add **-ende** [-ene] to all numbers except 1–6, 11, 12, 30 (in the older counting system), and 100 and 1000.

As in the case of the cardinal numbers, the compound ordinals may be formed in either of two different ways. E.g., *twenty-first* can be either

tjueførste [kjuefør`ste]

or   en og tyvende [e´n å ty`vene]

thirty-seventh can be either

trettisjuende [trettisju`ene]

or   syv og tredevte [sy´v å tred`defte]

When written as numerals, the ordinals are usually written as the cardinals with a period after them, e.g., **1.** = 1st, **3.** = 3rd, etc. But they may also be abbreviated with letters as in English: **1st(e), 2nen (2net), 3dje, 4de, 5te, 6te, 7de,** etc., with all ordinals ending in **-ende** abbreviated with **-de** (e.g., **18de, 40de**) and all ending in **-te** with **-te** (in addition to **5te** and **6te**, only **11te, 12te** and **30te** in the older counting system).

Exercise

A. Write in numeral form the following ordinal numbers: førtisjuende, nittisjette, tre hundre og femtitredje, syv og syttiende, fem og åttiende, fem hundre og tjueåttende, seks hundre og nittende.

B. Write out (in both counting systems) the following ordinal numbers: 11. 35. 59. 137. 7. 17. 83. 497.

☆ 9.3 ADJECTIVES ENDING IN -et

Participial adjectives ending in **-et** in the **en**-noun (and **et**-noun) form change the **-t-** to **-d-** upon addition of the plural ending **-e.** E.g., 9.15 **utmerkede,** from **utmerket.** Other adjectives ending in **-et** do not change in this way, e.g., **fillet** 'ragged,' plural **fillete.**

☆ 9.4 WORD COMPOUNDING

Many compound words in English are written as two words, or hyphenated, whereas the corresponding words in Norwegian are written and pronounced as one word. They constitute only one word because they have only one primary stress which usually falls on the first part of the compound. The second part usually gets secondary stress. If the last part of the compound is an **en-**, **ei-** or **et**-noun, the entire compound belongs to the same group. We have had a number of examples:

>   skrive + papir (et) = skrivepapir (et)
>   fisk(en) + e + torv(et) = fisketorv(et)
>   kontor (et) + dame (en) = kontordame (en)
>   forretning (en) + s + mann (en) = forretningsmann

Adjectives, nouns, and verbs may all enter into compounds. In some cases an **-e-** or **-s-** is inserted between the two parts.

Exercise

Pronounce and translate the following compound words:

et hotellværelse	et vinglass	en kaffekopp
en fjelltopp	en universitetsbygning	en skipskaptein
en sykebil	middagsmat	matpriser
et forretningsbrev		

9-B

ENGLISH EQUIVALENTS

21 Do you take ('use') cream in your coffee ('the coffee')?
22 No, thanks, but pass me the sugar, please.
23 Here you are. What do people usually eat for breakfast here in Norway?
24 Oh, many have oatmeal and milk,
25 but I prefer coffee and a slice of bread.
26 When does the next meal come?
27 We have a couple of sandwiches around eleven or twelve o'clock.
28 And then we have dinner around three or four o'clock.
29 What, in the middle of the afternoon?
30 Yes, but we often eat a little supper in the evening.
31 I have noticed that you hold your fork in your right hand.
32 Well, how do *you* hold it?
33 Here we always hold our fork in our left and our knife in our right hand.
34 (*to the waiter*) Waiter, may I have ('get') the check?
35 Yes, just a moment, then I'll bring ('come with') it.

LISTENING SCRIPT

21 fløte, en
22 sukker [sok´ker], et; sukkeret [sok´re]
23 pleie, -de, -d; folk, et; frokost [fro´/kås·t], en
24 havregrøt [hav`re/grø·t], en
25 brødskive [brø`/sji·ve], en
26 nest; måltid [måll`/ti·d], et
27 tid, en; elleve-tolv-tiden [el`ve tåll´/ti·d^en]
28
29 midt [mitt]; ettermiddag [et`ter/mid·da(g)], en
30
31 legge, la, lagt; holde, holdt, holdt; gaffel [gaf´fel], en; hånd, en (ei);
     i høyre hånd.
32
33 kniv, en
34 regning [ræi`ning], en
35 komme med

Kelner, kan jeg få regningen?

(fortsatt *continued*)

GEORG	Bruker du fløte i kaffen?	21
ANNE-MARIE	Nei takk, men send meg sukkeret, er du snill.	22
GEORG	Vær så god. Hva pleier folk å spise til frokost her i Norge?	23
ANNE-MARIE	Å, mange har havregrøt og melk,	24
	men jeg tar helst kaffe og en brødskive.	25
GEORG	Når kommer det neste måltidet?	26
ANNE-MARIE	Vi tar et par smørbrød ved elleve-tolv-tiden.	27
	Og så har vi middag ved tre-fire-tiden.	28
GEORG	Hva, midt på ettermiddagen?	29
ANNE-MARIE	Ja, men vi spiser ofte litt aftens om kvelden.	30
	Jeg har lagt merke til at du holder gaffelen i høyre hånd.	31
GEORG	Hvordan holder *du* den da?	32
ANNE-MARIE	Her holder vi alltid gaffelen i venstre og kniven i høyre hånd.	33
GEORG	(*til kelneren*) Kelner, kan jeg få regningen?	34
KELNEREN	Ja, et øyeblikk, så skal jeg komme med den.	35

36 (*to Anne-Marie*) How much does one usually leave as a tip here in Norway?

37 Usually it's included in the check, but you can always give a little extra, you know.

38 That's easy. Shall we leave ('go') now?

39 Yes, thank you for the dinner. It tasted absolutely wonderful.

40 You're welcome. It's nice that you could come.

36 legge igjen i drikkepenger

37 vanligvis [va`nli/vi˙s]; inkludere [inklude´re], -te, -t; gi, gav [ga´], gitt; ekstra [ek´stra].

38

39 aldeles [alde´les]

40

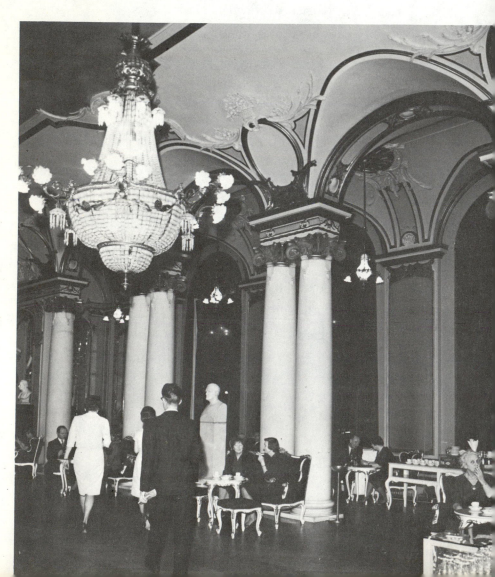

GEORG	(*til Anne-Marie*) Hvor mye pleier en å legge	36
	igjen i drikkepenger her i Norge?	
ANNE-MARIE	Vanligvis er det inkludert i regningen, men	37
	du kan jo alltid gi litt ekstra.	
GEORG	Det var greit. Skal vi gå nå?	38
ANNE-MARIE	Ja, takk for maten. Det smakte aldeles deilig.	39
GEORG	Vel bekomme. Det var hyggelig at du kunne	40
	komme.	

⊙ Repetisjon

Combine the elements in each group to form different *sensible* sentences:

a)

Georg Amerikanere Anne-Marie Jeg	pleier å	spise drikke svært sove	lite. mye.
		holde gaffelen i	venstre høyre hånd.
		legge igjen svært	lite mye
		gi litt ekstra	i drikkepenger.

[169]

b)

frokost	klokken 7, (12), (3).
middag	om kvelden.
et par smørbrød	om ettermiddagen.
aftens	ved ett-tiden.

Vi			ved seks-tiden.
Jeg	pleier å spise		ved åtte-ni-tiden.
Han	spiser		midt på ettermiddagen. / dagen.

⊙ **Spørsmål**

1. Hva pleier Anne-Marie å ha i kaffen? 2. Hva tar De i kaffen? 3. Hva spiser folk i Norge til frokost? 4. Hva slags mat spiser de ved elleve-tolv-tiden? 5. Når pleier de å spise middag? 6. Hvordan holder Anne-Marie gaffelen og kniven? 7. Hvordan holder De gaffelen? 8. Hva skal kelneren komme med om et øyeblikk? 9. Må en legge igjen noe i drikkepenger i Norge? 10. Hvordan var maten på Fløyen Restaurant?

Samtaleøvelse

⊙ 1. You go into a restaurant and ask the waitress if you can have breakfast now. She says yes, you can have breakfast or sandwiches. You say you prefer to have breakfast. She asks what you would like and you say you'll have oatmeal and a cup of coffee. She brings it, etc.

2. A Norwegian friend is asking you about mealtimes in America. You tell him when Americans usually eat breakfast, dinner, etc. He also asks about how Americans hold their knife and fork. He thinks that's funny and says he prefers to hold his fork in his left hand. You say you think you'll try that.

GRAMMAR

☆ **9.5** OMISSION OF THE POSSESSIVES

The possessive adjective modifying a noun is usually omitted whenever it is perfectly clear from the context who is the possessor of the item described by the noun. The noun is then usually in the definite form:

9.21	Bruker du fløte i **kaffen?**	*Do you use cream in* your coffee?
9.31	Jeg har lagt merke til at du holder **gaffelen** i høyre **hånd.**	*I have noticed that you hold* your fork *in your* right *hand.*
8.15	Hvor fikk du klippet **håret.**	*Where did you get* your hair *cut?*

The omission of the possessive is most common with nouns describing parts of the body and articles of clothing, but may occur in almost any context.

☆ 9.6 VERB REVIEW

The following list of verbs includes all the verbs in the conversations through Lesson 9. They are grouped according to how they form their past tenses (cf. GRAMMAR 5.2):

A. (-et, -et). Example: **snakke—snakket—har snakket**

arbeide 3.23	lekke 6.12	rense 8.34
flytte 4.34	love 8.36	snakke 1.9
glede 2.19	miste 6.15	stanse 5.30
hente 6.7	passe 7.23	takke 1.32
klippe 8.15	prate 3.3	vaske 8.30
koste 1.38	presse 8.34	vekke 4.36
		vente 5.24

B. (-te, -t). Example: **seile—seilte—har seilt**

anbefale 2.32	kjøre 5.28	sende 8.29
barbere 8.12	like 5.4	smake 9.14
bruke 6.14	lure 8.27	spise 1.46
ekspedere 7.8	låne 6.1	synes (syntes) 3.11
hende 8.18	mene 8.28	tenke 3.25
hete 2.3	møte 2.24	trenge 7.7
hilse 2.15	presentere 2.18	unnskylde 1.21
høre 5.6	reise 3.26	vende 4.22
inkludere 9.37	røke 3.7	vise 2.38
kjøpe 4.23	seile 3.16	

NB: irregular past tense:

holde—holdt—har holdt 9.31

NB: with simplified stem (loss of one **l, m** or **n**):

begynne—begynte—har begynt 3.32
bestille—bestilte—har bestilt 9.13
glemme—glemte—har glemt 5.20
kjenne—kjente—har kjent 2.15

NB: with vowel change:

fortelle—fortalte—har fortalt 3.20
selge—solgte—har solgt 7.35
spørre (pres. spør)—spurte—har spurt 8.23

9-B

NB: other irregularities:

> gjøre (pres. gjør)—gjorde—har gjort   3.21
> vite (pres. vet)—visste—har visst   4.4

C. (-dde, -dd), (-de, -d). Examples: bo—bodde—har bodd
prøve—prøvde—har prøvd

bo 2.29	leie 4.5	prøve 3.9
tro 2.40	pleie 9.23	

NB: irregular participle:

> ha—hadde—har hatt   1.7

D. (No ending in past, -et or -tt in participle). Grouped according to the vowel in the simple past form.

a

drikke—drakk—har drukket 1.49	be—bad—har bedt 8.1
finne—fant—har funnet 1.22	sitte—satt—har sittet 3.3
foretrekke—foretrakk—har foretrukket 8.10	gi—ga—har gitt 9.37
hjelpe—hjalp—har hjulpet 1.33	være (pres. er)—var—har vært 1.18
slippe—slapp—har sloppet 5.36	legge—la—har lagt 8.40
	si—sa—har sagt 1.14

e

bli—ble—har blitt 1.42	skrive—skrev—har skrevet 3.24

i

få—fikk—har fått 2.17	gå—gikk—har gått 1.11

o

la—lot—har latt 3.3	stå—stod—har stått 1.5
ta—tok—har tatt 1.40	forstå—forstod—har forstått 1.12

å (o)

komme—kom— har kommet 2.2	se—så—har sett 4.14
ligge—lå—har ligget 4.37	sove—sov—har sovet 4.40

E. MODAL VERBS

bør—burde 2.37	skal—skulle 1.35
kan—kunne 1.22	vil—ville 1.14
må—måtte 1.11	

9–B

Exercises

Rewrite the following sentences in the past, the present perfect, and the past perfect tenses (and be prepared to translate them in all tenses):

1. Jeg legger merke til en pen pike. 2. Vi går ikke på kino. 3. Jeg sender skjortene mine til vaskeriet. 4. Den gamle dressen min blir renset. 5. Han låner meg et par gamle bukser. 6. Han sier at det er min tur. 7. Jeg bor i Bergen. 8. Vi lover å sende dem før kl. 8. 9. Han snakker mye med henne. 10. Jeg sover som en stein. 11. Jeg skriver til min gamle mor. 12. Jeg ber henne med meg ut. 13. Han får tjue kroner på fredag. 14. Han har svært mye å gjøre. 15. Han holder en bok i hånden.

⊙ La oss lytte

1. *Smith og Heggen snakker sammen neste dagen.*

H: Nå, hvordan gikk det i går kveld?
S: Takk, det gikk fint.
H: Dere spiste middag på Fløyen, ikke sant?
S: Jo, og maten var utmerket.
H: Måtte dere vente lenge?
S: Ja, vi gjorde kanskje det. Vi bestilte middag, og så satt vi og pratet en stund. Det var så hyggelig at jeg la ikke merke til om tiden gikk.
H: Hva snakket dere om som var så interessant da?
S: Å, jeg spurte Anne-Marie om hva folk her i landet pleier å spise, og så fortalte hun meg det.
H: Men det var da ikke noe særlig interessant!
S: Å jo, jeg syntes det var meget interessant å få høre om alt dette.
H: Gikk dere i teatret da?
S: Ja, og det var et veldig morsomt stykke. Og så gikk vi hjem.
H: Tok dere ikke bussen da? Det var veldig langt å gå.
S: Ja, det var litt langt, men både Anne-Marie og jeg foretrekker å gå hvis det er mulig.
H: Da tror jeg ikke jeg skal be Anne-Marie med meg ut noen gang. Jeg tar helst bussen når jeg kan.
S: Det var bra! Jeg skal ta Anne-Marie med meg ut, og så kan du sitte hjemme.

2. *Et par venner, Olav og Knut, snakker om stedene hvor de pleier å spise:*

O: Hvor spiser du middag? På hotell Norge?
K: Å nei, det er altfor dyrt for meg der. Jeg pleier å spise på en liten restaurant nær museet. Du kjenner den sikkert ikke.
O: Er det det lille gamle huset?

9-B

K: Ja, det ser ikke så fint ut, men når en kommer inn, er det riktig pent
og hyggelig. Maten er meget god, og slett ikke dyr.

O: Da skal jeg prøve den en gang. Kan en få gode smørbrød der også?

K: Ja da, de har fine smørbrød.

O: Men hvordan er kaffen? Jeg må ha god kaffe.

K: Det vet jeg ikke. Jeg drikker bare melk. Men kaffen er god, kan jeg
tenke meg.

O: Ja, der hvor maten er god, pleier kaffen å være god også.

K: Bli med meg i morgen og spis middag på Museumsrestauranten. Jeg
kan love deg den beste kalvesteken i hele byen.

O: Ja, det skal jeg gjøre. Så får vi se om du snakker sant.

Which season do you like best?

10–A

ENGLISH EQUIVALENTS

George and Anne-Marie chat together on the way home from the theater:

1 Why did you take along that umbrella?
2 The sky is completely clear.
3 Here in Bergen it can rain any time at all.
4 We from Bergen always have an umbrella along.
5 But it's been fine weather since I came.
6 We have a very damp climate.
7 We usually have more rain than any other Norwegian city.
8 The climate at home is pretty dry.
9 But doesn't it get awfully hot in the summer?
10 Yes, August is our hottest month.
11 It can get uncomfortable then.
12 The summer here in Norway can be wonderful.
13 Then we have light nights,
14 and then we can go swimming and sailing around the clock.
15 But sometimes ('it also happens that') it rains a little too much.
16 Which season do you like best?
17 Oh, I don't quite know.
18 It's always pretty in the spring.
19 And the fall can be beautiful.
20 But I think I like (the) winter best.

LISTENING SCRIPT

tiende [ti'ene]; hjem [jemm']
1 ta, tok, tatt; ta med; paraply [paraply'], en
2 himmel, en; helt [he'lt]; klar
3 regne [ræi`ne]; når som helst
4 bergenser [bærgen'ser], en, pl -e; gå med paraply
5 vær, et; siden (conj); komme, kom [kåmm'], kommet
6 fuktig [fok`ti], [fuk`ti]; klima [kli'ma], et
7 regn [ræi'n], et; annen [a`en], neut annet, pl andre
8 tørr, tørt
9 fryktelig [fryk`teli]; het; sommer [såm`mer], en
10 august [æugus't], en
11 ubehagelig [ubeha'geli]
12 strålende [strå`lene]
13 lys; natt, en (ei), pl netter
14 bade, -et, -et; døgn [døy'n], et; rundt [run't]
15 det hender
16 årstid [å'rs/ti·(d)], en (ei)
17
18 vakker [vak'ker]
19 skjønn, skjønt
20 vinter [vin'ter], en

Hvilken årstid liker du best?

Georg og Anne-Marie prater sammen på veien hjem fra teatret:

GEORG	Hvorfor tok du med den paraplyen?	1
	Himmelen er jo helt klar.	2
ANNE-MARIE	Her i Bergen kan det regne når som helst.	3
	Vi bergensere går alltid med paraply.	4
GEORG	Men det har vært flott vær siden jeg kom.	5
ANNE-MARIE	Vi har et svært fuktig klima.	6
	Vi pleier å få mer regn enn noen annen norsk by.	7
GEORG	Vi har et nokså tørt klima hos oss.	8
ANNE-MARIE	Men blir det ikke fryktelig hett om sommeren?	9
GEORG	Jo, august er vår varmeste måned.	10
	Da kan det bli ubehagelig.	11
ANNE-MARIE	Sommeren her i Norge kan være strålende.	12
	Da har vi lyse netter,	13
	og da kan vi bade og seile døgnet rundt.	14
	Men det hender også at det regner litt for mye.	15
GEORG	Hvilken årstid liker du best?	16
ANNE-MARIE	Å, jeg vet ikke riktig.	17
	Det er alltid vakkert om våren.	18
	Og høsten kan være skjønn.	19
	Men jeg tror jeg liker vinteren best.	20

10-A

⊙ **Repetisjon**

Combine the elements in each group to form grammatically correct and logical sentences:

a)

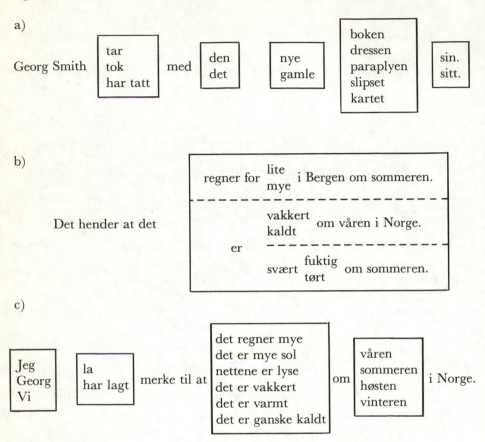

b)

c)

⊙ **Spørsmål**

1. Hvorfor er det best å ta med paraply i Bergen? 2. Har det regnet siden Georg kom? 3. Hvordan er klimaet i Bergen? 4. Blir det hett om sommeren i Norge? 5. Hvordan er sommeren i Norge? 6. Hvordan er nettene i Norge om sommeren? 7. Når er det vakkert i Norge? 8. Hvilken årstid liker De best?

Samtaleøvelse

1. You are talking to a friend who has just come back from Norway and are asking him about the climate and weather. You ask him how long

[178]

he was in Norway, where he lived there (he says he lived both in Bergen and Oslo), if it was very cold, if it rained a lot, etc. You discuss all this a while and then he asks you if you have thought of going (traveling) to Norway and you reply that you are going to go to Norway next summer. He asks you what you are going to do there, etc.

⊙ 2. You stop a man on the street and ask him the way to Hotell Norge. He says it is quite far and that you ought to take a streetcar. He says it is going to start raining soon. You ask him how he knows that and he says that it rains every (**hver**) day here in Bergen. He says he notices that you have no umbrella. You say no, but perhaps you ought to buy one and ask him where you could. He gives you directions to a store that sells umbrellas (it's near the hotel). You ask him where the streetcar stops, he tells you, you thank him, etc.

GRAMMAR

☆ **10.1** EXPRESSIONS OF TIME

Examples have occurred of most types of time expressions in Norwegian. It will be helpful to summarize them here and show how they can be varied.
(a) How long ago?

MODEL: Jeg kjøpte den **for et år siden.** *I bought it* a year ago.
DESCRIPTION: To state the period of time since something has happened.
VARIATIONS:

for en time **siden**	*an hour* ago	**for** en uke **siden**	*a week* ago
for en måned **siden**	*a month* ago	**for** femti år **siden**	*fifty years* ago
for lenge **siden**	*long* ago		

(b) How long does (did, or will) it go on?

MODEL: Jeg seilte **i ti år.** *I sailed* for ten years.
DESCRIPTION: To state the length of duration of an activity.
VARIATIONS:

i ti minutter	for *ten minutes*	**i** fem dager	for *five days*
i seks uker	for *six weeks*	**i** mange år	for *many years*

NB: When the statement is negative, i.e., when it describes something that did or has *not* gone on for a period of time, the preposition **på** is used. E.g.,

Jeg har ikke sett ham **på** to år. *I haven't seen him* for *two years.*

10–A

(c) At what times?

MODEL: Blir det ikke hett **om sommeren?** *Doesn't it get hot* in (the) summer?

DESCRIPTION: To state that something happens repeatedly or regularly within or during certain periods of time.

VARIATIONS:

om morgenen	in *the morning*	**om** våren	in *(the) spring*
om ettermiddagen	in *the afternoon*	**om** høsten	in *(the) fall*
om kvelden (aftenen)	in *the evening*	**om** vinteren	in *(the) winter*
om fredagen	on *(each) Friday*	**om** natten	at *(during the) night*

NB: **om dagen** can mean either 'during the day' or 'per day, a day,' depending on the context. The latter use refers to scheduled occurrences per day, such as departures of means of transportation (e.g., how many trains leave for Bergen per day) or newspaper editions (cf. Let's Listen 2, Lesson 5).

(d) Within what recent or coming period of time?

MODEL: Det ble tatt **i vår.** *It was taken* this (last) spring.

Jeg har bedt henne ut med meg **i kveld.** *I've asked her out* (this) evening.

DESCRIPTION: To refer to an event that happened (or will happen) within a specific period of time.

VARIATIONS:

i dag	*today*	i går	*yesterday*
i kveld (aften)	this *evening*	i går kveld	*yesterday evening*
i formiddag	this *forenoon*	i forgårs	*the day before yesterday*
i ettermiddag	this *afternoon*	i morges	this *morning*
i år	this *year*	i morgen	*tomorrow*

NB: 'this morning' may also be expressed **i dag tidlig** 'today early'; 'tomorrow morning' is **i morgen tidlig.**

NB: **i natt** can mean either 'last night' or 'tonight' depending on the context.

NB: in connection with the names of the seasons the preposition **i** also points either forward or backward in time, referring usually to the closest point in time from the moment the statement is being made. E.g., **i sommer** means 'this summer' all the way from the spring before to the winter after the summer in question. Similarly, **i vinter** means 'this winter' from the early fall before to the summer after the winter in question. To express something happening in a season in the preceding calendar year the phrase **i fjor** 'last year' is employed. Thus:

i fjor sommer	last summer (of the previous year)
i fjor vinter	last winter (of the previous year)

(e) How soon? We have had no examples of this expression in the conversations yet, but the pattern is simple:

MODEL: Jeg reiser **om en uke.** *I am leaving* in a week.
DESCRIPTION: To state how soon something will take place, reckoning from the present moment.

VARIATIONS:

om ti minutter	in *ten minutes*	**om** et år	in *a year*
om to timer	in *two hours*	**om** tre måneder	in *three months*

(f) At what time (hour, day, month, season)?

MODELS:

Vi tar et par smørbrød **ved elleve-tolv-tiden.**	*We have a couple of sandwiches about eleven or twelve o'clock.*
Den blir ferdig **på tirsdag.**	*It will be ready* (on) Tuesday.
Vi kom **i august.**	*We came* in August.
Vi kom **den syttende mai.**	*We came* on May seventeenth.
Til høsten skal jeg på universitetet.	In the fall *I'm going to the University.*

DESCRIPTION: To state the hour, day, month or season of the occurrence of an event. The preposition **ved** is used for approximations to the hour, **på** is used with days of the week, **i** is used with months, **til** is used with approaching seasons, and the article **den** (without a preposition) is used for days of the month.

VARIATIONS:

ved fem-tiden	about *5 o'clock*	**i** januar	in *January*
ved halv seks-tiden	about *5:30*	**den** niende april	the *9th of April*
på søndag	on *Sunday*	**den** fjerde juli	the *4th of July*
på mandag	on *Monday*	**til** sommeren	in *the (next) summer*

Exercises

Translate:

1. I began to write Norwegian two years ago. 2. I've been at the university for four years. 3. It's not so cold here in the winter. 4. What did you do yesterday evening? 5. I think I'll go home in half an hour. 6. I lost my best pen on Thursday. 7. I was in Norway for three weeks two years ago. 8. He usually goes swimming in the afternoon. 9. I didn't sleep well last night. 10. I'm going to go to the university in a couple of years. 11. He said he had to leave about three o'clock. 12. It has been very warm here this fall.

10–B

ENGLISH EQUIVALENTS

21 But doesn't it get very cold then?
22 No, not here by the sea.
23 Would you believe that it is warmer here than in Chicago?
24 We can thank the Gulf Stream for that.
25 Is there enough snow so [that] you can go skiing?
26 It snows less here than in East Norway,
27 but we go skiing and skating anyway.
28 Are you good at skiing?
29 I don't know. I've never tried (it).
30 Then you have to learn while you're here.
31 I have heard that all Norwegians ski.
32 Yes, we learn to ski as soon as we can stand on our feet.
33 And each Easter we go ('travel') to the mountains.
34 Well, tomorrow I have to leave, too.
35 Oh, are you really going to leave so soon?
36 Yes, unfortunately, I have to [go to] Oslo.
37 But maybe we'll meet again later.

LISTENING SCRIPT

21
22 sjø, en
23
24 Golfstrømmen [gål´f/strøm˙men]
25 nok [nåkk´]; snø, en; så (conj); ski, en, pl ski; gå på ski
26 snø, -dde, -dd; mindre [min´dre]; (på) Østlandet [øs`t/lan˙ne]
27 skøyte [sjøy`te], en; likevel [li`ke vell´]
28 flink (til å)
29
30 lære, -te, -t
31 nordmann [norr´/mann˙], en, pl -menn
32 ben, et, pl ben, pl def bena
33 hver [væ´r], hvert [vær´t]; påske [på`ske], en; til fjells
34
35 virkelig [vir`keli]
36
37 treffes

[182]

Hvilken årstid liker du best?

(fortsatt *continued*)

GEORG	Men blir det ikke svært kaldt da?	21
ANNE-MARIE	Nei, ikke her ved sjøen.	22
	Vil du tro at det er varmere her enn i Chicago?	23
	Det kan vi takke Golfstrømmen for.	24
GEORG	Er det nok snø så du kan gå på ski da?	25
ANNE-MARIE	Det snør mindre her enn på Østlandet,	26
	men vi går på ski og skøyter likevel.	27
	Er du flink til å gå på ski?	28
GEORG	Jeg vet ikke. Jeg har aldri prøvd det.	29
ANNE-MARIE	Da må du lære det mens du er her.	30
GEORG	Jeg har hørt at alle nordmenn går på ski.	31
ANNE-MARIE	Ja, vi lærer å gå på ski så snart vi kan stå	32
	på bena.	
	Og hver påske reiser vi til fjells.	33
GEORG	Ja, i morgen må jeg også reise.	34
ANNE-MARIE	Nei, skal du virkelig reise så snart?	35
GEORG	Ja, dessverre, jeg må til Oslo.	36
	Men kanskje vi treffes igjen senere.	37

38 Yes, I hope so.
39 Thanks for the company, and I'll be seeing you.
40 Same to you, and [have a] nice trip tomorrow!

The Months:

January, February, March, April, May, June, July, August, September, October, November, December

38 håpe [also hå`be], -et, -et
39 samvær [samm`/væ˙r], et; på gjensyn [på jenn`/sy˙n], et
40 god tur

[janua´r, februa´r, mar´s, apri´l, ma´i, ju´ni, ju´li, æugus´t, septem´ber, åktå´ber, novem´ber, desem´ber]

Vi lærer å gå på ski så snart vi kan stå på bena.

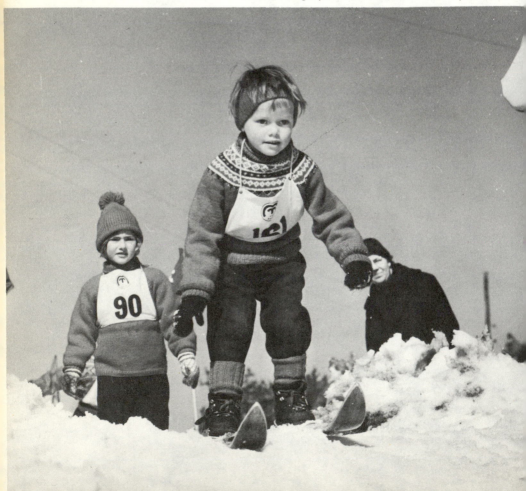

ANNE-MARIE   Ja, det håper jeg.   38

GEORG   Takk for samværet, og på gjensyn!   39

ANNE-MARIE   I like måte, og god tur i morgen!   40

Månedene:

januar, februar, mars, april, mai, juni, juli, august, september, oktober, november, desember

⊙ **Repetisjon**

Combine the elements in each group to form *sensible* sentences:

a)

Jeg
Georg
Min bror

er flink til å

gå på ski.
snakke norsk.
arbeide.
skrive.

b)

Vi
Jeg
Georg

skal
må
– – – –
reiser
reiste

til

Oslo
fjells
Norge

i   morgen.
    dag.
    går.
– – – – – – – –
til   sommeren.
    høsten.

c)

Kanskje
Jeg håper

vi

treffes
sees

i Oslo.
i Norge.
senere.

10–B

1. Er det kaldt i Norge om vinteren? 2. Er det mye snø i Bergen om vinteren? 3. Hvor er det mere snø? 4. Hvorfor går nesten alle nordmenn på ski? 5. Når lærer nordmenn å gå på ski? 6. Har De noen gang prøvd å gå på ski? 7. Synes De det er morsomt å gå på skøyter? 8. Hvor skal Georg Smith reise hen?

Samtaleøvelse

⊙ 1. You are talking to a friend who has spent a year in Norway. You ask him where he lived in Norway, and he says he lived in Bergen. You ask him if there is any snow there in the winter. He says it snowed a little, but not too much. You ask him if he could go skiing there. He says that he usually traveled to the mountains and went skiing. You ask him if it was very far to the mountains. He says no, it took only a couple of hours by bus and it was a lot of fun.

2. You ask your friend if there is anything to do in Norway in the summer. He says one can sail and go swimming. You ask him how the weather is in the summer and he says it rains a little too much, but there is often good weather, too. You say you think you'll go to Norway next summer. He wishes you a good trip.

⊙ 3. You stop a man on the street and ask him the way to the station. He gives you directions and then asks if you aren't an American. You say yes, that you've just come from America and have been in Norway only three days. He asks you how you like it in Norway and you say you like it very much. He asks you how long you plan to stay and you say you are going to stay the whole summer and travel around a lot. He says you ought to be here during the winter too. You say you would like very much to be here during the winter and go skiing.

4. A friend asks you if you're good at skiing. You say you're probably not as good as a Norwegian, but that you would like to learn more. You ask him if one can go skiing here in the city, but he says there is too little snow here and that people usually go to the mountains to ski. You say you think that should be fun and he says yes, you ought to try it sometime and hopes that you have fun in Norway. You thank him, etc.

GRAMMAR

☆ **10.2** COMPARISON OF ADJECTIVES AND ADVERBS

(a) Regular comparison. We have had a number of examples of regular comparison:

COMPARATIVE FORMS

7.24	De må gjøre buksene litt **kortere.**	(*shorter*)
7.33	Hvorfor er de hvite så mye **dyrere?**	(*more expensive*)
10.23	Det er **varmere** her enn i Chicago.	(*warmer*)

SUPERLATIVE FORMS

| 10.10 | August er vår **varmeste** måned. | (*warmest*) |

The regular comparative ending is **-ere,** the superlative ending **-est.** Adverbs have the same ending in the comparative and superlative as adjectives. E.g.,

| 10.37 | Men kanskje vi treffes igjen **senere.** | (*later*) |

Bisyllabic adjectives with an unaccented **e** in the second syllable contract the second syllable before the comparative and superlative endings (cf. GRAMMAR **3.3(d)** for a similar contraction before the adjective ending **-e**). E.g., **vakrere, vakrest** from **vakker.**

Adjectives ending in **-ig** contract the superlative ending to **-st.** Thus: **-igst** [ikst], as in **hyggeligst.**

(b) Irregular comparison. Some adjectives and adverbs change the stem vowel in the formation of the comparative and superlative forms:

6.33	Han er tre år **yngre** enn meg.	(**yngre** *from* **ung** *young*)
6.34	Jeg synes han ser **eldre** ut.	(**eldre** *from a stem* **old-**)
7.3	Det er det **største** i byen.	(**største** *from* **stor**)

[187]

10-B

Others have completely different comparative and superlative forms:

6.11   Det **beste** er godt nok.   (**best**—*superlative to* **god**)
7.34   Fordi det er **bedre** stoff i dem. (**bedre**—*comparative to* **god**)

Here is a list of the most important irregular comparative and superlative forms (including a number which have not yet occurred in the conversations):

Adjectives

POSITIVE		COMPARATIVE		SUPERLATIVE	
gammel	old	eldre	older	eldst	oldest
god	good	bedre	better	best	best
lang	long	lengre	longer	lengst	longest
liten	small	mindre { smaller		minst { smallest	
litt	a little	{ less		{ least	
mange	many	fler(e)	more (number)	flest	most (number)
meget, mye	much	mer(e)	more (quantity)	mest	most (quantity)
nær	near	nærmere	nearer	nærmest	nearest
(v)ond	bad	verre	worse	verst	worst
stor	large	større	larger	størst	largest
ung	young	yngre	younger	yngst	youngest

Adverbs

POSITIVE		COMPARATIVE		SUPERLATIVE	
ut	out	ytre	outer	ytterst	outermost
inn	in	indre	inner	innerst	innermost
opp	up	øvre	upper	øverst	uppermost
ned	down	nedre	lower	nederst	lowest
gjerne	gladly	heller	rather	helst	preferably
langt	far	lenger	farther	lengst	farthest
lenge	a long time	lenger	longer	lengst	longest

(c) Comparison with **mer** and **mest**. Adjectives which end in **-ende** (e.g., **strålende**) and adjectives which are formed from the past participles of verbs (usually ending in **-et** or **-t,** e.g., **utmerket**) do not add the regular comparative and superlative endings. In the case of these adjectives, as well as certain adjectives borrowed from other languages (e.g., **amerikansk**) and many compound adjectives (e.g., **sjøsyk**), the comparative is formed by placing **mer** (or **mere**) before the adjective, and the superlative similarly with **mest**:

> Han er nesten **mer amerikansk** enn en amerikaner.
> Han var **mer sjøsyk** enn jeg var.
> (but NB: Han var **sykere** enn jeg var.)

[188]

The adjective **interessant** can be compared in either way:

> Bergen er en **mer interessant** by enn Oslo. [int^{e}ressang´]
> or Bergen er en **interessantere** by enn Oslo. [int^{e}ressang´ere]

> Denne boka er den **mest interessante** jeg har lest. [int^{e}ressang´e]
> or Denne boka er den **interessanteste** jeg har lest. [int^{e}ressang´este]

Exercises

Translate:

1. Kjell is the youngest of my brothers-and-sisters, but he is also the largest. 2. This beer is much better than that tea you're drinking. 3. That was the worst film I've ever seen. 4. Bergen is a smaller city than Oslo, but it's also much older. 5. He has more brothers-and-sisters than I have. 6. I think Astrid is prettier than Sigrid. 7. This is the most expensive suit we have. 8. This room is larger, but the other is cheaper. 9. The winters in Norway are milder than you would think. 10. This tobacco is the strongest I've ever smoked.

⊙ La oss lytte

1. *Georg møter Anne-Marie en dag det regner:*

G: Nå, hva synes du om været i dag? Er ikke dette fryktelig?

A: Nei, det synes jeg slett ikke. Jeg synes dette regnet er aldeles deilig. Og om en halv time kommer solen fram. Og da skal du se hvor skjønt det blir.

G: Ja, en kan godt høre at du er bergenser. Bare en bergenser kunne like dette været.

A: Nå skal du være snill og ikke si noe mer. Jeg vet at du liker deg her i Bergen.

G: Ja, det er sant. Men jeg ville gjerne se litt mindre regn og litt mere sol. Vet du hvilken måned det regner mest?

A: Å, det regner mer om høsten enn om sommeren. Jeg tror oktober må være verst.

G: Da gleder det meg at jeg slipper å bo her om høsten. Men om sommeren er det virkelig vakkert her, det må jeg si.

A: Ja, ikke sant? Du skal se det er både vakrere og hyggeligere her enn i Oslo.

2. *Georg og Heggen snakker om hva de skal gjøre i påsken:*

G: Jeg hører at du reiser til fjells i påsken. Er det sant?

H: Ja, vi går på ski oppe på fjellet. Du kan tro det er morsomt.

G: Men har ikke du arbeid som må gjøres da?

10–B

H: Nei, vi slipper å arbeide i påsken. Alle som kan, reiser bort fra byene. Vi har så lite sol om vinteren, vet du. I påsken reiser vi opp på fjellet og går på ski i vårsola.

G: Men er det ikke dyrt å reise til fjells?

H: Nei da, det er ganske rimelig her i landet. Hvor lenge har du tenkt å bli i Norge?

G: Det kan jeg ikke si akkurat ennå. Men kanskje blir jeg så lenge som til påske.

H: Vil du ikke bli med meg på påsketur hvis du er her?

G: Jo takk, det vil jeg svært gjerne.

H: Fint! Jeg kommer til Oslo i vinter, og da kan vi snakke mere om det.

3. *To venner, Torleiv og Odd, skal på påsketur sammen:*

T: Når skal vi reise i morgen?

O: Å, ikke altfor tidlig.

T: Nei, jeg vet at du liker å sove lenge om morgenen. Men det er ganske langt dit vi skal. Jeg synes vi burde ta ni-bussen.

O: Går det ikke noen senere buss?

T: Jo, det går en buss hver time, men . . .

O: La oss i all fall ikke reise tidligere enn klokken ti da. Jeg må hente klærne mine på vaskeriet først.

T: Kan du ikke gjøre det i kveld?

O: Nei, i kveld skal jeg på kino med Anne-Marie.

T: Ja, da tar vi bussen klokka ti. Jeg kommer og vekker deg klokka åtte, så du kan få litt frokost før vi reiser.

O: Klokken åtte! Det var da forferdelig tidlig.

T: Nei da, det er det slett ikke—og du har dessuten bare godt av å vekkes litt tidlig—du sover altfor mye.

O: Ja ja, siden det er påske, så skal jeg stå opp klokken åtte.

T: Du kan sove så lenge du vil når vi bare kommer opp på fjellet.

O: Å, nei da, du. Da skal jeg gå på ski døgnet rundt. Jeg kan sove når jeg kommer tilbake til byen.

Vocabulary List (Lessons 8–10)

Nouns

En-nouns

aftens 8.5	kelner 9.3	tid 9.27
barberer 8.22	kino 8.7	time 8.21
barberhøvel 8.14	klokke 8.36	vinliste 9.3
barbermaskin 8.13	kniv 9.33	vinter 10.20
barbersalong 8.19	lyst 9.9	årstid 10.16

bergenser   10.4
brødskive   9.25
dessert   9.18
ettermiddag   9.29
film   8.9
flaske   9.11
fløte   9.21
frokost   9.23
frukt   9.19
gaffel   9.31
havregrøt   9.24
himmel   10.2
hånd   9.31
is   9.19
kake   9.19
kalvestek   9.7

meny   9.3
natt (pl netter)   10.13
nordmann (pl -menn)   10.31
paraply   10.1
potet   9.16
påske   10.33
regning   9.34
rest   8.40
rødvin   9.11
sjø   10.22
ski   10.25
skøyte   10.27
smørbrødliste   9.4
snø   10.25
sommer   10.9
stek   9.14

Månedene
januar
februar
mars
april
mai
juni
juli   10
august
september
oktober
november
desember

Et-nouns

ben   10.32
døgn   10.14
folk   9.23
hår   8.15
kjøtt   9.15
klima   10.6

merke   8.40
måltid   9.26
regn   10.7
renseri   8.33
samvær   10.39
skuespill   8.10

slips   8.39
sukker   9.22
teater   8.6
torv   8.19
vaskeri   8.29
vær   10.5

Plural

grønnsaker   9.15

klær   8.27

Names of Places

Golfstrømmen   10.24

Østlandet   10.26

Verbs

bade   10.14
barbere   8.12
bedt (be)   8.1
bestille   9.13
fikk (få)   8.15
fått   8.32
foretrekke   8.10
forstått (forstå)   8.24
gi   9.37
gikk (gå)   8.19
gjorde (gjøre)   8.25
hende   8.18
holde   9.31

håpe   10.38
inkludere   9.37
klippe   8.15
kom (komme)   10.5
legge   8.40
lagt   9.31
love   8.36
lure   8.27
lære   10.30
mene   8.28
måtte (må)   8.20
pleie   9.23
presse   8.34

regne   10.3
rense   8.34
sa (si)   8.22
sagt   8.25
satt (sitte)   8.21
sende   8.29
sett (se)   8.9
smake   9.14
snø   10.26
spurte (spørre)   8.23
tok (ta)   10.1
treffes   10.37
vaske   8.30

10–B

Adjectives

annen   10.7
deilig   9.12
ekstra   9.37
elektrisk   8.13
flink   10.28
flott   8.39
forferdelig   8.17
forsynt   9.17
fuktig   10.6
grei   8.3
halv   8.21
het   10.9

hver   10.33
hvilke (hvilken)   8.28
klar   10.2
lille (liten)   9.2
lys   10.13
mere   9.16
mine (min)   8.27
motsatt   8.25
nest   9.26
niende   9
nok   10.25
rar   8.16

ren   8.31
skitten   8.30
skjønn   10.19
strålende   10.12
sulten   9.8
søt   8.2
tiende   10
tørr   10.8
ubehagelig   10.11
vakker   10.18
åttende   8

Adverbs

aldeles   9.39
alt   8.37
dessuten   8.10
fryktelig   10.9
heller   8.32
helt   10.2

hen   8.4
hjem   10
igjen   8.31
likevel   10.27
midt   9.29
mindre   10.26

senere   9.14
snart   9.13
vel (modal)   8.26
veldig   8.2
virkelig   10.35
vanligvis   9.37

Conjunctions

at   8.22

siden   10.5

så   10.25

Exclamations and Greetings

god tur   10.40

på gjensyn   10.39

takk for samværet   10.39

Prepositions

før   8.36

rundt   10.14

Pronouns

hun   8.3

Idiomatic Expressions

kanskje det   8.27
det hender   10.15
det håper jeg   10.38
jeg tror ikke det   9.5
i høyre hånd   10.31
i venstre hånd   9.33
midt på   9.29
når som helst   10.3
på Østlandet   10.26
til fjells   10.33

flink til å   10.28
å gå med paraply   10.4
å gå på ski   10.25
å ha lyst på   9.9
å legge igjen   9.36
å legge merke til   8.40
å se ut   8.16
å ta med   10.1
å komme med   9.35
å komme igjen   9.13

What do you think of the Norwegian State Railroads?

11–A

ENGLISH EQUIVALENTS

Smith enters a compartment in the train to Oslo. There sits Arne Solum, the journalist whom he met while he was in Bergen:

1 Excuse me, is seat number ten in this compartment?
2 Yes, please sit down.
3 But isn't it ('this') George Smith?
4 You haven't forgotten me, have you?
5 No, not at all.
6 How do you do, and thanks for [the] last [time].
7 So nice to meet you again.
8 Yes, same to you.
9 Are you going to Oslo too?
10 No, I'm getting off at Finse.
11 Well, what do you think about the Norwegian State Railroads?
12 Everything's so different here, you know.
13 *We* don't divide up the cars into compartments.
14 And we have no corridor along the side.
15 Did you know that we have two classes on our trains?
16 Yes, but I didn't remember that I was supposed to reserve ('order') a seat ('seat ticket').
17 So when I got ('came') to the ticket window, there was only one window seat left.
18 Did you buy a round trip ticket ('trip return'), or just one way ('trip')?
19 Just one way, since I'm not going back to Bergen.

LISTENING SCRIPT

kupé [kupe´], en; tog [tå´g], et
1 sitteplass [sit`te/plass`], en
2 sette, satte, satt; sette seg
3
4
5
6 sist; takk for sist
7 treffe, traff, truffet
8
9
10 av (adv)
11 statsbane [sta´ts/ba˙ne], en
12 annerledes [an`ner/le˙des]
13 dele, -te, -t; vogn [vång´n], en
14 korridor [korrido´r], en; langs
15 klasse, en
16 huske, -et; plassbillett [plass´/billett˙]
17 da (conj); billettluke [billett´/lu˙ke], en; vindusplass [vin`dus/plass˙], en
18 retur [retu´r], en; tur retur
19 for (conj) [fårr]

[194]

Hva synes De om de norske statsbanene?

Smith kommer inn i en kupé på toget til Oslo. Der sitter Arne Solum, journalisten som han traff mens han var i Bergen:

SMITH	Unnskyld, er sitteplass nr. (nummer) ti i denne kupéen?	1
SOLUM	Ja, vær så god sett Dem.	2
	Men er ikke dette Georg Smith?	3
	De har vel ikke glemt meg?	4
SMITH	Nei, slett ikke.	5
	God dag og takk for sist.	6
	Så morsomt å treffe Dem igjen.	7
SOLUM	Ja, i like måte.	8
	Skal De også til Oslo?	9
SMITH	Nei, jeg skal av på Finse.	10
SOLUM	Nå, hva synes De om de norske statsbanene?	11
SMITH	Alt sammen er jo så annerledes her.	12
	Vi deler ikke opp vognene i kupéer.	13
	Og vi har ingen korridor langs siden.	14
SOLUM	Visste De at vi har to klasser på togene våre?	15
SMITH	Ja, men jeg husket ikke at jeg skulle bestille plassbillett.	16
	Så da jeg kom til billettluken var det bare én vindusplass igjen.	17
SOLUM	Kjøpte De tur retur, eller bare tur?	18
SMITH	Bare tur, for jeg skal ikke tilbake til Bergen.	19

11–A

⊙ **Repetisjon**

Combine the elements in each group to form different grammatically correct and logical sentences:

a)

Hvor skal
| jeg |
| han |
| vi |
| Smith |
| Anne-Marie |
| de |
| dere |
| du |
| De |
sette
| deg? |
| meg? |
| seg? |
| Dem? |
| oss? |
| dere? |

b)

Toget går

klokken	8:40.
	11:25.
	14:15.
	21:18.
ved	6-tiden.
	11-tiden.
	3-tiden.
om	20 minutter.
	3 timer.

c)

Smith		til	Oslo	i morgen.
Solum	skal (ikke)	tilbake til	Bergen	i dag.
Vi			Finse	om en uke.
			Amerika	på fredag.
				i juli.

⊙ **Spørsmål**

1. Hvem treffer Georg Smith på toget? 2. Hvor skal Georg av? 3. Skal Solum også av på Finse? 4. Hvordan er togvognene annerledes i Norge?

[196]

5. Hvor mange klasser er det på norske tog? 6. Hva glemte Smith å bestille? 7. Fikk han vindusplass likevel? 8. Hvorfor er vindusplass å foretrekke? 9. Hvorfor kjøpte ikke Smith tur retur? 10. Har De noen gang reist med tog i Norge?

Samtaleøvelse

1. You step up to the ticket window in a railroad station in Norway and ask for a ticket to Oslo. The ticket agent asks what class, whether you want a round trip, etc. You also ask for a window seat, etc. Don't forget to ask how much it costs and to pay for it and get your change, etc.

2. You are talking to a Norwegian friend about trains in Norway (you haven't as yet been on one). You ask him if the trains in Norway are different than in America, if there is more than one class, if you have to reserve a seat, and anything else you can think of. He tells you and asks if you are going to take a train trip (reise med tog), etc.

Alt sammen er jo så annerledes her.

11-B

ENGLISH EQUIVALENTS

20 Are we allowed ('Do we have permission') to smoke here?
21 Surely, this is [a] smoker's compartment.
22 May I offer you a cigarette?
23 Thanks, but I prefer to smoke my own.
24 What's that you're reading?
25 *Route Book for Norway*—all the time tables are ('stand') in it.
26 May I look at it?
27 Yes, here you are.
28 It's a very useful book.
29 What does this little picture of a bed mean?
30 It means that that train has [a] sleeper.
31 I really must get hold of this book.
32 Do you know what—I almost missed ('came too late for') the train.
33 How come?
34 Well, I thought I had plenty of time,
35 so I didn't hurry at all.
36 I was walking on the platform and looking around.
37 Didn't you hear when the train began to move ('go')?
38 Yes, and at the same time the conductor shouted, "All aboard!"
39 I ran as fast as I could,
40 and I barely made ('reached') the train at [the] last moment.

LISTENING SCRIPT

20 lov [lå´v]; ha lov til
21 røkekupé [rø`ke/kupe·], en
22 by, bød, budt; sigarett [sigarett´], en
23 egen, eget, pl egne
24 lese, -te, -t
25 rutebok, en; togtabell [tå`g/tabell·], en
26
27
28 nyttig [nyt`ti]
29 bety [bety´], -dde, -dd
30 sovevogn [så`ve/vång·n], en
31 absolutt [apsolutt´]; tak, et; få tak i
32 sen
33
34 ha god tid
35 skynde [sjyn`ne], -te, -t; skynde seg
36 perrong [pærång´], en; se, så, sett; om (adv); se seg om
37
38 rope, -te, -t; konduktør [konduktø´r], en; ta plass
39 springe, sprang, sprunget; fort
40 nå, -dde, -dd; så vidt

Hva synes De om de norske statsbanene?

(fortsatt *continued*)

SMITH	Har vi lov til å røke her?	20
SOLUM	Ja da, dette er røkekupé.	21
	Får jeg by Dem en sigarett?	22
SMITH	Takk, men jeg røker helst mine egne.	23
	Hva er det De leser?	24
SOLUM	*Rutebok for Norge*—alle togtabellene står i den.	25
SMITH	Får jeg se på den?	26
SOLUM	Ja, vær så god.	27
	Det er en svært nyttig bok.	28
SMITH	Hva betyr dette lille bildet av en seng?	29
SOLUM	Det betyr at det toget har sovevogn.	30
SMITH	Jeg må absolutt få tak i denne boka.	31
	Vet De hva, jeg kom nesten for sent til toget.	32
SOLUM	Hvordan det da?	33
SMITH	Jo, jeg trodde jeg hadde god tid,	34
	så jeg skyndte meg slett ikke.	35
	Jeg gikk på perrongen og så meg om.	36
SOLUM	Hørte De ikke da toget begynte å gå?	37
SMITH	Jo, og med det samme ropte konduktøren, "Ta plass!"	38
	Jeg sprang så fort jeg kunne,	39
	og jeg nådde så vidt toget i siste øyeblikk.	40

11–B

⊙ **Repetisjon**

Combine the elements in each group to form different grammatically
correct and logical sentences:

a)

Smith Vi	har (ikke) lov til å	røke spise i denne kupéen. snakke her. sove ––––––––––––– arbeide i dag. fortelle deg om det. reise til Norge.

10. Oslo—Roa—Hønefoss—

Ht. z 609 1. 2	Pt. 549 2	Ht. 601 1. 2	Pt. 617 2	Et. m 61 2.	Pt. 205 2	Ht. 605 p 1. 2	Km	Norge
h⤫		h ⤫		♀		r ▭		
z 8.45	....	9.50	....	m 13.50	⚸17.00	22.20	0	Fra **Oslo** Ø.
⟨	....	kx▶11.02	....	⟨	⚸18.12		58	Til Roa ...
					Pt. 249 2			Gjøvikbanen (se r (see table 8) (sieh
10.32	....	kx▶11.02 11.35	....	⟨ 15.20	⚸18.14 ⚸18.57	0.10	90	Fra Roa ... Til **Hønefo**
					Pt. 1829 2			Randsfjordbanen (see table 13) (sie
10.40	11.10	11.45	....	15.25	19.00	0.20		Fra **Hønefo**
12.10	12.52	13.20	....	16.50	20.50	1.55	186	- Nesbyen
12.28	til 13.10	⟫▶13.39	....	17.03	21.10	2.14	203	- Gol ...
12.57		14.08	....	17.23	21.45	2.42	228	Til Ål .....
13.05		14.16	....	17.25		2.52		Fra Ål .....
13.45	....	14.52	....	17.52	....	3.30	253	- Geilo ..
14.05	....	15.12	....	×18.05	....	3.48	264	- Ustaoset
14.20	....	15.25	....	×18.13	....	3.59	275	- Haugast
14.56	....	16.00	....	18.38	....	4.30	302	Fra Finse...
15.30	....	16.35	....	19.08	....	5.06	336	Til Myrdal
								Flåmsbana (se rut (see table 10a) (s
15.35	....	16.39	....	19.10	....	5.16		Fra Myrdal
15.56	....	17.00	....	×19.25	....		354	- Mjølfjell
16.35	....	17.42	....	19.55	....	6.08	385	Til **Voss**
								Hardangerbana (s (see table 10b) (s
16.45	....	17.55	19.00	19.57	....	6.25	393	Fra **Voss** ..
	....		19.10		....			- Bulken
17.34	....	18.36	19.50	nx◀20.37	....	nx◀7.06	425	- Dale ..
	....	18.52	20.12		....	nx◀7.22	440	- Vaksdal
	....		20.28		....		452	- Trenger
18.42	....	19.42	21.12	21.31	....	◀8.16	482	Fra Nesttun
z 18.55	....	19.55	21.25	m 21.45	....	8.30	492	Til **Bergen**

	et kart over	Norge? / byen?
Hvor kan	jeg / vi / Smith — få tak i	denne boka? / Rutebok for Norge?
	noe	å spise? / å drikke?
	en paraply? / en amerikansk avis? / et glass øl?	

(Rute 41 i «Rutebok for Norge»)

Ht. 606 p 1.2	Pt. 1820 2	Pt. 1820 H 2	Ht. z610 1.2	Pt. 1306 2	Ht. 602 1.2	Pt. æ620 2	Pt. 1842 2	Et. v 62 2.
r 7.20	....	....	z 18.16 h✕	✕19.20	h✕ 19.48	....	....	v 21.55 ♀
	....	....	ux◄17.07	✕18.12	ux◄18.36			
				Pt. 250 2				
5.25	...	....	ux◄17.07	✕17.50	ux◄18.36	....	....	20.28
	...	....	16.25	✕17.05	17.50			
				Pt. 540 2				
5.15	✕9.52	†10.40	16.15	16.40	17.40	....	....	20.23
3.37	7.58	8.56	14.35	14.55	15.49	....	....	18.57
3.20	7.40	8.39	14.16	14.35	15.30	....	....	18.43
2.50	✕7.10	† 8.10	13.45		14.56	....	....	18.20
2.40			13.37	....	14.46	....	....	18.15
2.16	...	....	13.13	....	14.17	....	....	17.53
2.03	...	....	12.58	....	14.02	....	....	×17.42
			12.45		13.49			×17.33
1.24	...	....	12.18		13.20	....	....	17.10
0.34	...	....	11.26	....	12.23	....	....	16.35

Oa)

Ht. 606	Pt. 1820	Pt. 1820 H	Ht. z610	Pt. 1306	Ht. 602	Pt. æ620	Pt. 1842	Et. v 62
0.24	...	Pt. 612 2	11.21	....	12.16	....	✕ 15.55	16.33
			×10.56		11.49		✕ 15.00	×16.16
23.10	...		10.07	....	10.55			15.40

Ob)

Ht. 606	Pt. 1820	Pt. 1820 H	Ht. z610	Pt. 1306	Ht. 602	Pt. æ620	Pt. 1842	Et. v 62
23.00	...	9.10	9.57	....	10.45	æ12.30	✕14.50	15.38
	...	8.58		....		12.19	14.39	
wx►22.13		8.15		....	10.01	11.36	13.54	wx►15.02
wx►21.57		7.53		....	9.45	11.17	13.37	
		7.36				10.59	13.22	
►21.12		6.51	►8.14		8.59	10.17	12.42	
21.00		6.35	z 8.00	....	8.45	æ10.05	✕12.30	v 14.00

(Right-hand column heading: «Bergensekspressen». Vertical note in Pt. column: Pt. 614 2.)

c)

| Jeg Vi Han | springer sprang spiser spiste snakker snakket kommer kom går gikk | så | fort snart godt langt lenge mye ofte | jeg vi han | kan. kunne. |

⊙ **Spørsmål**

1. Har en lov til å røke hvor som helst på norske tog? 2. Hvorfor tar ikke Smith en av Solums sigaretter? 3. Hva leser Arne Solum? 4. Hvorfor er det en nyttig bok? 5. Hva skulle et lite bilde av en gaffel og en kniv bety? 6. Hvorfor skyndte ikke Smith seg? 7. Hva gjorde han? 8. Hva gjorde han da han hørte at toget begynte å gå? 9. Kom han for sent til toget? 10. Foretrekker De å reise med tog eller buss?

Det betyr at det toget har sovevogn.

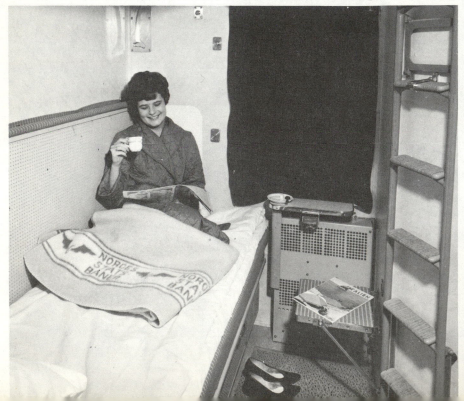

Samtaleøvelse

1. You are talking to a friend about a trip you are going to take together. You ask him if he has bought the train tickets. He says he has. You ask if he was able to get window seats in a smoking compartment, but he says there were no seats left in the smoking compartments. You tell him you have to smoke and ask what you're going to do. He says you'll just have to wait until you get to Oslo to smoke. You tell him that's not possible and you'd rather stay home.

2. Discuss with a friend a train trip you are going to take.

GRAMMAR

☆ **11.1 ADJECTIVES ENDING IN -en**

(a) Regular. Most adjectives in **-en** are like those in **-el** and **-er** (cf. GRAMMAR **3.3d**). They add **-t** in the et-form, but when they add the **-e** of the plural or the definite, they lose the preceding **-e-** (and the second of two identical consonants):

gammel	gammelt	gamle
vakker	vakkert	vakre
åpen 'open'	åpent	åpne

(b) Pronominal. A number of adjectives in **-en** are also pronouns. These have quite irregular forms, each of which has to be learned by itself. We have had these examples:

7.12	Hvilken farge hadde De tenkt Dem?	(hvilken—en-noun form)
7.14	Og hvilket nummer bruker De?	(hvilket—et-noun form)
8.28	Hvilke klær mener du?	(hvilke—plural form)
10.7	Vi pleier å få mer regn enn noen annen norsk by.	(noen annen—en-noun form)
7.28	Var det noe annet i dag?	(noe annet—et-noun form)
1.35	Jeg skulle ha noen epler.	(noen—plural form)
4.23	—og det andre mot sør.	(andre—definite singular)
7.33	Hvorfor er de hvite så mye dyrere enn de andre?	(andre—definite plural)
8.31	Har du ingen rene igjen?	(ingen—plural form)
1.32	Ikke noe å takke for.	(ikke noe—et-noun form)
11.23	Takk, men jeg røker helst mine egne.	(egne—plural form)

As the examples show, these adjectives do not add **-t** to make the et-noun form, nor **-e** to make the plural. Their complete forms are:

en-noun form	et-noun form	plural form	
annen	annet	andre	other, second
egen	eget	egne	own
hvilken	hvilket	hvilke	which, what
ingen	ikke noe	ingen	no, none, no one, nothing
noen	noe	noen	any, some

One other adjective is irregular in a similar manner:

liten	lite	små	little, small

NB: **liten** has the special definite singular form **lille**. The definite plural form is, as usual, identical with the indefinite plural form: **små**. All possible forms of this adjective are, therefore:

	INDEFINITE	DEFINITE
et-noun singular	et **lite** bord	det **lille** bordet (cf. 9.2)
et-noun plural	**små** bord	de **små** bordene
en-noun singular	en **liten** kniv	den **lille** kniven
en-noun plural	**små** kniver	de **små** knivene

NB: **den annen, det annet** mean 'the second'
den andre, det andre mean 'the other'
en annen, et annet mean 'another'

egen has no special definite form: **min egen, mitt eget, mine egne.**

Exercise

Fill in the blanks as indicated:

1. _____ hus bor han i? (*which*) 2. Jeg har _____ søsken. (*no*) 3. Han har _____ bilde av venninnen sin. (*no*) 4. La oss ta det _____ bordet. (*other*) 5. Jeg skal komme en _____ gang. (*other*) 6. Jeg kjenner ikke _____ bror. (*my own*) 7. De _____ kakene er de beste. (*little*) 8. Jeg kommer om en _____ stund. (*little*) 9. Den _____ piken er min søster. (*little*) 10. Har du _____ rene skjorter? (*any*)

☆ **11.2** MEET AND MEAN

MEET: The English word 'meet' translates two Norwegian words: **møte** and **treffe.** E.g.,

2.24 Det var snilt av dere å **møte** meg.
11.7 Så morsomt å **treffe** Dem igjen.

RULE: **møte** means to meet by agreement or plan; **treffe** means to meet accidentally or casually. If you run across a friend, it's **treffe**; if you make a date it's **møte.**

NB: the passive forms, **møtes** and **treffes,** when used with the pronoun **vi,** have reciprocal meaning. E.g.,

10.37   Men kanskje vi **treffes** igjen senere.

MEAN: The English word 'mean' translates two Norwegian words: **mene** and **bety.** E.g.,

8.28   Hvilke klær **mener** du?
11.29   Hva **betyr** dette lille bildet av en seng?

RULE: When you can substitute English 'signify,' use **bety.**

Exercise

Translate the sentences:

1. I'm going to meet my brother at two o'clock. 2. Do you think we'll meet any of our friends there? 3. Do you mean me? 4. What does 'møte' mean?

⊙ La oss lytte

1. *Georg treffer Anne-Marie på stasjonen.*

G: Nei, god dag! Så hyggelig at du kom! Jeg trodde ikke du hadde tid.
A: Jeg skyndte meg ned før skolen begynte. Jeg må snart tilbake igjen.
G: Jeg har ikke kjøpt billett ennå. Hvor selger de billettene her?
A: I billettluken der borte. Skal jeg bli med og hjelpe deg med å kjøpe billett?
G: Ja takk, det var svært snilt av deg. Jeg vet så lite om de norske stats-banene.
A: Har du bestilt plassbillett?
G: Plassbillett? Hva er det for noe?
A: Hvis du ikke har plassbillett, får du ikke noen god sitteplass. Spør etter vindusplass, kanskje han ennå har noen igjen.
G: Hvilken klasse billett skal jeg kjøpe?
A: Å, kjøp annen klasse. Det er bra nok, og ikke så dyrt.
G: En billett til Finse, annen klasse, takk. Og vindusplass.
B: Vi har dessverre ingen vindusplasser igjen. Vil De ha røkekupé?
G: Ja, takk.
B: Vær så god, det blir tre og førti kroner og ti øre. Jeg har gitt Dem vogn nr. ni og femti, sitteplass nr. ti.

11-B

G: Når går toget?
B: Det går kl. åtte.
G: Og når er vi framme?
B: Hvis toget er i rute, er De på Finse kl. ett fjorten.
G: Takk skal De ha.

2. *Anne-Marie og Georg prater sammen mens de går bortover mot toget.*

A: Hva skal du gjøre på toget? Har du tatt med noe å lese?
G: Ja, jeg har en bok som jeg ikke har lest ferdig. Og så har jeg skrivemaskinen med.
A: Å, skal du skrive på toget også?
G: Ja, jeg har tenkt å skrive et par brev, og så skal jeg kanskje begynne på boka mi om Norge.
A: Skal du skrive om Bergen da?
G: Ja, jeg har jo ikke noe annet å skrive om ennå.
A: Å, men det får du snart. Skriv noe pent om Bergen da!
G: Ja, jeg har bare godt å si om Bergen. Det har vært svært hyggelig her.
A: Takk, det var snilt av deg å si det. Men nå skal toget gå. Du må skynde deg så du ikke kommer for sent.
G: Ja, takk for alt da.
A: I like måte—og god tur. Og send meg et brev en gang, er du snill.
G: Ja, det skal jeg gjøre. Adjø.
A: Adjø da.

Lesestykker (Reading Selections): **To fabler, av Johan Borgen** (*in the Reader*).

When do we get up to the mountains?

12–A

ENGLISH EQUIVALENTS

Smith and Solum are looking ('sit and look') out of the train window:

1 This railroad is very impressive.
2 Yes, we are very proud of it.
3 It runs ('goes') through some of Norway's wildest terrain.
4 It must have been difficult to build all these tunnels.
5 Yes, it certainly wasn't easy.
6 Many of them are very long.
7 You haven't seen the longest [one] yet.
8 The Gravhals-tunnel is almost four miles ('six kilometers') long.
9 How many are there in all?
10 I think there are almost two hundred tunnels on the Bergen railroad.
11 Do you know if there is a diner on the train?
12 Yes, but it's a little early to eat yet.
13 Dinner isn't served until ('is first served') two o'clock.
14 Don't we get anything to eat before then?
15 Yes, we can get off at Myrdal station and buy coffee and sandwiches.
16 When do we get up to ('on') the mountains?
17 As soon as we leave Myrdal.
18 Is Myrdal so high?
19 Yes, the station is 2844 feet ('867 meters') above sea level ('over the sea').

LISTENING SCRIPT

togvindu [tå`g/vin˙du], et
1 jernbane [jæ˙rn/ba˙ne], en; imponerende [impone´rene]
2 stolt
3 vill, vilt, ville; terreng [tæreng´], et
4 vanskelig [van`skeli]; bygge, -et, -et (or -de, -d); tunnell [tunell´], en
5 lett
6 lang
7 lengst
8 Gravhalstunnellen [gra`vhals/tunel˙len]; kilometer [kji´lo/me˙ter], en
9
10 Bergensbanen [bær´gens/ba˙n^{e}n]
11 spisevogn [spi`se/vång˙n], en
12
13 servere [særve´re], -te, -t; først (adv)
14
15 Myrdal [my`r/da˙l]
16 høyfjell [høy`/fjell´], et
17
18 høy
19 hav, et; meter over havet

[208]

Når kommer vi opp på høyfjellet?

Smith og Solum sitter og ser ut av togvinduet:

SMITH	Denne jernbanen er meget imponerende.	1
SOLUM	Ja, vi er svært stolte av den.	2
	Den går gjennom noe av Norges villeste terreng.	3
SMITH	Det må ha vært vanskelig å bygge alle disse tunnellene.	4
SOLUM	Ja, det var sikkert ikke lett.	5
SMITH	Mange av dem er svært lange.	6
SOLUM	De har ikke sett den lengste ennå.	7
	Gravhalstunnellen er nesten seks kilometer lang.	8
SMITH	Hvor mange er det i alt?	9
SOLUM	Jeg tror det er nesten to hundre tunneller på Bergensbanen.	10
SMITH	Vet De om det er spisevogn på toget?	11
SOLUM	Ja, men det er litt tidlig å spise ennå.	12
	Middagen serveres først klokken to.	13
SMITH	Får vi ikke noe å spise før da?	14
SOLUM	Jo, vi kan gå av på Myrdal stasjon og kjøpe kaffe og smørbrød.	15
SMITH	Når kommer vi opp på høyfjellet?	16
SOLUM	Så snart vi reiser fra Myrdal.	17
SMITH	Ligger Myrdal så høyt da?	18
SOLUM	Ja, stasjonen ligger 867 meter over havet (m. o. h.).	19

12–A

⊙ **Repetisjon**

Combine the elements in each group to form different grammatically correct and logical sentences:

a) Form sentences referring to each of the words listed in brackets:

| Du
De
Georg
Vi
Han | har ikke sett | den
det
de | lengste
største
beste
vakreste | ennå. | [tunnell, -er
fjell
by, -er
tog
land] |

b)

Middagen Frokosten serveres Aftens		
Vi kommer til reiser fra	Oslo Finse Bergen Myrdal	først klokka

8.
12.
2.
6.
15.
19.
22.

c)

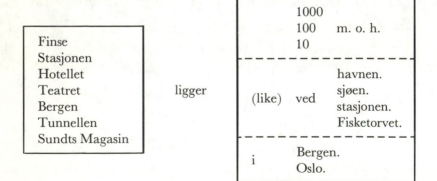

| Finse
Stasjonen
Hotellet
Teatret
Bergen
Tunnellen
Sundts Magasin | ligger |

1000
100   m. o. h.
10

(like) ved   havnen.
sjøen.
stasjonen.
Fisketorvet.

i   Bergen.
Oslo.

⊙ **Spørsmål**

1. Hvor går Bergensbanen? 2. Hva synes Smith om den? 3. Hvorfor var den så vanskelig å bygge? 4. Hvordan er terrenget langs banen? 5. Hvor

[210]

lang er Gravhalstunnellen? 6. Hvorfor skal Smith og Solum gå av på Myrdal stasjon? 7. Kan de ikke få noe å spise på toget? 8. Når serveres middagen? 9. Skal de ikke snart komme opp på høyfjellet? 10. Hvor høyt ligger Myrdal?

Samtaleøvelse

1. You are talking with a friend about a trip you took by rail from Bergen to Oslo. You tell him about the terrain, the tunnels, etc. He asks how much it cost, what the train was like, if there were any long tunnels, etc.

2. You go to the diner to have dinner. Ask the waiter if dinner is being served yet (he then gives you a menu), you take a table, order, chat with him about the scenery, etc.

Vet De om det er spisevogn på toget?

12-B

ENGLISH EQUIVALENTS

20 Is that above the timber line?
21 Yes, the timber line is quite low here in West Norway.
22 There's quite a bit of forest here still.
23 What kind of trees do we see ('is it we see') over there?
24 They're mostly spruce and pine.
25 But soon we won't see anything but ('other than') birch and heather,
26 with wild flowers in between.
27 It's wonderful up here on the Hardanger Plateau!
28 Yes, I sure would like to take ('I should indeed have desire for') a trip across the plateau.
29 Couldn't you get off at Finse and come with me?
30 First we'll take a hike in the mountains (sing.) to Geilo,
31 and then we'll drive down through Numedal.
32 That's really a good idea!
33 But where can we spend the night?
34 The Tourist Society has many cabins on the plateau,
35 where hikers can get food and lodgings.
36 And at Geilo there are many hotels.
37 That will certainly be a fine vacation for both of us.
38 But listen now, how about calling each other by our first names ('. . be "dus" to each other'),
39 now that we're ('now when we're') going to take this trip together.
40 Yes, let's. That would be nice.

LISTENING SCRIPT

20 ovenfor [å`ven/fårr´]; tregrense [tre`/gren`se], en
21 lav; Vestlandet [ves`t/lan`ne]
22 skog, en
23 tre, pl trær
24 mest (adj); for det meste; gran, en; furu, en
25 ikke annet enn; bjørk, en; lyng, et
26 blomst, en; i blant.
27 her oppe; Hardangervidda [hardang´er/vid`da]
28 jamen [jam`men]; vidde, ei
29 Finse
30 fottur [fo`t/tu`r], en; gå fottur; i fjellet; Geilo [jæi`lo]
31 bile, -te, -t; Numedal
32 idé [ide´], en
33 overnatte [å`ver/nat`te], -et, -et
34 Turistforeningen [turis´t/fåre`ningen]; hytte, ei
35 fotturist [fo`t/turis`t], en; losji [losji´], et
36
37 ferie [fe´rie], en; begge
38 være dus
39   40

Når kommer vi opp på høyfjellet?

(fortsatt *continued*)

Smith	Er det ovenfor tregrensen?	20
Solum	Ja, tregrensen går ganske lavt her på Vestlandet.	21
Smith	Det er nokså mye skog her ennå.	22
	Hva slags trær er det vi ser der borte?	23
Solum	For det meste er det gran og furu.	24
	Men snart ser vi ikke annet enn bjørk og lyng,	25
	med ville blomster i blant.	26

* * * * * * * * * * * * *

Smith	Det er flott her oppe på Hardangervidda!	27
Solum	Ja, jeg skulle jamen ha lyst på en tur over vidda.	28
Smith	Kunne De ikke gå av på Finse og bli med meg?	29
	Først går vi fottur i fjellet til Geilo,	30
	og så biler vi ned gjennom Numedal.	31
Solum	Det var virkelig en god idé!	32
Smith	Men hvor kan vi overnatte?	33
Solum	Turistforeningen har mange hytter på vidda,	34
	hvor fotturister kan få mat og losji.	35
	Og på Geilo er det mange hoteller.	36
Smith	Det blir sikkert en flott ferie for oss begge.	37
Solum	Men hør her, skal ikke vi være dus,	38
	nå når vi skal ta denne turen sammen?	39
Smith	Jo, la oss det. Det ville være hyggelig.	40

12–B

⊙ **Repetisjon**

Combine the elements in each group to form different grammatically correct and logical sentences:

a)

| Snart ser vi |
| Nå |
| — — — — — — — |
| Her er det |

| ikke annet enn |
| — — — — — — — |
| bare |

| bjørk. |
| lyng. |
| ville blomster. |
| fjell. |
| gran og furu. |

b)

| Jeg vil gjerne |
| La oss |
| Skal vi |

| ta en |
| gå |

| tur |
| fottur |

| i fjellet |
| over vidda |
| ned gjennom Numedal |
| fra Finse til Geilo |

(.)
(?)

c)

Vet De	om	det er	spisevogn / sovevogn	på toget?
		middagen / aftens	serveres ennå?	
		Smith skal	til Oslo? / tilbake til Bergen?	
		tregrensen går	lavt / høyt her på	Vestlandet? / Østlandet?
		det er mange hoteller	på Geilo? / i Oslo?	
	når	vi / Georg	kommer til	opp på høyfjellet? / Finse? / Oslo?
		middagen / aftens	serveres?	
	hvor	vi / fotturister	kan overnatte?	
		hotellet / stasjonen	ligger?	

⊙ **Spørsmål**

1. Går tregrensen høyt på Vestlandet? 2. Er det gran og furu oppe på høyfjellet? 3. Hva har Solum lyst på? 4. Skal han ikke til Oslo da? 5. Hvordan kommer Smith og Solum fra Finse til Geilo? 6. Hvorfor har Turistforeningen hytter på vidda? 7. Hvor skal Smith og Solum overnatte på Geilo? 8. Hva skal de så gjøre? 9. Synes De det ville være en flott ferie å gå fottur i fjellet i Norge? 10. Hva betyr det å være "dus" med noen?

Samtaleøvelse

1. You are telling a friend about a hiking trip you took in the mountains in Norway. Tell him where you left from, how you got there, etc. He asks you where you stayed overnight, what it's like up on the plateau, etc.

12–B

GRAMMAR

☆ **12.1** ADVERB-CONJUNCTIONS

In Norwegian a number of words can function as either adverbs or conjunctions.

(a) **hvor.**

ADVERB	{	1.25	**Hvor** er hotellet?
		5.13	**Hvor** er vi nå?

CONJUNCTION	{	8.27	Men nå lurer jeg på **hvor** klærne mine er.
		12.35	(hytter), **hvor** fotturister kan få mat og losji.

Note that when **hvor** is used as a conjunction, it introduces a dependent clause and is followed by normal (not inverted) word order.

(b) **når.**

ADVERB	{	4.34	**Når** vil De flytte inn?
		12.16	**Når** kommer vi opp på høyfjellet?

CONJUNCTION		12.39	Skal vi ikke være dus, nå **når** vi skal ta denne turen sammen?

For other instances of **når** used as a conjunction see *La oss lytte* in Lessons 6 and 9:

Men **når** jeg skriver til far og mor, bruker jeg pennen.
Når jeg skriver til Dem, skal jeg alltid bruke pennen.
Ja, det ser ikke så fint ut, men **når** en kommer inn, er det riktig pent og hyggelig.

(c) **da.**

ADVERB	{	7.2	**Da** bør De gå til Sundts Magasin.
		10.13	**Da** har vi lyse netter.

CONJUNCTION	{	11.17	**Da** jeg kom til billettluken . .
		11.37	Hørte De ikke **da** toget begynte å gå?

Note that when **da** is used as a conjunction, it means 'when,' but when it is used as an adverb it means 'then.' Note also that both **når** and **da**, when used as conjunctions, mean 'when.' The difference is that **da** is used only when referring to one single event in the past, **når** is used when referring to events in the present or future or to repeated events in the past (and can then be translated 'whenever').

(d) **så.**

ADVERB	{	3.29	**Så** skal jeg tilbake til Amerika.
		8.12	**Så** skal jeg barbere meg.

CONJUNCTION $\begin{cases} 11.35 & \text{Jeg trodde jeg hadde god tid, } \textbf{så} \text{ jeg skyndte meg slett ikke.} \\ 10.25 & \text{Er det nok snø } \textbf{så} \text{ du kan gå på ski da?} \end{cases}$

Note that when **så** is used as an adverb, it means 'then,' but when it is used as a conjunction, it means 'so (that).'

(e) **siden.**

ADVERB	8.6	Og **siden** skal vi i teatret.
CONJUNCTION	10.5	Det har vært flott vær **siden** jeg kom.

Note that when **siden** is used as an adverb, it means 'then,' but when it is used as a conjunction, it means 'since.'

Note that whenever one of these words is used as a conjunction, it introduces a dependent clause and is followed by normal word order, but when it is used as an adverb, it is followed by inverted word order (see the discussion of inverted word order in GRAMMAR **4.2**). This is your clue to how these words are being used in any given sentence. There are many other adverb-conjunctions in Norwegian, some of which (e.g., **før**, see 2.25; 12.14) we have so far seen used only as adverbs.

Exercise

Translate:

1. When we have light nights we can swim and sail around the clock. 2. Then the train began to go. 3. What'll we do when we get (come) up on the mountain plateau? 4. When shall we take a trip together? 5. Then I didn't hurry at all. 6. I'm going out this evening, so I have to shave. 7. Can you tell me where the hotel is? 8. Where are my clothes? 9. I have to shave since I'm going to the theater this evening. 10. And then we got (came) up on the mountain plateau.

12–B

There are two words in Norwegian corresponding to English 'both':

> 4.26 Er det **både** varmt og kaldt vann?
> 9.15 **Både** kjøttet og grønnsakene er utmerkede.
> 12.37 Det blir en flott ferie for oss **begge.**

Begge is a pronoun or adjective and is used alone or modifying a noun or pronoun.

Både is used only in the phrase **både** . . . **og** . . 'both (one thing) and (another thing).'

Exercise

Translate:

1. Both Smith and Solum are going to take a hike in the mountains (sing.) to Geilo. 2. It will be a fine trip for them both. 3. George has been both in Bergen and in Oslo. 4. He's been both places.

☆ **12.3** Word Compounding

In the last few lessons we have had a number of examples of how words are compounded. Here are some of them, grouped according to their combining elements:

ADJECTIVE + NOUN:	høyfjell, Østlandet. What would these mean: Sørlandet, lavland?
VERB + NOUN:	røkekupé, sitteplass, sovevogn, spisevogn. What would these mean: sovekupé, ståplass, røkevogn?
NOUN + NOUN:	plassbillett, billettluke, rutebok, togtabell, jernbane, tregrense, fottur, fotturist. What would these mean: teaterbillett, kinobillett, billettkontor, billettpris, togbillett, jernbanekart, jernbanerestaurant, jernbanetunnell, skoggrense, granskog, furuskog, snøgrense, fjelltur, bilturist?
NOUN + s + NOUN:	Bergensbanen, statsbaner, vindusplass. What would these mean: Sørlandsbanen, vindusglass, statskirke, statskontor?
PREPOSITION + VERB:	overnatte. There is only one other word like it: overvintre. What must it mean?

[218]

⊙ La oss lytte

1. *Toget kjører gjennom Gravhalstunnellen.*

G: Dette er da en svært lang tunnell! Vi har vært inne i fjellet i flere minutter alt.

A: Ja, dette er Gravhalstunnellen som jeg fortalte deg om.

G: Å, da er vi snart på Myrdal.

A: Ja, nå kan du få deg litt mat.

G: Må vi gå av toget da?

A: Ja, det er en restaurant på stasjonen hvor vi kan få oss kaffe og smørbrød og kaker.

G: Toget kjører ikke fra oss da?

A: Nei da. Det står her i ti-femten minutter, så folk kan få seg litt å spise.

G: Det var rart, synes jeg. Ville det ikke være bedre å selge mat på toget?

A: Nei, jeg synes dette er greit, jeg. Så kan folk se seg om litt med det samme.

G: Er det restauranter på alle stasjonene?

A: Nei, bare på de største. Mellom Bergen og Oslo er det fire—Voss, Myrdal, Ål og Hønefoss. Mens vi er på høyfjellet, spiser vi middag i spisevogna.

G: Ja, det var en bra idé.

A: Nå stanser toget—og der borte er restauranten. Kom, la oss skynde oss, så vi kan se litt på utsikten før toget går igjen.

Vi kan gå av på Myrdal stasjon og kjøpe kaffe og smørbrød.

12-B

2. *En nordmann, Alf Mjøen, og en amerikaner, Bob Scott, sitter og snakker sammen på toget mellom Oslo og Bergen.*

M: Hva synes De om terrenget her langs Bergensbanen?

S: Det er noe av det villeste jeg har sett. Vet De hvor høyt banen går?

M: Det høyeste stedet er ved Taugevann, ett tusen tre hundre og en m. o. h.

S: Er det en stasjon der?

M: Nei, den høyeste stasjonen er Finse, tolv hundre og tjueto m. o. h. Der kan De se snø midt på sommeren.

S: Går folk på ski der om sommeren da?

M: Å nei, snøen er ikke så bra om sommeren. Folk flest går fottur i fjellet om sommeren og venter med å gå på ski til det blir vinter.

S: Ja, jeg kan tenke meg at det er best.

M: De kan tro det er morsomt å gå tur i fjellet—både om sommeren og om vinteren.

S: Er det noe sted å bo her oppe på fjellet?

M: Ja da. Turistforeningen har mange hytter her oppe, og der er det rimelig å bo året rundt.

S: Det ville sikkert være en flott ferie å gå tur i fjellet.

M: Ja, det er det. De må absolutt prøve det en gang.

S: Ja, det skal jeg jamen gjøre.

Lesestykke (Reading selection): **Hunden, av Arthur Omre** (*in the Reader*).

It's fun

to hike in the mountains

13–A

ENGLISH EQUIVALENTS

George and Arne are standing at Finse station:
1 First we have to send the baggage to Geilo.
2 Where do we do that?
3 The baggage room is at the other end of the platform.
4 Let me take one of your suitcases, you can't manage [them] all yourself.
5 Thanks, that's very nice of you.
6 What do you have in this suitcase?
7 It's heavy as lead.
8 It's full of books.
9 (*to the baggage clerk*) We'd like to send these suitcases to Geilo.
10 All right, that's 80 kilos (176 lb.) [all] together.
11 That'll be six *kroner* and fifty *øre*.
12 (*to Solum*) That sure wasn't cheap.
13 It was all your books that did it.
14 Well, then I'll pay the largest share.
15 Here are five *kroner* ('a fiver').
16 No, let me pay more than that.
17 Here's a *krone* back.
18 Shall we leave right away?
19 No, let's first get a little food here at the hotel,
20 and then we can set out.

LISTENING SCRIPT

1 bagasje [baga´sje], en
2
3 ekspedisjon [ekspedisjo´n], en; ende [en`ne], en
4 koffert [kof´fert], en; klare, -te, -t
5
6
7 tung [tong´]; bly, et
8 full
9
10 kilo [kji´lo], et, pl kilo; til sammen
11
12 neimen
13
14 betale, -te, -t; størsteparten
15 femmer [fem´mer], en
16
17
18 dra, dro, dradd; dra av sted; med en gang
19
20 legge i vei

Det er morsomt å gå tur i fjellet

Georg og Arne står på Finse stasjon:

ARNE	Først må vi sende bagasjen til Geilo.	1
GEORG	Hvor gjør vi det da?	2
ARNE	Ekspedisjonen er ved den andre enden av perrongen.	3
	La meg ta en av koffertene dine, du klarer ikke alle selv.	4
GEORG	Ja takk, det var veldig snilt av deg.	5
ARNE	Hva har du i denne kofferten?	6
	Den er tung som bly.	7
GEORG	Den er full av bøker.	8
ARNE	(*til ekspeditøren*) Vi vil gjerne få sendt disse koffertene til Geilo.	9
EKSPEDITØREN	Ja vel, det er 80 kilo til sammen.	10
	Det blir 6 kroner og 50 øre.	11
GEORG	(*til Solum*) Det var neimen ikke billig.	12
ARNE	Det var alle bøkene dine som gjorde det.	13
GEORG	Ja, da skal jeg betale størsteparten.	14
	Her er en femmer.	15
ARNE	Nei, la meg betale mer enn det.	16
	Her har du en krone igjen.	17
GEORG	Skal vi dra av sted med en gang?	18
ARNE	Nei, la oss først få litt mat her på hotellet, og så kan vi legge i vei.	19 / 20

13-A

⊙ **Repetisjon**

Combine the elements in each group to form different grammatically correct and logical sentences:

a)

Jeg		koffertene	mine	
Vi	klarer ikke	leksene	sine	selv.
Georg		bøkene	våre	
			hans	

begge
alle

mer poteter.
      mat.

drikke
spise   mye.
springe så fort.
gå   ofte.

å

lese så lenge.
sove

b)

Det

blir	10	kroner	til sammen.
	20		
er	40	kilo	
	80	kilometer	

c)

Når

skal		dra av sted?
vil	Georg	legge i vei?
må	vi	
kan		reise (fra Finse? Bergen?)

⊙ **Spørsmål**

1. Hva må Georg og Arne gjøre først? 2. Hvorfor sender de bagasjen dit? 3. Hvor er ekspedisjonen? 4. Hvorfor tar Arne en av Georgs kofferter?

[224]

5. Hvorfor er kofferten så tung? 6. Hvorfor koster det så mye å sende bagasjen? 7. Hvorfor skal Georg betale størsteparten? 8. Hvorfor gir Arne Georg en krone igjen? 9. Hvor mye betaler Arne da? 10. Hva skal de gjøre før de drar av sted?

Samtaleøvelse

1. You enter a railroad station in Norway, ask a passerby where the baggage room is, go there and send your trunks to Oslo. You then ask the baggage clerk where the ticket window is, if there is a restaurant at the station where you can get a sandwich before you leave, etc.

2. You go into the hotel at Finse and order coffee and sandwiches. You ask the waiter how far it is to Geilo through the mountains and how many days it will take to walk there. He tells you. You ask where you can stay overnight on the way and he tells you about the cabins of the Tourist Society.

13-B

ENGLISH EQUIVALENTS

Later:

21 Let's go south towards Krækkja.
22 There's a cabin there where we can spend the night.
23 Isn't that a little far?
24 It's the nearest cabin.
25 We'll make ('manage') it if we keep at it ('hang in').
26 It's a good thing I have these good boots.
27 It's pretty stony here.
28 Yes, it's a little strenuous ('heavy') to walk in the mountains,
29 but it's both healthy and lots of fun.
30 Doesn't the snow ever melt on those mountains?
31 No, it's perpetual snow, so you could go skiing there [all] year round.
32 What does this large red 'T' on this stone mean?
33 That's the Tourist Society's mark.
34 They mark (up) the paths between the cabins.
35 There must be a lot of fish in these lakes.
36 Yes, it's too bad that my fishing rod is back in Bergen.
37 But perhaps we'll get fresh trout when we arrive.
38 It's remarkable how many kinds of flowers there are up here,
39 and how bright ('strong') and pure the colors are.
40 Yes, many beautiful flowers and plants grow on the mountain plateau.

LISTENING SCRIPT

21 sørover [sø´r/å˙ver]; Krækkja [krekkj`a]
22
23
24 nærmeste [nær`meste]
25 henge, hang, hengt; henge i
26 støvel [støv`vel], en, pl støvler
27 steinete
28
29 sunn, sunt, sunne
30 smelte, -et, -et; de [di´]
31 evig [e`vi]
32 rød [rø´]
33
34 merke, -et, -et; sti, en
35 massevis; fisk, en; vann, et (lake)
36 fiskestang, en; stå igjen
37 fersk; ørret, en; komme fram
38 merkelig [mær`keli]
39
40 vokse [våk`se], -te, -t; plante, en

Det er morsomt
å gå tur i fjellet

Senere: **(fortsatt *continued*)**

ARNE	La oss gå sørover mot Krækkja.	21
	Der er det en hytte hvor vi kan overnatte.	22
GEORG	Er ikke det litt langt?	23
ARNE	Det er den nærmeste hytta.	24
	Vi klarer det hvis vi henger i.	25
GEORG	Det er bra jeg har disse gode støvlene.	26
	Det er nokså steinete her.	27
ARNE	Ja, det er litt tungt å gå i fjellet,	28
	men det er både sunt og morsomt.	29
GEORG	Smelter aldri snøen på de fjellene?	30
ARNE	Nei, der er det evig snø, så der kunne du gå på	31
	ski året rundt.	
GEORG	Hva betyr denne store røde T'en på steinen her?	32
ARNE	Det er Turistforeningens merke.	33
	De merker opp stiene mellom hyttene.	34
GEORG	Det må være massevis av fisk i disse vannene.	35
ARNE	Ja, det er synd at fiskestangen min står igjen i	36
	Bergen.	
	Men kanskje vi får fersk ørret når vi kommer	37
	fram.	
GEORG	Det er merkelig hvor mange slags blomster det er	38
	her oppe,	
	og hvor sterke og rene fargene er.	39
ARNE	Ja, det vokser mange vakre blomster og planter	40
	på høyfjellet.	

[227]

13-B

⊙ Repetisjon

Combine the elements in each group to form different grammatically correct and logical sentences:

a)

| Georg
Jeg
Arne
Alle nordmenn | synes det er svært | tungt
morsomt
sunt | å gå | fottur.
i fjellet.
på vidda.
på ski. |

b)

| Jeg
Vi
Nordmenn | pleier å
kan
vil gjerne | gå på ski
sove
spise
bade og seile | døgnet rundt.
året |
| hele | dagen.
uken.
måneden.
vinteren.
sommeren. |

c)

| Det er | synd
bra
godt | at | fiskestangen
koffertene
skrivemaskinen | står igjen | i | Bergen.
Oslo. |
| | | | | | på | Finse.
Geilo. |

⊙ Spørsmål

1. Hvorfor går Arne og Georg mot Krækkja? 2. Hvorfor går de ikke til en annen hytte? 3. Klarer de å nå Krækkja samme dagen? 4. Er det lett å gå i fjellet? 5. Hvorfor er det bra at Georg har gode støvler? 6. Hvorfor smelter aldri snøen på noen av fjellene på Hardangervidda? 7. Synes De det ville være morsomt å gå på ski året rundt? 8. Hvorfor merker Turist-foreningen opp stiene mellom hyttene? 9. Hvorfor synes Arne det er synd at fiskestangen hans står igjen i Bergen? 10. Hvorfor synes Georg det er så merkelig at det vokser så mange blomster på høyfjellet?

[229]

13–B

Samtaleøvelse

1. You are telling a friend about the vegetation on the Hardanger Plateau (he can start the conversation by asking you what kind of trees there are up there). Be sure to tell him about the tree line and the wild flowers, etc.

2. You and a friend are discussing a hiking trip you want to take in the mountains in Norway. You have hiked there before (be sure to tell him when) and are explaining things to him. He asks about places to stay, if there is any snow to go skiing on during the summer, if he should bring his fishing pole, how you will get up to the mountains, etc.

3. You arrive at one of the Tourist Society's cabins. You ask when dinner is served and if there is room for you to spend the night. You are told that dinner will be ready soon, that there is plenty of **(god)** room, and that you can also get breakfast in the morning. You ask how much it costs, then how far it is to the next cabin, how many days it will take you to get to Finse, etc.

Ja, det vokser mange vakre blomster og planter på høyfjellet.

GRAMMAR

☆ **13.1** IRREGULAR NOUN PLURALS

Not all nouns form the plural according to the rules given in Lesson 3. In Lessons 10, 12, and 13 we have had three irregular noun plurals: **netter, bøker** (definite form: **bøkene**), and **trær.**

Most irregular nouns form the plural like **bok** and **natt,** i.e., by changing the stem vowel and adding **-er** to form the indefinite plural, and by changing the stem vowel and adding **-ene** to form the definite plural. We have had, or will soon have, several other such nouns in addition to **natt** and **bok:**

	INDEFINITE PLURAL	DEFINITE PLURAL
en bok	bøker	bøkene
en bonde *farmer*	bønder	bøndene
en natt	netter	nettene
en hånd	hender	hendene

The singular of **trær** is **tre** (definite singular: **treet**). Another word which forms the plural in the same way is **kne** 'knee'—**knær.** Similar is the plural form **klær** (cf. 8.27). The definite plural of these nouns is formed by adding **-ne** to the indefinite plural:

et tre	trær	trærne
et kne	knær	knærne
– – –	klær	klærne

The noun **mann** forms the indefinite plural by only changing the stem vowel (cf. English *man, men*):

en mann	menn	mennene

The five nouns describing members of the immediate family belong in a group by themselves. They all change the stem vowel to form the plural (except **søster**), some add extra consonants, and they all end in **-re** in the indefinite plural. The definite plurals all end in **-rene:**

en far	fedre	fedrene
en mor	mødre	mødrene
en bror	brødre	brødrene
en datter	døtre	døtrene
en søster	søstre	søstrene

All agent nouns (formed in the singular by adding **-er** to the stem of a verb describing the action performed by the agent) have a special plural formation. We have had one example of an agent noun in the singular: **lærer** (from the verb **å lære** 'to teach'). The plural forms are:

en lærer   lærere   lærer**ne**

Names of nationalities which end in **-er** in the singular also form the plural in this way:

en amerikaner   amerikan**ere**   amerikaner**ne**

Exercises

Translate:

1. I have two sisters and four brothers. 2. I'm going to write many books about Norway. 3. Many Americans are teachers. 4. The teachers in Norway are very good. 5. Many mothers don't understand their daughters. 6. The Americans who have been in Norway like it very well there.

☆ **13.2** IF

Two words in Norwegian correspond to the one English word 'if': **hvis** and **om**:

    2.38   **Hvis** De vil, skal vi vise Dem byen.
   13.25   Vi klarer det **hvis** vi henger i.

    7.17   Jeg vet ikke **om** det er det samme her.
   12.11   Vet De **om** det er spisevogn på toget?

RULE: When you can substitute English 'whether' for 'if,' use **om**; otherwise either **hvis** or **om** (the first two could be **om De vil, om vi henger i**).

Exercise

Supply **hvis** or **om** as necessary:

1. Jeg vet ikke _____ han bor her i byen. 2. Jeg skal til Oslo i morgen _____ det er godt vær. 3. Spurte han deg _____ du ville ha håret klippet? 4. _____ toget går klokken fem, er vi på Finse klokken elleve. 5. Jeg må til Bergen i dag _____ det er godt vær eller ikke.

☆ **13.3** Igjen

We have had the word **igjen** in four different meanings: 'back,' 'left,' 'behind,' and 'again.' While these are related, they are different enough so that we should look more closely at them:

(a) 'Back':

    8.35   Har du ikke fått den **igjen?**
    9.13   Så snart kelneren kommer **igjen** . . .
  13.17   Her har du en krone **igjen.**

This meaning of **igjen** is usually found with verbs like **få, ha, komme.** In other contexts 'back' is expressed by **tilbake,** e.g.

    3.29   Og så skal jeg **tilbake** til Amerika.

(b) 'Left, remaining':

    8.31   Har du ingen rene (skjorter) **igjen?**
  11.17   Det var bare én vindusplass **igjen.**

This meaning of **igjen** is usually found with verbs like **ha, være.**
(c) '(Left) behind':

    9.36   Hvor mye pleier en å legge **igjen** i drikkepenger. . .?
  13.36   Det er synd at fiskestangen min står **igjen** i Bergen.

This meaning of **igjen** is usually found with verbs like **bli, legge, ligge, sitte, stå.**
(d) 'Again':

  10.37   Men kanskje vi treffes **igjen** senere.
  11.7   Så morsomt å treffe Dem **igjen.**

Another expression with similar meaning that can often be used in place of **igjen** in this sense is **en gang til:**

    1.14   Vil De si det **en gang til?** (Vil De si det **igjen?**)
    6.40   Så slipper jeg å gå ovenpå **en gang til** (. . ovenpå **igjen**).

En gang til cannot be used except when the action is repeated only once.

Exercise

Translate:

1. I have only three days left in Norway. Then I have to go back to America. 2. Did you meet him again? Yes, I met him only once more. 3. Here is my typewriter. I got it back yesterday.

13-B

⊙ La oss lytte

1. *Alf Mjøen og Bob Scott kommer inn i spisevogna:*

M: (*til kelneren*) Har De begynt å servere ennå?
K: Vi begynner å servere klokken to. Det blir ikke lenge å vente. Vil De ikke sitte ved dette bordet? Så har De god utsikt over vidda.
M: Jo takk, det var bra.
K: Vil De se vinlisten?
M: Jeg tror jeg tar et glass øl mens vi venter. Og De?
S: Jeg tar også et glass.
K: Ja takk.
S: Hva heter det fjellet der borte?
M: Det er Hallingskarvet, ett av de høyeste fjellene på Hardangervidda.
S: Smelter ikke snøen der om sommeren?
M: Ikke helt. Der kan De finne evig snø hvis De går høyt nok. Liker De å fiske?
S: Ja da, jeg har fisket mye i min tid.
M: De kan få den fineste ørret i hele verden i vannene ved foten av det fjellet.
S: Ja så! Hvis jeg bare hadde litt bedre tid, skulle jeg jamen gå av toget på neste stasjon og prøve meg.
M: Ja, og hvis jeg ikke måtte til Oslo i dag, skulle jeg bli med Dem. Det ville ha vært en flott tur, men det får vente til en annen gang.

2. *Henrik Rabben treffer sin venn Olav Hoel på restauranten og forteller om en tur til Finse:*

H: God dag, god dag, hvordan går det?
O: Takk bra, men hvor har du vært de siste ukene?
H: Jeg har vært på Finse. Kari og jeg reiste dit på ferie.
O: Ja så. La oss sitte ved det lille bordet der borte, så kan du fortelle meg om det over en halv øl.
H: Det var en god idé.
O: Hvordan reiste dere?
H: Vi tok toget. Det er jo det letteste.
O: Overnattet dere på hotellet der oppe?
H: Ja, første natten, men resten av uken bodde vi i en hytte. Det var en flott ferie.
O: Og mens dere hadde det morsomt på fjellet, satt jeg på kontoret her i Oslo.
H: Får du ikke ferie i år da?
O: Jo, om et par måneder. Men da er det for kaldt å reise til fjells.

Lesestykke: Hunden, av Arthur Omre (fortsatt) (*in the Reader*).

[234]

Look out for that curve!

14–A

ENGLISH EQUIVALENTS

George and Arne are at a hotel at Geilo after the hike. They have rented themselves a car and are going to drive to Oslo:

1 The car's (standing) outside waiting for us.
2 Are you ready?
3 Yes, right away, I just have to finish packing my suitcase.
4 We'll have to get ('fill') gas, won't we?
5 Yes, the tank is almost empty.
6 We have to stop at ('must in at') a gas station before we leave.
7 Which of us'll drive?
8 It doesn't make any difference.
9 Of course, I don't know the roads,
10 and besides they're so narrow and steep.
11 Well, *I* can drive then.
12 I'm used to them.
13 I haven't seen many American cars here in Norway.
14 No, they're a little too large for our roads,
15 and then they use so much gas.
16 Is (the) gas so expensive here?
17 Yes, it's about two times as expensive as in America.
18 Is that so? I didn't know that.
19 But I have seen quite a few English cars here.
20 Yes, and we import many German and some Russian [ones] too.

LISTENING SCRIPT

etter 1 ute
2
3 straks; pakke, -et, -et; ferdig [fæ`ri, fær`di]
4 fylle, fylte, fylt; bensin [bensi´n], en
5 tank, en; tom [tomm´, tåmm´], tomt, tomme
6 bensinstasjon [bensi´n/stasjo`n], en; før (conj)
7
8 spille, spilte, spilt; rolle, en; spille ingen rolle
9
10 smal; bratt
11
12 vant
13
14
15
16
17 omtrent [åmtren´t]
18 vite, vet, visste, visst
19 engelsk [eng´elsk]
20 importere [importe´re], -te, -t; tysk; russisk [rus´sisk]

Pass deg for den svingen!

Georg og Arne er på et hotell på Geilo etter fotturen. De har leid seg en bil og skal kjøre til Oslo:

ARNE	Bilen står ute og venter på oss.	1
	Er du ferdig?	2
GEORG	Ja, straks, jeg må bare pakke ferdig kofferten.	3
	Vi må vel fylle bensin?	4
ARNE	Ja, tanken er nesten tom.	5
	Vi må innom en bensinstasjon før vi drar.	6
GEORG	Hvem av oss skal kjøre?	7
ARNE	Det spiller ingen rolle.	8
GEORG	Jeg kjenner jo ikke veiene,	9
	og dessuten er de så smale og bratte.	10
ARNE	Ja, da kan *jeg* kjøre.	11
	Jeg er vant til dem.	12
GEORG	Jeg har ikke sett mange amerikanske biler her i landet.	13
ARNE	Nei, de er litt for store for våre veier,	14
	og så bruker de så mye bensin.	15
GEORG	Er bensinen så dyr her da?	16
ARNE	Ja, den er omtrent to ganger så dyr som i Amerika.	17
GEORG	Ja så, det visste jeg ikke.	18
	Men jeg har sett ganske mange engelske biler her.	19
ARNE	Ja, og vi importerer mange tyske og en del russiske også.	20

14-A

⊙ **Repetisjon**

Combine the elements in each group to form different grammatically correct and logical sentences:

a)

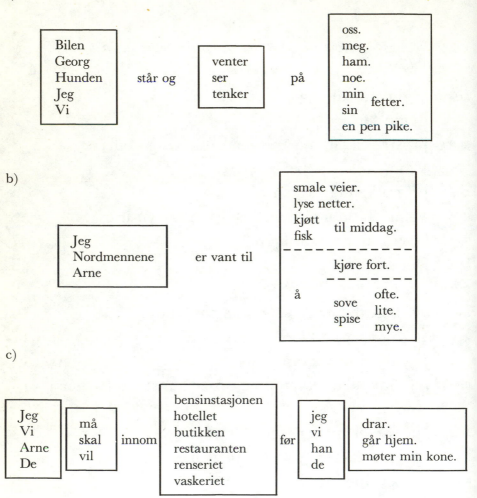

b)

c)

⊙ **Spørsmål**

1. Hvorfor er ikke Georg ferdig ennå? 2. Hvor står bilen? 3. Er bensin-tanken full? 4. Hvor kan de få fylt den? 5. Hvorfor vil ikke Georg kjøre? 6. Hvordan er de norske veiene? 7. Hvorfor er det så vanskelig å kjøre amerikanske biler på dem? 8. Hvorfor er det så dyrt å kjøre bil i Norge? 9. Hva slags biler brukes mest i Norge? 10. Hva slags bil har De?

Geilo

Samtaleøvelse

1. You drive into a gas station to get gas. You tell the attendant the tank is almost empty and ask him to fill it. You ask him if he has a map. He gets a map for you, asks you where you are going, explains how to get there, etc.

2. You are talking to a Norwegian friend about cars in Norway. He tells you that all cars in Norway are imported, what kinds are used, etc. You tell him about your car.

Oslo: Karl Johans gate.

14-B

ENGLISH EQUIVALENTS

21 Hey! Look out for that curve.
22 It looks dangerous.
23 Take it easy! The car has good brakes,
24 and I've never been in a single automobile accident.
25 Well, you should drive a little slower anyway.
26 Oh, you remind me a little of my wife.
27 "Drive carefully now," she says.
28 Well, she's undoubtedly right.
29 Does she drive a car herself?
30 No. I've tried to teach her,
31 but you know, a wife can seldom learn anything from her husband.
32 Do you have [your] own car?
33 Yes, I have a little French car that I take care of myself.
34 I didn't know that you were an automobile mechanic.
35 No, I'm not really either.
36 But I'm interested in machinery.
37 Oh! What was that sound?
38 I guess there is ('There is certainly') something wrong with the car.
39 Best to stop here and check.
40 Well, now you'd better show what you can [do].

LISTENING SCRIPT

21 hei; passe, -et, -et; passe seg; sving, en
22 farlig
23 ro, en; ta det med ro; bremse, en
24 bilulykke [bi`l/ulyk˙ke], en
25 allikevel [ali`ke/vell´]; langsommere [lang`/såm˙mere]
26 minne, minte, mint
27 forsiktig [fårsik´ti]
28 rett, en; ha rett
29
30 hun, hennes, henne
31 sjelden; mann, en (husband)
32 egen, eget, pl egne [e`gne]
33 liten, lite, def lille, pl små; fransk; stelle, stelte, stelt
34 bilmekaniker [bi`l/meka˙niker], en
35
36 interessert [int^erese´rt]; maskineri, et
37 au; lyd, en
38 visst; noe i veien
39 etter (adv); se etter
40

Pass deg for den svingen!

(fortsatt *continued*)

GEORG	Hei! Pass deg for den svingen.	21
	Den ser farlig ut.	22
ARNE	Ta det med ro! Bilen har gode bremser,	23
	og jeg har aldri vært i en eneste bilulykke.	24
GEORG	Ja, men du må allikevel kjøre litt langsommere.	25
ARNE	Du minner meg litt om min kone.	26
	"Kjør forsiktig nå," sier hun.	27
GEORG	Ja, hun har sikkert rett.	28
	Kjører hun bil selv?	29
ARNE	Nei. Jeg har prøvd å lære henne det,	30
	men du vet, en kone kan sjelden lære noe av sin	31
	mann.	
GEORG	Har du egen bil?	32
ARNE	Ja, jeg har en liten fransk bil som jeg steller med	33
	selv.	
GEORG	Jeg visste ikke at du var bilmekaniker.	34
ARNE	Nei, det er jeg jo heller ikke.	35
	Men jeg er interessert i maskineri.	36
GEORG	Au! Hva var den lyden?	37
ARNE	Det er visst noe i veien med bilen.	38
	Best å stanse her og se etter.	39
GEORG	Ja, nå får du vise hva du kan.	40

14–B

⊙ **Repetisjon**

Combine the elements in each group to form different grammatically correct and logical sentences:

a)

| Du
Han
Georg
Arne
Deres kone | minner meg om | min kone.
en gammel venn av min far.
hunden min.
Arne.
en venn i Amerika. |

b)

| Jeg
Vi
Georg
Min kone
Han | skal
kan
vil
må | (ikke) lære |

| min kone
ham
henne
meg
Dem | det.
noe.
– – – – – –
å kjøre bil.
snakke norsk.
– – – – – –
norsk.
engelsk. |

| tysk.
russisk.
norsk.
engelsk.
fransk.
– – – – – –
å kjøre bil.
snakke norsk. |

c)

| Jeg
Georg
Vi
Nordmenn
Amerikanere | er interessert i |

| maskineri.
biler.
bøker.
piker.
– – – – – – – – – – –
lese gode norske bøker.
– – – – – – – – – – –
å reise omkring i Norge.
– – – – – – – – – – –
se så lite som mulig.
betale mye |

⊙ Spørsmål

1. Hvorfor sa Georg at Arne skulle passe seg for svingen? 2. Var Arne flink til å kjøre? 3. Hva var det som minnet Arne om hans kone? 4. Har De noen gang lært å kjøre bil? 5. Hvorfor kunne ikke Arne lære kona si å kjøre bil? 6. Har De egen bil? 7. Steller De med den selv? 8. Hvorfor måtte Arne vise hva han kunne?

ngt for alle
orkjøretøyer

25 km

Særskilt fartsgrense

TOLL TULL

Stopp for toll

Forbikjøring
forbudt

TRAFIKKSKILTER · TRAFFIC SIGNS

Ujevn vei hump / Uneven Road	Stengt for all kjøring / No Entry for vehicles	Fartsgrense 30 km / Speed Limit in kms
Skarp sving / Dangerous Bend	Stengt for automobiler / No Entry for Motor Cars	Fartsgrense / Speed Limit in kms
Veikryss / Road Intersection	Stengt for alle motorkjøretøyer / No Entry for Motor vehicles	Stopp for forkjørsvei / Stop at intersection
Kryss med jernbane i plan med grind / Guarded Level Crossing	Vektgrense 3 tonn / Weight limit 3 tons	Påbudt kjøreretning / This Way
Kryss med jernbane i plan uten grind / Unguarded Level Crossing	Forbudt å stanse uten for av- og påstigning / No Stopping except for entering or leaving the car	Stans for toll / Stop Customs
Annen fare enn angitt ved tegn nr. 1-5 / Other Danger	Enveiskjøring Innkjøring forbudt / One-Way Road. No entry	Fartsgrense opphører / End of Speed Limit
Trafikken på kryssende vei har forkjørsrett / Thoroughfare Road with Priority Ahead		
Stopp. Trafikken på kryssende vei har forkjørsrett / Stop, Thoroughfare Road with Priority Ahead	Forbikjøring forbudt / No Overtaking	Parkeringsplass / Parking Place
Innsnevring av kjørebanen / Road Narrows	Forbudt å bruke lydsignal / Do not sound the Horn	Kjør forsiktig / Caution. School
Barn i kjørebanen / School, Playground etc.	Parkering forbudt / No Parking	Møteplass / Passing Place on Narrow Road
Fotgjengerfelt / Pedestrian Crossing	Forbudt å svinge til venstre (høyre) / No left (right) Turn	
Veiarbeide / Road Works	Stengt for kjøretøyer med høyde over . . . m / Height of Vehicle not to exceed . . . m	Forkjørsvei / Priority Road
	Stengt for kjøretøyer med største akseltrykk over. . . tonn / Axial Pressure. Limit . . tons	Forkjørsrett opphører / End of Priority on this Road

for akseltrykk
r...........tonn

5 tonn

Stengt for totalvekt
over...........tonn

12 tonn

gt for høyde
ver...........m

3.5m

2m

Stengt for bredde
over...........m

Særskilt fartsgrense
opphevd

STOPP

Stopp foran vegkrysset

Begrenset stans
eller parkering

14–B

Samtaleøvelse

1. You are telling a friend about an automobile trip you took in Norway. Be sure to mention how narrow and steep the roads were, and that the curves were dangerous, etc. He asks you where you went, etc.

2. You and a friend are planning an automobile trip in Norway. You discuss where you want to go, what kind of car you'll buy, where you'll stop overnight, etc.

GRAMMAR

☆ **14.1** CONTINUING ACTION

As discussed in GRAMMAR **2.1,** Norwegian does not have a separate form of the verb corresponding to English verb forms ending in *-ing*. E.g., 'I wait' and 'I'm waiting' are both **jeg venter** in Norwegian.

However, the fact that an action continues over a period of time can be expressed in Norwegian by stating that the actor is sitting, standing, walking, or lying down while performing it. We have had several examples of this:

12.0	Smith og Solum **sitter og ser** ut av togvinduet.
LA OSS LYTTE 12, No. 2	(Mjøen og Scott) **sitter og snakker** sammen—
14.1	Bilen **står** ute **og venter** på oss.

This construction is also very common in the past and perfect tenses. E.g., if a person has been waiting for a friend to come, he may say

Jeg har **sittet og ventet** på deg.	(if he is seated in a chair)
Jeg har **ligget og ventet** på deg.	(if he is a patient in a hospital)
Jeg har **gått og ventet** på deg.	(if he has been pacing back and forth)
Jeg har **stått og ventet** på deg.	(if he has been standing on a street corner)

All of these sentences should be translated 'I've been waiting for you.' Note that the 'action verb' used is determined by the specific situation, and does not affect the basic meaning of the sentence, but merely imparts the idea that the waiting has been going on continuously over a period of time.

There is also a special phrase used to express continuing action: **å holde på å** (followed by an infinitive) or **å holde på med** (followed by a direct object). E.g.,

Jeg **holder på å** skrive til ham.	I'm (in the act of) writing to him.
Hva **holder** du **på med?**	What are you (in the act of) doing?

[244]

Exercise

Translate into natural English:
1. Hva sitter du og tenker på? 2. Georg står og ser på en pen pike.
3. Har du gått og ventet lenge? 4. Georg holder på å pakke kofferten.
5. Jeg holder på med en god bok. (NB: the verb **å lese** is omitted)

☆ **14.2** KNOW

The English word *know* translates two words in Norwegian: **kjenne** and
vite:

2.15	**Kjenner** De min mor også?
14.9	Jeg **kjenner** jo ikke veiene.
5.22	Jeg **vet** ikke riktig.
12.11	**Vet** De om det er spisevogn på toget?
14.31	. . . men du **vet,** en kone kan sjelden lære noe av sin mann.
14.34	Jeg **visste** ikke at du var bilmekaniker.

RULE: **kjenne** means to be acquainted with or familiar with someone or
something.

vite means to know a fact, or that something is true.

(The phrase **å kjenne igjen** means 'to recognize':
Jeg **kjente** ham ikke **igjen** med en gang. I didn't recognize him right away.)

Exercise

Translate:
1. Do you know who I am? 2. Do you know him well? 3. I knew he was
in Bergen when I was there, but I didn't meet him. 4. I knew her when
she was a little girl.

☆ **14.3** OMISSION OF THE ARTICLE

In the last few lessons we have had a number of sentences in which an
indefinite article has been omitted:

11.21	Ja da, dette er røkekupé.
11.30	Det betyr at det toget har sovevogn.
12.11	Vet De om det er spisevogn på toget?
14.29	Kjører hun bil selv?
14.34	Jeg visste ikke at du var bilmekaniker.

In all of these sentences the indefinite article would be used in English,
but it is omitted in Norwegian. The last sentence is obviously of the type

that was described in GRAMMAR 3.5 as omitting the article before the name
of a man's trade or profession. But the others are different. In these the nouns
leave it undetermined whether you are talking about one or many; you're
not asking whether there is one or many diners on the train; you only want
to know whether there is *any* diner. You don't want to know whether the
woman drives one particular car, but whether she drives *any* car at all.
Han kjører bil means 'he knows how (or is able) to drive a (i.e., any) car,'
while **han kjører en bil** means 'he's driving a particular car.'

☆ **14.4** ONES

When an adjective refers to a noun previously mentioned, the word 'one'
or 'ones' is usually inserted after the adjective in English, but the adjective
stands alone in Norwegian:

7.32   Her er noen riktig **fine** til tredve kroner. (*fine ones*)
7.33   Hvorfor er **de hvite** så mye dyrere enn **de andre?**
             (*the white ones*)   (*the other ones*)
7.36   Jeg tar to av **de hvite,** takk. (*the white ones*)
8.31   Har du ingen **rene** igjen? (*clean ones*)
8.33   Men sendte du ikke **den gamle** på renseriet? (*the old one*)
14.20 Vi importerer mange **tyske** og en del **russiske** også.
             (*German ones*)   (*Russian ones*)

In some set phrases 'ones' is omitted in English also, e.g. *the rich and the poor,
the just and the unjust, the quick and the dead.*

Exercise

Translate:
1. This mountain is higher than the other one. 2. I saw many English
cars in Norway, but not many American ones. 3. I like the expensive shirts
better than the cheap ones. 4. This shirt is dirty. Take the other one.

⊙ La oss lytte

1. *Georg og Arne kjører på veien mellom Geilo og Numedal.*

G: Er den dalen der nede Numedal?
A: Nei, det er Skurdalen. Det er den første vi skal gjennom. Vi må over
       minst et par fjell til før vi kommer til Numedal.
G: Svært så mange fjell det er her i landet!
A: Å ja, jeg tror det må være flere fjell enn folk her i Norge.
G: Jeg begynner å forstå hvorfor det ikke er flere og bedre veier. Det må
       være et veldig arbeid å bygge veier i dette terrenget.
A: Ja, det er sikkert. Og dyrt blir det også.

Smalere veg

Gangfelt

Barn

Annen fare

Vegkryss

Ujevn veg

Farlig sving

Vegarbeid

G: Er det noe sted langs veien her hvor vi kan spise?

A: Begynner du å bli sulten alt?

G: Ja, det er nokså lenge nå siden vi spiste frokost, vet du.

A: Da kan vi få oss en kopp kaffe på Dagali. Men jeg har tenkt vi skulle innom Flatabø når vi kommer ned i Numedal. Der bor det en venn av meg, og hvis alt går bra kommer vi fram rett ved middagstid. Tormod ber oss sikkert inn til middag.

G: Det skal bli fint.

A: Ja, og billig også.

2. *Georg og Arne kjører ned til Numedal.*

A: Hva sitter du og tenker på?

G: Jeg tenker på den første bilen min.

A: Hva slags bil var det?

G: Å, det var en gammel, dårlig bil, men jeg likte den veldig godt allikevel.

A: Hvorfor det?

G: Jo, jeg hadde betalt for den selv, forstår du. Jeg arbeidet i tre måneder for å kunne kjøpe den. Jeg tror ikke jeg betalte mer enn hundre dollar for den.

A: Men var det ikke farlig å kjøre en så gammel bil?

G: Jo, for det første var det bare så vidt jeg kunne få den til å gå, og så måtte jeg være svært forsiktig når jeg kjørte hvor det var mange svinger. Bremsene var ikke gode. Men så kjøpte jeg nye bremser, og da gikk det bra.

A: Jeg vil helst ikke kjøre bil selv.

G: Hvorfor ikke det?

A: Jeg var i en forferdelig bilulykke en gang, forstår du, og jeg har vanskelig for å glemme det.

G: Var det din egen bil?

A: Nei, det var fars. Og det gjorde det ikke bedre. Jeg kjørte rett på en annen bil. Siden fikk jeg ikke lov til å kjøre bilen hans mere.

G: Ja, det kan jeg godt forstå.

Lesestykke: Hunden, av Arthur Omre (fortsatt), (*in the Reader*)

We use old-fashioned food on this farm

15–A

ENGLISH EQUIVALENTS

George and Arne drive in at a farm in Numedal where Arne knows the farmer,
Tormod Flatabø. They are hungry after the long trip from Geilo.

1 Hello, Tormod, it's [been] a long time since the last time.
2 Yes, it's been a while.
3 Who's that fellow there?
4 This is my friend, George Smith.
5 He's from America, but he was born of Norwegian parents.
6 We've driven down from Geilo today.
7 Then you're a little bit hungry, I can imagine.
8 We're going to eat dinner soon,
9 if you don't have anything against a little every-day food.
10 Oh, thanks a lot, Tormod.
11 Now you'll get a taste ('to taste') of genuine Norwegian food, George.
12 Yes, we use old-fashioned food on this farm. ('here on the farm')
13 Do you have 'flatbread' and 'lefse?'
14 Yes indeed, and we make our own cheese—both goat cheese and 'old'
   cheese.
15 Maybe we could go down to the store house,
16 and find a little dried mutton for you, too.
17 I see you're busy building now.
18 Yes, there's our new barn.
19 We have fifteen cows and ten pigs now, you know.

LISTENING SCRIPT

gård [gå´r], en; bonde [bon`ne], en, pl bønder [bøn´ner]
1 siden (prep); siden sist
2
3 kar, en
4
5 født; foreldre [fårel´dre]
6
7
8
9 imot [imo´t]; hverdagsmat [væ`rdaks/ma˙t]
10
11 ekte
12 gammeldags [gam`mel/dak˙s]
13 flatbrød [flat´/brø˙], et; lefse, en
14 lage, -et, -et (or -de, -d); ost, en; geitost [jæi`t/os˙t], en; gammelost, en
15 stabbur, et
16 spekekjøtt [spe`ke/kjøtt˙], et; òg (adv)
17 holde på å
18 fjøs, et
19 ku, ei; gris, en

Vi bruker gammeldags mat her på gården

Georg og Arne kjører inn på en gård i Numedal hvor Arne kjenner bonden,
Tormod Flatabø. De er sultne etter den lange turen fra Geilo:

ARNE	God dag, Tormod, det er lenge siden sist.	1
FLATABØ	Ja, det har vært en stund.	2
	Hvem er den karen der?	3
ARNE	Dette er min venn, Georg Smith.	4
	Han er fra Amerika, men han er født av norske	5
	foreldre.	
	Vi har kjørt ned fra Geilo i dag.	6
FLATABØ	Da er dere litt sultne, kan jeg tenke meg.	7
	Vi skal snart spise middag,	8
	hvis dere ikke har noe imot litt hverdagsmat.	9
ARNE	Ja, takk for det, Tormod.	10
	Nå skal du få smake ekte norsk mat, Georg.	11
FLATABØ	Ja, vi bruker gammeldags mat her på gården.	12
GEORG	Har dere flatbrød og lefse?	13
FLATABØ	Ja da, og vi lager vår egen ost—både geitost og	14
	gammelost.	
	Kanskje vi kunne gå ned i stabburet	15
	og finne litt spekekjøtt til dere òg.	16
ARNE	Jeg ser du holder på å bygge nå.	17
FLATABØ	Ja, der står det nye fjøset vårt.	18
	Vi har femten kuer og ti griser nå, vet du.	19

15–A

20 Are the cows at the summer farm now?
21 Yes, and up there we have 50 or 60 sheep, too.

20 seter [se´ter], ei, def setra [se´tra], pl setrer [se`trer]
21 sau, en

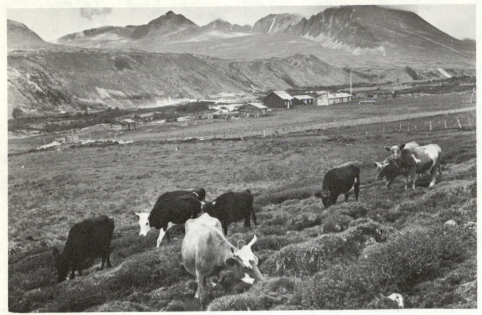

Er kuene på setra nå?

⊙ Repetisjon

Combine the elements in each group to form different grammatically correct and logical sentences:

a)

ARNE Er kuene på setra nå? 20

FLATABØ Ja, og der oppe har vi en 50–60 sauer også. 21

b)

Jeg		litt hverdagsmat.
Georg og Arne	har ikke noe imot	et glass øl.
Tormod Flatabø		amerikanere.

kjøre på smale veier.
denne bilen.

å spise litt nå.
sove

reise til Norge.
Amerika.

c)

Jeg			mat	
Vi	skal finne	litt	spekekjøtt	til
Tormod			øl	

| | noe å | spise |
| | | drikke |

deg.
ham.
min mor.
Georg.
oss.

⊙ Spørsmål

1. Hvorfor kjørte Arne og Georg inn på gården Flatabø? 2. Hvor er Georg født? 3. Når er De født? 4. Hvorfor var Georg og Arne sultne? 5. Kom de til Flatabø i rett tid? 6. Hva slags mat er "gammeldags" norsk mat? 7. Hvorfor skal de ned til stabburet? 8. Hvorfor måtte Tormod bygge nytt fjøs? 9. Når er kuene på setra? 10. Har De noen gang vært på en norsk seter?

Samtaleøvelse

1. A Norwegian farmer is showing you around his farm. You ask him how many of the different kinds of farm animals he has, etc. He asks you where you were born in America and you tell him you were born on a farm in one of the states, etc. Be sure to ask him if he has a summer farm, too, and where it is, etc.

15-B

ENGLISH EQUIVALENTS

22 I see the grain is doing ('standing') well in the field.
23 Oh, if we get enough rain, we won't complain.
24 Do you grow wheat here?
25 No, wheat doesn't grow well here.
26 We sow mostly barley and oats, and also a little rye.
27 And we get a lot of hay, which we have in the hay barn over there.
28 But now the food should be ready.
   At the dinner table:
29 This porridge is some of the best [food] I've [ever] tasted.
30 But I can't manage very much of it.
31 No, cream porridge is filling ('powerful').
32 *(to Solum)* Phew, where is that awful smell coming from?
33 Shh, that's the 'old' cheese, of course.
34 Well thanks, I won't have any of that.
35 Oh, it doesn't taste as bad as it smells.
36 Well, I don't suppose I'll die from it.
37 No, just close your eyes and swallow.
38 That wasn't bad at all!
39 Thank you for the food.
40 That was a meal I'll never forget.

LISTENING SCRIPT

22 korn [ko´rn], et; åker [å´ker], en
23 klage, -et, -et (or -de, -d)
24 dyrke, -et, -et; hvete [ve`te], en
25 gro, -dde, -dd
26 så, -dde, -dd; mest (adv); bygg, et; havre, en; rug, en
27 høy, et; låve, en
28
29 grøt, en
30
31 rømmegraut, en; mektig [mek`ti]
32 fy; stygg, stygt [styk´t], stygge; lukt [lok´t], en
33 hysj da; naturligvis [natu´rli/vi`s]
34
35 vond [vonn´]; lukte [lok`te], -et, -et
36 nå (interj); dø, døde, dødd
37 nei da; lukke [lok`ke], -et, -et; øye, et, pl øyne; svelge, -et, -et
38 verst [vær´st]; ikke verst
39
40 komme til å

Vi bruker gammeldags
mat her på gården

(fortsatt *continued* **)**

ARNE	Jeg ser kornet står bra på åkeren.	22
FLATABØ	Å ja, hvis vi får regn nok, så skal vi ikke klage.	23
GEORG	Dyrker dere hvete her?	24
FLATABØ	Nei, hveten gror ikke bra her.	25
	Vi sår mest bygg og havre, og så litt rug.	26
	Og vi får mye høy, som vi har i låven der borte.	27
	Men nå skulle maten være ferdig.	28

* * * * * * * * * * * * * * *

Ved middagsbordet:

GEORG	Denne grøten er noe av det beste jeg har smakt.	29
	Men jeg klarer ikke mye av den.	30
FLATABØ	Nei, rømmegrauten er mektig, den.	31
GEORG	(*til Solum*) Fy, hvor kommer den stygge lukten fra?	32
ARNE	Hysj da, det er gammelosten naturligvis.	33
GEORG	Ja takk, den skal ikke jeg ha noe av.	34
FLATABØ	Å, den smaker ikke så vondt som den lukter.	35
GEORG	Nå, jeg dør vel ikke av den?	36
ARNE	Nei da, bare lukk øynene og svelg!	37
GEORG	Den var slett ikke verst!	38

* * * * * * * * * * * * * * *

Takk for maten.	39
Det var et måltid jeg aldri kommer til å glemme.	40

[255]

15–B

⊙ **Repetisjon**

Combine the elements in each group to form different grammatically correct and logical sentences:

a)

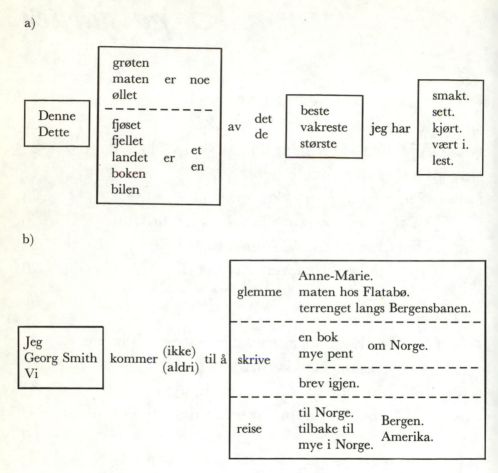

b)

⊙ **Spørsmål**

1. Hva slags korn dyrker de i Norge? 2. Hvorfor kommer ikke Tormod til å klage hvis det regner litt? 3. Hvorfor gror ikke hveten bra i Norge? 4. Hva slags korn lager vi brød av? 5. Hvor har bonden høyet sitt? 6. Liker Georg rømmegrauten? 7. Hvorfor klarer han ikke mye av den? 8. Hvorfor ville han ikke ha noe gammelost? 9. Hvordan klarte han endelig å få ned litt av den? 10. Hva sa Smith til Flatabø da han takket for maten?

[256]

Samtaleøvelse

1. You are telling a friend about a visit you made to a Norwegian farm. Be sure to tell where the farm was, the name of the farmer, and how you got there. Your friend asks about what kinds of grain are raised in Norway, how many cows there are on Norwegian farms, etc. Be sure to tell him about the 'seter.'

2. You stop in at a farm during an automobile (or bicycle) trip in Norway to ask for directions (let's say you're asking about the road to Geilo). You ask the farmer you meet for directions and then ask him what the different buildings you see are. After he tells you, you thank him and continue on your trip.

3. You tell a friend about a trip you took in Norway, where you went by train, where you went by car, what you saw, any farms or restaurants you stopped at, any villages you came to, etc. He asks you questions about it all.

GRAMMAR

☆ **15.1** THE FUTURE

In GRAMMAR **4.3** the formation of the future with the present tense, with **skal,** and with **vil** was discussed. We have had many examples of these constructions since then. A few of them are:

(PRESENT)
- 12.25 Snart **ser** vi ikke annet enn bjørk og lyng.
- 12.30 Først **går** vi fottur i fjellet,
- 12.31 og så **biler** vi ned gjennom Numedal.

(skal)
- 15.8 Vi **skal** snart spise middag.
- 14.7 Hvem av oss **skal** kjøre?
- 11.19 Jeg **skal** ikke tilbake til Bergen.

(vil)
- 9.18 **Vil** du ha noe dessert?
- 5.7 **Vil** De være meg og se litt på byen i dag?

In Lesson 15 a new way of expressing the future appeared, the phrase **kommer til å:**

15.40 Det var et måltid jeg aldri **kommer til å** glemme.

There is a hint of compulsion or necessity, due to circumstances, contained in this phrase. It is a statement of what will, or will not, come to pass.

15–B

Exercise

Translate ten sentences from Repetisjon b, page 256.

☆ 15.2 ADVERBS IN DEPENDENT CLAUSES

As stated in GRAMMAR **4.2(c)**, the negative adverb **ikke** comes immediately after the verb. This rule applies only to *independent* clauses. In *dependent* clauses **ikke** comes immediately *before* the verb:

> 15.9 . . . hvis dere **ikke** har noe imot litt hverdagsmat.
> LA OSS LYTTE 14, No. 1 Jeg begynner å forstå hvorfor det **ikke** er flere veier.

The same rule applies to other negative adverbs, like **aldri,** as well as to a limited group of adverbs of time and degree, including **alltid, bare, gjerne, nettopp, ofte.** Note these examples:

> 15.40 Det var et måltid jeg **aldri** kommer til å glemme.
> LA OSS LYTTE 13, No. 1 Hvis jeg **bare** hadde litt bedre tid. . .

Exercise

Translate:

1. He said he couldn't come. 2. I believe he always eats dinner at home. 3. It's too bad that we have never seen that movie. 4. If you only want a couple of sandwiches, I'll make them. 5. They said that they would gladly come tomorrow evening. 6. Don't you know that I often eat breakfast at a restaurant? 7. I think that he has just arrived from America. 8. When I didn't see him at the office, I went home.

☆ 15.3 WORD COMPOUNDING

In the last three lessons a number of new compounds have appeared:

NOUN + NOUN:	geitost, rømmegraut, bensinstasjon, bilmekaniker, bilulykke, Turistforeningen. What would these mean: rømmebrød, hvetebrød, rugbrød, bygg-graut, bensintank, bilvei, veisving, togulykke, bussulykke, bilforening?
NOUN + s + NOUN:	hverdagsmat. What would these mean: hverdagsklær, søndagsklær, middagsmat, middagstid, middagsbord, aftensmat (note that **aftens** is an abbreviation of this word)?

NOUN + e + NOUN:	fiskestang. What would these mean: fiskemat, Fiske-torvet, fiskeben (NB: **ben** means 'bone' here), fiske-brygge, fiskekone, fiskemiddag, fiskested, fisketur, fiskevær?
VERB + NOUN:	spekekjøtt. What would these mean: spekefisk, speke-mat?
ADJECTIVE + NOUN:	flatbrød, gammelost. What would these mean: flat-land, flatseng (actually, one made up on the floor), gammelnorsk, gammelkar?
ADVERB + VERB:	We have earlier had the word **velkommen,** where **-kommen** is an old-fashioned past participle of the verb **å komme.** What would these mean: velfødt, velbygget, velkjent, veldyrket, velgjort, vellaget, vel-ment, velskrevet?
ADVERB + NOUN:	What would this word mean: vellyd?

☆ 15.4 General Rules For Compounding

The following general rules will help you to analyze new compound words as they appear:

1. The first part of a compound is usually in its 'dictionary entry' form, i.e., the form you will find given first in a word list or dictionary. For verbs this means that they appear with the **-e** of the infinitive: **spekekjøtt, sove-vogn.** For adjectives it means that they appear without either the ending **-e** or the ending **-t: høyfjell** (though it would be **et høyt fjell** 'a high mountain'), **flatbrød** (but **et flatt brød** 'a flat loaf of bread'). For nouns it means that they most frequently appear without any ending: **fottur, geitost, tregrense.**

2. Some nouns (and a very few adjectives) may, however, appear with the endings **-e** and **-s** when they form compounds:

-e-: Some nouns always use this combining form. E.g., **fiske-** (cf. the examples above). Others use it in all but a few compounds. E.g., **barne-** (from **barn** 'child'): **barnebarn** 'grandchild,' **barneseng** 'crib,' **barnepike** 'nursemaid,' but **barnsben** (cf. 24.32); **jule-** (from **jul** 'Christmas'): **juletre, julemat, juledag, julekake, julekveld** 'Christmas Eve,' **julemorgen,** but **julaften** 'Christmas Eve.'

The combining form **-e-** is especially common with words of one syllable.

-s-: Some words always use this combining form. E.g., **stats-: statsbane, statskirke, statskontor; middags-** (cf. the examples above); **høyfjells-: høyfjellshotell, høyfjellsvei, høyfjellsklima, høyfjellsterreng.** Some words use it only when they themselves form the last part of a compound, e.g. **høyfjells-** (cf. **høyfjellshotell,** etc.), **frilufts-** 'out-door' (**friluftsrestaurant** 'out-door restaurant'), but not when they constitute the first part of a compound alone: **fjelltur, fjellvei, luftsyk** 'airsick.' As in the case of **-e-,** some words use **-s-** in some compounds but not in others. Some words, like **mann** and **land** compound in all three ways: **landarbeider** 'rural worker,' **landevei** 'rural road,' **landsby** 'rural town'; **mannfolk** 'men-folk,' **manneben** 'human bones,' **mannsnavn** 'man's name.'

3. The last part of a compound determines its endings and grammatical use. E.g., **tre** is an **et-**noun, **grense** is an **en-**noun, and the compound **tregrense** is an **en-**noun. Its plural ends in **-r,** as that of **grense** alone. **Gammelost** in the definite is **gammelosten,** in the plural **gammeloster** (not '**gamleoster**'). Remember that the first part determines its stress and tone (PRONUNCIATION 3.3).

⊙ **La oss lytte**

1. *En norsk-amerikaner, Erik Hovde, snakker med en venn, Halvdan Lund.*

H: Foreldrene mine har fortalt om all den gammeldagse norske maten de likte så godt. Fikk du smake noe av den da du var i Norge i sommer?

L: Nei, jeg kan ikke si at jeg så svært mye til det. Jeg var for det meste i Oslo. Vi fikk jo geitost til frokost og aftens, men jeg så ikke spekekjøtt eller rømmegraut på en eneste restaurant.

H: Fikk du ikke gammelost heller?

L: Nei, fy da, hvem vil spise noe som lukter så vondt!

H: Å, den er god nok, synes jeg. Lukten er fryktelig, men smaken er bra. En må jo lære å like den. Far skrev til Norge etter den da jeg var liten og jeg lærte tidlig å spise den. Han sa at en riktig god gammelost måtte være sterk nok til å kunne gå av seg selv.

L: Nei, jeg foretrekker en mild ost, som gouda eller geitost.

H: Ja ja, hver sin smak, som mannen sa.

2. *Alf Heggen prater med en bonde, Sigurd Tveit.*

H: Har du mange kuer her på gården?

T: Å ja, vi har en del kuer, men vi dyrker helst korn her. Vil du bli med ut, så skal du få se hva vi har.

H: Får dere mye melk da?

T: Ja, vi har nok til folkene på gården, men vi selger ikke noe. Men vi har ganske mange sauer, og vi selger mye sauekjøtt om høsten.

H: Jeg synes det måtte være flott å bo på en gård. Dere har melk, smør, egg, kjøtt og grønnsaker. Dere har alltid nok å spise og et godt hus å bo i. Og allikevel klager dere bønder nesten hele tiden.

T: Det er sant. Men har du tenkt på hvor mye og hvor lenge vi må arbeide? Vi må opp tidlig om morgenen, før sola står opp. Hele dagen har vi tungt arbeid. Hvis det regner for lite, eller hvis det regner for mye, da får vi ikke noe igjen for arbeidet vårt. Hvis snøen ligger for lenge om våren, eller kommer for tidlig om høsten, da går det ofte dårlig med kornet og høyet. Nei, dere i byen har det godt!

H: Hvorfor flytter ikke du til byen da?

T: Å nei, det kommer jeg aldri til å gjøre. Her bodde far og fars far, og her vil jeg også bo til jeg dør.

3. *Arne og Georg kjører fra Flatabø.*

A: Han Tormod er veldig hyggelig, synes du ikke?

G: Jo da. Og kona lager svært god mat. Det var en meget god idé du hadde, at vi skulle stanse der. Og så var det interessant å se en norsk bondegård.

A: Ja, jeg kjører alltid innom når jeg er på vei gjennom Numedal. Men hva er det i veien med deg? Du ser ikke bra ut.

G: Nei, jeg tror jeg er blitt syk. Det var så kaldt på fjellet.

A: Å, du er ikke vant til å gå i fjellet. Det er best du går til legen så snart vi kommer til byen.

G: Ja, det skal jeg gjøre.

Lesestykke: Mannen som skulle stelle heime, av P. Chr. Asbjørnsen (*in the Reader*).

Vocabulary List (Lessons 11–15)

Nouns

En-nouns

bagasje 13.1	femmer 13.15	gård 15
bensin 14.4	ferie 12.37	havre 15.26
bensinstasjon 14.6	fisk 13.35	hverdagsmat 15.9
billettluke 11.17	fiskestang 13.36	hvete 15.24
bilmekaniker 14.34	fottur 12.30	hytte (ei) 12.34
bilulykke 14.24	fotturist 12.35	idé 12.32
bjørk (ei) 12.25	furu 12.24	jernbane 12.1
blomst 12.26	gammelost 15.14	kar 15.3
bonde (pl. bønder) 15	geitost 15.14	kilometer 12.8
bremse 14.23	gran 12.24	klasse 11.15
ekspedisjon 13.3	gris 15.19	koffert 13.4
ende 13.3	grøt 15.29	konduktør 11.38

15–B

korridor 11.14
ku (ei) 15.19
kupé 11
lefse 15.13
lov 11.20
lukt 15.32
lyd 14.37
lyng 12.25
låve 15.27
mann 14.31
meter 12.19
ost 15.14
perrong 11.36
plante 13.40
plassbillett 11.16
rett 14.28

retur 11.18
ro 14.23
rolle 14.8
rug 15.26
rutebok 11.25
røkekupé 11.21
rømmegraut 15.31
sau 15.21
seter 15.20
sigarett 11.22
sitteplass 11.1
skog 12.22
sovevogn 11.30
spisevogn 12.11
statsbane 11.11
sti 13.34

størsteparten 13.14
støvel 13.26
sving 14.21
tank 14.5
togtabell 11.25
tregrense 12.20
tunnell 12.4
Turistforening 12.34
vidde 12.28
vindusplass 11.17
vogn 11.13
ørret 13.37
åker 15.22

Et-nouns

bly 13.7
bygg 15.26
fjøs 15.18
flatbrød 15.13
hav 12.19
høy 15.27
høyfjell 12.16

kilo 13.10
korn 15.22
losji 12.35
maskineri 14.36
spekekjøtt 15.16
stabbur 15.15
tak 11.31

terreng 12.3
tog 11
togvindu 12
tre (trær) 12.23
vann 13.35
øye 15.37

Plural

foreldre 15.5

Names of Places

Bergensbanen 12.10
Finse 12.29
Geilo 12.30

Gravhalstunnellen 12.8
Hardangervidda 12.27
Krækkja 13.21

Myrdal 12.15
Numedal 12.31
Vestlandet 12.21

Verbs

betale 13.14
bety 11.29
bile 12.31
by 11.22
bygge 12.4
dele 11.13
dra 13.18
dyrke 15.24
dø 15.36

interessere 14.36
klage 15.23
klare 13.4
lage 15.14
lese 11.24
lukke 15.37
lukte 15.35
merke opp 13.34
minne 14.26

servere 12.13
sette (seg) 11.2
skynde (seg) 11.35
smelte 13.30
spille 14.8
springe 11.39
stelle 14.33
svelge 15.37
så (se) 11.36

fylle   14.4
gro   15.25
henge   13.25
huske   11.16
importere   14.20

nå   11.40
overnatte   12.33
pakke   14.3
passe (seg)   14.21
rope   11.38

så   15.26
treffe   11.7
visste (vite)   14.18
vokse   13.40

Adjectives

annerledes   11.12
bratt   14.10
egen   14.32
egne   11.23
ekte   15.11
engelsk   14.19
evig   13.31
farlig   14.22
fersk   13.37
fransk   14.33
full   13.8
født   15.5
gammeldags   15.12
høy   12.18

imponerende   12.1
lang   12.6
lengst   12.7
lav   12.21
lett   12.5
liten   14.33
mektig   15.31
merkelig   13.38
mest   12.24
nyttig   11.28
nærmest   13.24
russisk   14.20
rød   13.32
sist   11.6

smal   14.10
steinete   13.27
stolt   12.2
stygg   15.32
sunn   13.29
tom   14.5
tung   13.7
tysk   14.20
vanskelig   12.4
vant   14.12
verst   15.38
vill   12.3
vond   15.35

Adverbs

absolutt   11.31
allikevel   14.25
av   11.10
etter   14.39
ferdig   14.3
forsiktig   14.27
fort   11.39
først   12.13
i   13.25

jamen   12.28
langsommere   14.25
massevis   13.35
mest   15.26
naturligvis   15.33
ned   12.31
neimen   13.12
sørover   13.21
òg   15.16

om   11.36
omtrent   14.17
oppe   12.27
sent   11.32
sjelden   14.31
straks   14.3
ute   14.1
vidt   11.40
visst   14.38

Conjunctions

da   11.17

for   11.19

før   14.6

Exclamations and Greetings

au   14.37
fy   15.32
hei   14.21

hysj   15.33
hysj da   15.33

nei da   15.37
nå   15.36

Demonstratives

de   13.30

denne   11.1

15-B

Prepositions

blant   12.26
etter   14

imot   15.9
langs   11.14

ovenfor   12.20
siden   15.1

Pronouns

Personal
henne   14.30

Other
begge   12.37

Idiomatic Expressions

det er noe i veien   14.38
det spiller ingen rolle   14.8
for det meste   12.24
i blant   12.26
ikke annet enn   12.25
ikke verst   15.38
med en gang   13.18
meter over havet (m.o.h.)   12.19
siden sist   15.1
så vidt   11.40
takk for sist   11.6
til sammen   13.10
tur retur   11.18
å dra av sted   13.18
å få tak i   11.31
å gå fottur   12.30

å gå i fjellet   12.30
å ha god tid   11.34
å ha lov til   11.20
å ha rett   14.28
å henge i   13.25
å holde på å   15.17
å komme fram   13.37
å komme til å   15.40
å legge i vei   13.20
å se etter   14.39
å se seg om   11.36
å stå igjen   13.36
å ta det med ro   14.23
å ta plass   11.38
å være dus   12.38

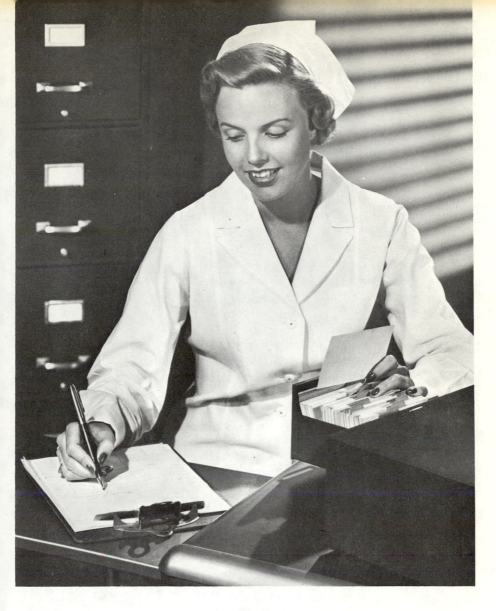

SEKSTENDE **16** LEKSE

Is the doctor in?

16–A

ENGLISH EQUIVALENTS

George Smith enters the doctor's waiting room.

1 (to the nurse) Excuse me, is the doctor in ('present')?
2 Yes, he is. Do you have an appointment?
3 No. I felt a little bad, so I came in right away.
4 Can I just wait? (. . . in the meantime?)
5 Just a moment. I'll see if the doctor is busy.
Goes out and comes back right away.
6 The doctor will be free in 15 to 20 minutes, if you have time to wait.
7 Thank you very much. I'll wait then.
After a few minutes:
8 You can come in now.
9 Thank you. Can I leave my coat hanging here?
10 Yes, of course. Follow me, please.
In the doctor's office:
11 Well, what's the matter?
12 I caught a little cold during a hiking trip on the Hardanger Plateau.
13 I don't think it's anything serious, but I can't get rid of the cold.
14 What kind of symptoms do you have?
15 I cough a lot down in my chest.
16 Do you have any pain in your chest or any other place in your body?
17 No, not especially—except when I cough.

LISTENING SCRIPT

  legekontor, et
1 sykesøster, en; til stede
2 bestille time
3 føle seg; dårlig [då`rli]
4 så lenge
5
6
7
8
9 frakk, en
10 følge [føl`le], fulgte [ful`te], fulgt [ful´t]
11
12 forkjølet [fårkjø´let]; bli forkjølet; under (during)
13 alvorlig [alvå´rli]; kvitt; bli kvitt; forkjølelse [fårkjø´l^else], en
14 symptom [symto´m], et
15 hoste, -et, -et; bryst, et
16 vond [vonn´]; ha vondt; kropp [kråpp´], en
17 unntatt [unn´tatt]

Er doktoren til stede?

Georg Smith kommer inn på legens venteværelse.

GEORG	(*til sykesøsteren*) Unnskyld, er doktoren til stede?	1
SØSTEREN	Ja, det er han. Har De bestilt time?	2
GEORG	Nei. Jeg følte meg litt dårlig, så jeg kom innom med det samme.	3
	Kan jeg bare vente så lenge?	4
SØSTEREN	Et øyeblikk. Jeg skal se om doktoren er opptatt.	5

Går ut og kommer tilbake med en gang.

	Doktoren blir ledig om 15–20 minutter, hvis De har tid til å vente.	6
GEORG	Mange takk. Da venter jeg.	7

Etter noen minutter:

SØSTEREN	Vær så god. De kan komme inn nå.	8
GEORG	Takk. Kan jeg henge igjen frakken her?	9
SØSTEREN	Ja, selvfølgelig. Følg meg, er De snill.	10

På legekontoret:

LEGEN	Nå, hva er det som er i veien?	11
GEORG	Jeg ble litt forkjølet under en fottur på Hardangervidda.	12
	Jeg tror ikke det er noe alvorlig, men jeg blir ikke kvitt forkjølelsen.	13
LEGEN	Hva slags symptomer har De?	14
GEORG	Jeg hoster svært mye nede i brystet.	15
LEGEN	Har De vondt i brystet eller andre steder i kroppen?	16
GEORG	Nei, ikke noe særlig—unntatt når jeg hoster.	17

16-A

18 I think it would be best if I examined you.
19 Would you take off your shirt and sit in this chair?
20 Then we'll see what's wrong with you.

18 undersøke [un`ner/sø˙ke], -te, -t
19
20 feile, -te, -t

Rikshospitalet, Oslo

Repetisjon

Combine the elements in each group to form different grammatically correct and logical sentences:

a)

| Jeg Georg Vi | tror trodde — — — — — synes syntes | (ikke) det er var | alvorlig. farlig. — — — — — morsomt. vanskelig. |

b)

| Kan Skal Må | jeg Georg | henge legge igjen | frakken noe i drikkepenger min boken hans sin | her? der? — — — — på bordet? værelset? |

LEGEN Jeg tror det er best jeg undersøker Dem. 18

Vil De ta av Dem skjorten og sette Dem på 19
denne stolen?

Så skal vi se hva som feiler Dem. 20

c)

| Jeg Georg Min mor | ble | forkjølet syk | under en | fottur biltur | på Hardangervidda. i fjellet. Norge. gjennom Numedal. til Finse. Oslo. |

Spørsmål

1. Hvorfor gikk Georg til legen? 2. Hadde han bestilt time? 3. Var doktoren opptatt? 4. Måtte Georg komme igjen senere? 5. Hva gjorde Georg med frakken sin? 6. Hvordan ble Georg forkjølet? 7. Var det noe alvorlig? 8. Har han vondt noe sted? 9. Hva måtte han ta av seg? 10. Blir De ofte forkjølet?

Samtaleøvelse

1. You meet a friend (usual greetings, etc.) and he says that you don't look so good. You tell him you don't feel so good either. He asks you what's the matter and you say you think you caught a cold during a hiking trip. He asks you where you hiked, who was with you, etc. After a little discussion about the trip he says he thinks you ought to go to a doctor. You ask if he can recommend a good doctor. He does, and gives you directions to his office, etc.

2. You arrive at the doctor's office and ask the nurse (after the usual greetings) if the doctor is in. She says he is, but that he is very busy. She asks if you have an appointment, but you don't. You tell her you feel terrible and then tell her who recommended the doctor to you. You ask if it is possible to make an appointment. She finds a time later in the day and tells you to come back then.

3. You are complaining to a friend about how bad you feel. You tell him where you hurt, how much you cough, etc. He says you must have caught a cold.

16–B

ENGLISH EQUIVALENTS

21 Do I have a temperature ('fever')?
22 Yes, you have a little temperature—somewhat over 100 (= 38° C.). Your throat is red, too.
23 Do your ears hurt?
24 No. My throat was very sore to begin with, but now it doesn't hurt especially any longer.
25 Let's listen to your lungs a little—breathe deeply.
26 I have sharp pains in my chest when I breathe ('draw my breath') so deeply.
27 Yes, I'm afraid you have bronchitis.
28 Lie down here and I'll take your pulse and blood pressure.
29 Which diseases have you had before?
30 Just the usual children's diseases—measles, mumps, and chicken pox.
31 Have you ever been operated [on]?
32 I had my tonsils out when I was a boy—otherwise nothing.
33 Thank you, you can get dressed again now.
34 Will it be necessary for me to stay in bed?
35 No, I think a shot will take care of it.
36 But you'll have to take it easy a few days—no strenuous trips or anything like that.
37 All right ('No indeed'), I'll promise [to do] that. Do you need my Health Plan number?

LISTENING SCRIPT

21 feber [fe´ber], en
22 hals, en
23 øre, et
24 sår; til å begynne med; gjøre vondt
25 litegrann [lit`te/grann`]; lunge [long`e], en; puste, -et, -et
26 stikke, stakk, stukket [stok`ket]; trekke, trakk, trukket [trok`ket]; pust, en
27 redd; redd for; bronkitt [brångkitt´], en
28 puls, en; blodtrykk [blo`/trykk`], et
29 sykdom, en (pl -mer)
30 vanlig [va`nli]; barnesykdom, en; meslinger; kusma [kus´ma]; vann-kopper
31 operere [åpere´re], -te, -t
32 mandel [man´del], en, pl mandler; gutt, en; ingenting
33 kle, -dde, -dd; kle på seg
34 nødvendig [nødven´di]; holde senga
35 greie seg; sprøyte, en
36 holde seg i ro; anstrengende [an´/streng`ene]; slik, slikt, slike
37 nei vel [neivell´]; trygdekassenummer [tryg`dekasse/nom`mer], et

Er doktoren til stede?

(fortsatt *continued*)

GEORG	Har jeg feber?	21
LEGEN	Ja, De har litt feber—noe over 38. Halsen er rød også.	22
	Har De vondt i ørene?	23
GEORG	Nei. Halsen var svært sår til å begynne med, men nå gjør det ikke noe særlig vondt lenger.	24
LEGEN	La oss lytte litegrann på lungene—pust dypt.	25
GEORG	Det stikker i brystet når jeg trekker pusten så dypt.	26
LEGEN	Ja, jeg er redd for at De har bronkitt.	27
	Legg Dem ned her, så skal jeg ta pulsen og blodtrykket.	28
	Hvilke sykdommer har De hatt før?	29
GEORG	Bare de vanlige barnesykdommene—meslinger, kusma og vannkopper.	30
LEGEN	Er De noen gang blitt operert?	31
GEORG	Jeg tok mandlene da jeg var gutt—ellers ingenting.	32
LEGEN	Takk, nå kan De kle på Dem igjen.	33
GEORG	Blir det nødvendig for meg å holde senga?	34
LEGEN	Nei, jeg tror det greier seg med en sprøyte.	35
	Men De må holde Dem i ro noen dager—ingen anstrengende turer eller slikt.	36
GEORG	Nei vel, jeg skal love det. Skal De ha trygdekassenummeret mitt?	37

16–B

38 Yes, thank you. Here's a prescription for a medicine which you can pick up at the pharmacy right around the corner.

39 Take these pills three times a day after meals, then you'll soon be healthy again.

40 Thank you very much. I'll follow your advice as well as I can.

38 resept [resep´t], en; medisin [medesi´n], en; apotek [apote´k], et
39 pille, en; frisk
40 råd [rå´d], et

Repetisjon

Combine the elements in each group to form different grammatically correct and logical sentences:

a)

| Georg
Min bror   har
Jeg
— — — — — — —
Det gjør | | vondt i | halsen.
ørene.
brystet.
foten.
benet.
bena.
hånden. |

b)

[272]

LEGEN   Ja takk. Her har De resept på en medisin som De   38
kan hente på apoteket like rundt hjørnet.

Ta disse pillene tre ganger om dagen etter mål-   39
tidene, så blir De snart frisk igjen.

GEORG   Mange takk. Jeg skal følge Deres råd så godt jeg   40
kan.

c)

Jeg Vi Georg Min mor Dere De	skal må vil	holde	seg Dem oss meg dere	i ro	i to fire noen	timer. dager. uker. måneder.
					en stund. i dag.	

Spørsmål

1. Har Georg høy feber? 2. Hvordan står det til med halsen hans? 3. Er det noe i veien med lungene? 4. Hvorfor må Georg legge seg ned? 5. Hvilke barnesykdommer har De hatt? 6. Har De noen gang hatt en operasjon? 7. Er Georg svært syk? 8. Må han holde senga? 9. Får han gå anstrengende turer? 10. Hva må han hente på apoteket? 11. Hvor ofte må han ta pillene? 12. Hvorfor vil han følge doktorens råd?

Samtaleøvelse

1. You are at the doctor's being examined. Tell the doctor where you hurt, how you have been sleeping lately, how well you've been eating, etc. You ask him how your pulse and blood pressure are. He says he thinks you look pretty healthy.

2. You and a friend are talking about being ill. In the course of the conversation it develops that you are both very healthy, but have had a few childhood diseases.

16–B

GRAMMAR

☆ **16.1** THE EXPANDED VERB

In Norwegian the phrase **det er (det var)** is frequently used to emphasize the central idea in a sentence:

> 11.24   Hva **er det** De leser?
> 12.23   Hva slags trær **er det** vi ser der borte?
> 13.13   **Det var** alle bøkene dine som gjorde det.
> 16.11   Nå, hva **er det** som er i veien?

In all of these sentences, the phrase **det er (det var)** would appear to be superfluous from the standpoint of English. The effect of using it in Norwegian is to emphasize one part of the sentence. E.g., **Hva leser De?** is a general question, in which more interest is shown in the action of reading than in what is being read; in **Hva er det De leser?** the emphasis is on **hva,** the thing being read. Similarly, more interest is being shown in the kind of trees than in the seeing them; in the books than in what they did, etc.

Exercises

A. Rewrite the above example sentences without the expanding **det er (det var).**

B. Translate into Norwegian in two different ways (one with, and one without, the expanding phrase **det er**): 1. I'm reading a book. 2. I have an American car. 3. I ordered roast veal. 4. We got off at Myrdal station. 5. I caught cold during a hiking trip in the mountains.

☆ **16.2** WELL

Several words are used in Norwegian at the beginning of a sentence to express hesitation or uncertainty, corresponding to English 'Well . . .' The most common of these are the adverbs **ja, jo,** and **nå:**

> 13.14   Ja, da skal jeg betale størsteparten.
> 14.40   Ja, nå får du vise hva du kan.
> 6.16   Jo, du er en fin journalist!
> 11.34   Jo, jeg trodde jeg hadde god tid.
> 5.3   Nå, hva synes De om værelset?
> 11.11   Nå, hva synes De om de norske statsbanene?
> 15.36   Nå, jeg dør vel ikke av den!

Note that the adverb **vel** is *not* used to translate English 'well' in this sense.

☆ **16.3 Så**

The word **så** is used in a number of different ways: 1. as a conjunction meaning 'so (that).' See GRAMMAR **12.1** for examples. 2. as an adverb corresponding to English 'so' in such phrases as:

> 11.12   Alt sammen er jo så annerledes her.
> 14.10   (Veiene) er så smale og bratte.
> 14.16   Er bensinen så dyr her da?

3. as an adverb corresponding to English 'as' in the phrase **så . . (som) . .:**

> 4.37   Nei takk, jeg vil ligge så lenge som mulig.
> 9.13   Så snart kelneren kommer igjen, kan vi bestille.
> 11.39   Jeg sprang så fort jeg kunne.
> 14.17   Ja, den er omtrent to ganger så dyr som i Amerika.
> 16.40   Jeg skal følge Deres råd så godt jeg kan.

Note that when the phrase **så . . (som) . .** is followed by a clause, the **som** is usually omitted (although it often can be expressed), but it can never be omitted when the phrase is followed by an adjective or adverb. In both cases the phrase is to be translated 'as . . as . . .'

4. as an adverb meaning 'then':

> 5.40   Og så spiser vi middag på restauranten.
> 12.30   Først gar vi fottur i fjellet til Geilo,
> 12.31   og så biler vi ned gjennom Numedal.
> 13.19   La oss først få litt mat her på hotellet,
> 13.20   og så kan vi legge i vei.
> 16.28   Legg Dem ned her, så skal jeg ta pulsen og blodtrykket.

Note that **så,** when it means 'then,' is used to connect events that occur in temporal sequence, in contrast to **da** which (in the meaning 'then') refers to one single event not necessarily directly following another in time:

> 10.13   Da har vi lyse netter.   (i.e., *in the summertime*)
> 14.11   Da kan jeg kjøre.   (i.e., *because George doesn't want to*)

Exercises

Translate:

1. First I'm going to Oslo, and then to America. 2. I want to eat as much as possible. 3. He drove as fast as he could. 4. The dinner was so expensive. 5. Do you have enough food so (that) I can eat here too?

⊙ **La oss lytte**

1. *Georg skriver brev.*

Oslo, den 25. juli

Kjære Anne-Marie!

Takk for sist! Det var veldig hyggelig å se Bergen sammen med deg, og jeg håper at det ikke blir altfor lenge før vi treffes igjen.

Du kan tro jeg hadde en flott tur fra Bergen til Oslo. Det første som hendte var at jeg traff Arne Solum, den journalisten jeg fortalte deg om. Vi pratet en stund og hadde det riktig hyggelig, og så fikk han en lys idé—at vi skulle gå fottur over Hardangervidda sammen og så bile ned gjennom Numedal til Oslo.

Vi gikk av på Finse sammen, sendte bagasjen til Geilo og la i vei. Første dagen gikk vi til Krækkja. Det var litt langt for meg som ikke er vant til å gå i fjellet, men da vi kom fram, fikk vi deilig fersk ørret til middag. Den natta sov jeg som en stein, kan du tro. Neste dag tok vi det litt mere med ro, så vi kom ikke ned til Geilo før tredje dagen. Det var en av de morsomste turene jeg noen gang har vært med på. Det var jo litt kaldt på fjellet, og jeg ble forkjølet. Men jeg er nesten helt bra igjen nå.

Vi overnattet på Geilo, leide en bil neste dag og kjørte over fjellet til Numedal. Der var vi innom en gård som heter Flatabø. Arne kjenner bonden på gården, og han viste oss omkring. Vi spiste middag hos ham og fikk all slags rar gammeldags mat, men det smakte veldig godt.

Det får meg til å tenke på at jeg ikke har spist middag ennå, så jeg må ut i byen nå. Hils din far og mor så mye fra meg—og skriv når du får tid og fortell meg hva du holder på med.

Hilsen,
Georg

2.

Oslo, den 26. juli

Kjære mor!

Takk for brevet som jeg fikk i dag. Det var morsomt å høre om ferien deres. Dere har sikkert hatt det hyggelig.

Siden jeg skrev til deg fra Geilo, har jeg kommet til Oslo. Som jeg fortalte i det siste brevet mitt, var det ganske kaldt på fjellet. På veien til Oslo begynte jeg å føle meg litt dårlig, og Arne syntes jeg burde gå til legen så snart som mulig. Jeg var hos legen i dag og ble undersøkt. Han lyttet på lungene mine og tok pulsen og blodtrykket og alt slikt. Han sa at jeg hadde litt bronkitt, men at det ikke var noe farlig. Jeg var redd for at jeg måtte holde senga, men jeg fikk en sprøyte og må bare holde meg i ro noen dager.

16–B

Jeg må også ta noen piller, og de er så store at det nesten ikke er mulig å svelge dem. Men jeg begynner alt å føle meg bedre, og om et par dager er jeg sikkert helt frisk igjen.

Jeg må ut nå og kjøpe mere skrivepapir. Håper du og far har det bra.

Hilsen,
Georg

Lesestykke: Førti år er livets midtsommer, av Sigurd Hoel (*in the Reader*).

Oslo: Karl Johans gate.

[278]

Where is the bank?

17–A

ENGLISH EQUIVALENTS

George meets Arne on the corner outside the pharmacy:
1 Well, how did things go at the doctor's?
2 Oh, it wasn't so serious. ('dangerous')
3 I just have to take it easy for a few days.
4 That's good. Do you want to go to the bank while I hand in these films?
5 Yes, that's a good idea. Where is the bank?
6 We can walk down Universitetsgata, and just beyond Studenterlunden ('The Student's Grove') there's a bank.
7 Isn't Studenterlunden the little park in the middle of the city?
8 Yes, it's close to the University between Stortingsgata and Karl Johan.
9 Where shall we meet afterwards?
10 By the National Theater. It stands at the end of Studenterlunden.
 George goes into the bank and over to the cashier's window:
11 Excuse me, but could you cash ('change') this American traveler's check for me?
12 Yes, we can. Do you have [any] identification?
13 Here is my passport. Do I need anything else?
14 No, that'll do.
15 Do you want it ('the amount') in large or small bills?
16 Hundred-*kroner* bills will be fine, thanks.
17 Here you are. That'll be 356 *kroner*.

LISTENING SCRIPT

 utenfor [u`t^en/fårr]; bort; kasse, ei
1 hvordan gikk det
2 det er ikke så farlig
3
4 bank, en; levere [leve´re], -te, -t
5 henne
6 nedover [nedd´/å˙ver]; Universitetsgata [univærsite´ts/ga˙ta]; forbi [fårbi´]; Studenterlunden [studen´ter/lun˙n^en]
7 midt i
8 Stortingsgata; Karl Johan [ka´rl johann´]
9 etterpå
10 Nationaltheatret [nasjona´l/tea˙tre]
11 veksle, -et; reisesjekk, en
12 legitimasjon [legitimasjo´n], en
13 pass, et
14 det greier seg
15 beløp [belø´p], et; seddel, en, pl sedler [sed´ler]
16
17

[280]

Hvor ligger banken henne?

Georg treffer Arne på hjørnet utenfor apoteket:

Arne	Nå, hvordan gikk det hos legen?	1
Georg	Jo da, det var ikke så farlig.	2
	Jeg må bare ta det med ro i noen dager.	3
Arne	Det var bra. Vil du gå i banken mens jeg leverer inn disse filmene?	4
Georg	Ja, det var en god idé. Hvor ligger banken henne?	5
Arne	Vi kan gå nedover Universitetsgata, og like forbi Studenterlunden er det en bank.	6
Georg	Er ikke Studenterlunden den lille parken midt i byen?	7
Arne	Jo, den ligger like ved Universitetet mellom Stortingsgata og Karl Johan.	8
Georg	Hvor skal vi møtes etterpå?	9
Arne	Ved Nationaltheatret. Det ligger ved enden av Studenterlunden.	10

Georg går inn i banken og bort til kassa.

Georg	Unnskyld, men kan De veksle denne amerikanske reisesjekken for meg?	11
Kassereren	Ja, det kan vi. Har De legitimasjon?	12
Georg	Her er passet mitt. Trenger jeg noe mer?	13
Kassereren	Nei, det greier seg.	14
	Vil De ha beløpet i store eller små sedler?	15
Georg	Hundrekronesedler er bra, takk.	16
Kassereren	Vær så god. Det blir 356 kroner.	17

17–A

18 Thank you. Could you give me some change for the five-*kroner* bill, too?
19 Yes, of course. Here you are.
20 Thank you very much. Good bye.

18 småpenger
19
20

Repetisjon

Combine the elements in each group to form different grammatically correct and logical sentences:

a)

Hvordan | går / gikk | det | hos legen? / i banken? / på turen i Norge? / fotturen i fjellet? / Universitetet? / med den nye boken?

b)

Hvor | skal / må — / er / ———— / ligger | vi / din bror / Georg / ———— / banken / Nationaltheatret / hotell Norge / Studenterlunden | hen? / —— / henne?

GEORG Takk. Kunne De gi meg noen småpenger for   18
femkroneseddelen?

KASSEREREN Ja selvfølgelig. Vær så god.   19

GEORG Takk skal De ha. Adjø.   20

c)

Spørsmål

1. Hvorfor må Georg i banken? 2. Hva skal Arne gjøre så lenge? 3. Hvor ligger banken henne? 4. Hva er Studenterlunden? 5. Hvor ligger National- theatret? 6. Hva slags sjekk vil Georg ha vekslet? 7. Hva trenger kassereren før han gir Georg pengene? 8. Hva viser Georg ham? 9. Får Georg beløpet i store eller små sedler? 10. Hva får han for femkroneseddelen?

Samtaleøvelse

1. You go into a bank to cash a check. You have to show identification, etc.

2. You stop a man on the street and tell him you're a stranger in town and ask him if he can tell you where you can find a bank. He asks why you have to go to a bank. You tell him you have to cash a traveler's check. He says that the best bank to cash traveler's checks in is situated near the University on Karl Johan. You tell him you've seen that bank and thank him, etc.

ENGLISH EQUIVALENTS

George comes out of the bank, crosses the street and waits in front of National-theatret for Arne who comes after a few minutes.

21 Well, did you get your money?
22 Oh yes, no trouble there.
23 Do you have more things to take care of?
24 Yes, I have to go to the post office and buy stamps.
25 That's fine. I have to mail this package.
26 Come, let's go down to Vika Post Office—it's not far away.
   At the post office:
27 (*to the clerk*) Could you tell me what the air mail rate to America is?
28 Are you going to send a letter or a card?
29 Both (parts).
30 Letters are one *krone* and twenty-five *øre* pr. five grams, cards and aerograms are ninety *øre*.
31 Then I'll take ten ninety-*øre* stamps and five aerograms, please.
32 Here you are. That will be thirteen *kroner* and fifty *øre* all together.
33 Here you are. Weren't you going to get something, Arne?

LISTENING SCRIPT

21 penger
22
23 ordne [år`dne], -et, -et
24 postkontor [pås´t/konto´r], et; frimerke [fri´/mær·ke], et, pl -r
25 det passer bra; pakke, en
26 Vika [vi´ka]; unna
27 porto [por´to], en; flypost [fly´/pås´t], en
28 kort [kår´t], et
29 begge deler
30 pr. [pærr´], abbrev. of per; gram [gramm´]; aerogram [aerogramm´], et, pl -mer
31
32
33

Hvor ligger banken henne?

(fortsatt *continued*)

Georg kommer ut av banken, går over gata og venter foran National-theatret på Arne som kommer etter et par minutter.

Arne	Nå, har du fått pengene dine?	21
Georg	Ja da, det gikk bra.	22
Arne	Er det flere ting du må ordne?	23
Georg	Ja, jeg må på postkontoret for å kjøpe fri-merker.	24
Arne	Det passer bra. Jeg må sende denne pakken her.	25
	Kom, så går vi ned til Vika Postkontor, det er ikke langt unna.	26

På postkontoret:

Georg	(*til ekspeditrisen*) Kunne De si meg hva por-toen på flypost til Amerika er?	27
Ekspeditrisen	Skal De sende brev eller kort?	28
Georg	Begge deler.	29
Ekspeditrisen	Brev er en krone og 25 øre pr. 5 gram, kort og aerogrammer er 90 øre.	30
Georg	Da kan jeg få ti nittiøres frimerker og fem aerogrammer, takk.	31
Ekspeditrisen	Vær så god. Det blir 13 kroner og 50 øre til sammen.	32
Georg	Vær så god. Skulle ikke du ha noe, Arne?	33

34 Yes. (*to the clerk*) May I have a *følgebrev?*
35 Here you are. Come back with the package when you have filled it out.
36 What's a *følgebrev?*
37 It's an address card that has to accompany ('follow with') the package.
38 Oh, I see. In America we only need ('use') such with packages to foreign countries.
39 Here all packages must have ('be supplied with') *følgebrev.*
40 There. Now it's ready to be sent.

34 følgebrev [føl`le/bre˙v], et
35 fylle ut
36 hva for noe
37 adresselapp [adres´se/lapp˙], en
38 utland [u`t/lann˙], et
39 forsyne [fårsy´ne], -te, -t
40 klar til å

Vær så god. Det blir 13 kroner og 50 øre til sammen.

ARNE	Jo. (*til ekspeditrisen*) Kan jeg få et følgebrev av Dem?	34
EKSPEDITRISEN	Vær så god. Kom tilbake med pakken når De har fylt det ut.	35
GEORG	Hva er et følgebrev for noe?	36
ARNE	Det er en adresselapp som må følge med pakken.	37
GEORG	Å, så nå. I Amerika bruker vi slikt bare med pakker til utlandet.	38
ARNE	Her må alle pakker forsynes med følgebrev.	39
	Så. Nå er den klar til å sendes.	40

Repetisjon

Combine the elements in each group to form different grammatically correct and logical sentences:

a)

b)

[287]

17–B

c)

| Nå er | den
jeg
de
vi
Arne
Georg | klar(e) til å | sendes.
gå.
reise / dra av sted. / legge i vei. | til Norge.
tilbake til | Bergen.
Oslo. |

Spørsmål

1. Hvorfor må Georg på postkontoret? 2. Skal Arne være med? 3. Hva skal *han* gjøre der? 4. Har de langt å gå? 5. Hvor mye koster det å sende flypostbrev fra Norge til Amerika? 6. Hvor mye koster et aerogram? 7. Synes De det er dyrt å sende flypostbrev fra Norge? 8. Hva får Arne av ekspeditrisen? 9. Hva må han gjøre med det? 10. Hva slags pakker forsynes med følgebrev i Norge? (—i Amerika?)

Samtaleøvelse

1. You go into a post office to buy stamps. Ask the clerk how much it costs to send letters, cards, etc. and buy what you need.

2. You meet a friend on the street. You greet him, etc. You notice that he's carrying a big package and ask him what it is. He says it's something he's bought for his mother. He asks you if you know where a post office is where he can send the package. You give him directions. Before you part, you decide to go to the movies together tomorrow and make plans to meet.

3. You enter the post office and send the package. Don't forget to fill in the *følgebrev*.

GRAMMAR

☆ 17.1 Få

The verb **få** has a number of different meanings:
(a) 'Get.' The basic meaning of **få** is 'get' in the sense 'to obtain, acquire':

4.7	Der kan De **få** gode værelser til rimelige priser.
8.15	Si meg, hvor **fikk** du klippet håret?
8.32	Jeg har ikke **fått** den nye dressen min ennå.
11.31	Jeg må absolutt **få** tak i denne boka.
13.19	La oss først **få** litt mat her på hotellet.
17.21	Nå, har du **fått** pengene dine?
17.34	Kan jeg **få** et følgebrev av Dem?

[288]

Sometimes **få** used in this sense must be translated with 'have' in English:

> 9.19 Vi kan **få** kake eller frukt eller is.
> 9.34 Kelner, kan jeg **få** regningen?

When used in conjunction with other verbs, **få** can often be omitted in translation:

LA OSS LYTTE 9, No. 1   Jeg syntes det var meget interessant å **få** høre om alt dette.
13.9   Vi vil gjerne **få** sendt disse koffertene.
15.11   Nå skal du **få** smake ekte norsk mat.

(Notice that the accompanying verb may either be an infinitive or a past participle.)

This usage of **få** (in conjunction with other verbs) often involves a suggestion of permission, or gratitude at being allowed something (as in the first example above, at being allowed to hear about it). The use of **få** with the past participle is often a very polite expression of a request for a service (as in the second example above).

This usage borders on the direct use of **få** to express permission, or a request for permission, which is one of four additional meanings of **få**.

(b) Permission:

> 2.17   **Får** jeg presentere?
> 4.14   **Får** jeg se på det?
> 6.1, 12, 37   **Får** jeg låne . . . . . .?
> 11.22   **Får** jeg by Dem en sigarett?
> 11.26   **Får** jeg se på den?

In this meaning, **få** is best translated with English 'may.'

(c) Futurity: **Få** is also used to express the future:

LA OSS LYTTE 9, No. 2   Så **får** vi se om du snakker sant.
'Then we'll see if what you say is true.'

This use of **få** usually indicates doubt or indecision on the part of the speaker, as if he weren't so sure that it was true. It can also imply a veiled threat: It had better be true, or else.

(d) Compulsion:

> 14.40   Nå **får** du vise hva du kan.

is best translated: Now you'll have to (you'd better) show what you can do.

17–B

Using **få** in this sense is a bit more polite than using **må** 'must,' but notice that in this case, too, a slight threat is involved (you'd better . .).

(e) Resignation: When one is resigned to a situation, **få** is the best verb to use to express one's feelings:

LA OSS LYTTE 13, No. 1   Hvis jeg ikke måtte til Oslo i dag, ville jeg bli med Dem. Det skulle ha vært en flott tur, men det **får** vente til en annen gang. (. . it'll have to wait until another time.)

The borderlines between these five groups of meanings of the verb **få** are not sharp and clear, as can be seen from the examples given above: meaning (e) shades into meaning (d), as meaning (d) does into meaning (c), etc. This overlapping of the different general areas of meaning of **få** makes it difficult to learn to use the word properly, but this can be done by carefully observing how it is used.

Exercises

A. Translate into English:

1. Jeg har mye å gjøre i kveld, så jeg får gå hjem nå. 2. Hvis hun ikke kommer hjem snart, får jeg lage middag selv. 3. Får jeg reise til Norge til sommeren, far? Vi får se. 4. Veiene er bratte, så du får kjøre forsiktig, Arne. 5. Har du fått brev fra broren din ennå?

B. Translate into Norwegian, using **få:**

1. You'd better eat your food now. 2. May I see a picture of your sister? 3. If you don't find your pen, you'll have to buy a new one. 4. If you can't go to the movies this evening, we'll have to wait until another time.

☆ **17.2** THE RECIPROCAL USE OF THE VERB ENDING IN **-es**

The verb ending in **-es** has reciprocal meaning when used with certain verbs of meeting, seeing, etc.:

10.37   Men kanskje vi **treffes** igjen senere.
17.9   Hvor skal vi **møtes** etterpå?

Note that in both these examples the meaning imparted by the **-es** is 'each other,' although it is not necessary to include these words in an English translation. The **-es** has reciprocal meaning with only a small number of verbs, and only in contexts where reciprocal action by a plural subject is possible.

Exercise

Translate:

1. Jeg må gå nå, men vi sees snart igjen. 2. Vi møttes i byen ved fem-
tiden, spiste middag sammen og gikk i teatret etterpå. 3. Maten må spises
mens den er varm. 4. Fjelltoppene kan sees gjennom togvinduet. 5. Hver
dag klokken to møtes de utenfor banken.

⊙ **La oss lytte**

1. *Georg skriver et forretningsbrev.*

Oslo, den 30. juli

R. Olsen Bokhandel
Parkveien 5
Bergen

Mens jeg var i Bergen, så jeg i Deres butikk en bok med meget fine bilder
fra byen. Hvis jeg husker riktig, hette den 'Bergen i bilder.' Jeg vil gjerne
sende denne boka til mine foreldre i Amerika og skulle være Dem meget
takknemlig* om De kunne få sendt den med flypost.

Adressen er

Mr. Walter H. Smith
2215 Vanderbilt Ave.
Chicago 15, Illinois

Jeg sender Dem en sjekk for beløpet så snart jeg hører fra Dem.

Med hilsen,
Georg Smith
Bygata 19,
Oslo

2. *Georg går inn på et postkontor.*

G: Jeg skal sende denne pakken til Amerika, takk.
E: Har De fylt ut et følgebrev?
G: Nei, hvor får jeg det?
E: Her har De ett. De kan fylle det ut der borte.
G: (etter han har fylt ut følgebrevet) Vær så god. Hvor mye blir det?
E: Pakken er meget tung, så det blir sannsynligvis ganske dyrt å sende
    den. Ja—det blir 42 kroner.

---

* takknemlig adj. grateful

[291]

17–B

G: Ja, det er litt for dyrt. Kanskje jeg skulle sende bøkene i en pakke for seg.

E: Ja, da blir det billigere. Portoen på bøker er mye lavere. Kunne De ikke dele pakken i to?

G: Jo, jeg skal gjøre det. Mens jeg er her, kunne jeg få noen frimerker til dette brevet?

E: Skal det sendes med flypost?

G: Ja, det må fram så fort som mulig.

E: Vær så god.

G: Takk. Da kommer jeg igjen med pakkene senere.

Lesestykke: Førti år er livets midtsommer, av Sigurd Hoel (fortsatt) (*in the Reader*).

Studenterlunden

ATTENDE **18** LEKSE

Where can we shop?

18–A

ENGLISH EQUIVALENTS

George and Arne are going to take a trip together in Nordmarka. They are talking about what they will need:

1 Don't we have to take [any] equipment if we are going on a trip in Nordmarka tomorrow?
2 That depends on what kind of a trip it's going to be.
3 If we stay over at the Skiing Association's cabins, (then) we won't need to take anything along.
4 Oh, are there tourist cabins in Nordmarka, too?
5 Oh yes, at least four or five (pieces).
6 But I think it would be more fun to sleep out.
7 Will we have to take ('have') a tent along then?
8 No, that'll be too much to carry.
9 Let's take just sleeping bags and hope that it doesn't rain.
10 If it does ('In so case'), we can always spend the night in a cabin.
11 But we'll have to take ('have') along food, won't we?
12 Yes indeed, the idea was that we would prepare food on a camping stove.
13 That's more fun than just about anything.
14 Is there any place in the neighborhood where one can shop ('make purchases')?
15 Yes, there is a shopping center a little way down the street.
16 We can get hold of everything we need ('have use for') there.
17 Do you have any kitchen equipment for camping (use)?

LISTENING SCRIPT

Nordmarka [no`r/mar˙ka]
1 utstyr [u`t/sty˙r], et
2 komme an på
3 ligge over på; Skiforeningen [sji′/fåre˙ningen]
4 turisthytte [turis′t/hyt˙te], ei
5 ja visst; stykke (unit)
6 ligge ute
7 ha med seg; telt, et
8 bære, bar, båret; bære på
9 sovepose [så`ve/po˙se], en; håpe på
10 fall, et; i så fall
11
12 mening, en; primus [pri′mus], en
13
14 nabolag [na`bo/la˙g], et; innkjøp, et; gjøre innkjøp
15 butikksentrum [butikk′/sen˙trum], et, pl -sentrer
16 bruk, en; ha bruk for
17 kjøkkenutstyr [kjøk′ken/u˙tstyr], et; campingbruk [kæm′ping/bru˙k], en

Hvor kan vi gjøre innkjøp?

Georg og Arne skal gå tur sammen i Nordmarka. De snakker om hva de kommer til å trenge:

Georg	Må vi ikke ta med oss utstyr hvis vi skal på tur i Nordmarka i morgen?	1
Arne	Det kommer an på hva slags tur det blir.	2
	Ligger vi over på hyttene til Skiforeningen, så trenger vi ikke å ta med noe.	3
Georg	Ja så, finnes det turisthytter i Nordmarka også?	4
Arne	Ja visst, det er fire-fem stykker minst.	5
	Men jeg synes det ville være morsommere å ligge ute.	6
Georg	Må vi ha med oss telt da?	7
Arne	Nei, det blir for mye å bære på.	8
	Vi tar bare soveposer og håper på at det ikke regner.	9
	I så fall kan vi jo alltid overnatte på en hytte.	10
Georg	Men da må vi ha med oss mat, ikke sant?	11
Arne	Jo da, det var meningen at vi skulle lage mat på primusen.	12
	Det er noe av det morsomste jeg vet.	13
Georg	Er det noe sted i nabolaget hvor vi kan gjøre innkjøp?	14
Arne	Ja, det er et butikksentrum et lite stykke nede i gata.	15
	Der kan vi få tak i alt vi har bruk for.	16
Georg	Har du noe kjøkkenutstyr til campingbruk?	17

18–A

18 Yes, I have a couple of pots and an old frying pan.
19 We can buy paper plates and take along some knives, forks, and spoons, so we'll certainly not starve to death.

18 kjele, en; stekepanne, en
19 papptallerken [papp´/talær˙ken], en; bestikk [bestikk´], et
20 sulte, -et, -et; i hjel [i je´l]

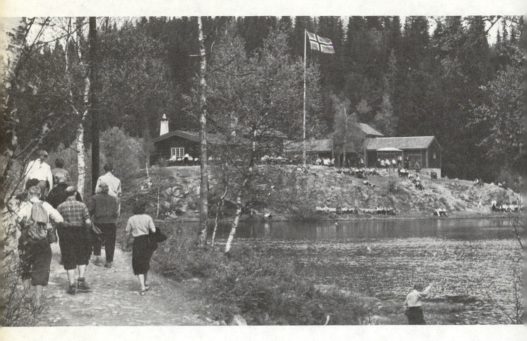

Tryvannsstua i Nordmarka

Repetisjon

Combine the elements in each group to form different grammatically correct and logical sentences:

a)

Det kommer an på

hva slags	tur	det blir.
	vær	
	bil	du har.
	de	
hvor mange	penger	du har.
	bøker	trenger.
været.		
mange ting.		

[296]

18-A

ARNE Ja, jeg har et par kjeler og en gammel stekepanne. 18

Vi kan kjøpe papptallerkener og ta med bestikk, 19

så vi kommer visst ikke til å sulte i hjel. 20

b)

Vi	må		en bensinstasjon		vi	
Arne og Georg	skal	innom	en bank	før	de	drar.
Jeg	vil		butikken		jeg	
			hotellet			

- - - - - - - - -

			vi	
hvis	de	har tid.
	jeg	

c)

Det			morsomste	jeg	
Å reise med tog			vanskeligste	Georg	
Å gå i fjellet	er noe av det		hyggeligste	vi	vet.
Å lage mat i skogen				han	
Å snakke norsk					

Spørsmål

1. Hvor skal Georg og Arne hen på tur? 2. Skal de ta med utstyr?
3. Hvorfor blir det lettere hvis de ligger over på en av Skiforeningens
hytter? 4. Hvorfor vil de ligge ute? 5. Må de ha med telt? 6. Hva skal de
gjøre om det regner? 7. Hvorfor vil de ha med mat? 8. Liker Arne å lage
mat ute i skogen? 9. Skal de ta med kjøkkenutstyr? 10. Hvor kan de gjøre
innkjøp? 11. Liker De å overnatte ute i skogen? 12. Er De flink til å lage
mat på primus?

Samtaleøvelse

1. You and a friend are planning a hike in Nordmarka. Discuss what
to take along, where you'll sleep, etc.

2. You are telling a friend about a hiking trip in the mountains. You
discuss where you hiked, where you slept, whether or not you had a tent
or sleeping bags along, where you got food, if you prepared it yourself, etc.

[297]

18-B

ENGLISH EQUIVALENTS

On the way to the store:

21 I guess it would be best ('It's perhaps best') to begin with the grocery store.
22 We can buy most [of what we need] there.
23 On the way back we can go to the bakery and the meat store.
24 Do we have to go to so many different stores [in order] to buy food (goods)?
25 I think that's very inconvenient.
26 How would you arrange it then?
27 It would be easier to have ('with') one large store where you could buy everything at once.
28 Maybe, but there aren't so many like that in this country yet.
29 Actually, I think the smaller stores are much more pleasant.
30 But here is the grocery store. Please, go ahead!

In the store:

31 I see that this is a self-service store.
32 Yes, quite a few grocery stores are nowadays.
33 I guess it's a convenient and practical way to run a business.
34 Here are eggs and butter and cheese.
35 We must be sure not to forget to buy coffee.
36 No, there it is on that shelf.
37 I guess half a kilo will be enough.

LISTENING SCRIPT

21 kolonialhandel [kolonia´l/han˙del], en
22 det meste
23 tilbakeveien [tilba`ke/væi˙en]; bakeri [bakeri´], et; kjøttforretning [kjøtt`/fåret˙ning], en
24 forskjellig [fårsjel´li]; matvare [ma`t/va˙re], en
25 tungvint [tong`/vin˙t]
26
27 forretning [fåret´ning], en; på en gang [på e´n gang´]
28
29 forresten [fåres´t^en]
30 kolonial [kolonia´l], en; stige, steg, steget; stige på
31 selvbetjeningsbutikk [sell`betje˙nings/butikk´], en
32 kolonialbutikk, en; nå for tida
33 nok (modal); praktisk; drive, drev, drevet
34 egg, et; smør [smørr´], et; ost [os´t], en
35
36 hylle, en
37

Hvor kan vi gjøre innkjøp?

(fortsatt *continued*)

På vei til butikken:

ARNE	Det er kanskje best å begynne med kolonialhand- elen.	21
	Der kan vi få kjøpt det meste.	22
	På tilbakeveien kan vi gå innom bakeriet og kjøttforretningen.	23
GEORG	Må en gå i så mange forskjellige butikker for å kjøpe matvarer da?	24
	Det synes jeg er veldig tungvint.	25
ARNE	Hvordan ville du ordne det da?	26
GEORG	Det ville være lettere med én stor forretning hvor en kunne kjøpe alt på én gang.	27
ARNE	Kanskje det, men det er ikke så mange slike her i landet ennå.	28
	Jeg synes forresten at de mindre butikkene er mye hyggeligere.	29
	Men her er kolonialen. Vær så god, stig på!	30

Inne i butikken:

GEORG	Jeg ser at dette er selvbetjeningsbutikk.	31
ARNE	Ja, ganske mange kolonialbutikker er det nå for tida.	32
	Det er nok en praktisk og grei måte å drive forret- ning på.	33
	Her har vi egg og smør og ost.	34
GEORG	Vi må endelig ikke glemme å kjøpe kaffe.	35
ARNE	Nei, der er den på den hyllen.	36
	Det greier seg vel med en halv kilo.	37

38 And then all that's left to take is some canned goods—fish balls, meat balls, etc.

39 Don't take too much now—it'll be so heavy to carry.

40 No no, but I get so hungry when I'm on a long hike in the woods.

38 hermetikk [hærmetikk´], en; fiskebolle [fis`ke/bål'le], en; kjøttkake, en; videre; og så videre

39 bære på

40 langtur, en

Jeg ser at dette er selvbetjeningsbutikk.

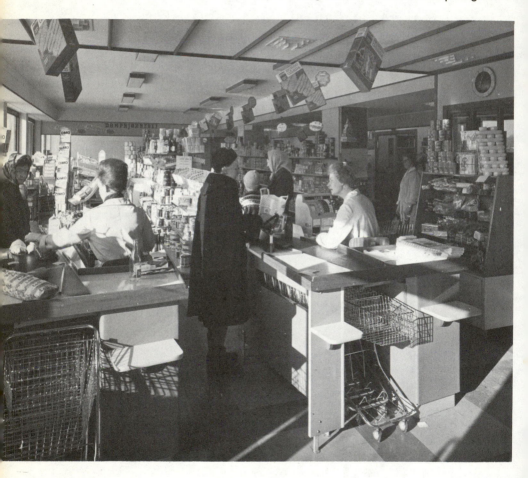

Repetisjon

Combine the elements in each group to form different grammatically correct and logical sentences:

Og så er det bare å ta med noe hermetikk—fiske- 38
boller, kjøttkaker og så videre.

GEORG Ikke ta for mye da—det blir så tungt å bære på. 39

ARNE Nei da, men jeg blir så sulten når jeg er på langtur 40
i skogen.

a)

b)

18–B

c)

Det greier seg med

en halv kilo	sukker. kaffe. smør.
et par	dager på sykehuset. piller.
	passet. denne legitimasjonen.

Spørsmål

1. Hvor skal de hen først? 2. Hva får en kjøpt der? 3. Hvor kjøper en brød og kaker? (. . . kjøtt?) 4. Hvorfor må en gå i så mange butikker for å kjøpe matvarer i Norge? 5. Hva er en selvbetjeningsbutikk for noe? 6. Hvorfor er det en praktisk måte å drive forretning på? 7. Foretrekker Arne store forretninger? 8. Trenger Arne og Georg mye kaffe? 9. Vil Georg ta med mye hermetikk? 10. Hvorfor er det best å ta med mye mat når en går langtur i skogen?

Samtaleøvelse

1. You and a friend are discussing buying food. You decide what to buy and discuss where to buy it.

2. You are in a self-service store, but can't find what you want. You ask a clerk where the different types of food you want are and he tells you where to find them.

GRAMMAR

☆ **18.1** THE OMISSION OF 'IF'

The conjunction **hvis** or **om** may be omitted at the beginning of a sentence if a conclusion to the condition stated in the *if*-clause is either implied, or expressed in a following clause:

18.3   Ligger vi over på hyttene til Skiforeningen, så trenger
         vi ikke ta med noe.

This type of construction is quite rare in English (cf. sentences of the type—Had I known he was coming—), but is very common in Norwegian. Notice that when 'if' is omitted, the sentence is begun with the verb. Direct questions also are introduced by a verb (cf. GRAMMAR **4.2b**), but no confusion between these two types of sentences is possible, since a question will

[302]

be followed by a question mark while a sentence in which 'if' has been omitted will be followed by either an implied or expressed conclusion. The conclusion is often, but not always, introduced by **så** 'then.'

Exercises

A. Translate into English:

1. Kommer han i dag? 2. Kommer han i dag, skal vi reise til Bergen i morgen. 3. Skal du reise til Norge i sommer? 4. Skal du reise til Norge i sommer, så må du ha mange penger. 5. Hadde jeg ikke kjent ham så godt, ville jeg ikke ha lånt ham pengene.

B. Translate into Norwegian in two ways (1. using, 2. omitting 'if'):

1. If you eat your dinner, I'll give you a piece of cake. 2. If she isn't married yet, she'd better hurry. 3. If you want to go to the movies, we can meet at six o'clock.

☆ 18.2 MODAL ADVERBS

When the adverbs **da, jo, nok, nå,** and **vel** occur unstressed in a sentence, they have special meanings which have no exact equivalents in English. When used in this way, these adverbs express the speaker's conviction concerning the truth of his statement, and also his emotional attitude toward it or toward the listener. We have had a number of examples of such usage:

da	4.39	God natt da!
	7.4	Hvor ligger det da?
	8.4	Hvor skal dere hen da?
jo	2.25	Jeg har jo aldri vært her før.
	6.18	Jeg kan jo alltid bruke skrivemaskinen min.
	10.2	Himmelen er jo helt klar.
	14.9	Jeg kjenner jo ikke veiene.
	18.10	I så fall kan vi jo alltid overnatte på en hytte.
vel	8.20	Der måtte du vel vente nokså lenge?
	8.26	Han tenkte vel på noe annet.
	11.4	De har vel ikke glemt meg?
	15.36	Nå, jeg dør vel ikke av den?
nok	18.33	Det er nok en praktisk og grei måte å drive forretning på.

These are regularly found in one of two positions: at the end of the sentence, or immediately following the verb (or an associated pronoun, cf. 8.20, 18.10).

18-B

When used in this way **da** intensifies the statement, suggesting sometimes that the speaker is sympathetic, sometimes that he is impatient. It must usually be omitted in translating into English, though often it can be translated 'certainly, surely,' or in questions (as above) 'anyway.' **Jo** means: the speaker knows that you already know what he is saying—it's a matter of course. It may be translated 'you know' or 'of course,' etc. **Vel** means that the speaker is quite uncertain and is really asking you whether you agree; in English we repeat part of the question or say 'I suppose.' **Nok** means that the speaker isn't quite sure, but believes what he's saying to be true; in English we say 'I guess' or 'all right.' **Nå** when used as a modal adverb expresses that the speaker is quite positive about what he is saying. It is used frequently when contradicting, or objecting to, another statement; it can often be translated 'after all.'

Exercise

Pick the correct modal adverb to fit each of the attitudes expressed by (a), (b), etc.

jo		(a) isn't he
1. Han er nok svært stolt av sin kone.		(b) I guess
vel		(c) as we all know

da		(a) isn't there
jo		(b) after all
2. Det må nok være massevis av fisk i disse vannene.		(c) certainly, surely
vel		(d) I guess, all right
nå		(e) of course, you know

☆ **18.3** THE POSSESSION OF NOUNS EXPRESSED WITH PREPOSITIONS

In GRAMMAR **6.3** the addition of **-s** to produce the possessive form of nouns was discussed. The possession of nouns is also expressed by the use of prepositional phrases:

18.3   Ligger vi over på hyttene til Skiforeningen . . .

The same meaning could have been expressed by using the construction:

Ligger vi over på Skiforeningens hytter . . .

The use of a prepositional phrase produces a stylistically better sentence in this case. A similar difference in style in English can be seen in the phrase 'the last rose of summer,' which sounds better than 'summer's last rose.'

Although **til** is the most common preposition used in Norwegian to express possession, several other prepositions are also used. E.g.,

> 12.3   . . . noe av Norges villeste terreng.
> could also be   . . . noe av det villeste terreng i Norge.

Note that in such a phrase the preposition **i** is used, not **til,** since the terrain is something that is *in* Norway, not strictly speaking something possessed by Norway.

The phrase 'the color of the house' is best translated by the prepositional phrase **fargen på huset.**

Note that the preposition used is **på,** not **til.** This makes more sense since the color is something that is *on* the house, not strictly speaking something that is possessed by the house.

Exercises

Translate into Norwegian in two different ways: (a) using the possessive in **-s,** (b) using the possessive with **til:**

1. Do you know George's mother? 2. We're going to live in my brother's house. 3. My cousin's sister was standing outside waiting for us.

☆ 18.4 Stykke

The Norwegian word **stykke** has a number of meanings:

> 7.30   Her har vi noen til atten kroner stykket.
> 8.8   Det går et godt stykke på Forum kino.
> 18.5   Ja da, det er fire-fem stykker minst.
> 18.15   Det er et butikksentrum et lite stykke nede i gata.

The basic meaning of the word **stykke** is 'piece,' but it is used to refer to units, i.e., pieces, of just about anything: articles for sale, plays, movies, distances, etc. It is often used in place of a noun which has already been mentioned and the number of which is being given, as in 18.5 (where it refers to the **hytter** mentioned in 18.3, 4).

Exercise

Translate:

1. I'd like a piece of cake, please. 2. They cost ten *kroner* apiece. 3. Shall we walk a little ways now? 4. How many stores are there in this neighborhood? There are five.

18-B

⊙ **La oss lytte**

1. *To venner, Per og Dag, snakker om en tur de skal ta sammen.*

P: Vi må ha med oss mye utstyr hvis vi skal være på fjellet i to uker.

D: Ja, her er primusen og stekepanna.

P: Vi må ha et par kjeler også.

D: Jeg har en hjemme—og kan ikke du ta med den gamle kaffekjelen til broren din?

P: Jo, han får ikke bruk for den i sommer—han skal jo til utlandet.

D: Kunne ikke vi låne det store teltet hans også? Det er så god plass i det.

P: Nei, det er da så dårlig at det regner gjennom det. Husker du ikke i fjor sommer?

D: Jo, det er sant. Klærne mine ble ikke tørre på en uke.

P: Vi tar heller det lille teltet som jeg kjøpte i vår. Hvis vi tar soveposene med, blir det fint.

D: Det blir mye å bære på.

P: Ja, men vi greier det nok.

D: Kanskje vi heller skulle overnatte på hyttene til Turistforeningen?

P: Nei, det har jeg ikke penger til, og dessuten er det mye morsommere å ligge i telt.

2. *Georg må gjøre innkjøp og spør vertinnen hvor butikkene er.*

G: Kanskje De kunne si meg hvor jeg kan kjøpe noe mat.

V: Hva har De tenkt å kjøpe?

G: Jeg trenger litt brød og smør og kaffe, og forskjellig annet.

V: Brødet og smøret kan De kjøpe i melkeforretningen nede i gata, men De må til kolonialen for å kjøpe kaffe.

G: Kan jeg ikke kjøpe brød og smør i kolonialen også, så jeg slipper å gå i så mange butikker?

V: Jo, De får nok kjøpt smør der, men ikke brød. De kan forresten få riktig godt brød i bakeriet, men det er litt lenger å gå.

G: Jeg synes det ville være mye bedre om en kunne kjøpe alle matvarer i én butikk. Det er veldig tungvint å måtte springe omkring fra den ene til den andre.

V: Nå, hvis De vil gå i en slik selvbetjeningsbutikk, så kan De nok finne noen her og der i byen. Men jeg foretrekker de mindre butikkene. Det er mye hyggeligere der, og en vet at det en kjøper er godt.

G: Kanskje det, men jeg er ikke vant til slike butikker.

V: Nei, jeg vet at i Amerika skal alt gå så mye fortere. Men her i landet tar vi det litt mere med ro.

Lesestykke: Førti år er livets midtsommer, av Sigurd Hoel (fortsatt) (*in the Reader*)

Nordmarka

19-A

ENGLISH EQUIVALENTS

George and Arne are sitting on the streetcar to Holmenkoll early in the morning on their way up to Frognerseteren.

1 What a wonderful view there is here!
2 What's that valley down there called?
3 That's Sørkedalen, which goes ('leads') far into Nordmarka.
4 We could have taken the bus a ways up the valley and walked in from there,
5 but I prefer to use Frognerseteren as starting ('exit') point.
6 It's farther into the woods, isn't it?
7 Yes, and it lies much higher, so we don't have to climb so much ('we get out of the long climb').
8 It's wonderful that this line goes all the way up from [the] center [of the city].
9 When we got on ('climbed on') the subway at the National Theater, I didn't know that we were going to ride *this* ('so') far.
10 Yes, people in Oslo are lucky to be able to get out into the country ('the nature') so quickly and conveniently.
11 What was that station called where we came out of the tunnel?
12 That was Majorstua. A lot of people always get on there.
13 You should see this line in the winter time!

LISTENING SCRIPT

Holmenkolltrikken; oppover [åpp´/å˙ver]; Frognerseteren [frång`ner/se˙tern]

1 for en; praktfull
2 dal, en
3 Sørkedalen; føre, -te, -t; innover [inn´/å˙ver]
4 derfra [dær´fra]
5 utgangspunkt [u˙tgangs/pong˙t], et
6
7 sti`gning, en
8 sentrum [sen´trum], et, pl sentrer
9 stige på (get on); undergrunnsbane [un`nergruns/ba˙ne], en
10 Oslofolk (pl); heldig [hel`di]; natur [natu´r], en
11
12 Majorstua [majo´r/stua]; komme på; masse, en
13

Nordmarka

Georg og Arne sitter tidlig om morgenen på Holmenkolltrikken på vei oppover til Frognerseteren.

GEORG For en praktfull utsikt det er her!   1

Hva heter den dalen der nede?   2

ARNE Det er Sørkedalen, som fører langt innover i   3
Nordmarka.

Vi kunne tatt bussen et stykke oppover dalen og   4
gått innover derfra,

men jeg foretrekker å bruke Frognerseteren som   5
utgangspunkt.

GEORG Det er lenger innover i skogen, ikke sant?   6

ARNE Jo, og det ligger mye høyere, så vi slipper den   7
lange stigningen.

GEORG Det er flott at denne banen går helt opp fra   8
sentrum.

Da vi steg på undergrunnsbanen ved National-   9
theatret, visste jeg ikke at vi skulle kjøre *så* langt.

ARNE Ja, Oslofolk er heldige, de, som kan komme ut i   10
naturen så fort og greit.

GEORG Hva het den stasjonen hvor vi kom ut av tunnel-   11
len?

ARNE Det var Majorstua. Der pleier det alltid å komme   12
på en masse folk.

Du skulle se denne banen om vinteren, du!   13

14 What's different about it then?

15 Then there are racks on the cars where people put their skis,

16 and almost the whole city goes up [to Nordmarka] when the weather is good and skiing conditions are fine.

17 It must be a little crowded then.

18 Yes, it happens ('it is not free for') that your toes get trampled on ('that one is trampled on the toes') in the crowd.

19 Look how beautiful the forest is here along the tracks.

20 Well, we're almost all the way up now, so we better get our knapsacks on.

14

15 stativ [stati´v], et

16 føre, et

17 trang; trangt om

18 fri, fritt, frie; fritt for; tråkke, -et, -et; tå, ei, pl tær; trengsel [treng´sel], en

19

20 ryggsekk, en

Repetisjon

Combine the elements in each group to form different grammatically correct and logical sentences:

a)

| Butikken |
| Hotellet |
| Restauranten er |
| Huset til Arne |

| Vi skal ta bussen |
| De kan |
| må gå |

et lite godt stykke

| nede i gata. |
| ned denne veien. |
| rett fram. |

| oppover dalen. |
| nedover |
| langs denne veien. |
| innover i Nordmarka. |
| Hardangervidda. |

Georg Hva er det som er annerledes da?   14

Arne Da er det stativer på vognene hvor folk setter   15
skiene sine,

og nesten hele byen reiser oppover når det er pent   16
vær og fint føre.

Georg Det må være trangt om plassen da.   17

Arne Ja, det er ikke fritt for at en blir tråkket på tærne   18
i trengselen.

Georg Se hvor vakker skogen er her langs banen!   19

Arne Ja, nå er vi nesten helt oppe, så det er best vi tar   20
på oss ryggsekkene.

b)

Vi Georg Jeg	kunne	tatt	bilen en bil bussen toget	til oppover nedover	Oslo. Finse. dalen et	lite godt	stykke.
		gått	innover i Nordmarka. fra Finse til Geilo. oppover Sørkedalen. fottur langtur		i fjellet. på Hardangervidda. i Nordmarka.		

c)

Det er ikke fritt for at en blir

	tråkket på	tærne på Holmenkolltrikken. foten i kjøttforretningen.
forkjølet sulten	på	fottur langtur	i	Nordmarka. fjellet. på Hardangervidda.

19–A

Spørsmål

1. Hva synes Georg om utsikten fra Holmenkollbanen? 2. Hvor fører Sørkedalen hen? 3. Måtte de ta Holmenkollbanen til Frognerseteren for å komme inn i Nordmarka? 4. Hvorfor er det lettere å bruke Frognerseteren som utgangspunkt? 5. Hvor steg Arne og Georg på Holmenkollbanen? 6. Hvorfor er Oslofolk heldige? 7. Hvor kommer banen ut av tunnellen? 8. Hva gjør folk med skiene sine om vinteren? 9. Hvorfor tar folk skiene med til Nordmarka? 10. Er det god plass i vognene når det er godt vær om vinteren? 11. Hvorfor er det best at Georg og Arne tar på seg ryggsekkene? 12. Tror De det er lett å gå på ski på stier gjennom skogen?

Om vinteren er det stativer på vognene hvor folk setter skiene sine.

Tryvannsstua

Samtaleøvelse

1. Tell a friend about the Holmenkoll Line. Tell him where it runs, etc. He asks you how much it costs to ride to Frognerseteren, etc.

2. You and a friend are planning to go skiing in Nordmarka. This is your first time, so you ask him how you can get there, what you will do with your skis, etc. He explains everything to you.

Oslofolk er heldige, de, som kan komme ut i naturen så fort og greit.

19–B

ENGLISH EQUIVALENTS

George and Arne are walking up from the station.

21 What is this little pond here called?
22 It's Øvreseter Pond. There are hundreds of such ponds and lakes here in Nordmarka.
23 How far have you planned to hike today?
24 Oh, we should be able to reach Bjørnsjøen ('Bear Lake') today, I think.
25 Kikutstua is on the north side of the lake—in case it rains tonight.
26 That's good. But what are those huge masts over there?
27 Those are the broadcasting antennas of the State Radio.
28 Oh, and what's that high tower right ahead of us?
29 That's Tryvannstårnet. There is a fine view from the top there.
30 I think the view is wonderful ('completely fine') here.
31 There's nothing but woods and mountains wherever I look.
32 Which trail are we going to take now?
33 First we'll take this trail that goes down the hill here.
34 Then we'll soon branch off ('take off') onto a path that leads into [the forest].
35 Why, it looks like there is a ski lift here!
36 That's right. We're standing at the top of Tryvannskleiva, which is an extremely good ski hill in the winter.
37 The lake down there is called Tryvann, and beside it is Tryvannsstua.
38 We can get a cup of coffee there before we go on.

LISTENING SCRIPT

21 tjern [kjæ´rn], et
22 Øvresetertjern [ø`vrese·ter/kjæ·rn]; hundrevis [hun`dre/vi·s]
23
24 rekke, rakte, rakt; Bjørnsjøen
25 Kikutstua [kjikk`ut/stu·a]; nordsiden [no r/si·d^e n]; tilfelle [till`/fel`le], et; i tilfelle
26 svær; mast, en
27 senderantenne [sen`ner/anten·ne], en; kringkasting, en; Kringkastingen
28 tårn [tå´rn], et
29 Tryvannstårnet [try´vans/tå·rne]
30
31 hvor . . . enn
32
33 bakke, en
34 ta av
35 nei (my, well); skitrekk [sji´/trekk·], et
36 Tryvannskleiva [try´vanns/klei·va]; skibakke [sji´/bak·ke], en
37 Tryvann; Tryvannsstua
38

[314]

Nordmarka

(fortsatt *continued*)

Georg og Arne går oppover fra stasjonen.

GEORG	Hva heter dette lille tjernet her?	21
ARNE	Det er Øvresetertjern. Det er hundrevis av slike	22
	tjern og vann her i Nordmarka.	
GEORG	Hvor langt har du tenkt vi skal gå i dag?	23
ARNE	Å, vi skulle rekke Bjørnsjøen i dag, tror jeg.	24
	Kikutstua ligger på nordsiden av vannet—i tilfelle	25
	det regner i natt.	
GEORG	Det var bra. Men hva er de svære mastene der	26
	borte?	
ARNE	Det er senderantennene til Kringkastingen.	27
GEORG	Ja så, og hva er det høye tårnet rett framfor oss?	28
ARNE	Det der er Tryvannstårnet. Det er bra utsikt fra	29
	toppen der.	
GEORG	Jeg synes utsikten er helt flott her, jeg.	30
	Det er bare skog og fjell hvor jeg enn ser.	31
	Hvilken vei skal vi ta nå?	32
ARNE	Først tar vi denne veien som går nedover bakken	33
	her.	
	Så tar vi snart av på en sti som fører innover.	34
GEORG	Nei, men her ser det ut til å være skitrekk!	35
ARNE	Nettopp. Vi står på toppen av Tryvannskleiva,	36
	som er en veldig fin skibakke om vinteren.	
	Vannet der nede heter Tryvann, og ved siden av	37
	ligger Tryvannsstua.	
	Der kan vi få oss en kopp kaffe før vi drar videre.	38

39 Now I'm beginning to understand why everyone is so enthusiastic about Nordmarka.

40 I've never (in my life) seen the likes of [such a] recreation area.

39 begeistret [begei´stret]
40 liv, et; make, en; maken til; friluftsområde [fri´lufts/åmrå·de], et

Vannet der nede heter Tryvann, og ved siden av ligger Tryvannsstua.

Repetisjon

Combine the elements in each group to form different grammatically correct and logical sentences:

a)

Vi De	skal må kan					innover i skogen. nedover bakken. oppover dalen.
La oss		ta av på denne	stien veien	som fører		til Geiteryggen? fra Finse til Geilo?
Skal Kan	vi				til	Oslo? Geilo?
					gjennom	Numedal? Sørkedalen?

GEORG Nå begynner jeg å forstå hvorfor alle er så begei- 39
stret for Nordmarka.

Jeg har aldri i mitt liv sett maken til friluftsområde. 40

b)

Jeg	skal
Vi	vil
Arne	
La oss	

få | meg oss seg |

| litt | å | spise |
| noe | | drikke |

| en kopp | | te kaffe |

| et par | | smørbrød kjøttkaker |

| her. |
| der borte. |
| denne restauranten. |
| Tryvannsstua. |
på	hotellet.
	stasjonen.
	toget.

c)

| Jeg |
| Vi |
| Georg |

har aldri (i | mitt sitt vårt hans | liv) sett maken til

| friluftsområde. |
| vakker(t) | pike. land. |
| gode dårlige | restauranter. hoteller. veier. |

Spørsmål

1. Er det mange tjern og vann i Nordmarka? 2. Hvor langt skal Arne og Georg prøve å gå i dag? 3. Er det noen hytte der i tilfelle det regner? 4. Hvorfor tror De det er lett å se senderantennene til Kringkastingen? 5. Har Georg lyst til å se utsikten fra toppen av Tryvannstårnet? 6. Hva slags terreng er det i Nordmarka? 7. Hvordan skal Arne og Georg komme innover i skogen? 8. Hva er Tryvannskleiva for noe? 9. Hvorfor vil Arne og Georg innom Tryvannsstua? 10. Hva synes Georg om Nordmarka?

Samtaleøvelse

1. You are telling a friend about a trip in Nordmarka. He asks you what Nordmarka is (he's never been in Oslo) and you start by telling him that. Then you tell him where you hiked, what you saw, etc. He asks where you spent the night, where you ate, etc.

2. You are skiing at Tryvannskleiva and decide to ski down to Tryvannsstua and get something to eat. You get your friend(s) to come along, enter Tryvannsstua, order, etc.

19–B

GRAMMAR

☆ **19.1** MODAL AUXILIARIES WITH PAST PARTICIPLES

We have had a number of examples of the use of the modal auxiliaries **ville, burde, skulle,** and **kunne** followed by an infinitive:

3.4; 12.40	Takk, det **ville være** hyggelig.
18.6	Jeg synes det **ville være** morsommere å ligge ute.
18.26	Hvordan **ville** du **ordne** det da?
18.27	Det **ville være** lettere med én stor forretning—
2.37	De **burde bli** her minst et par uker.
1.35, 46; 7.11	Jeg **skulle ha**—
12.28	Jeg **skulle** jamen **ha** lyst på en tur over vidda.
12.29	**Kunne** De ikke **gå** av på Finse og bli med meg?
13.31	Der **kunne** du **gå** på ski året rundt.

So far we have had only one example of the use of a *modal auxiliary followed by a past participle:*

19.4   Vi **kunne tatt** bussen et stykke oppover dalen og **gått** innover derfra.

In English this construction is not possible, since we have to supply the auxiliary 'have' between the infinitive and the participle:

We could have taken. . . *and* (*we* could have) walked. . .

Norwegian can also use this fuller form: Vi **kunne ha tatt** bussen. . . But the shorter form is usually preferred. Therefore the sentences given in the present above would usually be as follows when turned into the past:

Takk, det **ville vært** hyggelig.	. . . that would have been nice.
Jeg synes det **ville vært** morsommere. . .	it would have been more fun
Hvordan **ville** du **ordnet** det da?	. . . would you have arranged. . .
De **burde blitt** her minst et par uker.	You should have stayed. . .
Jeg **skulle** jamen **hatt** lyst på. . .	I would certainly have enjoyed. . .
Kunne De ikke **gått** av på Finse. . .	Couldn't you have gotten off. . .
Der **kunne** du **gått** på ski året rundt.	There you could have skied. . .

Exercises

A. Translate:

1. Det ville vært morsomt å se ham en gang til. 2. Vi kunne kjøpt noe å spise hvis vi hadde hatt bedre tid. 3. Du skulle sett Arne ta den svingen!

4. Han ville kommet hvis han ikke hadde hatt så mye å gjøre. 5. Hvis jeg hadde hatt ti kroner i går, ville jeg ha reist til Oslo.

B. Translate in two ways:

1. I would have seen him if he had been there. 2. He could have eaten his dinner before he left. 3. I should have bought a new shirt in Bergen. 4. I would have sent my suitcases to Geilo if I had known it was so cheap.

☆ **19.2 ADVERBIAL COMPOUNDS AND PHRASES**

(a) **her (der)** + adverbs of location: We have had a number of examples of adverbial phrases of the type **her** or **der** + an adverb of location ending in **-e** (cf. GRAMMAR **8.2**):

> der borte, her inne, der nede, her oppe

Note that such expressions are written in two separate words, and that the order of the words is the opposite of what it is in English. How would you say: in there, out here, up there, over here, out there?

(b) Adverbs of motion + **-over**: The Norwegian suffix **-over** indicates motion in the direction specified by the adverb to which it is suffixed. A number of examples of such compound adverbs have occurred: **oppover, innover, nedover** (all in Lesson 19), **sørover** (Lesson 13).

Note that there is no literal meaning, 'over,' attached to the suffix **-over.** This suffix corresponds most closely to the English suffix *-wards* (*inwards,* etc.). These compounds can also be employed as prepositions (**oppover dalen, nedover bakken,** etc.) in which case the **-over** is best left untranslated (**oppover dalen** = up the valley, etc.). What would these mean:

> hjemover, utover, framover, østover, hitover

(c) Adverbs of motion + **-om**: A few adverbs of motion can form compound adverbs (prepositions) with the suffix **-om.** We have so far seen only one such: **innom:**

14.6   Vi må **innom** en bensinstasjon før vi drar.

16.3   Jeg begynte å føle meg dårlig og kom **innom** med det samme.

18.23   På tilbakeveien kan vi gå **innom** bakeriet og kjøttforretningen.

The use of the **-om** suffix always implies that the action described is temporary or spontaneous. **Innom** in all the above examples is best translated 'drop in' or 'stop in.' Other compounds of this type are **nedom** and **oppom.** They have the same meaning as **innom,** but specify the direction of the motion involved (e.g., if the dropping in is done by going up or down a street or a hill or stairs, etc.).

å Tryvannsstua kan vi få oss en kopp kaffe før vi drar videre.

☆ **19.3** APPENDED PRONOUNS

It is a common feature of spoken Norwegian to add or repeat a personal pronoun at the end of a sentence for emphasis or to give a jovial flavor:

15.31   Rømmegrauten er mektig, **den.**
19.10   Oslofolk er heldige, **de,** . . .
19.13   Du skulle se denne banen om vinteren, **du!**
19.30   Jeg synes utsikten er helt flott her, **jeg.**

Nedgangen til Holmenkollbanen

⊙ **La oss lytte**

1. *En amerikansk turist, Sonja Petersen, går ned i undergrunnsbanen ved Nationaltheatret. Hun går bort til en mann som står og venter der og sier:*

S: Unnskyld, men kunne De si meg når trikken til Frognerseteren går?
M: Ja, bare se på den store klokka der borte, den med alle fargene på. Blått viser når trikken til Frognerseteren går.

19-B

S: Å, da går det en om tre minutter. Hva betyr de andre fargene?

M: De viser når de andre trikkene går. Det er fire baner som kjører herfra.

S: Det er veldig greit, synes jeg. Takk skal De ha.

M: Ingen årsak. Her kommer trikken til Frognerseteren.

    I vognen:

S: Jeg skal til Frognerseteren, takk.

K: (*tar pengene og gir henne billetten*) Vær så god.

S: Hvor lang tid tar det?

K: Det tar en halv time. Det er den siste stasjonen, så De trenger ikke å være redd for å kjøre for langt.

S: Takk skal De ha.

K: Ingenting å takke for.

2. *En amerikansk student, Bob, forteller vennen sin, Tom, om hvordan det er å gå på ski i Nordmarka.*

B: Ja, det var virkelig flott å gå på ski der i Oslo.

T: Kunne du gå på ski i byen da?

B: Nei, ikke midt i byen, men like utenfor, i en del av Oslo som heter Nordmarka. Der er det bare skog og vann.

T: Hvordan kommer en dit?

B: Vi tok en trikk som kjørte rett fra sentrum.

T: Hva gjorde du med skiene? Du kunne vel ikke ta dem med på trikken?

B: Det var stativer på vognen, forstår du, og der satte vi skiene våre.

T: Ja så. Kostet det noe å ta med skiene?

B: Nei da, vi satte dem i stativet selv, og det gikk fort og greit. Da vi kom fram, tok vi bare skiene ut av stativet og satte dem på bena.

T: Er det noen skibakker der?

B: Ja, vi stod ned Tryvannskleiva et par ganger, men så gikk vi tur gjennom skogen til Bjørnsjøen.

T: Var det langt dit?

B: Å, det var vel en åtte-ti kilometer, tenker jeg. Vi tok oss en kopp kaffe og et par smørbrød på Kikutstua, som ligger ved vannet, og så gikk vi tilbake og ned til byen.

T: Kunne du gå på ski helt til byen?

B: Ja, en kan gå fra Nordmarka rett inn i byen.

T: Ja, nå begynner jeg å forstå hvorfor du er så begeistret for Nordmarka. Dit må jeg jamen reise.

Lesestykke: Innflytter, av Sigurd Evensmo (*in the Reader*)

Oslo Rådhus

TJUENDE (TYVENDE) **20** LEKSE

20–A

ENGLISH EQUIVALENTS

Sigrid Falk, Arne Solum's cousin, and George Smith are on their way across Fridtjof Nansen's Square. They are walking towards the harbor.

1 That big building there is the City Hall, isn't it?
2 Yes. The large murals I told you about are in there.
3 But we don't have time to look at them now.
4 We have to hurry if we're going to make ('reach') the boat to Bygdøy.
    They are now in front of the City Hall and are walking across the City Hall Square.
5 Where does the boat leave from?
6 It leaves from the pier over there by the West Railroad Station.
7 Well, look at all those wonderful statues there!
8 They're really impressive.
9 Yes, aren't they? I like that one with the playing children best.
10 But the boat is ringing for departure!
    On board the boat.
11 I didn't know there were so many islands in the Oslo Fjord.
12 Which of them is Bygdøy?
13 Bygdøy is the large one to the right there.
14 But it actually isn't an island—just a peninsula.
15 Oh? It's strange that it's called an island then.
16 But what's that strange pointed building right in front of us?

LISTENING SCRIPT

    kusine [kusi`ne], en; Fridtjof Nansens plass; Rådhusplassen; ombord [åmbo´r]
1 rådhus, et
2 veggmaleri [vegg`/maleri˙], et; fortelle [fårtel´le], fortalte [fårta´lte], fortalt [fårta´lt]
3
4 båt, en
5
6 brygge, ei; Vestbanestasjonen [ves`tba˙ne/stasjo˙n^{e}n]
7 skulptur [skulptu´r], en
8
9 leke, lekte, lekt; barn, et, pl barn, -a
10 ringe, -te, -t; avgang [a`v/gang˙], en
11 Oslofjorden
12 Bygdøy (older Bygdø)
13
14 halvøy [hall`/øy˙]
15 pussig [pus`si]; kalle, kalte, kalt
16 spiss

[324]

Bygdøy

Sigrid Falk, Arne Solums kusine, og Georg Smith er på vei over Fridtjof Nansens plass. De går mot havnen.

GEORG	Den svære bygningen der er Rådhuset, ikke sant?	1
SIGRID	Jo. Der inne er de store veggmaleriene jeg fortalte deg om.	2
	Men vi har ikke tid til å se på dem nå.	3
	Vi må skynde oss hvis vi skal nå båten til Bygdøy.	4

De er nå foran Rådhuset og går over Rådhusplassen.

GEORG	Hvor går båten fra da?	5
SIGRID	Den går fra brygga der borte ved Vestbane stasjonen.	6
GEORG	Nei, men se på alle de flotte skulpturene, du!	7
	De var da veldig imponerende.	8
SIGRID	Ja, ikke sant? Jeg liker den med de lekende barna best.	9
	Men der ringer båten for avgang!	10

Ombord på båten.

GEORG	Jeg visste ikke det var så mange øyer i Oslofjorden.	11
	Hvilken av dem er Bygdøy?	12
SIGRID	Bygdøy er den store til høyre der.	13
	Men egentlig er det ikke en øy—bare en halvøy.	14
GEORG	Ja så. Det var da pussig at den kalles en øy.	15
	Men hva er dette rare spisse huset rett forån oss?	16

17 That's Framhuset. That's where we're going first.
18 In there is the ship Fram, which Fridtjof Nansen and Roald Amundsen used on their polar expeditions.
19 Oh, I want very much to see that.
20 And after that we can see the Viking ships and the Folk Museum.

17 Framhuset [framm′/hu˙se]
18 Fram; Fridtjof [frit′jåf]; Roald Amundsen [ro`al am`muns^en]; polferd [po`l/fær˙d]
19 ha lyst til å
20 vikingskip, et; Folkemuseet [fål`ke/muse˙e]

Repetisjon

Combine the elements in each group to make different grammatically correct and logical sentences:

a)

Vi / Georg og Sigrid / Jeg / Min mor / Min bror	er på vei / går / skal	over Fridtjof Nansens plass. / Rådhusplassen. / gata.
		til Bygdøy. / Vestbanestasjonen.
		hjem.

b)

| Jeg / Vi / De / Georg / Dere | må skynde | seg / oss / meg / dere / Dem | hvis | jeg / vi / dere / de / De / han | skal nå | båten. / toget. / bussen. |

SIGRID Det er Framhuset. Det er dit vi skal først. 17

Der inne er skipet Fram, som Fridtjof Nansen og 18

Roald Amundsen brukte på polferdene sine.

GEORG Ja, det har jeg veldig lyst til å se. 19

SIGRID Og siden kan vi se på vikingskipene og Folke- 20

museet.

c)

| Hvilken Hvilket Hvilke | av disse | øyene hotellene stasjonene | er | Bygdøy? en halvøy? Vestbanestasjonen? Hotell Victoria? Viking? |

Spørsmål

1. Er det noe å se i Rådhuset? 2. Skal Sigrid og Georg dit inn nå? 3. Hvor skal de hen nå da? 4. Hvordan skal de komme dit? 5. Hvorfor må de skynde seg? 6. Er det noe å se på Rådhusplassen? 7. Hvilken liker Sigrid best? 8. Er Bygdøy en av øyene i Oslofjorden? 9. Er det noe å se på Bygdøy? 10. Hvor skal Sigrid og Georg hen først? 11. Har De noen gang hørt om Fridtjof Nansen? 12. Hvorfor tror De at han kalte skipet sitt "Fram?"

Samtaleøvelse

1. You stop a man on the street and ask him if he can tell you the way to the Oslo City Hall. He gives you directions. You ask if it's near the harbor, etc., and if there is anything to see there (you're a tourist). He tells you.

2. You and a friend are trying to decide what to do today. You ask him if he's ever been to Bygdøy, and if he'd like to go there. He asks you what there is to see there, and you tell him.

3. After your return from Norway you are telling a friend about sight-seeing in Oslo. He asks you if there was much to see, what you saw, etc. Don't forget to mention Bygdøy, the City Hall, Frognerseteren, Nord-marka, etc. He asks how much it costs to live there (how much for hotel, food, etc.) and says he would like to go to Oslo some time too.

20–B

ENGLISH EQUIVALENTS

George and Sigrid are on their way to the Folk Museum after having visited the Viking Ship Building.

21 It's hard to imagine that those Viking ships are a thousand years old.
22 They're so well preserved.
23 Yes, they lay buried for over 900 years.
24 Some of our ancestors were buried in them.
25 Just imagine that the vikings sailed all the way to America in such ships!
26 Oh, but those ships were certainly larger and stronger.
27 But here's the entrance to the Folk Museum.
28 (*to the ticket seller*) Two tickets, please.
29 Here you are. Don't you want a map of the museum?
30 No, that's not necessary ('It's not needed'). I've been here many times before.
31 First I'd like to see the old stave church.
32 Then we better take this path here.
33 Look, there's a little theater here.
34 Yes, that's the open air theater.
35 They give concerts with folk music and folk dancing there.
36 And look over there—all those old farm buildings!
37 This is really an interesting place.

LISTENING SCRIPT

21
22 bevart [beva´rt]
23 nedgravd [ne´/grav˙d]
24 forfedre [fårr`/fe˙dre]; begravd [begrav´d]
25 viking, en
26 større [stør´re]; kraftig [kraf˙ti]
27 inngang, en
28 billettselger [bilett´/sel˙ger], en; billett [bilett´], en
29
30
31 stavkirke, en
32
33
34 Friluftsteatret [fri´lufts/tea˙tre]
35 konsert [konsær´t], en; folkemusikk [fål`ke/musikk˙], en; folkedans, en
36 bondestue [bon´ne/stu˙e], en
37

Bygdøy

(fortsatt *continued*)

Georg og Sigrid er på vei til Folkemuseet etter å ha vært innom Viking-skiphuset.

GEORG	Det er vanskelig å tenke seg at de viking-skipene er tusen år gamle.	21
	De er så godt bevart.	22
SIGRID	Ja, de lå jo nedgravd i over 900 år.	23
	Noen av forfedrene våre ble begravd i dem.	24
GEORG	Tenk at vikingene seilte helt til Amerika i slike skip!	25
SIGRID	Å ja, men de skipene var visst større og kraftigere.	26
	Men her er inngangen til Folkemuseet.	27
GEORG	(*til billettselgeren*) To billetter, takk.	28
BILLETTSELGEREN	Vær så god. Skal De ikke ha kart over museet?	29
SIGRID	Nei, det trenges ikke. Jeg har vært her mange ganger før.	30
GEORG	Først vil jeg gjerne se den gamle stavkirken.	31
SIGRID	Da er det best å ta denne stien her.	32
GEORG	Men se her, her er det et lite teater.	33
SIGRID	Ja, det er Friluftsteatret.	34
	Der holder de konserter med folkemusikk og folkedans.	35
GEORG	Og se der borte—alle de gamle bondestuene!	36
	Dette er da virkelig et morsomt sted.	37

38 Yes, we'll be busy ('get it busy') if we're going to see everything at one time.

39 Let's begin with the church and get in as much as we can.

40 And if we get hungry, there's a restaurant close by.

38 travel [tra´vel]; få det travelt
39 få med
40 like ved

Repetisjon

Combine the elements in each group to form different grammatically correct and logical sentences:

a)

Det er vanskelig å		
Jeg	tenke	seg
Vi kan vanskelig		oss
Georg		meg

at	vikingskipene	er tusen år	gammel.
	det huset		gammelt.
	båten		gamle.
hvor	morsomt	det er å bo i	Norge.
	dyrt		Oslo.
	rimelig		Amerika.
	fryktelig		

Sigrid   Ja, vi kommer til å få det travelt hvis vi skal   38
se alt på en gang.

La oss begynne med kirken her og få med så   39
mye vi kan.

Og blir vi sultne, så er det en restaurant like   40
ved.

b)

	holder de	konserter.
Der	— — — — — —	dans.
	holdes det	friluftskonserter.

c)

Vi			i dag.
	kommer til å få		i morgen.
Georg	har	det travelt	i kveld.
Jeg	hadde		i går.
Min søster			i sommer.
			denne uken.
			neste uke.
			i fjor.

Spørsmål

1. Hvor gamle er vikingskipene? 2. Hvorfor er det vanskelig å tenke seg
det? 3. Hva ble disse skipene på Bygdøy brukt til? 4. Seilte vikingene til
Amerika i slike skip? 5. Hvorfor slipper Georg å kjøpe kart over Folke-
museet? 6. Hva er det å se på Folkemuseet? 7. Hva vil Georg se først?
8. Hvordan kommer de dit? 9. Hva slags teater ligger det ved stien? 10. Tar
det mye tid å se alt på Folkemuseet? 11. Er det noe sted å spise på Folke-
museet?

20–B

Samtaleøvelse

1. You are visiting the Viking Ship House on Bygdøy. You ask a Norwegian there who the Vikings were. He tells you they were Norwegians who sailed to many countries. You say that you have heard that they sailed to America too, and he tells you that that was in the year 1000. You ask him what the ships there on Bygdøy were used for, etc.

2. You and a friend are walking around in the Folk Museum, looking at the old farm buildings. You ask him if such buildings are still used on Norwegian farms. He says not usually, but on many farms there are still old 'stabbur.' He asks you if you have ever been on a Norwegian farm, and you tell him about your visit to Flatabø.

Først vil jeg gjerne se den gamle stavkirken.

GRAMMAR

☆ **20.1** WORD FORMATION: SUFFIXES AND PREFIXES

(a) Suffixes: One common way of making a new word is to add an ending to some other word. This ending may have a more or less definite meaning, but it cannot be spoken by itself. A good many of these have occurred in the conversations, and a few of them will here be presented in survey. You can't expect to take these endings and add them to words yourself, for they are somewhat capricious in their use. But by knowing the suffixes, you will be able to recognize them in new words and guess what these new words mean. For more examples of each suffix see the exercise at the end.

A. Making verbs: **-e**: This can be added to many nouns: **arbeide** 'work,' **bade** 'bathe,' **barbere** 'shave,' **bile** 'drive a car,' **dele** 'divide,' **overnatte** 'spend the night,' **røke** 'smoke.'

-ere: This ending is taken from French by way of German, and has the general meaning of 'make, do': **praktisere** 'practice (a profession),' **ekspedere** 'check, send, wait on,' **presentere** 'present, introduce,' **interessere** 'interest.'

B. Making adjectives: **-ig**: This ending is not really added to anything, but shows that the word is an adjective (or adverb): **ferdig** 'ready,' **forsiktig** 'careful,' **nyttig** 'useful.'

-lig: This is usually added to nouns, but in some cases the stem no longer exists in the language; it corresponds to several different English adjective endings: **endelig** 'final,' **hyggelig** 'pleasant,' **rimelig** 'reasonable,' **selvfølgelig** 'of course,' **virkelig** 'real,' **tidlig** 'early,' **farlig** 'dangerous,' **fryktelig** 'awful,' **forferdelig** 'terrible.'

-sk: This is the usual ending for nationalities, as well as for some other things; it corresponds to English *-ish*: **engelsk** 'English,' **norsk** 'Norwegian,' **svensk** 'Swedish,' **dansk** 'Danish,' **amerikansk** 'American,' **fransk** 'French,' **tysk** 'German,' **russisk** 'Russian,' **electrisk** 'electric.'

-som: This is like English *-some* in 'winsome,' 'handsome': **langsom** 'slow,' **morsom** 'amusing.'

C. Making nouns: **-dom** (en): This is like English *-dom* in 'kingdom,' 'Christendom,' etc., but is not used in the same words (e.g., **kristendom** in Norwegian means 'Christianity'): **sykdom** 'disease,' **barndom** 'childhood,' **ungdom** 'youth.'

-else (en): An important suffix for making nouns of action out of verbs, like English *-ing, -tion,* etc.: **fornøyelse** 'pleasure,' **rettelse** 'correction' (from **å rette** 'to correct'), **lettelse** 'relief' (from **å lette** 'to relieve'); (et) **værelse** 'room, i.e., place to be' (from **å være** 'to be').

[333]

-er (en): Like English *-er* in 'baker,' 'singer.' It designates a person who belongs to a certain group of people: **amerikaner** 'American.' Usually it names the group of people who perform the action described by the verb to which it is added: **lærer** 'teacher,' **arbeider** 'worker,' **fører** 'leader,' **begynner** 'beginner,' etc.

-eri (et): Taken from French by way of German, this ending corresponds generally to English *-ry:* **vaskeri** 'laundry,' **maskineri** 'machinery,' **renseri** 'dry cleaners,' **maleri** 'painting.'

-skap (en): A common ending for abstract nouns: **vitenskap** 'science,' from **viten** 'knowledge,' from **å vite.**

-het (en): A common ending for abstract nouns, like English *-ity, -ment, -ness:* **sannhet** 'truth,' **frihet** 'freedom,' **helhet** 'entirety,' **enhet** 'unit, unity.'

-ing (en): Similar to English *-ing* in verbal nouns: **selvbetjening** 'self-service' (from **å betjene** 'to serve'), **barbering** 'shaving,' **drikking** 'drinking,' **flytting** 'moving.'

-ning (en): This ending is similar to *-ing,* and often competes with it: **bygning** 'building,' **forretning** 'business, store,' **skrivning** 'writing' (but also **skriving**), **røkning** 'smoking' (but also **røking**), **stigning** 'ascent.'

-inne (en): This ending designates the female of the species, like English *-ess:* **venninne** 'girl friend,' **vertinne** 'landlady, hostess' (cf. **vert** 'host').

(b) Prefixes: Most of the prefixes of Norwegian have been borrowed from German and have no independent meaning in Norwegian (like some of the Latin and French prefixes in English, e.g., **con-, ab-, dis-**). Words beginning with such *unstressed* prefixes as **be-** (**betale** 'pay') or **er-** (**erfare** 'experience') or **for-** (**forretning** 'business, store') cannot be analyzed in terms of Norwegian. But there are some *stressed* prefixes that should be mentioned: 1. all the adverbs of motion (**ut, inn,** etc.), e.g., **innkjøp** 'purchases,' **opptatt** 'busy,' **utmerket** 'excellent' (cf. also GRAMMAR **22.3**). 2. the following which do not occur as separate words:

for-: Meaning 'before': **formiddag** 'forenoon,' **forfedre** 'forefathers, ancestors.'

mis-: Like English *mis-:* **misforstå** 'misunderstand,' **misbruke** 'misuse.'

sam-: Meaning 'together with': **samvær** 'company, being together,' **samtale** 'conversation,' **samarbeide** 'cooperate,' **samtidig** 'contemporary, at the same time.'

gjen-: Meaning 'back, left, again' (cf. the meanings of **igjen**, GRAMMAR **13.3**): **gjenkalle** 'recall, call back,' **gjenstå** 'remain, be left,' **gjengi**, **gjenta** 'repeat.'

u-: Like English *un-, in-* meaning 'not': **uforsiktig** 'careless,' **uhyggelig** 'unpleasant,' **uheldig** 'unfortunate,' **ufarlig** 'harmless,' **uendelig** 'endless,' **umulig** 'impossible,' **ukjent** 'unknown,' **uventet** 'unexpected,' **uhørt** 'unheard of.'

Exercise

What do the following new words mean?

-e:	filme, lyse, melke, svinge, varme.
-ere:	fotografere, nummerere.
-lig:	daglig, drikkelig, hjemlig, huslig, hørlig, høstlig, kirkelig, kvinnelig, leselig, mannlig, månedlig, sommerlig, spiselig, tenkelig, ungdommelig, vestlig, vinterlig, vårlig, østlig, øyeblikkelig, årlig. (NB: barnlig 'childlike,' barnslig 'childish.')
-sk:	himmelsk, journalistisk.
-som:	arbeidsom, glemsom, hjelpsom.
-dom:	lærdom, manndom.
-er:	baker, finner, kjøper, selger.
-else:	begynnelse, forståelse, følelse, utmerkelse, størrelse.
-het:	ekthet, evighet, forsiktighet, fuktighet, godhet, norskhet, nyhet, renhet, rimelighet, sikkerhet, skjønnhet, storhet, vanskelighet, virkelighet.
-ing:	anbefaling, bestilling, fortelling, mening, ordning, seiling, servering.
-inne:	amerikanerinne, lærerinne.
for-:	formann, forside, forarbeid.
mis-:	misforståelse, mistro.
sam-:	samarbeid, samliv, samtid.
u-:	uamerikansk, ugift, ugjort, unorsk, usett, usikkert, uspiselig, uvirkelig.

⊙ La oss lytte

1. *Georg forteller Arne om turen til Bygdøy.*

A: Hvordan gikk det med dere to i dag?

G: Jo, takk. Det gikk strålende. Takk for at du presenterte meg for din kusine. Hun er veldig grei.

A: Ja, det er alltid hyggelig å være sammen med Sigrid. Var dere på Bygdøy?

G: Ja, vi tok båten fra Rådhusplassen. Det var morsomt å se Oslo fra fjorden.

A: Gikk dere på Folkemuseet?

G: Ja, men først var vi innom Framhuset. Der var det virkelig mye interessant å se.

A: Hadde du hørt om Nansen og Amundsen før?

G: Ja visst. Jeg er meget interessert i polferder, så jeg har lest en god del om dem. Det var interessant å se dette skipet som både har vært lenger nord og lenger sør enn noe annet skip.

A: Ja, nordmenn har alltid vært flinke til å seile.

G: Det er jamen sant. Tenk å seile helt til Amerika i de vikingskipene for tusen år siden.

A: Ja, det er ganske imponerende.

G: Jeg tror ikke jeg ville ha lyst på en slik tur i dag—ikke med de skipene.

A: Å, de var visst kraftige nok, men det var sikkert meget farlig allikevel. Men nå må jeg pakke kofferten ferdig.

G: Når går toget?

A: Det går om en time, og jeg må få meg litt å spise før jeg drar.

G: Det er synd at du må tilbake til Bergen så snart. Vi kunne hatt det morsomt sammen her i Oslo.

A: Å, jeg kommer nok hit en tur til vinteren igjen. Og det blir sikkert hyggelig nok her, nå som du kjenner Sigrid.

G: Ja, kanskje det—

2. En nordmann, Sverre Nergård, viser en amerikansk turist, John Simenson, rundt på Folkemuseet. De kommer ut av stavkirken.

S: Finnes det mange stavkirker her i landet?

N: Å, det er vel en 20–30 stykker, kan jeg tenke meg. De er for det meste en 6–7 hundre år gamle.

S: Er de alle så godt bevart?

N: Nei, denne er særlig godt bygget. Her er noen av de gamle bonde-stuene jeg fortalte Dem om.

S: Har disse husene vært i bruk på norske gårder?

N: Ja, det har de. Det er ekte norske bondestuer. De ble kjøpt og flyttet hit til museet akkurat som de stod på gårdene.

S: Men slike hus brukes vel ikke nå lenger?

N: Jo, på mange steder er de ennå i full bruk. Men nye hus bygges ikke slik.

S: Jeg håper at sola snart kommer fram så jeg kan ta noen bilder her. Det ville være morsomt å vise dette til folk hjemme.

Lesestykke: Innflytter, av Sigurd Evensmo (fortsatt) (*in the Reader*)

Vocabulary List (Lessons 16–20)

Nouns

En-nouns

adresselapp 17.37
avgang 20.10
bakke 19.33
bank 17.4
barnesykdom 16.30
billett 20.28
billettselger 20.28
bondestue 20.36
bronkitt 16.27
bruk 18.16
brygge 20.6
båt 20.4
campingbruk 18.17
dal 19.2
feber 16.21
fiskebolle 18.38
flypost 17.27
folkedans 20.35
folkemusikk 20.35
forkjølelse 16.13
forretning 18.27
frakk 16.9
gram 17.30
gutt 16.32
hals 16.22
halvøy 20.14
hermetikk 18.38
hylle 18.36
ingenting 16.32

inngang 20.27
kasse 17
kjele 18.18
kjøttforretning 18.23
kjøttkake 18.38
kolonial 18.30
kolonialbutikk 18.32
kolonialhandel 18.21
konsert 20.35
kropp 16.16
kusine 20
kusma 16.30
langtur 18.40
lege 16
legitimasjon 17.12
lunge 16.25
make 19.40
mandel 16.32
masse 19.12
mast 19.26
matvare 18.24
medisin 16.38
mening 18.12
natur 19.10
nordside 19.25
pakke 17.25
papptallerken 18.19
pille 16.39

polferd 20.18
porto 17.27
primus 18.12
puls 16.28
pust 16.26
reisesjekk 17.11
resept 16.38
ryggsekk 19.20
seddel 17.15
selvbetjenings-
  butikk 18.31
senderantenne 19.27
skibakke 19.36
skulptur 20.7
sovepose 18.9
sprøyte 16.35
stavkirke 20.31
stekepanne 18.18
stigning 19.7
sykdom 16.29
sykesøster 16.1
symptom 16.14
tilbakeveien 18.23
trengsel 19.18
turisthytte 18.4
tå (tærne) 19.18
undergrunnsbane 19.9
viking 20.25

Et-nouns

aerogram 17.30
apotek 16.38
bakeri 18.23
barn 20.9
beløp 17.15
bestikk 18.19
blodtrykk 16.28
bryst 16.15
butikksentrum 18.15
egg 18.34
fall 18.10

friluftsområde 19.40
frimerke 17.24
følgebrev 17.34
føre 19.16
innkjøp 18.14
kjøkkenutstyr 18.17
kort 17.28
legekontor 16
liv 19.40
litegrann 16.25
nabolag 18.14

Oslofolk 19.10
pass 17.13
postkontor 17.24
råd 16.40
sentrum 19.8
skitrekk 19.35
smør 18.34
stativ 19.15
stykke (unit) 18.5
telt 18.7
tilfelle 19.25

tjern   19.21
trygdekasse-
  nummer   16.37
tårn   19.28

utgangspunkt   19.5
utland   17.38
utstyr   18.1
veggmaleri   20.2

vikingskip   20.20
øre   16.23

Plural
forfedre   20.24
meslinger   16.30

penger   17.21
småpenger   17.18

vannkopper   16.30

Names of Places
Bjørnsjøen   19.24
Bygdøy   20.12
Folkemuseet   20.20
Framhuset   20.17
Fridtjof Nansens plass   19
Friluftsteatret   20.34
Frognerseteren   19
Holmenkolltrikken   19
Karl Johan   17.8
Kikutstua   19.25
Majorstua   19.12
Nationaltheatret   17.10
Nordmarka   18

Oslofjorden   20.11
Rådhuset   20.1
Rådhusplassen   20
Stortingsgata   17.8
Studenterlunden   17.6
Sørkedalen   19.3
Tryvann   19.37
Tryvannskleiva   19.36
Tryvannsstua   19.37
Tryvannstårnet   19.29
Universitetsgata   17.6
Vestbanestasjonen   20.6
Øvresetertjern   19.22

Other Names
Roald Amundsen   20.18
Fram   20.18

Kringkastingen   19.27
Skiforeningen   18.3

Verbs
begrave   20.24
bevare   20.22
blitt (bli)   16.31
bære   18.8
drive   18.33
feile   16.20
forkjøle   16.12
forsyne   17.39
fortalte (fortelle)   20.2
føle (seg)   16.3
følge   16.10

føre   19.3
greie (seg)   16.35
gått (gå)   19.4
het (hete)   19.11
hoste   16.15
kalle   20.15
kle (på seg)   16.33
leke   20.9
levere   17.4
lå (ligge)   20.23
operere   16.31

ordne   17.23
puste   16.25
rekke   19.24
ringe   20.10
stige   18.30
steg   19.9
stikke   16.26
sulte   18.20
trekke   16.26
tråkke   19.18
undersøke   16.18
veksle   17.11

Adjectives
alvorlig   16.13
anstrengende   16.36

lekende   20.9
nedgravd   20.23

større (stor)   20.26
svær   19.26

begeistret 19.39	nødvendig 16.34	sår 16.24
dårlig 16.3	praktfull 19.1	trang 19.17
forskjellig 18.24	praktisk 18.33	travel 20.38
frisk 16.39	pussig 20.15	tungvint 18.25
fritt (fri) 19.18	redd 16.27	vanlig 16.30
heldig 19.10	slik 16.36	videre 18.38
kraftig 20.26	små (liten) 17.15	vondt (vond) 16.16
kvitt 16.13	spiss 20.16	

Adverbs

an 18.2	hundrevis 19.22	oppover 19
bort 17	i hjel 18.20	over 18.3
derfra 19.4	innover 19.3	på 18.8
etterpå 17.9	nok (modal) 18.33	slikt 16.36
forresten 18.29	ombord 20	unna 17.26
henne 17.5		

Conjunctions

for 17.24	unntatt 16.17

Idiomatic Expressions

begge deler 17.29	til å begynne med 16.24
det er ikke fritt for— 19.18	trangt om plassen 19.17
det er ikke så farlig 17.2	å bestille time 16.2
det finnes 18.4	å bli forkjølet 16.12
det gjør vondt 16.24	å bli kvitt 16.13
det kommer an på— 18.2	å bære på 18.39
det meste 18.22	å fylle ut 17.35
for en (et)— 19.1	å få det travelt 20.38
hva er . . . for noe 17.36	å få med 20.39
hvor jeg enn ser— 19.31	å gjøre innkjøp 18.14
hvordan går (gikk) det 17.1	å ha bruk for 18.16
i så fall 18.10	å ha lyst til å— 20.19
i tilfelle 19.25	å ha med seg 18.11
like ved 20.40	å ha vondt 16.16
maken til 19.40	å holde seg i ro 16.36
midt i 17.7	å holde sengen 16.34
nei vel 16.37	å komme på 19.12
nå for tiden 18.32	å ligge over 18.3
og så videre 18.38	å ligge ute 18.6
på en gang 18.27	å stige på 18.30; 19.9
så lenge 16.4	å sulte ihjel 18.20
til stede 16.1	å være klar til 17.40
til utlandet 17.38	å være redd for 16.27

20–B

Folkemuseet på Bygdøy, Oslo.

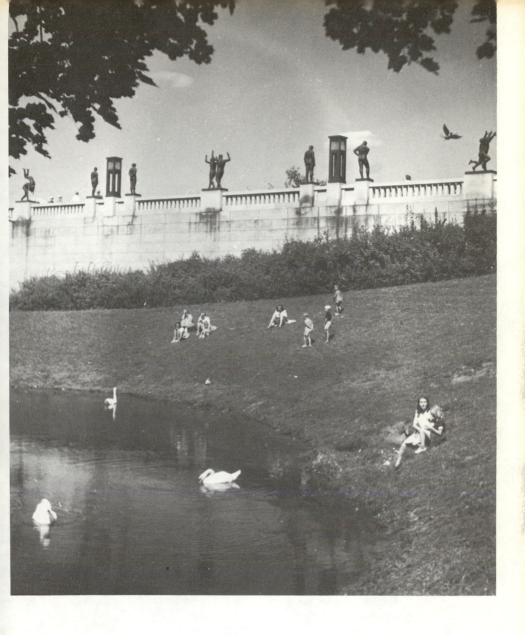

TJUEFØRSTE (EN OG TYVENDE) **21** LEKSE

Frogner Park

21-A

ENGLISH EQUIVALENTS

George Smith and Sigrid Falk get off the streetcar at Frogner Park.

1 Are we going to go through those huge gates there?
2 Yes, we are. The statues are a little ways into the park.
3 Where does one get tickets?
4 Admission is free here. Come on, let's go.
  On the bridge inside the park.
5 Well, this beats everything!
6 This is really tremendous.
7 Yes, Gustav Vigeland was a very great artist.
8 You're not trying to make me believe that all this is one man's work?
9 Yes, and still more which you can see in the museum at Nobelsgate.
10 But what's all this really supposed to represent?
11 I guess he wanted to show us life (such) as he saw it.
12 Here there are statues of children and very old people, of people in sorrow and happiness.
13 I understand that I'll have to come back here many times.
14 Yes, one can't just look fleetingly at such art.
15 I never get tired of coming here.
16 There are so many strange figures here on the bridge,
17 but I suppose he had a definite purpose with them.

LISTENING SCRIPT

Frognerparken [frång`ner/par˙ken]; bru, ei

1 port [por´t], en
2
3
4 gratis [gra´tis]
5 jeg har aldri sett på maken
6 storslagen [sto`r/sla˙gen]
7 kunstner, en, pl -e
8 innbille [inn´/bil˙le], -te, -t; verk, et
9 enda Nobelsgate [nobel´s/ga˙te]
10 forestille [få`re/stil˙le], -te, -t
11 slik (adv)
12 olding [ål`ding], en; sorg, en; glede, en
13 skjønne, -te, -t; hit
14 flyktig [flyk`ti]; kunst, en
15 trett
16 underlig [un`derli]; figur [figu´r], en
17 bestemt [bestem´t]

Frognerparken

Georg Smith og Sigrid Falk går av trikken ved Frognerparken.

GEORG	Skal vi inn gjennom de svære portene der?	1
SIGRID	Ja, det skal vi. Skulpturene er et lite stykke inn- over i parken.	2
GEORG	Hvor får en billetter?	3
SIGRID	Det er gratis inngang her. Kom, så går vi.	4

På brua inne i parken.

GEORG	Nei, nå har jeg aldri sett på maken!	5
	Dette var da virkelig storslagent.	6
SIGRID	Ja, Gustav Vigeland var en meget stor kunstner.	7
GEORG	Du vil da ikke prøve å innbille meg at alt dette er én manns verk?	8
SIGRID	Jo, dette og enda mer som du kan se på museet i Nobelsgate.	9
GEORG	Men hva skal alt dette egentlig forestille?	10
SIGRID	Han ville vel bare vise oss livet slik som han så det.	11
	Her er det skulpturer av barn og oldinger, av folk i sorg og glede.	12
GEORG	Jeg skjønner at hit må jeg komme mange ganger.	13
SIGRID	Ja, en kan ikke bare se flyktig på slik kunst.	14
	Jeg blir aldri trett av å komme hit.	15
GEORG	Det er så mange underlige figurer her på brua,	16
	men han hadde vel en bestemt mening med dem.	17

18 Yes, I'm sure he did.
19 And over there you see the Monolith—towering up above the whole [thing].
20 It symbolizes man's struggle to attain a higher goal.

18
19 Monolitt [monolitt'], en; rage, -et, -et
20 symbolisere [-e're], -te, -t; menneske, et; kamp, en; mål, et

Og der borte ser du Monolitten—ragende opp over det hele.

Repetisjon

Combine the elements in each group to form different grammatically correct and logical sentences:

a)

Vi	må skal	gå
Det Hotellet Stasjonen Skulpturene	er	

et stykke

innover nedover oppover

den denne

veien. gata.

b)

Jeg Georg Vi Alle turister

må vil burde

reise gå	dit.
komme	hit.

SIGRID Ja, det hadde han sikkert. 18

Og der borte ser du Monolitten—ragende opp 19
over det hele.

Den symboliserer menneskets kamp for å nå et 20
høyere mål.

c)

| En
Jeg
Georg | blir
ble | (ikke) | trett
syk
sulten
gammel | av å | se på   Monolitten.
       skulpturene.
       slik kunst.
——————
gå   for fort.
    i fjellet.
——————
spise
drikke   for mye.
arbeide |

Spørsmål

1. Hvorfor skal Georg og Sigrid inn i Frognerparken? 2. Hvorfor slipper
Georg å kjøpe billetter? 3. Står skulpturene like ved portene? 4. Hva synes
Georg om skulpturene på brua? 5. Hvorfor er det så vanskelig for Georg å
tro at skulpturene i Frognerparken er én manns verk? 6. Hva slags skulp-
turer er det der? 7. Er alle skulpturene til Gustav Vigeland i Frognerparken?
8. Hvorfor vil Georg komme tilbake til Frognerparken flere ganger? 9. Liker
Sigrid å gå i Frognerparken? 10. Hva var Vigelands mening med Mono-
litten?

Samtaleøvelse

1. You are asking a friend who has been in Oslo what there is to see
there, and where you ought to go when you are there. He tells you about
Bygdøy, Nordmarka, Rådhuset, Frognerparken, etc. You ask what each
is and what there is to see there. You also ask about hotels, restaurants,
prices, etc.

2. You are visiting Frognerparken with a friend. As you enter, you ask
where the statues are, then discuss what you see around you. You say that
you've heard that there are still more statues in a museum and ask your
friend where that is. He tells you it is on Nobel's Street close by the park.
You go there after you have seen all the statues in Frognerparken.

21-B

ENGLISH EQUIVALENTS

21 How many statues are there altogether here in Frogner Park?
22 Oh, I don't have the faintest idea. I have never counted them.
23 Couldn't we stop and look at this fountain a while?
24 Yes, and then we can sit down on that bench over there.
25 Yes, let's. It will be good to rest a little.
26 I see that there are a lot of other things here in this park besides the statues.
27 Yes, there you see the big swimming pool.
28 Out by Kirkeveien there are tennis courts in the summer,
29 and in the winter there are skating rinks there and other places in the park.
30 I see there are many who are sunning themselves here on the grass [lawns].
31 It must be a fine place for children to play.
32 Yes, it is. Besides, there are several "park aunts" in the park.
33 "Park aunts," what are they?
34 They're ladies who take care of small children in the city's parks.
35 For example, there you see one over by the trees.
36 Don't you see the sand box and all the children?
37 Yes, of course. Is it common to send the children to "a park aunt?"

LISTENING SCRIPT

21
22 ane, -te, -t; telle, talte, talt [tal´t]
23 fontene [fånte`ne], en
24 benk, en
25 hvile, -te, -t
26
27 svømmebasseng [svøm`me/baseng˙], et
28 Kirkeveien [kjir`ke/vei˙en]; tennisbane [ten´nis/ba˙ne], en
29 skøytebane [sjøy`te/ba˙ne], en
30 sole seg, -te, -t; gressplen, en
31 leke, -te, -t
32 parktante [par´k/tan˙te], en
33
34 dame, en; småbarn, et
35 eksempel [eksem´pel], et; for eksempel (f. eks.)
36 sandkasse, en; unge [ong`e], en
37 alminnelig [almin´(d)eli]

[346]

Frognerparken

(fortsatt *continued*)

GEORG Hvor mange figurer er det i alt her i Frogner- 21
parken?

SIGRID Nei, det aner jeg ikke. Jeg har aldri talt dem. 22

GEORG Kunne vi ikke stanse og se på denne fontenen en 23
stund?

SIGRID Jo, og så kan vi sette oss på den benken der borte. 24

GEORG Ja, la oss det. Det skal bli godt å hvile litt. 25

Jeg ser det er mye annet her i parken enn skulp- 26
turene.

SIGRID Ja, der ser du det store svømmebassenget. 27

Ute ved Kirkeveien er det tennisbaner om som- 28
meren,

og det er skøytebaner der og andre steder i parken 29
om vinteren.

GEORG Jeg ser det er mange som ligger og soler seg her på 30
gressplenene.

Det må være et flott sted for barn å leke. 31

SIGRID Ja, det er det. Dessuten er det flere parktanter i 32
parken.

GEORG "Parktanter," hva er det for noe? 33

SIGRID Det er damer som passer småbarn i byens parker. 34

For eksempel, der ser du en borte ved trærne. 35

Ser du ikke sandkassen og alle ungene? 36

GEORG Jo visst. Er det alminnelig å sende barna til park- 37
tante?

38 Yes, most Norwegian children spend three to four hours a day with "park aunts."

39 In this way they play outside both summer and winter from [the time] they're two years [old] or so.

40 You don't say! Then it's no wonder that Norwegians are so strong and healthy.

38 fleste
39 sånn (adv)
40 du sier ikke det

De fleste norske unger er hos parktanter 3-4 timer hver dag.

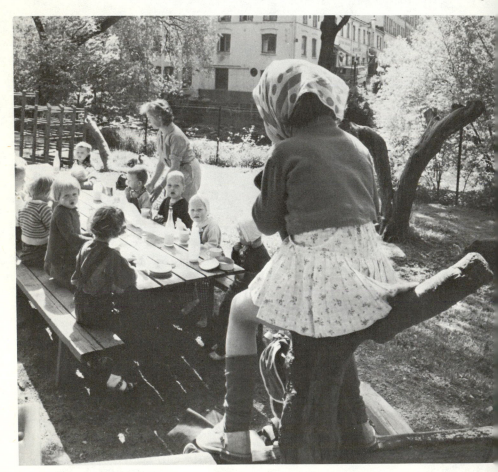

Sigrid Ja, de fleste norske unger er hos parktanter 3–4   38
timer hver dag.

Sånn leker de ute både sommer og vinter helt fra   39
de er to år eller så.

Georg Du sier ikke det! Da er det ikke rart at nordmenn   40
er så friske og sterke.

Repetisjon

Combine the elements in each group to form different grammatically
correct and logical sentences:

a)

Det er ikke mye
- - - - - - - - - -   annet   i   denne   parken   enn   skulpturer   .
Er det (ikke) noe   dette   byen   gressplener
                                              landet   parker
                                                               hoteller   ?
                                                               fjell

b)

Måltidene serveres
Barna passes på   hver dag.
Togene går til Bergen

c)

Barna i Norge   leker ute   de   er
                 går på ski

                              fra

Jeg   jeg
Georg   har   bodd i Norge   han   var   to   gammel.
Sigrid   gått på ski   hun   tre år   gamle.
                                              fem

21-B

Spørsmål

1. Vet Sigrid hvor mange skulpturer det er i Frognerparken? 2. Hvorfor vil Georg sitte på benken litt? 3. Er det noe annet i Frognerparken enn skulpturene? 4. Hva er det ute ved Kirkeveien? 5. Har barna lov å leke i Frognerparken? 6. Hva er en parktante for noe? 7. Hvorfor har parktantene en sandkasse? 8. Hvor lenge er barna hos parktanten hver dag? 9. Hvor gamle er barna når de først kommer til parktanten? 10. Hvorfor er nordmennene så friske og sterke?

Samtaleøvelse

1. You are talking to a *parktante* in one of Oslo's parks. You ask her how many children come to her each day, how much it costs per child (30 *kroner* per month), how long she's been a *parktante*, etc. You ask her what sort of equipment she has, and she says just the sand box and a table where the children eat their food. You ask her if she brings food for them, but she says that each child brings his own. You ask if it isn't too cold for the children in the wintertime, but she says they have warm clothes on and that Norwegian children are used to being out of doors the whole year.

2. A friend is telling you what a wonderful place Frognerparken is. He tells you about the statues and shows you some pictures of them. You ask what the big tall (high) one is. He tells you about the swimming pool, tennis courts, etc., and about the children who go to the *parktante* each day. You ask what that is and he explains.

GRAMMAR

☆ **21.1** NORWEGIAN EQUIVALENTS OF ENGLISH *-ing*

The ending *-ing* is added to verb stems to form three different types of words in English: (a) present participles (e.g., I am *eating*), (b) verbal adjectives (a *playing* child), (c) verbal nouns (*Skiing* is fun). Each of these is treated in a different way in Norwegian:

(a) Present participles: The use of the present participle in continuative constructions in English (*I am eating, I was eating,* etc.) is not paralleled in Norwegian, which uses simple verb forms instead (**jeg spiser, jeg spiste**—cf. GRAMMAR **2.1(d)** and GRAMMAR **14.1**).

(b) Verbal adjectives: These are formed by adding **-ende** to the verb stem:

20.8   De var da veldig imponer**ende**. (**imponerende:** 'impressive,' literally 'impressing' from **å imponere** 'to impress')

20.9   Jeg liker den med de lek**ende** barna best.

21.19   Og der borte ser du Monolitten—rag**ende** opp over det hele.

In all of these examples the verbal adjective modifies a noun which either immediately follows or to which it refers: the statues are impressing, i.e., they are statues that impress, etc. In each case a *quality* or *property* of the noun is being described. If a corresponding *activity* on the part of the noun were to be described, simple verb forms would be used in Norwegian:

skulpturene imponerer	the statues impress
barna leker	the children are playing (if the continuity of the action needed to be expressed: **barna holder på å leke**)
Monolitten rager opp over det hele	the Monolith towers up above everything else

As in the case of other adjectives, verbal adjectives may also be used adverbially. The form remains unchanged:

Han ble sitt**ende**.	*He remained sitting.*
Han kom gå**ende**.	*He came walking (i.e., afoot).*

(c) Verbal nouns: These are formed by adding the ending **-(n)ing** to verb stems (for examples cf. GRAMMAR **20.1**). They are not used in clauses governed by a preposition, an infinitive clause being substituted instead:

10.28	Er du flink til **å gå på ski?**	*Are you good at skiing?*
21.15	Jeg blir aldri trett av **å komme** hit.	*I never get tired of coming here.*

Exercises

A. Translate:

1. I am waiting for my friend. 2. The children are sleeping now. 3. The parents were looking at their sleeping children. 4. He is a very promising young doctor. 5. Tormod's wife is very good at making goat cheese. 6. I'm tired of eating fish every day.

B. Translate the words in parentheses into Norwegian and then translate the sentences into English:

1. Du har bare godt av (*eating*) fisk. 2. En kan ikke riktig lære å snakke norsk uten (*living*) i Norge en stund. 3. En mann bør ikke bli (*sitting*) når en dame kommer inn i værelset. 4. En ung mann (*was taking*) et bilde av de (*playing*) barna.

21–B

☆ 21.2 THE POSITION OF ADVERBS

In GRAMMAR **4.2** the effect on word order of placing an adverb at the beginning of an independent clause was discussed, and in GRAMMAR **15.2** the position of adverbs of time and degree in dependent clauses was discussed. It remains to be pointed out that in independent clauses in which normal word order is observed (i.e., the clause is introduced by the subject), adverbs normally *follow* the verb. In this respect Norwegian differs from English, in which many adverbs of time and degree precede the verb in independent clauses. Note the differences in word order in the sentences:

	V Adv		Adv V
11.32	Jeg **kom nesten** for sent til toget.		*I* almost came—
	V Adv		Adv V
11.40	(Jeg) **nådde så vidt** toget i siste øyeblikk.		*I* just barely reached—
	V Adv		Adv V
21.15	Jeg **blir aldri** trett av å komme hit.		*I* never get *tired*—

Exercise

Translate:

1. I almost forgot to buy chocolates. 2. I never read books. 3. He always misses the train. 4. I just met an old friend of my father. 5. One never gets tired of looking at good art.

☆ 21.3 ET-NOUN DEFINITE PLURALS IN **-a**

In GRAMMAR **3.1(b)** the definite plural ending for **et**-nouns was given as **-ene** (which is also the definite plural ending for **en**-nouns). However, two **et**-nouns have occurred in the definite plural with the ending **-a**:

> 10.32   bena 'the legs'
> 20.9; 21.37   barna 'the children'

Many other **et**-nouns, especially nouns describing native Norwegian things or having special Norwegian form, frequently take **-a** for the definite plural ending: **folka, fjella.** In all such cases the style of the context determines which definite plural ending is used. E.g., both **benene** and **bena** are correct forms, but **bena** is best in 10.32, a sentence in which skiing is being discussed.

As a rule, use **-ene** except in contexts where you have learned **-a.** NB: The one word **barn** *must always take* **-a. Barna** is the only correct form.

Der ser du det store svømmebassenget.

⊙ La oss lytte

1. *En norsk pike, Turid, og en amerikansk venninne, Ellen, ser seg om i Frognerparken:*

E: Er svømmebassenget der borte en del av parken også?

T: Ja, det hele er én stor park som drives av byen. Her kan en spille tennis, svømme i bassenget og se på skulpturene etterpå.

E: Er det en friluftsrestaurant der borte ved brua?

T: Ja. Hvis du er sulten, kan vi få oss et par smørbrød og en kopp kaffe.

E: Jeg vil helst se litt på skulpturene først. Hva slags båt er det på vannet der nede? Kan vi ta en tur i den også?

T: Ja, det er alltid morsomt. La oss se på skulpturene på brua og så gå dit ned.

E: Ja, det er en god idé. Jeg må si mange av disse skulpturene er underlige.

T: Men se på denne lille piken her. Er ikke hun søt?

E: Jo, det er sikkert.

T: Og det er flere morsomme barnefigurer nede ved vannet. Vi kan se på dem når vi går ned og tar båten.

21-B

E: Det er så mye å se her at jeg tror jeg må komme igjen minst et par ganger til.

T: Ja, det er det beste ved Frognerparken—en kan komme hit mange ganger uten å bli trett av det.

2. *Georg og Sigrid snakker videre om parktantene:*

G: Mener du virkelig at du lekte ute om vinteren hos en slik parktante da du bare var to år?

S: Ja, selvfølgelig. Hvorfor ikke?

G: Men var ikke det for kaldt?

S: Nei da, jeg hadde massevis av klær på. En gang skal jeg vise deg noen bilder av meg fra den tiden.

G: Men ble du ikke forkjølet da?

S: Nei, jeg hadde bare godt av det. Du vet, det er mye sunnere for småbarn å leke ute om vinteren enn å sitte inne og se på TV.

G: Ja, det er vel derfor dere nordmenn er så flinke til å gå på ski.

S: Å, vi er kanskje ikke så flinke alle sammen, men vi synes det er morsomt å gå tur i skogen og på fjellet. Men jeg tror vi må gå nå. Vi skulle jo møte min bror klokken fem og spise middag sammen.

G: Ja, jeg skal komme tilbake og se på resten av parken en annen gang.

Lesestykke: Jorun og Lillebror, av Johan Borgen (*in the Reader*)

Frognerseteren restaurant

The University

22–A

ENGLISH EQUIVALENTS

Ragnar Falk, Sigrid's brother, is going to show George Smith around at the University of Oslo. They are just coming up from the subway at the National Theater and are crossing the street to the University.

1 Have you stopped in at the University yet?
2 No, I have just glanced at it a little.
3 It looks very solemn.
4 Yes, these buildings downtown are from the middle of the last century.
5 But the University consists of more buildings than these.
6 Where are the rest?
7 Oh, they are scattered around the whole city, but most of them are now gathered at Blindern.
8 The plan is to move still more of the University there.
9 But isn't that quite far away?
10 No, it only takes 10–12 minutes by the Sognsvann car from the National Theater.
11 But isn't it inconvenient for the students to travel back and forth like that?
12 Yes, but most of the students have lectures at just one place,
13 and if they have to travel between downtown and Blindern, they get a discount on the train.
14 There is supposed to be a concert hall in one of these buildings.

LISTENING SCRIPT

1
2 kikke, -et, -et
3 høytidelig [høyti´d^{e}li]
4 midten [mit´ten]; forrige [får`rie]; århundre [å´r/hun˙dre], et
5 bestå [bestå´], bestod, bestått
6
7 spre, -dde, -dd; samle, -et, -et; Blindern [blin`nern]
8 enda
9
10 Sognsvannsbanen [sång´svans/ba˙n^{e}n]
11 tungvint [tong`/vint]; fram og tilbake
12 forelesning [få`re/le˙sning], en
13 moderasjon [moderasjo´n], en
14 konsertsal [konsær´t/sa˙l], en

[356]

Universitetet

Ragnar Falk, bror til Sigrid, skal vise Georg Smith omkring på Universitetet i Oslo. De kommer nettopp opp fra undergrunnsbanen ved Nationaltheatret og går over gata mot Universitetet.

RAGNAR	Har du vært innom Universitetet ennå?	1
GEORG	Nei, jeg har bare kikket litt på det.	2
	Det ser svært høytidelig ut.	3
RAGNAR	Ja, disse bygningene i sentrum er fra midten av det forrige århundre.	4
	Men Universitetet består jo av flere bygninger enn disse.	5
GEORG	Hvor ligger resten da?	6
RAGNAR	Å, de er spredd over hele byen, men størsteparten er nå samlet på Blindern.	7
	Det er meningen å flytte enda mer av Universitetet dit.	8
GEORG	Men er ikke det ganske langt unna?	9
RAGNAR	Nei, det tar bare en 10–12 minutter med Sognsvannsbanen fra Nationaltheatret.	10
GEORG	Men er det ikke tungvint for studentene å reise slik fram og tilbake?	11
RAGNAR	Jo, men de fleste studentene har forelesninger bare på ett sted,	12
	og hvis de må reise mellom sentrum og Blindern, får de moderasjon på banen.	13
GEORG	Det skal være en konsertsal i en av disse bygningene her.	14

22-A

15 Yes, the University Auditorium is in the middle building.
16 There are some famous murals by Edvard Munch in there.
17 Is one of these buildings [a] library?
18 No, UB—the University Library—is a little ways out Drammensveien.
19 Shall we go in and look around a little?
20 Yes, I'd like to.

15 aula [æu´la], en; midtbygningen
16 berømt [berøm´t]; Edvard Munch [ed´vart mong´k]
17 bibliotek [bibliote´k], et
18 Universitetsbiblioteket [univærsite´ts/bibliote˙ke]; utover [u´t/å˙ver]; Drammensveien [dram´mens/væi˙en]
19
20

Repetisjon

Combine the elements in each group to form different grammatically correct and logical sentences:

a)

b)

[358]

RAGNAR Ja, Universitetets Aula er i midtbygningen. 15

Der inne er det noen berømte veggmalerier av 16

Edvard Munch.

GEORG Er en av disse bygningene bibliotek? 17

RAGNAR Nei, UB—Universitetsbiblioteket—ligger et 1-8

stykke utover Drammensveien.

Skal vi gå inn og se oss litt om? 19

GEORG Ja, det vil jeg gjerne. 20

c)

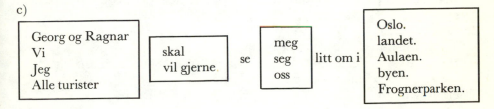

| Georg og Ragnar
Vi
Jeg
Alle turister | skal
vil gjerne | se | meg
seg
oss | litt om i | Oslo.
landet.
Aulaen.
byen.
Frognerparken. |

Spørsmål

1. Hvem er Ragnar Falk? 2. Hvor skal han og Georg hen? 3. Hvor gamle er Universitetsbygningene i sentrum? 4. Er det de eneste bygningene Universitetet består av? 5. Hvor er størsteparten av Universitetet? 6. Er det langt fra Universitetet i sentrum til Blindern? 7. Er det mange studenter som har forelesninger på begge steder? 8. Hva betyr det å få moderasjon på banen? 9. Hva er Aulaen? 10. Er det noe interessant å se der inne? 11. Hva betyr UB? 12. Hvor ligger det henne?

Samtaleøvelse

1. You are talking to a student at the University of Oslo. You ask him what he is studying, how long he's been studying, etc. You tell him you've seen the University buildings downtown and ask him if he has lectures there. He tells you about the buildings at Blindern, etc.

2. You are telling a Norwegian student about your university. He asks where it is located, how many students there are, what you are studying, how long you have been there, etc. You tell him about the library, how different the universities in America are, how you would like to study at a Norwegian university, etc.

22–B

ENGLISH EQUIVALENTS

Ragnar and George are now sitting on the streetcar on their way to Blindern.

21 Where do the students live while they go to the University?
22 Either in a room in the city or in "The Student City" at Sogn.
23 It's located a short distance above Blindern.
24 It's very nice to live there, but unfortunately there isn't room for everybody yet.
25 What do most of the students study?
26 All sorts of things—languages and chemistry and law and philosophy—
27 The University is divided up into different colleges ('faculties').
28 Is each college gathered in one place?
29 Yes, for the most part. For example, the law college is downtown,
30 while the historical-philosophical college and mathematical-natural science college are at Blindern.
31 I read in the paper about something that's called "The Student Association."
32 What's that?
33 That's the students' own association.
34 It operates, for example, the Student City at Sogn and the Student Union ('The Welfare Building') at Blindern.
35 "Samskipnad"—that's a *nynorsk* ('New Norwegian') word, isn't it?

LISTENING SCRIPT

21
22 enten; bo på (hybel); hybel [hy´bel], en, pl hybler [hy´bler]; Studentbyen [studen´t/by˙en]
23
24 plass, en
25 studere, -te, -t
26 språk, et; kjemi [kjemi´], en; jus [juss´], en; filosofi [filosofi´], en
27 fakultet [fakulte´t], et
28
29 stort sett; juridisk [juri´disk]
30 historisk [histo´risk]; filosofisk [filoso´fisk]; matematisk [matema´tisk]; naturvitenskapelig [natu´r/vid^enska˙peli]
31 Studentsamskipnaden [studen´t/samsjip˙naen]
32
33 forening [fåre´ning], en
34 Velferdshuset [vel`færds/hu˙se]
35 samskipnad [sam`/sjip˙na]; nynorsk; ord [o´r], et

Universitetet

(fortsatt *continued*)

Ragnar og Georg sitter nå på trikken på vei til Blindern.

GEORG	Hvor bor studentene mens de går på Universitetet?	21
RAGNAR	Enten på hybel i byen eller i Studentbyen på Sogn.	22
	Den ligger et stykke ovenfor Blindern.	23
	Der er det bra å bo, men dessverre er det ikke plass til alle ennå.	24
GEORG	Hva studerer de fleste studentene?	25
RAGNAR	Alt mulig—språk og kjemi og jus og filosofi—	26
	Universitetet er delt opp i forskjellige fakulteter.	27
GEORG	Er hvert fakultet samlet på ett sted?	28
RAGNAR	Ja, stort sett. For eksempel, det juridiske fakultet er i sentrum,	29
	mens det historisk-filosofiske fakultet og det matematisk-naturvitenskapelige fakultet er på Blindern.	30
GEORG	Jeg leste i avisen om noe som heter Studentsamskipnaden.	31
	Hva er det for noe?	32
RAGNAR	Det er studentenes egen forening.	33
	Den driver f. eks. Studentbyen på Sogn og Velferdshuset på Blindern.	34
GEORG	"Samskipnad"—det er et nynorsk ord, ikke sant?	35

36 Yes, I guess it was originally, but now it's used in *bokmål* ('book language') also.
37 Are lectures at the University given in *nynorsk* or *bokmål?*
38 Both (parts)—it depends on the individual professor ('the professor himself').
39 That must be complicated for the students.
40 Oh yes, but they're so used to hearing both (the) languages.

36 opprinnelig [åpprin′n^{e}li]; bokmål [bo`k/må‛l], et
37
38 professor [profes′sor], en, pl -er [professo′rer]
39 innviklet [inn′/vik‛let]
40

Repetisjon

Combine the elements in each group to form different grammatically correct and logical sentences:

a)

b)

RAGNAR Jo, opprinnelig var det vel det, men nå brukes 36
det i bokmål også.

GEORG Blir forelesningene ved Universitetet holdt på 37
bokmål eller på nynorsk?

RAGNAR Begge deler—det kommer an på professoren selv. 38

GEORG Det må da bli innviklet for studentene. 39

RAGNAR Å ja, men de er så vant til å høre begge språkene. 40

c)

	høre	begge språkene. mange språk.
Jeg Vi Nordmennene er (ikke) vant til å Georg Amerikanerne	gå på ski være ute	om vinteren.
	reise med	tog. Sognsvannsbanen.
	spise	lite. mye.

Spørsmål

1. Hvorfor tar Georg og Ragnar Sognsvannsbanen? 2. Hvor ligger
Studentbyen? 3. Hvorfor bor ikke alle studentene der? 4. Hvordan er
Universitetet delt opp? 5. Er alle fakultetene på samme sted? 6. Har stu-
dentene sin egen forening? 7. Hva gjør den? 8. Hva slags ord er 'samskip-
nad?' 9. Hva heter de to forskjellige slags norsk? 10. Synes studentene det
er vanskelig å høre forelesninger på to språk?

Samtaleøvelse

1. You and a Norwegian student are making week-end plans. He sug-
gests that you take a skiing trip in Nordmarka together. You think that's
a fine idea, and ask if he has thought about coming back the same day or
if there's any place where you could stay overnight. He says you could stay
at Svartor. You ask what that is, and he tells you it is a cabin operated by
The Student Association. You ask him what The Student Association is, etc.

GRAMMAR

☆ 22.1 Norwegian Dialects

Norway is a country of many and greatly differing dialects. This has not been taken into consideration in this book (except for Tormod's use of **graut** for **grøt** in 15.31), but some of the most important features of the dialects should be mentioned in order to provide a background for the understanding of the linguistic situation in Norway:

(a) Diphthongs for simple vowels:
   ei for **e** (**ein** for **en**, **bein** for **ben**, **eit** for **et**, **veit** for **vet**)
   au for **ø** (**graut** for **grøt**, **aust** for **øst**, **auga** for **øye**)
   øy for **ø** (**å høyre** for **å høre**, **å døy** for **å dø**, **å røyke** for **å røke**)

(b) Greater variety of vowels in the endings:
   -a for **-en** (**gata** for **gaten**, **sola** for **solen**, etc.)
   -a for **-ene** (**husa** for **husene**, **skipa** for **skipene**, etc.)
   -ar, -ur, -ir for **-er** (**hestar** for **hester**, **konur** for **koner**, **tidir** for **tider**)
   -a for **-et** in the past of verbs (**snakka, har snakka** for **snakket, har snakket**
   -a for **-e** in infinitives (**å bruka** for **å bruke**, **å lesa** for **å lese**)
   -are, -ast for **-ere, -est** in comparison of adjectives and adverbs.
   -leg, -ug for **-lig, -ig** in adjectival and adverbial endings.

(c) Pronunciation differences: In Eastern Norway all **l**'s after certain consonants and vowels sound somewhat like American *r* (in such words as **folk, bli, sol**). This is generally called "thick" **l**.

In the cities of southern and southwestern Norway (including Bergen) and along the southern coast, the **r** is pronounced in the throat instead of with the tip of the tongue.

Ordinary people in Eastern Norway tend to accent the first syllable of foreign words such as **restaurant, hotell, stasjon**.

In Southeastern Norway the word **ikke** is usually **inte** or **itte**, while in central and western Norway it is usually **ikkje** (sometimes **inkje**).

(d) Differences in the pronouns:
   eg, æg, e, æ, je for **jeg**
   han for **ham** (in rapid speech **an, n**)
   hu or **ho** for **hun** and **henne** (in rapid speech **a, o, u**)
   me for **vi**
   dokk, dykk, dokke, dikke for **dere**
   dom, dem (Eastern and Northern Norway), **dei, dai** (Southern and Western Norway) for both **de** and **dem**

(e) Words beginning with **hv:** In slangy, popular Oslo speech, even among educated people, it is quite common to hear the **hv** dropped and the words changed as follows:

> å for **hva** and **hvor** (å er det, å ska du hen?)
> åssen for **hvordan** (åssen står det til, åssen går det?)
> åffer for **hvorfor** (åffer det?)
> åkken for **hvem** (åkken er han?)

In the rest of the country the **hv** appears as **k** or **kv:**

> **ka, kva** for **hva; kor** for **hvor; kem, kvem, kven** for **hvem; kvifor** for **hvorfor.**

Tormod Flatabø (if he lives in upper Numedal) would probably speak something like this:

> 15.3 Håkken æ den karen der?
> 15.8 Me ska snart eta middag.
> 15.9 Om de inkje ha noko i mot litt gvanndagsmat.
> 15.19 Me ha femten kjy og ti grisi no, veit du.
> 15.23 Å ja, om me få regn nok, so ska me kje klaga.
> 15.35 Å, han smaka kje so vondt som han lufta.

☆ **22.2** The **Nynorsk** (New Norwegian) Language

During the more than four centuries that Norway was united with Denmark under one king (cf. Lesson 25), Norwegians accepted Danish as their written language. After gaining their independence from Denmark in 1814, many Norwegians were interested in replacing Danish with a language that would reflect more closely the actual speech of Norwegians in city and country. Under the combined influence of growing democracy and national pride, this movement gained strength and led to the rise of the "language question," which is still an important issue in Norwegian cultural and political life. Since the 1850's there has been constant controversy between those who wanted to keep the language as it was and those who wanted to replace it. Two courses were open: (1) to Norwegianize the Danish written language step by step, or (2) to synthesize a new Norwegian language on the basis of the native dialects and the Old Norwegian from before the Danish union.

Action along the lines of the first alternative was undertaken by the poet Henrik Wergeland (1808–1845; cf. Lesson 25), continued by P. Chr. Asbjørnsen and Jørgen Moe in their collections of Norwegian folktales, by Bjørnstjerne Bjørnson, Henrik Ibsen, and many other authors. The resultant language has variously been called **norsk-dansk, dansk-norsk, riksmål,** and today (officially) **bokmål** or "Book Language." Changes are still going on, and this is the reason for such fluctuations in form as **sengen/senga, benene/bena, grøt/graut,** etc. This "Dano-Norwegian" is the language you have been learning. It is the one used in the overwhelming majority of all printed and written material in Norway, so that we may justifiably call it "Standard Norwegian." It is the medium of communication used by the majority of educated urban speakers, and in its spoken form it does not sound at all like Danish. Some of the steps by which it has reached its present form are outlined and illustrated in the section on orthography in the Appendix to the Reader which accompanies this book.

Since 1885, however, another and more purely Norwegian language has been accepted as legally equal to **bokmål.** This language, variously known as **landsmål, norsk-norsk,** and today (officially) as **nynorsk** or "New Norwegian," was created by one man, Ivar Aasen (1813–1896), a brilliant self-educated linguist who was the first scholar to study the Norwegian dialects. Since he published his first samples of the new language in 1853, it has been used and developed by many first-rate writers, such as Vinje, Garborg, Duun, and Vesaas. Aasen based his language primarily on the dialects which had best preserved the features of Old Norwegian, which turned out to be those of western and central Norway, in the fjord and mountain country. In these areas most of the schools teach New Norwegian as the first language; in all, about one-fourth of the school children of Norway receive their first instruction in this language. But all children are required to learn to read both languages. Two examples of poems in New Norwegian by modern writers will be found in the Appendix to the Reader. Even its opponents grant that New Norwegian is a language of great poetic beauty.

The inconveniences of having two ways of writing what is essentially one language have made many Norwegians in the present century try to find a way out of the language dilemma. Both languages have been officially regulated by government committees in such a way as to bring them closer together, either by unifying the spelling of obviously identical words or by introducing words and grammatical forms from the one into the other. It is hoped that by creating a favorable atmosphere for mutual influence, the two languages will grow together into a **samnorsk** or "United Norwegian" which will fully and adequately correspond to the needs of the nation.

The dialect sentences attributed to Tormod Flatabø in the preceding section could be as follows in New Norwegian:

15.3   Kven er den karen der?

15.8   Vi skal snart eta middag.

15.9   Om de ikkje har noko i mot litt kvardagsmat.

15.19   Vi har femten kyr og ti griser no, veit du.

15.23   Å ja, om vi får regn nok, so skal vi ikkje klaga.

15.35   Å, han smakar ikkje so vondt som han luktar.

☆ 22.3 Nouns And Adjectives Formed From Verb + Adverb
  Phrases

We have had a number of verb + adverb phrases in the conversations:
å se ut 'to appear,' **å gå av** 'to get off,' **å stige på** 'to get on,' etc.

In some cases the adverb can be prefixed to the verb without altering
the meaning: **å skrive ned** 'to write down'—**å nedskrive** (with a slightly
more formal connotation), but in most cases the meaning changes, usually
in the direction of generalization.

å ta **av**	to take off	—	å **av**ta	to decrease
å se **inn**	to look in	—	å **inn**se	to understand
å se **over**	to look over	—	å **over**se	to overlook

Note that these same types of constructions are also present in English.

Many adjectives and nouns are formed on the basis of such compound
verbs:

opptatt	(lit. 'taken up,' i.e., busy)
utmerket	(lit. 'marked out,' i.e., distinguished)
inngang	'entrance' (from å gå **inn**)
utgang	'exit, starting point' (from å gå **ut**)
avgang	'departure' (from å **av**gå from å gå **av**)
innkjøp	(pl.) 'purchases' (from å kjøpe **inn**)
nedgravd	'buried' (from å grave **ned** 'to bury')

There are thousands of such compound verbs and verb + adverb phrases
along with adjectives and nouns formed from them in Norwegian. What
would these mean: utseende, påstigning, oppgang, nedgang, nedsatte
priser?

⊙ **La oss lytte**

1. *To amerikanske studenter, John og Tom, snakker sammen.*

J: Hvor lenge studerte du ved Universitetet i Oslo?

T: Jeg var der et helt år. Jeg kom til Oslo i juli, og reiste igjen for bare
   fire uker siden.

J: Måtte du lese svært mye mens du var der?

T: Å ja, du vet det ble litt mye, særlig til å begynne med. Jeg kunne
   ikke språket godt nok, men etter en tid gikk det riktig bra.

J: Var alle forelesningene på norsk da?

22-B

T: Ja, alle som jeg var interessert i var på norsk. De på nynorsk var litt vanskelige, fordi jeg hadde lært bokmål.

J: Er det to forskjellige slags norsk da?

T: Ja, men flere av de studentene jeg var sammen med snakket nynorsk, så jeg ble fort vant til det også.

2. *Georg snakker med Torgeir Silju, en student ved Universitetet i Oslo som bruker nynorsk.*

G: Hva er det du studerer ved Universitetet?

T: Eg studerer språk—engelsk og fransk.

G: Går du på forelesninger nede i byen?

T: Nei, dei fleste forelesningane mine er på Blindern.

G: Hvor bor du henne?

T: Eg har nett flytta til Sogn, men i fjor budde eg på hybel i byen.

G: Er det billigere på Sogn?

T: Nei, det er ikkje noko serleg billegare—hybelen min i byen var svært rimeleg. Men hyblane på Sogn er større og flottare, så eg får meire ro og kan lesa mykje betre der oppe.

G: Bor de fleste studentene på Sogn?

T: Nei, det er ikkje plass til det, men det er vel eit par tusen som bur der oppe.

G: Da blir det jo en hel liten by av det.

T: Ja, det er butikkar der og alt mogleg—og så heiter det Studentbyen, veit du.

G: Bor studentene der om sommeren også?

T: Nei, ikkje mange. Da er Studentbyen eit stort hotell, og det bur turistar der frå mange land.

G: Det var en svært god idé. Da blir det sikkert billigere for studentene å bo der om vinteren også.

T: Ja, nettopp. Kom innom ein gong og sjå korleis vi har det.

G: Ja takk, det skal jeg gjøre.

Lesestykke: Videnskapsakademiet, av Sigurd Hoel (*in the Reader*)

TJUETREDJE (TRE OG TYVENDE) **23** LEKSE

In the Theater

23-A

ENGLISH EQUIVALENTS

George has invited Sigrid [to go] to the theater with [him] one evening.

1 What would you like to see this evening?
2 Oh, I don't really know—what's playing ('are they playing') this week?
3 Let's look at the advertisements in the paper.
4 Yes, here they are.
5 At Chat Noir a revue is playing, as usual.
6 Yes, that's really an entertaining revue, but unfortunately I've seen it.
7 At the Norwegian Theater there's a play by Chekov,
8 and at Oslo New Theater there's a comedy.
9 What's playing at the National Theater?
10 There there's a play by Ibsen that I've never heard of.
11 It's called "When We Dead Awaken."
12 Oh yes, that was the last play he wrote.
13 We read it when I studied literature at the university.
14 I'd like to see it very much, if you also want to.
15 Yes, I'd like very much to see Ibsen performed on a Norwegian stage.
16 So you've seen something by Ibsen before then?
17 Yes, I've seen "A Doll's House" and "The Wild Duck" in America.
18 But unfortunately I haven't managed ('reached') to read all his other plays.

LISTENING SCRIPT

be med

1
2
3 annonse [anång′se], en
4
5 Chat Noir [sjanoa′r]; revy [revy′], en
6
7
8 lystspill [lys′t/spill˙], et
9
10 Ibsenstykke [ip′s^en/styk˙ke], et
11 død [dø′, dø′d], dødt [døtt′], døde; våkne [våk`ne, vång`ne], -et, -et.
12
13 litteratur [literatu′r], en
14
15 scene [se`ne], en
16 altså [al′tså]
17 dukkehjem [duk`ke/jemm˙], et; villand [vill`/ann˙], en
18 rekke, rakk, rukket [rok`ket]

[370]

I teatret

Georg har bedt Sigrid med i teatret en kveld.

GEORG	Hva har du lyst til å se i kveld?	1
SIGRID	Ja, jeg vet ikke riktig—hva spiller de denne uken?	2
GEORG	La oss se på annonsene i avisen.	3
SIGRID	Ja, her har vi dem.	4
GEORG	På Chat Noir spiller de revy som vanlig.	5
SIGRID	Ja, det er virkelig en morsom revy, men jeg har dessverre sett den.	6
GEORG	På Det Norske Teatret er det et stykke av Chekhov, og på Oslo Nye Teater er det et lystspill.	7 8
SIGRID	Hva spiller de på Nationaltheatret?	9
GEORG	De spiller et Ibsenstykke der som jeg aldri har hørt om.	10
	Det heter "Når vi døde våkner."	11
SIGRID	Å ja, det var det siste skuespillet han skrev.	12
	Vi leste det da jeg studerte litteratur ved Universitetet.	13
	Jeg vil svært gjerne se det, hvis du også har lyst.	14
GEORG	Ja, jeg vil mer enn gjerne se Ibsen spilt på en norsk scene.	15
SIGRID	Du har altså sett noe av Ibsen før da?	16
GEORG	Ja, jeg har sett "Et dukkehjem" og "Villanden" i Amerika.	17
	Men jeg har dessverre ikke rukket å lese alle de andre skuespillene hans.	18

19 No, very few people ('the fewest') do, I think.
20 But now we'll have to hurry if we're going to get [there] before the performance begins.

19 færreste (from få)
20 til forestilling [fâ`re/stil'ling], en

"Et Dukkehjem" på Nationaltheatret.

Repetisjon

Combine the elements in each group to form different grammatically correct and logical sentences:

a)

På	Chat Noir Oslo Nye Teater Nationaltheatret Det Norske Teatret	er det spiller de spilles det	et lystspill.
			et stykke av Ibsen. Chekhov.
			revy.

b)

| Jeg
Georg
Sigrid | har (ikke
aldri) | lest
sett | et teaterstykke.
Ibsenstykke. |
| | | hørt om | den revyen.
det skuespillet.
det stykket. |

SIGRID Nei, det er nok de færreste som gjør det, tror jeg. 19
Men nå må vi skynde oss hvis vi skal komme til 20
forestillingen begynner.

c)

Jeg Georg Vi	vil (mer enn) gjerne	se	det stykket. Et dukkehjem. Villanden. en god revy. film.
		reise til	Norge. Oslo.
		bo i	Bergen. denne byen.

Spørsmål

1. Hva har Georg og Sigrid tenkt å gjøre i kveld? 2. Hvordan kan de finne ut hva som blir spilt? 3. Hvor spiller de revy? 4. Hva slags stykke går det på Det Norske Teatret? (. . Oslo Nye Teater?) 5. Har Georg hørt om alle Ibsens skuespill? 6. Har Sigrid hørt om "Når vi døde våkner?" 7. Har hun lyst til å se det stykket? 8. Har Georg lest noen av Ibsens skuespill? 9. Er det mange som har lest alle Ibsens skuespill? 10. Har De noen gang lest eller sett et skuespill av Ibsen?

Samtaleøvelse

1. You and a friend (or girl friend) are discussing what to do this evening. Discuss the possibility of going to the movies or to the theater, and look in the paper to find out what's playing. Decide if you are also going to a restaurant before or after.

2. You and a Norwegian student (who is studying literature at the University) are discussing literature. You say that you have heard of Henrik Ibsen, but that you've never read any of his plays. He says that's too bad, because they are very good, and that you ought to read some as soon as possible. You ask him the names of some of them, and he recommends some for you to read. You ask if Ibsen's plays are ever played on the stage in Norway. He says yes, of course, and invites you to come with him to see one this evening. You ask if it's very expensive, but he says that students get a discount at the theaters.

23-B

ENGLISH EQUIVALENTS

George in front of the ticket window at the National Theater.

21 Two tickets in the (rear part of the) orchestra, please.
22 I'm sorry, we only have balcony [seats] left.
23 How far forward are they?
24 I can give you two in the middle of the third row. Is that suitable?
25 That's fine, thanks. Here you are.
26 (*to Sigrid*) I couldn't get anything but balcony [seats], but they're in the middle.
27 Oh, I'm sure that'll be excellent.
28 We go up the stairs on the left side here.
29 Is there any place where we can leave ('deliver from us') our wraps ('outer clothes')?
30 Yes, in the cloak room just up the stairs. We can also buy a program there.
31 But there goes the bell ('it rings') for the second time.
    After the first act.
32 Well, what do you think of the performance?
33 I think it's wonderful.
34 You have a lot of good ('capable') actors here.
35 The woman ('she') who played Maja was especially good.
36 Yes, she's an excellent actress.
37 But *I* was most impressed by the man ('him') who played Rubek.

LISTENING SCRIPT

   akt, en
21 parkett [parkett´], en
22 balkong [balkång´], en
23 framme (fremme)
24 rad [ra´d], en
25
26
27
28 trapp, en
29 levere fra seg; yttertøy [yt`ter/tøy˚], et
30 garderobe [gardero`be], en; program [programm´], et
31
32
33 glimrende [glim`rene]
34 dyktig [dyk`ti]; skuespiller [sku`e/spil´ler], en, pl -e
35
36 skuespillerinne [sku˚espillerin`ne], en
37 imponert [impone´rt]

I teatret

(fortsatt *continued*)

Georg foran billettluken i Nationaltheatret.

GEORG	To billetter i parkett, takk.	21
DAMEN	Vi har dessverre bare balkong igjen.	22
GEORG	Hvor langt framme er de?	23
DAMEN	Jeg kan gi Dem to midt i tredje rad. Passer det?	24
GEORG	Takk, det er fint. Vær så god.	25
	(*til Sigrid*) Jeg kunne ikke få annet enn balkong, men det er i midten.	26
SIGRID	Ja, det er sikkert utmerket.	27
	Vi går opp trappene på venstre side her.	28
GEORG	Er det noe sted hvor vi kan levere fra oss yttertøyet?	29
SIGRID	Ja, i garderoben like opp trappen. Der kan vi også få kjøpt program.	30
	Men nå ringer det for annen gang.	31

Etter første akt.

SIGRID	Nå, hva synes du om forestillingen?	32
GEORG	Jeg synes den er glimrende.	33
	Dere har mange dyktige skuespillere her.	34
	Hun som spilte Maja var særlig flink.	35
SIGRID	Ja, hun er en strålende skuespillerinne.	36
	Men *jeg* var mest imponert over ham som spilte Rubek.	37

[375]

38 Yes, I agree with you about that.
39 But isn't there a place here where we can get some refreshments?
40 Yes, they serve food ('there is serving') out in the lobby.

38 enig [e`ni]
39 forfriskning [fårfris´kning], en
40 foyer [foaje´], en; servering [særve´ring], en

Ute i foyeren er det servering.

GEORG Ja, jeg er enig med deg i det.   38

Men du, er det ikke noe sted her hvor vi kan få   39
forfriskninger?

SIGRID Jo, ute i foyeren er det servering.   40

Repetisjon

Combine the elements in each group to form different grammatically correct and logical sentences:

a)

| Vi har
Det er
—————
Har De | bare ᵗᵒ
   et par
mange
noen
ingen | billetter
gode plasser
parkettplasser
balkongplasser | igjen | ? |

b)

| Garderoben
Stasjonen
Hotellet | er like | opp
ned   trappen.
——————
rundt hjørnet. |

c)

Jeg Georg Vi	er var	meget mest ikke	imponert over	skulpturene	i Frognerparken. på Rådhusplassen.
				vikingskipene.	
				Nordmarka.	
				at forestillingen stykket veiene maten hotellene	er så god. godt. gode.

Spørsmål

1. Hvorfor må Sigrid og Georg sitte i balkong? 2. Er det gode plasser?
3. Hvordan kommer de opp i balkong? 4. Hvor skal de levere fra seg ytter-
tøyet? 5. Hvorfor må de skynde seg? 6. Hva synes Georg om forestillingen?
7. Hva synes han om henne som spilte Maja? 8. Hvem er Sigrid mest im-
ponert over? 9. Hvorfor går Sigrid og Georg ut i foyeren mellom aktene?
10. Går De ofte i teatret?

Samtaleøvelse

1. You step up to the ticket window at a theater and ask for some tickets
for this evening's performance. The ticket seller asks you where you would
like to sit, etc. (Or the ticket seller tells you there are no seats left for this
evening's performance, in which case you have to find out when the next
performance is, if there are tickets left for it, etc.) Buy the tickets you want,
ask if they are good seats, when the performance starts, etc., etc.

2. You are telling a friend about a performance of one of Ibsen's plays
that you saw in Norway. He asks which play it was, etc. He asks you if it
was well played. You tell him that the actresses were better than the actors.
You mention a pretty young actress who impressed you the most. You
recommend that he see a play when he's in Norway next year. He says he
thinks he will.

GRAMMAR

☆ **23.1** Norwegian Names **(norske navn)**

(a) *Given names* **(fornavn).** Many Norwegians have names of international
origin, though they may often be disguised by the changes that have taken
place in the language. Such biblical and religious names as Jon (also John,
Johan, Johannes, Jan, Hans), Per (Peder, Peter, Petter), Mikkel (Mikkjel),
Marie (Mari, Marja), Kjersti (Kirsti, Kirsten, Kristine), Kari (Karen,
Katrine), Marit (Margrete) have been used in Norway for so long that they
feel like native names. In early modern times such foreign names as Alfred,

Berta, Edvard, Fredrik, Gustav, Henrik, Herman, Ludvig, and Vilhelm were adopted and won wide popularity.

But around 1850 agitation was raised against the use of foreign names, and Norwegians were encouraged to adopt more widely the old, native names that were known from the ancient sagas and still were in use in the rural areas. From that time on it has become increasingly popular to use names that remind one of the viking gods and hero kings of ancient Norway. This custom was followed by the royal house of Norway in 1905 when the Danish Prince Carl, newly elected king of Norway (cf. Lesson 25), changed his name to Haakon VII and his son's name to Olav. Today many Norwegian men bear such names as Torbjørn, Torfinn, Tormod, Dagfinn, Halvdan, Harald, Sigurd, Bjørn, Roar, Ragnar, Einar, Stein, Knut, Arnfinn, Gunnar, Leiv, Ulv, and women such names as Sigrid, Solveig, Hallfrid, Halldis, Vigdis, Gunnhild, Gunnbjørg, Bjørg, Bergljot, Dagny, Dagfrid, Åse, Helga, Ingeborg, and Liv. Typical are the names of the children of the present king, Olav V: Ragnhild, Astrid, and Harald.

(b) *Family names* (**etternavn**). The family names used in modern Norway are of three main types: (1) names of foreign origin, chiefly German and Danish; (2) names ending in **-sen** or **-son**; (3) farm names. Since foreign families were the first to bring the custom of using family names to Norway, and since many of them were members of the upper class, there are many non-Norwegian names among the distinguished families of Norway. There are German names like Keilhau, Obstfelder, Welhaven, Mowinckel, Kinck, Fritzner; Danish names like Sinding, Sverdrup, Kofoed, Kierulf, Ibsen, Visted; English and Scottish names like Bennett, Smith, Fearnley, Christie, Grieg; Dutch names like Geelmuyden, Munthe, Jahn, Worm; Swedish names like Gustafson, Cederstrøm, Hedin; French names like Michelet, Aubert, Coucheron; and Slavic names like Bergwitz, Lexow, Gleditsch. Many of these names show their foreign origin by using such letters as **c, q, w, x, z**, silent **e**'s and **h**'s, or other non-Norwegian spellings. This foreign spelling practice was at one time so fashionable that even native Norwegian families inserted such letters to make their native names sound more elegant. For this reason a native name like Wergeland begins with **w**.

In ancient times it was the custom for everyone to take his father's name and add **-son** to it for a second name: thus Olav the son of Harald was called Olav Haraldson, and *his* son Trygve would be Trygve Olavson, etc. There were no true family names. Around 1700 city people started using these **son**-names as family names, no longer changing them from generation to generation. The usual form for these names in modern Norway is **-sen,** though some people have adopted the Old Norwegian **-son** (**-son** is also Swedish and English, while **-sen** is Danish). But after a while there got to be so many Hansens and Olsens, Nilsens and Andersens that practical difficulties arose in distinguishing people. The names were so common that they lost their social prestige as well, some people going so far as to write Ohlsen or Olzén, etc., just to be different. So the custom arose of adopting for one's family name the name of the farm on which one was born, or had lived.

Since every Norwegian farm has a name, this gave ample opportunity for distinctive naming. Another advantage was that the farm names were thoroughly native in their connotations, for they had developed in the local communities as an expression of Norwegian nature and history. Many of the farm names go back thousands of years and are unmistakably native. Such names as Berg 'mountain,' Vik 'bay,' Li 'mountain slope,' Fjell 'mountain,' Ås 'mountain ridge,' Nes 'headland,' Dal 'valley,' Strand 'shore' and their compounds reflect the mountains and waters of the country. Names ending in **-land** (Bygland, Birkeland), in **-um** or **-eim,** from **-heim** 'home' (Solum, Sørum, Bjerkreim), in **-stad** 'dwelling place' (Gaustad, Onstad, Aulestad), **-set** 'mountain farm' (Undset, Bjørset), **-rud** 'clearing' (Brandrud, Jonsrud) and **-hof** 'temple' (Torshof) reflect various phases in the history of Norwegian settlement and civilization. In the 19th century it became part of the movement for cultural independence to encourage the use of these names and give them their proper Norwegian spelling. The change can be measured by studying the names in the king's cabinet: in 1814 it was dominated by such names as Rosenkrantz, Collett, and Hegermann, but in 1962 by such names as Bøe, Bratteli, Haugland, Bjerkholt, and Bruvik. Some of the latter names may seem harder to an English speaker, but they are easier and more natural to a Norwegian.

☆ **23.2 KINSHIP TERMS**

Norwegian has more terms of family relationship than English, probably because Norwegians are more interested in genealogy than Englishmen and Americans. We have seen this already in the words for the immediate family, where Norwegian has **søsken** for our 'brothers and sisters' (the lack of this term has compelled scientists to invent the word 'sibling' in English). The word for 'cousin' is **søskenbarn,** but this can be broken down by sex into **fetter** 'male cousin' and **kusine** 'female cousin.' There is a word for 'second cousin,' **tremenning,** which is either male or female. For the blood relations in the upward or downward line there are two sets of terms. One is like English in not distinguishing the father's from the mother's side: **onkel** 'uncle,' **tante** 'aunt,' **bestefar** 'grandfather,' **bestemor** 'grandmother,' **nevø** [nevø´] 'nephew,' **niese** [nie`se] 'niece,' **barnebarn** 'grandchild.' The other, which is somewhat restricted in usage, compounds the simpler terms to make one set for each side of the family: **onkel** is divided into **farbror** 'father's brother' and **morbror** 'mother's brother,' **tante** into **faster** 'father's sister,' and **moster** 'mother's sister.' The whole system is presented in the chart below. The more remote ancestors are **oldefar** 'greatgrandfather' and **oldemor** 'greatgrandmother,' to which one **tipp-** is prefixed for each additional generation. In-laws of one's own generation are **svoger** 'brother-in-law' and **svigerinne** 'sister-in-law,' but the rest are based on the term **sviger-**, as in **svigerdatter, svigersønn, svigerfar, svigermor.**

23-B

☆ **23.3** GETTING PLACES

Norwegian **komme** includes a meaning 'to arrive' which is absent in the English word *come*. The common English word for this meaning is *get:* I got home, I got to New York, I can't get out, etc. You have had these examples:

11.17	Da jeg kom til billettluken. . .
12.16	Når kommer vi opp på høyfjellet?
19.10	Oslofolk er heldige, de, som kan komme ut i naturen så fort og greit.
23.20	Men nå må vi skynde oss hvis vi skal komme til forestillingen begynner.

As these examples show, whenever *get* means 'arrive' or 'reach a place,' the Norwegian word is **komme,** often reinforced by **fram,** and it can be translated 'get there.'

⊙ La oss lytte

1. *Georg bestiller kinobilletter i telefonen.*

Damen i telefonen: Saga kino.

G: Jeg vil gjerne bestille to billetter til i kveld, klokken syv, takk.

D: Hvor vil De sitte?

G: I første balkong, hvis det er noen plasser igjen der.

D: Jeg kan gi Dem to billetter i femte rad. Passer det?

G: Ja, det er utmerket. Når kan jeg hente dem?

D: De må ikke hentes senere enn 15 minutter før filmen begynner.

G: Takk for det.
   (*Til Sigrid*) Jeg har fått billetter til syvforestillingen.

S: Vi får dra i god tid da, for her i Norge kommer en jo ikke inn etter
   filmen har begynt.

G: Ja, takk for at du minte meg på det.

2. *Sigrid og Georg snakker sammen ute i foyeren.*

G: Jeg vil svært gjerne se flere skuespill av Ibsen mens jeg er her i landet.
   Skal de spille mer Ibsen i år?

S: Jeg vet ikke riktig. Vanligvis spiller de ikke mer enn ett hver vinter her
   på Nationaltheatret. Men det kan jo hende at noen av de andre
   teatrene kommer til å ta opp et Ibsenstykke.

G: Jeg skal holde øye med annonsene i avisene.

S: Ja, gjør det. Men du kunne jo lese noe av Ibsen.

23-B

G: Nei, jeg liker ikke noe særlig å lese skuespill. Jeg vil heller se dem på scenen.

S: Jeg vet ikke jeg. Jeg foretrekker nesten å lese skuespill. Da kan jeg bedre tenke meg hvordan det skal være. Det hender ofte at skuespillerne ikke får med alt som er i stykket.

G: Ja, da er det bedre å lese det. Men du kan ikke klage over forestillingen i kveld.

S: Nei, det gjør jeg heller ikke.

G: Kjenner du ham som står der borte?

S: Nei, hvem er det?

G: Det er en student jeg traff for noen dager siden. Han er veldig hyggelig. Kom, så går vi bort og snakker litt med ham. Morn, Torgeir, takk for sist.

T: Sjølv takk. Hyggeleg å sjå deg att.

G: Dere er visst ikke kjente. Sigrid Falk—Torgeir Silju.

S: God dag.

T: God dag.

G: Du går i teatret, du også.

T: Ja, eg går gjerne eit par-tre gonger i månaden.

G: Men blir ikke det litt dyrt for en student?

T: Nei, vi får moderasjon, og da blir det ganske rimeleg.

G: Det var veldig greit.

Lesestykke: En scene fra 'Kongsemnerne', av Henrik Ibsen (*in the Reader*)

TJUEFJERDE (FIRE OG TYVENDE) 24 LEKSE

Winter in Norway

24–A

ENGLISH EQUIVALENTS

George, Sigrid, and Arne are out walking in Nordmarka a Sunday in the late fall.

1 What fine weather we have today—not a cloud in the sky, and the sun is warming nicely.
2 Yes, we won't freeze today, but I'm afraid there'll be an end to this weather pretty soon.
3 How soon can we expect the snow and the cold?
4 Oh, it varies—here in Oslo it may come in November.
5 But do you remember last year? Then we didn't get snow until after Christmas.
6 No, it came quite late, between Christmas and New Year's.
7 We had to go all the way up to Norefjell to be able to ski.
8 The winter gets so long and boring here when one can't go skiing.
9 Oh, I don't think so—we have Christmas to look forward to.
10 How do you celebrate Christmas here?
11 We bake a lot of cakes and cookies, and then we have a Christmas tree.
12 And on Christmas Eve we go around the Christmas tree and sing Christmas carols.
13 The song I like best is called "I am so glad each Christmas Eve."
14 Most Americans only celebrate Christmas Day.
15 Here many go to church on Christmas Day ('first Christmas Day').
16 But the gifts are distributed on Christmas Eve.

LISTENING SCRIPT

utpå

1 sky, en; himmel, en; varme, -et, -et
2 fryse, frøs, frosset; slutt, en
3 vente, -et, -et; kulde [kul`le], ei
4
5 jul, en
6 temmelig; nyttår, et
7 Norefjell
8 kjedelig [kje`d^{e}li]
9 glede seg til
10 feire, -et, -et
11 bake, -te, -t; kake, en; juletre, et
12 julaften, en; synge, sang, sunget [song`et]; julesang, en
13 glad; julekveld, en
14 juledag, en
15
16 gave, en; dele ut, -te, -t

Vinter i Norge

Georg, Sigrid og Arne er ute og går i Nordmarka en søndag utpå høsten.

GEORG	For et flott vær vi har i dag—ikke en sky på himmelen, og sola varmer godt.	1
ARNE	Ja, vi fryser ikke i dag, men det blir nok snart slutt på dette været.	2
GEORG	Hvor snart kan vi vente snøen og kulda da?	3
ARNE	Å, det er litt forskjellig—her i Oslo kan den komme i november.	4
SIGRID	Men husker du i fjor? Da fikk vi ikke snø før etter jul.	5
ARNE	Nei, den kom temmelig sent, mellom jul og nyttår.	6
SIGRID	Vi måtte dra helt opp til Norefjell for å kunne gå på ski.	7
ARNE	Vinteren blir så lang og kjedelig her når en ikke kan gå på ski.	8
SIGRID	Å, jeg synes ikke det—vi har da julen å glede oss til.	9
GEORG	Hvordan feirer dere julen her da?	10
SIGRID	Vi baker en masse kaker, og så har vi juletre.	11
	Og på julaften går vi rundt treet og synger julesanger.	12
	Den sangen jeg liker best heter "Jeg er så glad hver julekveld."	13
GEORG	De fleste amerikanere feirer bare juledagen.	14
SIGRID	Hos oss er det mange som går i kirken første juledag.	15
	Men gavene blir delt ut på julekvelden.	16

24–A

17 Christmas lasts for many days here, at least until New Year's.
18 And then we have a big New Year's Eve party with lots of fun.
19 I realize that Christmas is a great festival here.
20 I'm glad that I can stay here and celebrate it with you.

17
18 nyttårsselskap, et; moro [mor`ro], en
19 høytid [høy`/ti˙d], en
20 glad for

Repetisjon

Combine the elements in each group to form different grammatically correct and logical sentences:

a)

| Arne Georg Jeg Vi | venter | ham Sigrid meg dem | i morgen. snart. kl. 5. |
| | | på ham Sigrid meg dem | hjemme. ved Nationaltheatret. nede i byen. |

b)

Jeg Sigrid Min bror Vi	gleder meg seg oss	til	jul. påske. i morgen.
			han snøen kommer.
		å	reise til Norge. tilbake til Amerika.
			gå på ski feire jul i Norge.

ARNE Julen varer i mange dager her, minst til nyttår. 17

Og da har vi stort nyttårsselskap med mye moro. 18

GEORG Jeg forstår at julen er en stor høytid her. 19

Jeg er glad for at jeg kan bli her og feire den med 20
dere.

c)

| Julen
Påsken
Sommeren
Vinteren | i Norge varer i | en hel uke.
bare to måneder.
mange dager.
mange måneder. |

Spørsmål

1. Hva blir det snart slutt på? 2. Når kan snøen ventes i Oslo? 3. Når kom snøen i fjor? 4. Hva måtte folk i Oslo gjøre for å gå på ski da? 5. Synes Arne det er morsomt om vinteren når han ikke kan gå på ski? 6. Synes Sigrid det er kjedelig om høsten når det ikke er snø? 7. Hvordan feirer nordmennene jul? 8. Hva gjør de på julekvelden? 9. Hvilken julesang liker Sigrid best? 10. Hvordan er julen annerledes i Norge enn i Amerika? 11. Blir julen feiret bare en dag i Norge? 12. Pleier De å gå i nyttårsselskap?

Samtaleøvelse

1. You and a friend are discussing weather in Norway (review Lesson 10 at this point). He asks you about the weather in the summer (be sure to mention the light nights), when the snow comes, when you first go skiing in the fall (or winter), if the winter is long and cold, etc.

2. You are telling a friend about Christmas in Norway. He asks if Norwegians have Christmas trees, what sort of songs they sing, when they open their presents, etc.

24–B

ENGLISH EQUIVALENTS

They get down to the Holmenkoll Hill and the Besserud Pond.

21 That's an enormous ski hill—it looks dangerous.
22 Yes, here's where the Holmenkoll Meet is held the first Sunday in March.
23 At that time some 70–80,000 people come here.
24 It's a great event, something of a national festival.
25 We dress in heavy sweaters and windbreakers to keep ourselves warm.
26 And then we buy bouillon and hot dogs.
27 It's a big international sporting event.
28 You see many excellent jumps here, both by foreigners and Norwegians.
29 You know it's not just a question of jumping as far as you can.
30 No, I understand that the jumpers also get points for form.
31 But I'm afraid it would turn out badly if I should try jumping.
32 Yes, you should preferably have (the) practice from childhood on.
33 But you can stick to cross-country skiing and slalom, you know.
34 Have you been very active in sports?
35 Yes, I played football and swam some when I studied at the University.
36 At the University? What does the University have to do with sports ?

LISTENING SCRIPT

Holmenkollbakken [hål`menkåll/bak˙ken]; Besserudtjernet [bes`seru/kjæ˙rne]

21
22 Holmenkollrennet
23
24 begivenhet [beji´ven/he˙t], en; nasjonal [nasjona´l]; festdag [fes´t/da˙g], en
25 tykk, tykt, tykke; genser [gen´ser], en; anorakk [anorakk´], en
26 buljong [buljång´], en; pølse, en
27 internasjonal [internasjona´l]; idrettsstevne [i`dretts/stev˙ne], et
28 hopp [håpp], et; utlending [u`t/len˙ning], en
29 hoppe [håp`pe], -et, -et
30 hopper [håp`per], en, pl -e; poeng [påeng´], et; stil, en
31 gal; gå galt [ga´lt]
32 øvelse, en; fra barnsben [ba´rns/be˙n] av
33 holde seg til; langrenn, et; slalåm, en
34 idrett [i`/drett´], en
35 sparke, -et, -et; fotball [fot´/ball˙], en; sparke fotball; svømme, svømte, svømt
36 sport [spår´t], en

[390]

Vinter i Norge

(fortsatt *continued*)

De kommer ned til Holmenkollbakken og Besserudtjernet.

GEORG	Det var da en svær skibakke, den ser farlig ut.	21
ARNE	Ja, her er det Holmenkollrennet blir holdt, første søndagen i mars.	22
	Da kommer det en sytti-åtti tusen mennesker hit.	23
	Det er en stor begivenhet, litt av en nasjonal festdag.	24
SIGRID	Vi kler oss i tykke gensere og anorakker for å holde oss varme.	25
	Og så kjøper vi buljong og varme pølser.	26
ARNE	Det er et stort internasjonalt idrettsstevne.	27
	En ser mange flotte hopp her, både av utlendinger og nordmenn.	28
SIGRID	Du vet det gjelder ikke bare å hoppe så langt en kan.	29
GEORG	Nei, jeg forstår at hopperne også får poeng for stil.	30
	Men jeg er redd for at det ville gå galt om jeg skulle prøve å hoppe på ski.	31
ARNE	Ja, en bør nok helst ha øvelsen helt fra barnsben av.	32
	Men du kan jo holde deg til langrenn og slalåm.	33
	Har du drevet mye med idrett?	34
GEORG	Ja, jeg sparket fotball og svømte en del da jeg studerte ved universitetet.	35
SIGRID	Ved universitetet? Hva har universitetet med sport å gjøre?	36

37 In our country nearly all universities have teams of their own.
38 And the universities arrange matches among themselves throughout the year.
39 Here, too, sports are carried on among the young people in the schools, especially track.
40 But most meets and matches are arranged by private sports clubs.

37 idrettslag [i`dretts/la˙g], et
38 arrangere [arangsje´re], -te -t; kamp, en; seg i mellom
39 ungdom [ong`/dåmm˙], en; skole, en; friidrett [fri´/idrett˙], en
40 stevne, et; privat [priva´t]; sportsklubb, en

Georg Hos oss har nesten alle universiteter egne idretts- 37
lag.

Og universitetene arrangerer kamper seg i mellom 38
året rundt.

Arne Her drives det også idrett blant ungdommen i 39
skolene, særlig friidrett.

Men de fleste stevner og kamper blir arrangert av 40
private sportsklubber.

Repetisjon

Combine the elements in each group to form different grammatically correct and logical sentences:

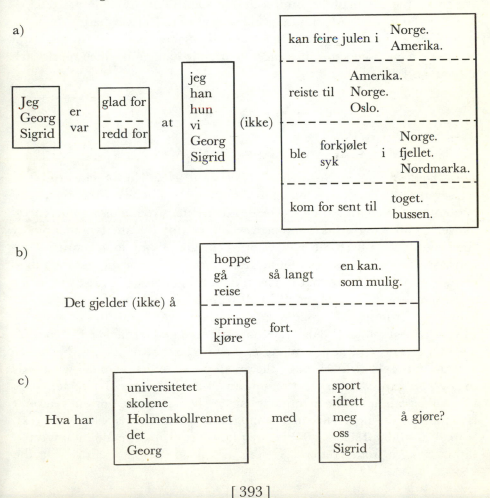

a)

Jeg Georg Sigrid	er var	glad for —— redd for	at	jeg han hun vi Georg Sigrid	(ikke)	kan feire julen i	Norge. Amerika.
						reiste til	Amerika. Norge. Oslo.
						ble forkjølet syk i	Norge. fjellet. Nordmarka.
						kom for sent til	toget. bussen.

b)

Det gjelder (ikke) å

hoppe gå reise	så langt	en kan. som mulig.
springe kjøre	fort.	

c)

Hva har

| universitetet skolene Holmenkollrennet det Georg | med | sport idrett meg oss Sigrid | å gjøre? |

24–B

Spørsmål

1. Hva brukes Holmenkollbakken til? 2. Hvor mange mennesker pleier det å komme dit for å se Holmenkollrennet? 3. Hvordan klær folk seg når de går på Holmenkollrennet? 4. Hvorfor kjøper de buljong og varme pølser? 5. Er det bare nordmenn som hopper i Holmenkollrennet? 6. Gjelder det bare å hoppe langt? 7. Hvorfor vil Georg ikke prøve å hoppe på ski? 8. Har De noen gang hoppet på ski? 9. Hvorfor synes Sigrid det er rart at amerikanske universiteter arrangerer idrettsstevner? 10. Hvordan arrangeres idrettsstevner i Norge? 11. Går De ofte på idrettsstevner? 12. Har De drevet mye med idrett?

Samtaleøvelse

1. You're telling a friend about going to the Holmenkoll Meet. He asks you if it wasn't cold to stand in the snow, etc. You tell him about ski-jumping (he thinks the length of the jump is all that counts, but you set him straight). He asks you if you tried jumping while you were in Norway, etc.

2. You and a Norwegian friend are discussing sports in Norway and America. You discuss the differences in organization, and which sports each of you has participated in.

GRAMMAR

☆ **24.1** MOUNTAINS AND WEATHER IN NORWAY

In the discussion of Norwegian dialects and New Norwegian in Lesson 22, several references were made to the differences between the dialects of Eastern and Western Norway. These rather extensive linguistic differences, as well as other cultural differences which distinguish the two sections of the country from each other, developed through many long centuries because of the barrier to communication formed by the mountain range running down the center of the country. Through most of Norway's history —up until the advent of the railroad train and modern methods of road building—little traffic passed over these mountains, and that only under the most strenuous and dangerous conditions. The Hardanger Plateau (cf. Lessons 12 and 13), now a hiking and skiing area, was impassable many months of the year. Even today the greatest care must be taken when skiing or hiking there, or in other mountain areas of Norway. Sudden changes in weather can make the mountains extremely dangerous. For this reason it is of the utmost importance to listen to the weather reports on the radio (kl. 6.40, 8.00, 13.00, 18.30, 22.00) before planning a trip. The mountains separating Eastern from Western Norway also have the effect of dividing the southern part of the country into two different climatic areas. The winds from the Atlantic Ocean drop most of their moisture west of the mountains, and for this reason the annual amount of rainfall in Western Norway is very high. Eastern Norway, though far from being a dry area, has less average rainfall and lower winter temperatures. This climatic difference between east and west is reflected by the separate weather reports for Eastern and Western Norway (from Oslo and Bergen respectively), in addition to a separate report for Northern Norway, the part of Norway on or above the Arctic Circle. Since the weather in Norway is usually quite changeable, it is a good idea to listen to the weather reports whenever any trip, even just one around town, is planned. The weather reports which, along with two skiing-condition reports, constitute the reading passage for this lesson (in the Reader) will give you a good idea of Norwegian meteorological terminology, as well as an overall view of Norwegian geography.

☆ **24.2 COURTESY PHRASES**

Most of the courtesy phrases of Norwegian have occurred in the lessons, and they will be summed up here, along with other phrases it is good to know.

(a) Meeting: When you meet someone, no matter at what time, you can say **God dag!** or **Morn!** In the early morning you may say, instead, **God morgen,** and in the evening, **God aften,** or (especially in the country) **God kveld.** On the telephone, or when you call to someone at a distance, you say **Hallo.** Any of these may be doubled to make them hearty: **God dag, god dag!** or **Morn morn!** If you meet someone who has been your host, you should add **Takk for i går** (if the party was yesterday), or **Takk for sist.** The reply is **Selv takk!**

(b) Greeting: You address a man with his family name, unless you know him well enough to use his given name (in which case you also say **du** to him). If he has a title, you may address him by title plus family name: **doktor Lund, professor Seip.** An unmarried woman is addressed as **frøken,** a married woman as **fru** (or **frue** if you do not add her name).

(c) How are you? Instead of **hvordan** in the phrases of greeting, some people use the form **åssen,** chiefly in the phrases **Åssen står det til? Åssen går det?** This is very common in informal usage, especially in Oslo. **Hvordan står det til?** can also be varied **Hvordan går det? Hvordan har De (du) det?**

(d) Introductions: You introduce by saying **Får jeg presentere . . ., Må jeg få presentere . . .** The persons introduced say (if they are very formal) **Det gleder meg,** or **Det er en fornøyelse,** but most usually they simply say **God dag** and shake hands. At parties people usually introduce themselves, as noted earlier (GRAMMAR **3.2**).

(e) **Vær så god:** This phrase is used whenever you hand someone any-thing, or when you invite someone to eat, precede you through a door, come in, sit down, etc. The answer is simply **Takk.**

(f) Please: To ask a favor you start your sentence with **Vil De være så snill å. . .** The way to invite someone to eat with you is to say **Vil De spise middag (aftens) med oss. . .** The answer is either **Tusen takk, det vil jeg svært gjerne,** or **Tusen takk, men jeg er dessverre opptatt.**

(g) Thanking: The simplest form is **Takk,** but this is frequently rein-forced as **Mange takk, Tusen takk, Takk skal De ha.** It may be doubled as **Takk, takk.** When you finish a meal, you must always thank your host and hostess immediately by saying **Takk for maten.** Many people shake hands also. When you leave a party or a dinner, you thank your host by saying **Takk for i dag (i aften), Takk for nå, Takk for meg (oss),** etc. The host replies with something like **Takk for at De kom,** or **Selv takk.**

(h) You're welcome: When someone thanks you, the usual answer is **Ikke noe å takke for, Ingenting å takke for,** or **Ingen årsak** (lit. 'No cause'). In recent years it has become quite common to reply **Vær så god.** When a guest thanks you for a meal, you answer **Vel bekomme.** If you have some reason for also thanking the person who thanks you, you say **Selv takk,** or **I like måte.**

(i) Excuses: If you need to excuse yourself, the word is **Unnskyld.** If you step on someone's toes or the like, you should say **Om forladelse** (short for **Jeg ber om forladelse** 'I beg your pardon'). The answer is **Å, jeg ber,** or **Ingen årsak.**

(j) Festive occasions: On a birthday you say **Gratulerer med dagen,** or **Til lykke.** At Christmas you say **Gledelig jul,** or **God jul,** and at New Year's **Godt nyttår,** to which the answer is **Likeså** or **Takk i like måte.** A glass of liquor emptied together inevitably calls for **Skål** before it is drunk, and a meeting of eyes again before the glasses are set down.

(k) Parting: The standard word is **Adjø,** but many other phrases are used. The informal, modern way of saying goodbye is **Morn da.** If you hope to meet again, say **På gjensyn** (or more informally **Morn så lenge**). If you're parting for a long time, say **Farvel.** Late at night you may say **God natt** or **God aften.** At any time of day you may add: **Ha det godt, Hils hjemme, God tur,** etc.

☆ **24.3** EMPHATIC DEMONSTRATIVES

The adverb **der** is often used in conjunction with pronouns for emphasis:

19.29   Det der er Tryvannstårnet.

It is frequently used with the demonstratives **den, det, de: Ta den stolen der!** Take that chair! The resultant demonstrative expressions are a bit more emphatic than the demonstrative pronouns alone.

Den, det, de are frequently used with the adverb **her** as substitutes for **denne, dette, disse: Ta den stolen her!** Take this chair!

Her also has demonstrative force in the expressions:

15.12	her på gården	on this farm
14.13; 18.28	her i landet	in this country, here in Norway

⊙ La oss lytte

1. *Anne-Marie skriver til Georg:*

Bergen, den 12. desember.

Kjære Georg!

Mange takk for det siste brevet ditt. Det var hyggelig å høre at du liker deg i Oslo, men enda hyggeligere å høre at du kommer til Bergen til jul. Vi gleder oss alle sammen til å se deg igjen.

Du skriver at du kommer hit den 21. Hvis du har lyst, kan vi gå i teatret den kvelden, for da spiller de Ibsen. Det er en meget god forestilling, så det er kanskje best jeg bestiller billetter før du kommer. Den 22. skal vi i selskap hos Arne Solum, som jeg endelig traff for et par uker siden like etter at han hadde kommet tilbake fra Oslo siste gangen. Han fortalte at dere to hadde det svært morsomt sammen. Jeg er enig med deg—han er veldig hyggelig.

Den 24. er jo julekvelden, og da skal vi være hjemme hos oss. Du får lære deg noen julesanger, så du kan synge med. Neste uke skal vi kjøpe juletre, og i år skal det bli et stort ett.

Jeg håper du kan bli her til over nyttår. Arne snakket om at vi kunne dra opp på fjellet og gå på ski mens du er her, og det vil jeg mer enn gjerne.

Håper du har det bra—og på gjensyn.

Hilsen,
Anne-Marie.

2. *Sigrid, Georg og Ragnar kommer ned til Besserudtjernet på Holmenkolldagen, litt før rennet skal begynne:*

G: For en masse mennesker det alt er her!

R: Ja, det kommer sikkert en hundre tusen her i dag, siden det er så flott vær.

G: Hvor ville det være best å stå?

S: Skal vi stå på bakken like her borte? Da kan vi se over mot skibakken.

24-B

R: Nei, det er litt langt fra skibakken, synes jeg. Skal vi ikke prøve å finne et sted litt nærmere?

S: Jeg tror ikke vi kan komme ned på tjernet. Det er så fullt av mennesker der.

G: Det er bedre plass der borte på den andre siden, ser det ut til.

S: Ja, der ville det være fint. Og like ved kan vi kjøpe pølser.

G: Ja, jeg la merke til det, jeg også.

R: Er du alt sulten, Georg?

G: Nei, ikke ennå, men jeg må ha noe varmt om en stund.

S: De selger buljong der også, hvis du skal ha noe varmt å drikke med pølsene. Fryser du?

G: Nei da, jeg tok på meg en ekstra genser, men det blir kanskje litt kaldt å stå her.

R: Bare vent til de begynner å hoppe—da glemmer du kulda.

S: Her kommer den første!

G: Det så virkelig flott ut. Hvor mange poeng tror du han får?

R: Å, vi skal snart få se. Ja, han fikk 17, 17, 18—slett ikke dårlig for det første hoppet.

S: Og det var et fint langt hopp også—nesten 80 meter. Og se på den! For et hopp det var!

R: Han får tre ganger 18—riktig flott.

G: Hvor mange poeng kan de få da?

R: Tre ganger 20 er det høyeste som er mulig, men det hender nesten aldri. Det er sjelden at noen får mer enn 19.

Lesestykke: Vær- og føremeldinger (*in the Reader*)

TJUEFEMTE (FEM OG TYVENDE) **25** LEKSE

May Seventeenth

25-A

ENGLISH EQUIVALENTS

George Smith meets Sigrid Falk outside the National Theater early in the morning on May 17, Norway's Independence Day ('National Day').

1 It's still an hour and a half before the parade comes.
2 Let's stroll around a little in the Students' Grove in the meantime.
3 There are lots of people on the streets already.
4 But just wait—soon it will be impossible to move.
5 Why have wreaths been laid down at the foot of that statue?
6 That is in honor of Henrik Wergeland, who first began to celebrate this day.
7 Henrik Wergeland, who was he?
8 He was a very great poet, perhaps our greatest.
9 He grew up at Eidsvoll, where the Constitution was adopted in 1814.
10 He himself used to call the Constitution his six years younger brother.
11 So it was in 1814 that Norway again became independent?
12 Yes, after we had been united with Denmark for more than 400 years.
13 In 1814 we got our own constitution.
14 But we had a king in common with Sweden until 1905.
15 Then, in 1905, we got our own king, Haakon the Seventh, father of Olav the Fifth.
16 Was Haakon Norwegian?

LISTENING SCRIPT

nasjonaldag [nasjona´l/da˙g], en

1 halvannen [hala`en], halvannet; tog [tå´g] (parade), et
2 spasere [spase´re], -te, -t
3 allerede [alere`de]
4 umulig [umu´li]; røre på seg
5 lagt [lak´t], from legge; krans, en; fot, en, pl føtter; statue [sta´tue], en
6 ære, en; til ære for; Wergeland [vær´ge/lann˙] (1808–1845)
7
8 dikter, en, pl -e
9 Eidsvoll [æi´ts/våll˙]; grunnlov [grunn`/lå´v], en; vedta [ve´/ta˙], -tok, -tatt
10 kalle for
11 selvstendig [sellsten´di]
12 forenet [fåre´net]; Danmark
13
14 konge [kång`e], en; felles [fel´les]; Sverige [svær´je]
15 Haakon [hå`kon]
16

Syttende mai

Georg Smith møter Sigrid Falk utenfor Nationaltheatret tidlig om morgenen den syttende mai, Norges nasjonaldag.

Sigrid	Det er ennå halvannen time til toget kommer.	1
	La oss spasere litt i Studenterlunden så lenge.	2
Georg	Det er masse folk i gatene allerede.	3
Sigrid	Men bare vent—det blir snart umulig å røre på seg.	4
Georg	Hvorfor er det lagt ned kranser ved foten av den statuen der?	5
Sigrid	Det er til ære for Henrik Wergeland, som først begynte å feire denne dagen.	6
Georg	Henrik Wergeland, hvem var det?	7
Sigrid	Det var en meget stor dikter, kanskje vår største.	8
	Han vokste opp på Eidsvoll, hvor grunnloven ble vedtatt i 1814.	9
	Han pleide selv å kalle grunnloven for sin seks år yngre bror.	10
Georg	Det var altså i 1814 at Norge ble selvstendig igjen?	11
Sigrid	Ja, etter at vi hadde vært forenet med Danmark i over 400 år.	12
	I 1814 fikk vi vår egen grunnlov.	13
	Men konge hadde vi felles med Sverige til 1905.	14
	Så i 1905 fikk vi vår egen konge, Haakon den syvende, far til Olav den femte.	15
Georg	Var Haakon norsk?	16

25-A

17 No, he was a Danish prince, but he was elected king of Norway.
18 And I don't suppose any other Norwegian king has been so greatly loved by his people.
19 Does the king have great power in this country?
20 No, the power is in the people, who choose representatives to the Storting.

17 dansk; prins, en; valgt [val′kt], from velge (cf. below)
18 høyt; elske, -et, -et
19 makt, en
20 hos folket; velge, valgte [val`kte], valgt; representant [representan′t]; Stortinget [sto`r/ting˙e]

Repetisjon

Combine the elements in each group to form different grammatically correct and logical sentences:

a)

b)

[402]

Sigrid Nei, han var dansk prins, men han ble valgt til   17
konge i Norge.

Og ingen annen norsk konge har vel vært så høyt   18
elsket av sitt folk.

Georg Har kongen stor makt her i landet?   19

Sigrid Nei, makten er hos folket, som velger represen-   20
tanter til Stortinget.

c)

| Jeg
Georg og Sigrid
Vi
Han | kan | nesten
snart | ikke røre på | meg.
seg.
oss. |

Spørsmål

1. Hvorfor er Georg og Sigrid nede i byen tidlig om morgenen syttende mai? 2. Er det lenge før toget kommer? 3. Hva skal de gjøre så lenge? 4. Hvorfor blir det snart nesten umulig å røre på seg? 5. Hvem var Henrik Wergeland? 6. Når ble den norske grunnloven vedtatt? 7. Var ikke Norge et selvstendig rike før 1814? 8. Var Norge helt selvstendig mellom 1814 og 1905? 9. Når fikk Norge sin egen konge? 10. Hvem er konge i Norge nå? 11. Hvem var Haakon den syvende? 12. Hvordan ble han konge i Norge? 13. Var han en populær konge? 14. Har kongen mye makt i Norge? 15. Hva består Stortinget av?

Samtaleøvelse

1. You are asking a Norwegian student about the Norwegian royal family. You ask who the king is now, how long he has been king, who was king before him, when he became king, etc. He tells you that for a long time Norwegians didn't have their own king, and when you ask why, he explains about the unions with Sweden and Denmark, etc.

2. You have just returned from a year in Norway and are telling a friend about your stay. You tell him (with him asking occasional questions) about where you lived, what you did (maybe you worked or were a student at the University), your trips (Hardangervidda, Nordmarka), special events (Holmenkolldagen, visits to the theater, 17. mai), etc. Try to convince him he should spend a year in Norway, too.

25–B

ENGLISH EQUIVALENTS

21 But isn't that children's parade coming soon?
22 Yes, now we had better find a place where we can see well.
23 It's certainly crowded on the sidewalk along Karl Johan now.
24 Here we can stand and look at the parade; it will come right past us.
25 And then the children will march up Karl Johan to the Palace.
26 There the royal family will be on the balcony greeting them.
27 Here they come, with a band at the head.
28 Yes, every school has its own band, and all the pupils follow along behind.
29 I have never seen so many flags in all my life!
30 I think every single child is holding one in his hand.
31 Yes, we Norwegians are very fond of our flag.
32 We discovered that during the war when we weren't allowed to use it.
33 Now some bigger children are beginning to come in the parade.
34 Yes, now the secondary schools ('higher schools') are coming, with the "russ" foremost.
35 "Russ," what's that?
36 The pupils in the graduating class of the Gymnasium are called "russ."
37 They wear red caps, and later in the day they have their own parade, the "russ" parade.

LISTENING SCRIPT

21 barnetog, et
22
23 fortau [fårr`/tæu˙], et
24 forbi [fårbi´]
25 marsjere [marsje´re], -te, -t; slott [slått], et
26 kongefamilie [kång`e/fami˙lie], en
27 musikk-korps [musikk´/kår˙ps], et; spiss, en; i spissen
28 elev [ele´v], en; følge etter
29 flagg, et
30
31 glad i
32 oppdage [åpp´/da˙ge], -et, -et; krig, en
33
34 russ, en; forrest [får´rest]
35
36 avgangsklasse [a`vgangs/klas˙se], en
37 gå med; lue, en; senere på dagen; russetog, et

Syttende mai

(fortsatt *continued*)

GEORG Men kommer ikke dette barnetoget snart? 21

SIGRID Jo, nå er det best å finne et sted hvor vi kan se godt. 22

GEORG Jamen er det trangt om plassen på fortauet langs 23
Karl Johan nå.

SIGRID Her kan vi stå og se toget, det kommer like forbi 24
oss.

Og så marsjerer barna opp Karl Johan til Slottet. 25

Der står kongefamilien på balkongen og hilser 26
dem.

* * * * * * * * * * * *

GEORG Her kommer de, med et musikk-korps i spissen. 27

SIGRID Ja, hver skole har sitt eget musikk-korps, og alle 28
elevene følger etter.

GEORG Jeg har aldri sett sånn masse flagg i hele mitt liv! 29

Jeg tror hvert eneste barn holder ett i hånden. 30

SIGRID Ja, vi nordmenn er svært glad i flagget vårt. 31

Det oppdaget vi under krigen da vi ikke fikk lov 32
til å bruke det.

GEORG Nå begynner det å komme større barn i toget. 33

SIGRID Ja, nå kommer de høyere skolene med russen 34
forrest.

GEORG Russen? Hva er det for noe? 35

SIGRID Elevene i avgangsklassen i gymnasiet kalles 'russ.' 36

De går med røde luer, og senere på dagen har de 37
sitt eget tog, russetoget.

38 I don't suppose it was permitted to celebrate May 17th during the war?
39 No, there were five long years when the day was not celebrated, from 1940 to 1944. (Note: Norway was liberated in 1945, before May 17.)
40 And since that time we have appreciated the day more than ever before.

38 tillate [till′/la·te], tillot [till′/lo·t], tillatt
39
40 sette pris på

Hvert eneste barn har et flagg i hånden.

Georg Det var vel ikke tillatt å feire 17. mai under   38
krigen?

Sigrid Nei, det var fem lange år da dagen ikke ble feiret,   39
fra 1940 til 1944.

Og siden har vi satt større pris på dagen enn noen   40
gang før.

Repetisjon

Combine the elements in each group to form different grammatically correct and logical sentences:

a)

| Nordmenn
Vi
Georg
Jeg | er | svært
meget | glad i | flagget
landet
kongen
fjellene
barna | min, mitt, mine.
sin, sitt, sine.
vår, vårt, våre.
hans. |

b)

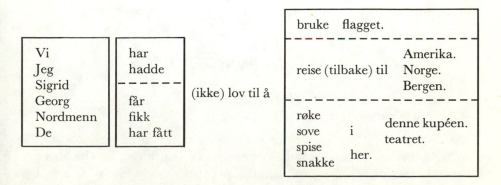

| Vi
Jeg
Sigrid
Georg
Nordmenn
De | har
hadde
- - - - -
får
fikk
har fått | (ikke) lov til å | bruke flagget.
- - - - - - -
reise (tilbake) til   Amerika.
Norge.
Bergen.
- - - - - - -
røke
sove   i   denne kupéen.
teatret.
spise
snakke   her. |

25-B

c)

Spørsmål

1. Hva er det Georg og Sigrid venter på? 2. Hvorfor er det best for Georg og Sigrid å finne et sted på fortauet? 3. I hvilken gate går toget? 4. Hvor går det så hen? 5. Hvorfor går det dit opp? 6. Hva er det i spissen av toget? 7. Er det mange flagg å se på Karl Johan? 8. Når oppdaget nordmennene at de var så glad i flagget sitt? 9. Hvem er forrest blant ungdommen fra de høyere skolene? 10. Hva er russen for noe? 11. Har de noe spesielt på seg? 12. Hva gjør de senere på dagen? 13. Hvor lenge varte krigen i Norge? 14. Feiret nordmennene 17. mai under krigen? 15. Hva har nordmennene satt større pris på siden?

Samtaleøvelse

1. You are telling a friend about the 17th of May parade in Oslo. He asks you what streets it goes along, who marches in it, etc. You tell about the bands, the "russ," the crowded sidewalks, etc.

2. You are saying goodbye to a Norwegian friend just before you leave to return to America. Be sure to thank him for everything, say how interesting it was to visit Norway, that you hope to come back again soon, etc. He invites you to stay with him whenever you are in town, etc.

GRAMMAR

☆ **25.1 WHY ARE MANY NORWEGIAN AND ENGLISH WORDS ALIKE?**

Many words in Norwegian are strikingly similar to English words. This similarity between English and Norwegian is no accident, for the ancestors of the modern Norwegian and English peoples were at one time members of the same Germanic tribes, roaming around the Baltic and the North Sea as far back as we know anything about them. In later centuries they have continued to be in touch with each other, exchanging many significant cultural influences. By comparing the words of English and Norwegian with each other and with words in the other Germanic languages (German, Dutch, Flemish, Swedish, Danish, Icelandic), we can tell that many of these words must have been in use before the tribes separated, two or three thousand years ago. These are usually simple, everyday words, such as would be used by people living close to nature: **ku** 'cow,' **hus** 'house,' **ut** 'out,' **sten** 'stone,' **ben** 'bone,' **alene** 'alone,' **god** 'good,' **stod** 'stood,' **to** 'two,' **bake** 'bake,' **ta** 'take,' **gå** 'go,' and hundreds more. This is the core around which Norwegian and English are built.

In the centuries that have passed since then, both English and Norwegian have gained many thousands of new words. English has mostly picked up expressions from Latin and French, to which it owes the mass of its learned and literary words, such as 'intellectual,' 'adversary,' 'commitment,' 'retention.' The word 'calf' is Germanic and therefore similar to Norwegian **kalv,** but the word 'mutton' is French in origin and was introduced by the Anglo-Norman nobles who ruled England after the Norman conquest. In Norwegian the strongest outside influence through many centuries was not French or Latin, but Low German, the language spoken in the great Hanseatic cities of Hamburg, Lübeck, and Bremen, whose commerce dominated northern Europe from the 13th to the 15th century. For this reason Norwegian borrowed a great many words from Low German, such words as **betale, arbeide, bilde, flink, spasere.** The presence of such words in Norwegian makes a knowledge of German a great help in learning Norwegian.

In addition Norwegian, like English, has profited from the fact that there is a large international vocabulary for phenomena of modern civilization, mostly derived from Latin and Greek. Norwegian, too, has adopted such words as **hotell, kaffe, te, telefon, telegram, kaptein, desember, ingeniør,** etc. In Norwegian most of them have been respelled to fit their Norwegian pronunciation.

A knowledge of word origins and relationships can be very helpful in learning a new language, but care must be taken. In the course of time many words have changed both meaning and pronunciation. That is why Norwegian **time** 'hour' can not be used to translate English 'time,' nor **tid** 'time' to translate English 'tide.' **Bord** in Norwegian is a table (as well as a board), while **dress** is a suit, not a dress. In English we speak of a 'festive board' and of 'full dress,' but otherwise these words mean something else in English than they do in Norwegian. If you do not let yourself be fooled by such apparent but deceptive likenesses, you will find the awareness of word relationships a real aid to learning vocabulary.

☆ 25.2 GRAMMAR SURVEY

The following tables include all the variable grammatical forms of Norwegian. Although they are few in number compared to those of most other languages, they are different enough from those of English so that it will pay you to review them at this point. More details are available in the preceding lessons and can be found quickly by consulting the index of grammatical topics.

(a) The nominal inflections. These apply to *nouns, adjectives,* and *pronouns* and (except for the personal pronouns) are based on the two categories of *gender* and *number*. Gender is the division into **en-**, **ei-**, and **et**-nouns (traditionally called masculine, feminine, and neuter). Number is the division into singular and plural forms, which can apply to any one of the genders.

	With en-nouns	With ei-nouns	With et-nouns	With plurals
NOUNS AND ARTICLES				
INDEFINITE	en	ei (en)	et	-er (-e, -O)
DEFINITE				
SUFFIXED	-en	-a	-et	-ene (-a)
SEPARATE	den	den	det	de
POSSESSIVE	Add **-s** to noun stem or its suffixes			
ADJECTIVES				
INDEFINITE	-O	-O	-t	-e
DEFINITE	-e	-e	-e	-e
ADJECTIVES IN -EN				
INDEFINITE	-en	-en	-ent (-et)(-e)	-ne (-e)
DEFINITE	-ne	-ne	-ne	-ne
(Many of these are irregular; cf. GRAMMAR 11.1)				
DEMONSTRATIVES				
NEAR (THIS)	denne	denne	dette	disse
FAR (THAT)	den	den	det	de
POSSESSIVES				
MIN, DIN, SIN	-n	-O	-tt	-ne
(VAR IRREG.)	vår	vår	vårt	våre
IMPERSONAL PRONOUNS (IT, THEY)				
SUBJECT FORM	den	den	det	de
OBJECT FORM	den	den	det	dem
REFLEXIVE FORM	seg	seg	seg	seg
POSSESSIVE FORM	dens	dens	dets	deres

PERSONAL PRONOUNS

	First Person		Second Person			Third Person	
	Sg.	Pl.	Sg.	Pl.	Formal	Masc. Sg.	Fem. Sg.
SUBJECT FORM	jeg	vi	du	dere	De	han	hun
OBJECT FORM	meg	oss	deg	dere	Dem	ham	henne
REFLEXIVE FORM	meg	oss	deg	dere	Dem	seg	seg
POSSESSIVE FORM	min	vår	din	deres	Deres	hans, sin	hennes, sin

(b) The verbal inflections. In this book the principal parts given for each verb are the *infinitive,* the *past,* and the *past participle.* If one knows these, one can produce nearly all other verbal forms by simple rules. Verbs are either *weak* or *strong,* according to the way in which the past is derived from the infinitive stem:

	Weak			Strong
	2			
PAST	-et	-te	-dde (-de)	-O
PAST PART.	-et	-t	-dd (-d)	-et

The strong are further subdivided according to the vowel used in the past stem, which is usually different from that of the infinitive stem. The remaining forms of the verbs are regular and vary only according to whether the stem ends in a vowel or a consonant:

	IMPER-ATIVE	INFIN-ITIVE	PRESENT ACTIVE	PRESENT PASSIVE	PRESENT PARTICIPLE
VOWEL (e.g. **se**)	-O	-O	-r	-es	-ende
CONSONANT (e.g. **spise**)	-O	-e	-er	-es	-ende

The modals are a mixture of strong and weak forms and must be learned separately.

(c) Comparison of adjectives and adverbs. The comparative is formed by adding **-ere** to the **en**-form of the adjective, the superlative by adding **-est.** The comparative has only definite inflection (**-e**), the superlative both definite and indefinite.

⊙ La oss lytte

1. *Sigrid og Georg sitter på en friluftsrestaurant på Karl Johan utpå dagen den syttende. De venter på russetoget som snart skal komme.*

G: Du har vel vært russ du også, ikke sant?

S: Jo da, jeg var med i russetoget og hadde det veldig morsomt.

G: Er det russen som kjører disse gamle røde bilene jeg har sett så mange av i det siste?

S: Ja, det er russebiler alt sammen.

G: Hadde du en slik en da du var russ?

S: Nei, men et par av vennene mine hadde en, så jeg var ofte med.

G: Var du ikke redd for å kjøre i dem?

S: Nei, hvorfor skulle jeg være redd?

G: Det må da være farlig å kjøre i så gamle og dårlige biler.

S: Ja, det kan jo hende det går galt, men det er bare når folk ikke kjører forsiktig. Russen er ikke verre enn andre. Men her kommer russetoget. Nå skal det bli moro!

2. *Ragnar og Georg prater sammen en dag i juni.*

R: Nå, Georg, du skal snart tilbake til Amerika?

G: Ja, dessverre, jeg kan ikke bli her lenger nå, jeg må tilbake til avisen.

R: Har du fått skrevet noe på den boka om Norge da?

G: Ja, jeg har skrevet en hel del allerede, og noe av det har jeg alt sendt til avisen. Men nå skal jeg samle det alt sammen i en bok.

R: Skal det være bilder i boka også?

G: Ja, selvfølgelig. Hva slags bok om Norge skulle det bli som det ikke var bilder i? Jeg har tatt masse bilder som jeg har tenkt å bruke.

R: Ja, du skulle ha fått mange fine bilder, slik som du har reist omkring.

G: Ja, jeg har da det, og *det* var nettopp meningen med hele turen. En kan ikke lære noe om et nytt land hvis en bare er på ett sted. En må reise og se seg omkring så en kan treffe og snakke med så mange mennesker som mulig.

R: Ja, da er du sikkert blitt godt kjent her i landet. Du kjenner nok Norge bedre enn vi nordmenn gjør. Jeg tror det blir en god bok, den du kommer til å skrive.

G: Jeg håper da det. Jeg skal i all fall gjøre mitt beste.

R: Hvordan har du tenkt å reise tilbake til Amerika?

G: Jeg skal ta toget til Bergen, og så båten derfra.

R: Så du skal tilbake til Bergen igjen?

G: Ja, jeg vil gjerne hilse på Arne en gang til før jeg drar.

R: Ja så, det er ikke noen annen der i Bergen du skal hilse på da?

G: Å jo, jeg har da en del andre venner i Bergen også.

R: Ja, jeg har lagt merke til at du har vært temmelig flink til å sende brev dit. Kanskje du ikke blir alene på hjemturen?

G: Ja, hvem vet? Det var kanskje ikke noen dårlig idé. Jeg burde jo ta med meg noe hjem som kan minne meg om Norge.

Lesestykke: To dikt fra krigen (*in the Reader*)

Vocabulary List (Lessons 21–25)

Nouns

En-nouns

akt   23
annonse   23.3
anorakk   24.25
aula   22.15
avgangsklasse   25.36
balkong   23.22
begivenhet   24.24
benk   21.24
bru   21
buljong   24.26
dame   21.34
dikter   25.8
elev   25.28
festdag   24.2
figur   21.16
filosofi   22.26
fontene   21.22
forelesning   22.12
forening   22.33
forestilling   23.20
forfriskning   23.39
fot   25.5
foyer   23.40
friidrett   24.39
garderobe   23.30
gave   24.16
genser   24.25
glede   21.12
gressplen   21.30
grunnlov   25.9
hybel   22.22

høytid   24.19
idrett   24.34
idrettstevne   24.27
jul   24.5
julaften   24.12
juledag   24.14
julekveld   24.13
julesang   24.12
jus   22.26
kake (cooky)   24.11
kamp   21.19; 24.38
kjemi   22.26
konge   25.14
kongefamilien   25.26
konsertsal   22.14
krans   25.5
krig   25.32
kulde   24.3
kunst   21.14
kunstner   21.7
litteratur   23.13
lue   25.37
makt   25.19
midtbygningen   22.15
midten (def.)   22.4
moderasjon   22.13
moro   24.18
nasjonaldag   25
olding   21.12
parktante   21.32
port   21.1

prins   25.17
professor   22.38
pølse   24.26
rad   23.24
representant   25.20
revy   23.5
russ   25.24
samskipnad   22.35
sandkasse   21.36
scene   23.15
servering   23.40
skole   24.39
skuespiller   23.34
skuespillerinne   23.36
sky   24.1
skøytebane   21.29
slutt   24.2
sorg   21.12
sport   24.36
sportsklubb   24.40
statue   25.5
stevne   24.40
stil   24.30
Studentsamskipna-
    den   22.31
tennisbane   21.28
trapp   23.28
ungdom   24.39
unge   21.36
utlending   24.28
Villanden   23.17
ære   25.6
øvelse   24.32

Et-nouns

barnetog   25.21
barnsben   24.32
bibliotek   22.17
bokmål   22.36
dukkehjem   23.17
eksempel   21.35

fakultet   22.27
flagg   25.29
fortau   25.23
fotball   24.35
Holmenkollrennet   24.22
hopp   24.28

Ibsenstykke   23.10
idrettslag   24.37
juletre   24.11
langrenn   24.33
lystspill   23.8
menneske   21.19

25–B

musikk-korps 25.26
mål 21.27
nyttår 24.6
nyttårsselskap 24.18
ord 22.35
parkett 23.21

poeng 24.30
program 23.30
russetog 25.37
slalåm 24.33
småbarn 21.34
språk 22.26

svømmebasseng 21.27
tog (parade) 25.1
verk 21.8
yttertøy 23.29
århundre 22.4

Names of Places

Besserudtjernet 24
Blindern 21.7
Chat Noir 23.5
Danmark 25.12
Drammensveien 22.18
Eidsvoll 25.9
Frognerparken 21
Holmenkollenbakken 24
Kirkeveien 21.28
Monolitten 21.18
Nobelsgate 21.9

Norefjell 24.7
Slottet 25.25
Sogn 22.22
Sognsvannsbanen 22.10
Stortinget 25.20
Studentbyen 22.22
Studenterlunden 25.2
Sverige 25.14
Universitetsbiblioteket 22.18
Velferdshuset 22.34

Verbs

ane 21.22
arrangere 24.38
bake 24.11
bestå (av) 22.5
dele ut 24.16
elske 25.18
feire 24.10
forene 25.12
forestille 21.10
fryse 24.2
hoppe 24.29
hvile 21.25
imponere 23.37
innbille 21.8
kikke (på) 22.2

lagt (legge) 25.5
leke 21.31
marsjere 25.25
oppdage 25.32
rage 21.18
rukket (rekke) 23.18
røre 25.4
samle 22.7
sang 24.13
skjønne 21.13
sole 21.30
sparke 24.35
spasere 25.2
spre 22.7

studere 22.25
sunget (synge) 24.12
svømme 24.35
symbolisere 21.19
telle 21.22
tillatt (tillate) 25.38
vare 24.17
varme 24.1
vedta 25.9
velge 25.20
valgt (til) 25.17
vente (expect) 24.3
våkne 23.11

Adjectives

alminnelig 21.37
berømt 22.16
bestemt 21.17
dansk 25.17
dyktig 23.34

færreste (få) 23.19
glad 24.13
glimrende 23.33
gratis 21.4
halvannen 25.1

matematisk-natur-
  vitenskapelig 22.30
nasjonal 24.24
nynorsk 22.35
privat 24.40
selvstendig 25.11

[414]

død   23.11
enig   23.38
felles   25.14
fleste   21.38
forrest   25.34
forrige   22.4

historisk-
  filosofisk   22.30
høytidelig   22.3
innviklet   22.39
internasjonal   24.27
juridisk   22.29
kjedelig   24.8

storslagen   21.6
trett   21.15
tykk   24.25
umulig   25.4
underlig   21.16

Adverbs

allerede   25.3
altså   23.16
enda   22.8
flyktig   21.14
forbi   25.24

framme   23.23
galt   24.31
hit   21.13
høyt   25.18

opprinnelig   22.36
slik   21.11
sånn   21.39
temmelig   24.6

Conjunctions

enten   22.22

til   25.1

Prepositions

utover   22.18

utpå   24

Idiomatic Expressions

du sier ikke det   21.40
for eksempel   21.35
fra barnsben av   24.32
fram og tilbake   22.11
hos folket   25.20
i spissen   25.27
jeg har aldri sett på maken   21.5
plass til   22.24
på himmelen   24.1
seg i mellom   24.38
senere på dagen   25.36
stort sett   22.29
til ære for   25.6
ut på høsten   24
å be med   23

å bo på   22.22
å følge etter   25.28
å glede seg til   24.9
å gå galt   24.31
å gå med   25.37
å holde seg til   24.33
å kalle for   25.10
å levere fra seg   23.29
å røre på seg   25.4
å sette pris på   25.40
å sparke fotball   24.12
å være enig i   23.38
å være glad for   24.20
å være glad i   25.31

APPENDIX I – THE METRIC SYSTEM

In Norway, as in the rest of continental Europe, and in all scientific work throughout the world, the official system of measurement is the metric. This is a very neat and orderly system, based on decimals. Three fundamental units of measure are used: the *meter* for length, the *gram* for weight, and the *liter* for volume. Each of these gets a Greek or Latin prefix to indicate larger or smaller units: *milli-* (1/1000), *centi-* (1/100), *deci-* (1/10), *deka-* (10), *hekto-* (100), *kilo-* (1000). In daily use, however, certain units are more common than the rest, and only these will be presented here, with English equivalents. Notice that instead of decimal points, commas are frequently used.

(1) Distance and area

SHORT: where we would use inches, they use **centimeter** [sang´ti/me˙ter]: **cm**

$$1 \text{ in.} = 2\text{-}1/2 \text{ cm} \qquad 1 \text{ cm} = 3/8 \text{ in.}$$

MEDIUM: where we would use feet or yards, they use **meter** [me´ter]: **m**

$$1 \text{ ft.} = 30 \text{ cm} \qquad 1 \text{ yd.} = 91 \text{ cm} \qquad 1 \text{ m} = 39\text{-}3/8 \text{ in.}$$

LONG: where we would use miles, they use **kilometer** [kji´lo/me˙ter]: **km**

$$1 \text{ mile} = 1{,}6 \text{ km} \qquad 1 \text{ km} = 5/8 \text{ mile}$$

AREA: where we would use square miles, they use **kvadratkilometer: km²**

$$1 \text{ sq. m.} = 2{,}6 \text{ km}^2 \qquad 1 \text{ km}^2 = .4 \text{ sq. miles}$$

(2) Weight

Where we would use ounces, they use **gram** [gramm´], or **hektogram** [hek´to/gramm´], usually abbreviated **hekto: hg**

$$1 \text{ oz.} = 1/4 \text{ hg (28 gram)} \qquad 1 \text{ hg} = 3\text{-}1/2 \text{ oz.} \qquad 1 \text{ gram} = 1/30 \text{ oz.}$$

Where we would use pounds, they use **kilogram** [kji´lo/gramm´], usually abbreviated **kilo** [kji´lo]: **kg**

$$1 \text{ lb.} = 0{,}45 \text{ kg} \qquad 1 \text{ kg} = 2.2 \text{ lbs.}$$

(3) Volume

Where we would use quarts or gallons, they use **liter** [li´ter]: **l**

$$1 \text{ qt.} = 0{,}9 \text{ l} \qquad 1 \text{ gal.} = 3{,}8 \text{ l} \qquad 1 \text{ l} = 1.1 \text{ qt.}$$

In popular usage the terms **fot** 'foot' and **pund** 'pound' are sometimes employed, with approximately the same values as in English.

(4) Temperature

The Centigrade scale is used in Norway and is there called **Celsius** [sel´sius]. On this scale the temperature range from the freezing point of water to its boiling point is divided into 100 equal divisions. 0 degrees is set at the freezing point of water, 100 degrees at the boiling point. Thus 0 degrees C. corresponds to 32 degrees F., and 100 degrees C. to 212 degrees F. The equations for conversion between the systems are:

$$\text{F.} = \frac{9}{5}\text{C.} + 32 \qquad \text{C.} = \frac{5}{9}(\text{F.} - 32)$$

Some common temperatures are, in terms of both systems:

C.	−17,8	−10	0	10	20	30	40
F.	0	14	32	50	68	86	104

VOCABULARY

VOCABULARY

The first occurrence of each word is shown by the number following the definitions:

9.31 = Lesson 9, Basic sentence 31.

LL 9 = Lesson 9, La oss lytte.

R23 = Reading selection accompanying Lesson 23.

13.10(R11) = First in Reading selection to Lesson 11, later in Lesson 13, Basic sentence 10.

Grammar references are to numbers of grammatical sections.

The letters **æ, ø, å** are listed at the end of the alphabet in that order.

The system used for showing the pronunciation is the same as that used in previous parts of the book. For an explanation see Pronunciation 1.1 ff. When pronunciations are included, they follow the word immediately in square brackets. They are omitted, however, whenever the pronunciation is identical with the regular spelling. For all words which are left unmarked it is assumed that:

(1) The stress is on the first syllable only.

(2) The stressed syllable has Tone 1 in monosyllables, Tone 2 in polysyllables.

(3) The stressed vowel is long if it is final or followed by one consonant, short if followed by more than one consonant.

(4) **au** is always [æu] and **ei** is [æi]; **nk** is [ngk], as in English.

A

absolutt [apsolutt´] *adv.* absolutely 11.31

adjø [adjø´] *excl.* goodbye 1.19

adresselapp [adres´se/lapp´] (en) address card 17.37

aerogram [aerogramm´] (et) aerogram 17.30

aften [af`t^en] (en) evening 1.4
  aftens (en) supper
  varm aftens dinner (in the evening) 9.6

akademi [akademi´] (et) academy, scientific society R22

akk *excl.* ah, oh R17

akkurat [akkura´t] *adv.* exactly 5.14

akt (en) act 23.32

albu (en) elbow R19

aldeles [alde´les] *adv.* completely, absolutely 9.39

aldri *adv.* never 10.29

alene [ale`ne] *adj.* alone R18

all, alt, alle *adj.* all 4.2
  i alt in all 12.9
  alt, alt sammen everything 7.37, 5.23
  alle sammen all of us LL21

allerede [alere`de] *adv.* already 25.3 (R22)

allikevel [ali`ke/vell´] *adv.* anyway, just the same 14.25

alltid [all´ti(d)] *adv.* always 6.18

allting [all´/ting`] *pron.* everything R21

alminnelig [almin´(d)eli] *adj.* common 21.37

alt *adj. cf.* **all**

alt *adv.* already 8.37

altfor [al´tfår] *adv.* much too 2.36

altså [al´tså] *adv.* so, thus 23.16 (R12)

alvor [all´/vå´r] (et) earnestness, seriousness R22
  for alvor in earnest R22

alvorlig [alvå´rli] *adj.* serious 16.13
  alvorlig *adv.* seriously R14

Amerika [ame´rika] America 2.2

amerikaner [am^erika´ner] (en) American 2.1

amerikansk [am^erika´nsk] *adj.* American 3.8

anbefale [an´/befa`le] (-te, -t) recommend 2.32

ane (-te, -t) have an idea, suspect 21.22

annen [a`en], **annet** [a`ent], **andre** other 10.7, second 2 (*cf. Gram.* 11.1)
  en eller annen one or another R18
  på en annen måte in another way R21
  ikke annet enn nothing but, only 12.25
  mye annet a lot of other things 21.26
  noe annet anything, something else 7.28
  andres other people's R23

annerledes [an`der/le`des] *adj.* different 11.12

annonse [anång´se] (en) advertisement 23.3

anorakk [anorakk´] (en) parka 24.25

ansikt [an`sikt] (et) face R13

anstrengende [an´/streng`ene] *adj.* strenuous 16.36

apotek [apote´k] (et) pharmacy 16.38

april [apri´l] April 10

arbeid [ar`bæi] (et) work 3.20 also **arbeide** [ar`bæide] (et) R17

arbeide [arbæi´de] (-et, -et) work 3.23

arbeidergutt [arbæi´der/gutt´] (en) young worker R25¹

arbeidsglede [ar`bæis/gle`de] (en) joy in working R25¹

arm (en) arm R17

armbåndsur [ar`mbåns/u´r] (et) wrist watch R16

arrangere [arangsje´re] (-te, -t) arrange 24.38

at [att´] *conj.* that 8.22

att (*New Norwegian*) = **igjen** again LL23

atten [at`t^en] *num.* eighteen 7.30

attende [at`t^ene] *ord.* eighteenth 18

au [æu] *interj.* ouch, hey 14.37

august [æugus´t] August 10.10

aula [æu´la] (en) auditorium 22.15

aust *cf.* **øst**

austside [æu`st/si`de] (en) east side R24

av [a´] *prep.* of, by, from 2.7
  av sted away 13.18
  dra av sted to leave 13.18
  ha godt av to benefit from 5.31
  høre av to hear from R11¹
  ved siden av beside 4.25

av [a´] *adv.* off 11.10
  av og til occasionally, now and then R12
  fra barnsben av from early childhood on 24.10
  gå av to get off 12.15

avgang [a`v/gang`] (en) departure 20.10

avgangsklasse [a`vgangs/klas`se] (en) graduating class 25.36

avis [avi´s] (en) newspaper 3.23

avslutte [a´v/slut`te] (-et, -et) end R22

B

bad (et) bath, bathroom 4.24; swim R19

bade (-et, -et) go swimming, bathe 10.14

badedrakt [ba`de/drak´t] (en) bathing suit R19

bagasje [baga´sje] (en) baggage 13.1

bak *adv.* back R22

bak *prep.* in back of R14

bake (-te, -t) bake 24.11 (R17)

bakeri [bakeri´] (et) bakery 18.23

bakerst [ba`kerst] *adv.* farthest back R21

bakke (en) hill 19.33 (R15)

balkong [balkång´] (en) balcony 23.22

bandt *cf.* binde

bane (en) railroad, railroad or streetcar line 19.8

bank (en) bank 17.4

bar *cf.* bære

barbere [barbe´re] (-te, -t) shave 8.12

barberer [barbe´rer] (en) barber 8.22

barberhøvel [barbe´r/høv´el] (en) safety razor 8.14

barbermaskin [barbe´r/masji´n] (en) electric razor 8.13

barbersalong [barbe´r/salång´] (en) barber shop 8.19

bare *adv.* just, only 1.6

barn [ba´rn] (et) child 20.9 (R13)

barnesykdom [ba`rne/syk`dåm] (et) childhood disease 16.30

barnetog [ba`rne/tå´g] (et) children's parade 25.21,

barneår [ba`rne/å´r] *pl.* childhood years R20

barnsben [ba´rns/be´n] *pl.*: **fra barnsben av** from early childhood on 24.32

barnslig [ba`rnsli] *adj.* childish R22

be (bad, bedt) [ba´, bett´] ask, invite 8.1
  be med ask to come along 23
  be ut invite out 8.1

bedre [be´dre] *comp. adj. and adv.* better 7.34 (*cf. Gram.* 10.2)

bedt *cf.* be

befri [befri´] (-et, -et) liberate R25²

begeistret [begæi´stret] *adj.* enthusiastic 19.39
  begeistret for enthusiastic about 19.39

begge *adj.* both 12.37 (*cf. Gram.* 12.2)
  begge deler both 17.29

begivenhet [beji´ven/he´t] (en) event 24.24

begrave [begra´ve] (-et, -et) bury 20.24

begynne [bejyn´ne, by`ne] (-te, -t) begin 3.32
  begynne med begin with 5.25
  til å begynne med to begin with, in the beginning 16.24

behagelig [beha´geli] *adj.* comfortable, pleasant (feeling) R16

behagelighet [beha´geli/he´t] (en) comfort R18

behøve [behø´ve] (-de, -d) need R20

bein *cf.* ben

bekk (en) brook R24

bekomme *cf.* vel bekomme

beløp [belø´p] (et) amount (of money) 17.15

ben (et) also bein leg, foot; bone 10.32

benk (en) bench 21.24

benkerekke [beng`ke/rek`ke] (en) row of benches R17

bensin [bensi´n] (en) gasoline 14.4
  fylle bensin get gas 14.4

bensinstasjon [bensi´n/stasjo`n] (en) gas station 14.6

Bergensbanen [bær´gens/ba`nen] the railroad from Bergen to Oslo 12.10

bergenser [bærgen´ser] (en) inhabitant of Bergen 10.4

berømt [berøm´t] *adj.* famous 22.16

Besserudtjernet [bes`seru/kjæ`rne] the lake at Besserud 24

best *sup. adj. and adv.* best 6.11

bestemt [bestem´t] *adj.* definite 21.17

bestikk [bestikk´] (et) eating utensils 18.19

bestille [bestil´le] (-te, -t) order, reserve 9.13
  bestille time make an appointment 16.2

bestå (bestod, bestått)[bestå´, besto´, bestått´]
  bestå av, bestå i consist of 22.5 (R18)

bet *cf.* bite

betale [beta´le] (-te, -t) pay 13.14

betre (*New Norwegian*) = **bedre** LL22

bety [bety´] (-dde, -dd) mean, signify 11.29 (*cf. Gram.* 11.2)

bevart [beva´rt] *adj.* preserved 20.22

bibliotek [bibliote´k] (et) library 22.17

bikkje (ei) dog R14

bil (en) car; taxi 4.9

bilde (et) picture 6.25

bile (-te, -t) drive (a car) 12.31

billett [bilett´] (en) ticket 20.28 (R14)

billettluke [bilett´/lu`ke] (en) ticket window 11.17

billettselger [bilett´/sel`ger] (en) ticket seller 20.28

billig [bil`li] *adj.* cheap 4.32

bilmekaniker [bi`l/meka`niker] (en) automobile mechanic 14.34

bilulykke [bi`l/ulyk`ke] (en) automobile accident 14.24

binde (bandt, bundet) [bin`ne, ban´t, bun`net] tie R15

bite (bet, bitt) bite R11
  bite i bite R21

bjørk (ei) also bjerk [bjær´k] birch 12.25

bjørn [bjø´rn] (en) bear R12

Bjørnsjø [bjø`rn/sjø´] (en) "Bear Lake", lake in Nordmarka 19.24

blad [bla´] (et) leaf R11²

blant *adv.* among 12.26
  i blant among, in between 12.26; occasionally R Appendix 1²
ble *cf.* **bli**
blekk (et) ink 6.13
¹**bli (ble, blitt)** stay, remain 2.34
  bli med come along 4.15
  bli ved continue R23
²**bli (ble, blitt)** become, be (with passive); will be 1.42
  bli borte disappear, go away R11²
  bli igjen remain, be left R11²
  bli kvitt get rid of 16.13
  er blitt has, have been 16.31; has, have become LL15
  er blitt til has, have become R20
blikk (et) glance, look R17
blod [blo´] (et) blood R20
blodtrykk [blo`/trykk´] (et) blood pressure 16.28
blomst [blåm´st] (en) flower 12.26 (R11²)
blomsterbed [blåm`ster/be´d] (et) flower bed R11²
blond [blånn´] *adj.* blonde R12
bly (et) lead (metal) 13.7
blyant [bly´ant] (en) pencil 6.14
blå (-tt, --) blue 7.13
blåpapir [blå`/papi´r] (et) carbon paper R22
bo (-dde, -dd) live, dwell 2.29
  bo på et hotell live at a hotel LL2
bok (ei) *pl.* **bøker** [bø´ker] book 3.25
bokhandel [bo`k/han`del] (en) bookstore R17, LL17
bokmål [bo`k/må´l] (et) Standard Norwegian, Dano-Norwegian 22.36
bonde [bon`ne] (en) *pl.* **bønder** [bøn´ner] farmer 15.0
bonde gård [bon`ne/gå`r] (en) farm LL15
bondestue [bon`ne/stu`e] (en) farm house 20.36
bord [bo´r] (et) table 4.17
bort *adv.* away (motion) 17 (*cf. Gram.* 8.2)
  gå bort til go over to 17
borte *adv.* away (location) 1.26 (*cf. Gram.* 8.2)
  bli borte disappear, go away R11²
  der borte over there 1.26
bortover [bortå´ver] *adv.* across, over, along R17
bra *adj. and adv.* fine, good, well 1.6
  bare bra just fine 1.6
  det var bra that's good 1.18
brann (en) fire R25¹
bratt *adj.* steep 14.10
bred [bre´] *adj. also* **brei** wide, broad R15

i sju lange og sju breie a long, long time R15
bremse (en) brake 14.23
brenne (-te, -t) burn R23
brev (et) letter 6.4
briller *pl.* glasses R22
bris (en) breeze R24
bronkitt [bronkitt´] (en) bronchitis 16.27
bror (en) brother 3.34
bru (ei) bridge 21.16
bruk (en) use 18.16
  ha bruk for need, have use for 18.16
brukbar [bru`k/ba´r] *adj.* usable R17
bruke (-te, -t) use 6.14
bruke til use for S20
brun *adj.* brown R14
brutt *cf.* **bryte**
bry (-dde, -dd) bother R12
  bry seg om bother about, care about R12
brygge (ei) dock, pier 20.6
bryst (et) chest 16.15
bryte (brøt, brutt) break R15
brød [brø´] (et) bread R16
brødskive [brø`/sji`ve] (en) slice of bread 9.25
bu (-dde, -dd) *(New Norwegian)* = **bo** LL22
bukser [bok`ser] *pl.* trousers, pants 7.24
buljong [buljång´] (en) bouillon 24.26
burde (*pres.* **bør; burde, burdet**) ought to 2.37 (*cf. Gram.* 2.3)
buss (en) bus 5.29
butikk [butikk´] (en) store 7.0
butikksentrum [butikk´/sen`trum] (et) shopping center 18.15
by (en) city 2.34
by (bød, budt) [by´, bø´d, butt´] offer 11.22
bygd (ei) rural community R25¹
bygdelag [byg`de/la`g] (et) organization of people from the same **bygd** R20
bygeaktivitet [by`e/aktivite`t] (en) shower activity R24
byget [by`et] *adj.* showery R24
bygg (et) barley 15.26
bygge (-et, -et *or* -de, -d) build 12.4
bygning (en) building 7.5
bymann [by´/mann´] city dweller R23
bytte (-et, -et) trade, exchange R15
bære (bar, båret) carry 18.8
  bære på carry 18.8
bøker *cf.* **bok**
bør (burde) [børr´] ought to 7.2
både *conj.* both 4.26 (*cf. Gram.* 12.2)
båt (ei) 20.4

C

campingbruk [kæm´ping/bru˙k] (en)
  til campingbruk for use in camping 18.17

D

da *adv.-conj.* then, when 1.20 (*cf. Gram.* 12.1c and 18.2)
dag (en) day 1.1
  dagen lang all day long R21
  god dag hello 1.1
  i dag today 4.39
  en fjorten dagers tid a period of 14 days R22
  langt på dag late in the morning R15
  senere på dagen later in the day 25 37
  utover dagen in the course of the day R24
  utpå dagen later in the day R24
  (tre ganger) om dagen (three times) a day 16.39
daglig [da`gli] *adj.* daily R22
  til daglig usually R22
dagslys [dak´s/ly˙s] (et) daylight R23
dal (en) valley 19.2 (R11¹)
dalstrøk [da`l/strø˙k] (et) valley district R24
dame (en) lady 21.34 (R17)
dampe (-et, -et) steam R14
Danmark (et) Denmark 25.12
danse (-et, -et) dance R20
dansk *adj.* Danish 25.17
datter (en) daughter 2.21
de, dem, deres [di´, demm´, de`res] *pron.* they, them, their(s) 4.5
De, Dem, Deres [di´, demm´, de`res] *pron.* you, you, your(s) 1.7 (*cf. Gram.* 6.1)
deg *cf.* **du**
dei (*New Norwegian*) = **de** LL22
deilig [dæi`li] *adj.* lovely 9.12
dekke (-et, -et) cover R11²
del (en) part 1
  en del several 7.7; a bit, some 24.35
  en god del quite a bit R13
  begge deler both 17.29
  til dels partly R24
dele (-te, -t) divide 11.13
  dele opp divide 11.13
  dele ut distribute, give (presents) 24.16
delvis [de`l/vi˙s] *adv.* partly R24
dem *cf.* **de**
Dem *cf.* **De**
den, det, de [denn´, de´, di´] *art.* the (*when followed by an adjective*) 7.5
den, det, de [denn´, de´, di´] *pron.* it, that, those 1.5

dens its R12
det er there is (*cf. Gram.* 5.5 *and* 16.1)
det håper jeg I hope so 10.38
jeg tror ikke det I don't think so 9.5
kanskje det maybe so 8.27
synes du det do you think so 6.35
denne, dette, disse *dem. pron.* this, these 2.21
dens *cf.* **den**
der [dæ´r] *adv.* there 1.26 (**der oppe**, *etc. cf. Gram.* 19.2a)
der *conj.* (there) where, as R19
dere, dere, deres *pron.* you, you, your(s) (*plural*) 2.24
deres *cf.* **de**
Deres *cf.* **De**
deretter [dær´etter] *adv.* after that, it R22
derfor [dær´får] *conj.* therefore R11¹
derfra [dær´fra] *adv.* from there 19.4
derom [dær´åmm] *adv.* about that R23
dertil *adv.* in addition R18 daylight
desember [desem´ber] December 10
dessert [desæ´r] (en) dessert 9.18
dessuten [dess´/u˙tᵉn] *adv.* besides 8.10
dessverre [desvær´re] *adv.* unfortunately 1.10
desto *cf.* **jo**
det *cf.* **den**
dette *cf.* **denne**
dikt (et) poem R25
dikte (-et, -et) write poetry R23
dikter (en) poet 25.8 (R16)
din, ditt, dine [dinn´, ditt´, di`ne] *poss.* your(s) 6.1 (*cf. Gram.* 6.1)
  din stygge unge you nasty child R21
disk (en) counter R14
disse *cf.* **denne**
dit *adv.* there, to that place 5.26
  er det langt dit is it far 5.26
  kunne De bli med meg could you come along 7.6
ditt *cf.* **din**
dobbelt *adv.* double R21
doktor [dåk´tor] (en) doctor 3.30
dra (dro, dradd) pull; go 13.18
  dra av sted start off, leave 13.18
  dra ut på go out to R20
  dra inn til byen go in to the city R20
drap (et) murder, killing R25¹
drepe (-te, -t) kill R23
  hvis jeg lot deg drepe if I had you killed R23
dress (en) suit 7.1
drev, drevet *cf.* **drive**

drift (en) operation R24
  i drift in operation R24
drikke (drakk, drukket) [drok`ket] drink 1.49
drikkepenger [drik`ke/peng`er] *pl.* tip 9.36
drive (drev, drevet) operate, conduct, carry on 18.33 **drive på** operate, run 18.33
  drive med idrett be active in sports 24.34
dro *cf.* **dra**
drosjebil [dråsje`/bi´l] (en) taxi R·18
drøm [drømm´] (en) dream R25²
drømme (-te, -t) dream R21
du, deg [dæi´] *pron.* you 6.4 (*cf. Gram.* 6.1)
  du store verden my heavens R21
Dukkehjem [duk`ke/jemm´] (et) *Doll's House,* a play by Henrik Ibsen 23.17
dum [domm´] *adj.* stupid R20
dus *adj.* on an informal basis 12.38
  være dus say **du** to each other 12.38
dusj (en) shower 4.27
dyktig *adj.* capable 23.34
dyp *adj.* deep 16.25
dyr *adj.* expensive 4.30
dyr (et) animal R12
dyrke (-et, -et) cultivate, raise 15.24
dø (-de, -dd) die 15.36
død [dø´] *adj.* dead 23.11 (R13)
død (en) death R23
døgn [døy´n] (et) 24-hour period 10.14
  døgnet rundt around the clock 10.14
dør (ei) door R12
  hun kom i døren she came to the door R12
  rykke i døren pull at the door R22
dørhåndtak [dø`r/hånnta`k] (et) doorknob R22
dåd (en) deed R25¹
dårlig [då`rli] *adj.* bad, poor, ill 4.18 (R13)

E

eg (*New Norwegian*) = **jeg** LL22
egen, eget, egne [e`gne] own 11.23 (*cf. Gram.* 11.1)
egentlig [e´gentli] *adv.* really, actually, anyway (in a question) 20.14 (R11¹)
egg (et) egg 18.34
eie (-de, -d) own R21
ein, eit (*New Norwegian*) = **en, et** LL22
ekorn [ek`ko`rn] (et) squirrel R22
eksempel [eksem´pel] (et) example 21.35
  for eksempel (f. eks.) for example 21.35
ekspedere (-te, -t) [ekspede´re] wait on 7.8
ekspedisjon [ekspedisjo´n] (en) baggage room 13.3

ekspeditrise [ekspeditri`se] (en) (female) clerk 17.27
ekspeditør [ekspeditø´r] (en) clerk 7
ekstra [ek´stra] *adj.* extra 9.37
ekte *adj.* genuine 15.11
eldre [el´dre] *comp. adj.* older 6.34
elektrisk [elek´trisk] *adj.* electric 8.13
elev [ele´v] (en) pupil 25.28
eller [el´ler] *conj.* or 4.24
ellers [el´lers] *adv.* otherwise, or 2.31; or else R20
elleve [el´ve] eleven 1.43
ellevte [el`lefte] eleventh 11
elske (-et, -et) love 25.18 (R23)
en, et *art.* a, an 1.14
  en 50–60 about 50 or 60 15.21
en, ett *num.* one 1.38
  ett etter ett one after the other R23
  den ene, det ene one R13, R15, R21, LL18
en *indef. pron.* one, you, they 9.36
enda *adv.* still (*before comparatives*) 21.9
enda *conj.* although R15
ende [en`ne] (en) end 13.3
  slå over ende knock over R15
endelig [en`deli] *adv.* finally, at last 8.22; by all means, definitely 5.20
endring (en) change R24
eneste [e`neste] *adj.* only, single 3.36
eng (ei) meadow R11²
engang [en gang´]: **ikke engang** not even R17
engelsk [eng´elsk] *adj.* English 14.19
enig [e`ni] *adj.* in agreement 23.38 (R21)
  være enig (om) agree (about) R21
enkel [eng`kel] *adj.* simple R19
enkelt [eng´kelt] *adj.* single, individual R24
  enkelte regnbyger scattered showers R24
enn *adv.-conj.* than (*before comparatives*) 6.33
  ikke annet enn nothing but, only 12.25
  hvor jeg enn ser no matter where I look 19.31
ennå *adv.* yet, still 3.38
enten *conj.* either 22.22
  enten .. eller .. either .. or .. 22.22
eple (et) apple 1.35
er *cf.* **være**
eske (en) box 1.39
et *cf.* **en**
etasje [eta´sje] (en) floor, story 4.12
ett *cf.* **en**
etter *prep.-adv.* after 14.39 (R12)
  etter at after LL24
  etter hvert gradually R20
  etter tur in turn R19

følge etter follow R12

komme etter follow R14

se etter look, check 14.39 (R12)

sette etter set out after R15

tenke etter reflect, think about R19

ettermiddag [et`ter/midda`g] (en) afternoon 9.29

i ettermiddag this afternoon R24

midt på ettermiddagen in the middle of the afternoon 9.29

om ettermiddagen in the afternoon, early evening R22

etterpå [et`ter/på`] *adv.* afterwards 17.9 (R14)

eventyrslott [e`ventyr/slått`] (et) fairytale castle R22

evig [e`vi] *adj.* eternal, perpetual 13.31

F

fager [fa`ger] *adj.* beautiful R23

faktisk [fak`tisk] *adv.* actually R17

fakultet [fakulte`t] (et) faculty 22.27

fall (et) case 18.10 (R14)

i så fall in that case 18.10 (R14)

falle (falt, falt) fall R11²

fallen *adj.* fallen R25²

fant *cf.* **finne**

far (en) father 2.7

fare (en) danger R18

farge (en) color 7.12

fargebånd [far`ge/bånn`] (et) typewriter ribbon R22

farlig [fa`rli] *adj.* dangerous 14.22

det er ikke så farlig it's not so serious 17.2

fast *adj.* definite, firm R15

sitte fast be stuck R15

slå fast determine, substantiate R22

feber [fe`ber] (en) fever 16.21

feberaktig [fe`berakti] *adj.* feverish R22

februar [februa`r] February 10

feil (en) error, mistake R13

ta feil av mistake, confuse R13

feile (-te, -t) be wrong with 16.20

feire (-et, -et) celebrate 24.10

felles [fel`les] *adj.* common, joint 25.14

felles *adv.* in common 25.14

fellesmøte [fel`les/mø`te] (et) joint meeting R22

fem [femm`] *num.* five 3.19

femkroneseddel [femm`kro`ne/sed`del] (en) five-*kroner* bill 17.18

femmer [fem`mer] (en) five-*kroner* bill 13.15

femte *ord.* fifth 25.15

femten [fem`t°n] *num.* fifteen 15.19

femtende [fem`t°ne] *ord.* fifteenth 15

femti [fem`ti] *num.* fifty 1.43

ferdig [fæ`ri, fær`di] *adj.* ready, finished 7.27

pakke ferdig finish packing 14.3¹

ferie [fe`rie] (en) vacation 12.37

fersk [fær`sk] *adj.* fresh 13.37

fest-arrangør [fes`t/arrangsjø`r] (en) arranger of banquets R22

festdag [fes`t/da`g] (en) holiday 24.24

fetter [fet`ter] (en) (male) cousin 6.5

figur [figu`r] (en) figure 21.16 (R17)

fikk *cf.* **få**

film (en) film, movie 8.9

filosofi [filosofi`] (en) philosophy 22.26 (R18)

fin *adj.* fine 6.16

finger [fing`er] (en) finger R21

finne (fant, funnet) find 1.22

finne fram find one's way R12

finne sted take place R22

finne ut til find the way out to R19

det finnes there is, there are 18.4

fire *num.* four 9.28

fisk (en) fish 13.35

fiskebolle [fis`ke/bål`le] (en) fishball 18.38

fiskestang [fis`ke/stang`] (en) fishing pole 13.36

Fisketorvet [fis`ke/tår`ve] the Fish Market (in Bergen) 5.17

fjell (et) mountain 5.35

i fjellet in the mountains 12.30

til fjells to the mountains 10.33

fjellstrøk [fjell`/strø`k] (et) mountain district R24

fjelltrakt [fjell`/trak`t] (en) mountain area R24

fjerde [fjæ`re] *ord.* fourth 4

fjern [fjæ`rn] *adj.* distant R22

fjor: i fjor last year 6.24

fjord [fjo`r] (en) fjord 5.39

fjordstrøk [fjo`r/strø`k] (et) fjord district R24

fjorten [fjor`t°n] *num.* fourteen 25.9

fjortende [fjor`t°ne] *ord.* fourteenth 14

fjøs (et) cow barn 15.18

flagg (et) flag 25.29

flaggstang [flagg`/stang`] (en) flag pole R25²

flaske (en) bottle 9.11

flatbrød [flat`/brø`] (et) flatbread 15.13

flere [fle`re] *comp. adj.* several 5.19; more (*cf. Gram.* 10.2)

flest *sup. adj.* most 21.38 (R18)

de fleste most (of) 21.38

de fleste most people R18

folk flest most people LL12

flink *adj.* accomplished, good 10.28
  flink til good at 10.28
flott [flått´] *adj.* great, fine, elegant 5.38
flue (en) fly R22
fly (fløy, fløyet) fly R20
flyktig [flyk`ti] *adv.* fleetingly 21.14 (R17)
flypost [fly´påst] (en) airmail 17.27
flyte (fløt, flytt) float R19
flytte (-et, -et) move 4.34
fløte (en) cream 9.21
Fløybanen [fløy´/ba·n^{e}n] the funicular rail-
  road at Fløyen in Bergen 5.33
folk [fål´k] (et) people 9.23
  være folk behave properly, be civil R20
folkedans [fål`ke/dan·s] (en) folk-dancing
  20.35
folkeeventyr [fål`ke/e·venty·r] (et) folk tale
  R15
Folkemuséet [fål`ke/muse·e] the Folk Mu-
  seum (at Bygdøy in Oslo) 20.20
folkemusikk [fål`ke/musikk·] (en) folk music
  20.35
folkevett [fål`ke/vett·] (et) common sense
  R25^1
fontene [fånte`ne] (en) fountain 21.23
for [fårr´] *prep.* for 3.1
  for alvor in earnest R22
  for det meste mostly R24
  for en .. what a .. 19.1
  for fem år siden five years ago 3.19
  for seg by themselves LL17
  for seg selv by herself R21
  for å in order to 17.24 (R12)
  hva .. for noe what 17.36
  nå for tiden nowadays 18.32 (R13)
  til ære for in honor of 25.6
  det er ikke fritt for it happens, it can't be
  denied 19.18
  være glad for at be glad that 24.20
  være redd for be afraid of 16.27
for [fårr´] *adv.* too 3.12
for [fårr´] *conj.* because, for, since 11.19
foran [får´ran] *prep.-adv.* in front of, ahead
  6.30
forandre (-et, -et) [fåran´dre] change R22
  forandre seg change R22
forbi [fårbi´] *prep.-adv.* past 17.6 (R12)
fordele (-te, -t) [fårde´le] divide R14
fordi [fårdi´] *conj.* because 7.34
foreldre [fårel´dre] *pl.* parents 15.5
forelesning [få·re/le·sning] (en) lecture (at a
  university) 22.12
forelsket [fårel`sket] *adj.* in love R21
forene (-et, -et) [fåre`ne] unite 25.12

forening [fåre´ning] (en) association 22.33
forestille (-te, -t) [få·re/stil`le] represent 21.10
forestilling [få·re/stil`ling] (en) performance
  (in a theater) 23.20
foretrekke (-trakk, -trukket) [få·re/trek·ke]
  prefer 8.10
forfedre [fårr`/fe·dre] *pl.* forefathers 20.24
forferdelig [fårfær`d^{e}li] *adj.* terrible 8.17
forferdet [fårfær´det] *adj.* terrified R21
forfriskning [fårfris´kning] (en) refresh-
  ment(s) 23.39
forkjølelse [fårkjø´l^{e}lse] (en) cold 16.13
forkjølet [fårkjø´let] *adj.* having a cold 16.12
  bli forkjølet catch a cold 16.12
forklare [fårkla´re] (-te, -t) explain R22
fornøyd [fårnøy´d] *adj.* satisfied, pleased R14
fornøyelse [fårnøy´else] (en) pleasure 5.8
forrest [får´rest] *adv.* foremost 25.34
forresten [fåres`ten] *adv.* for that matter, how-
  ever, actually 18.29 (R12)
forretning [fåret´ning] (en) store, business
  18.27 (R17)
  i forretninger on business R17
forretningsbrev [fåret´nings/bre·v] (et) busi-
  ness letter LL6
forretningsmann [fåret´nings/mann·] (en)
  business man 3.35
forrige [får`rie] *adj.* former, last 22.4 (R13)
  forrige uke last week R13
forside [fårr`/si·de] (en) front page R17
forsiktig [fårsik´ti] *adj.* careful 14.27 (R13)
forskjell [fårr`/sjell·] (en) difference R18
  forskjell på difference between R21
forskjellig [fårsjel´li] *adj.* different 18.24
forstand [fårstann´] (en) reason, understand-
  ing R25^1
forstå (forstod, forstått) [fårstå´, fårsto´,
  fårstått´] understand 1.12
forsyne (-te, -t) [fårsy´ne] supply 17.39
  forsyne seg help oneself (to food) R13
forsynt [fårsy´nt] *adj.* satisfied, had enough
  (food) 9.17
fort *adj.* quick, rapid R19
fort *adv.* quickly, fast 11.39
fortalte, fortalt *cf.* fortelle
fortau [får`/tæu·] (et) sidewalk 25.23
fortelle (fortalte, fortalt) [fårtel`le, fårtal´te,
  fårtal´t] tell 3.20
  fortelle om tell about 3.20
fortid [fårr`/ti·d] (en) past R11^1
fortsette (-satte, -satt) [fårt`/set·te] continue
  R11^2
foruten [fåru`t^{e}n] *prep.* besides R18
fot (en) *pl.* føtter [føt´ter] foot 25.5

fotball [fott`/ball´] (en) soccer 24.35
  sparke fotball play soccer 24.35
fotografi [fotografi´] (et) photograph 6.31
fottur [fo`t/tu´r] (en) hike 12.30
  gå fottur hike, take a hike 12.30.
fotturist [fo`t/turis´t] (en) hiker 12.35
foyer [foaje´] (en) foyer, entry 23.40
fra *prep.* from 2.2
  fra de er to år from (the time) they're two years (old) 21.39
frakk (en) (man's) coat 16.9
fram [framm´] *adv.* ahead, forward 1.29
  fram og tilbake back and forth 22.11 (R16)
  finne fram find one's way R12
Framhuset [framm´/hu`se] the building containing the ship Fram (Bygdøy) 20.17
framme *adv.* at a destination, forward 23.23 (LL11) (*cf. Gram.* 8.2)
framtid [framm`/ti´d] (en) future R11[1]
fransk *adj.* French 14.33
franskbrød [fran´sk/brø´] (et) hard-crusted white bread R16
franskbrødskive [fran´skbrø/sji`ve] (en) slice of French bread R17
fred (en) peace R22
fredag [fre´da] Friday 7
fredelig [fre´d^eli] *adj.* peaceful R11[1]
frem [fremm´] *alternate form for* **fram** LL7
fremme *noun* advancement, promotion R24
fremmed *adj.* strange, unacquainted, foreign R12
  fremmede *pl.* strangers R12
fri, (-tt, -e) *adj.* free 19.18
  det er ikke fritt for it happens, it can't be denied 19.18
fridag [fri´/da`g] (en) day off R19
frihet [fri´/he`t] (en) freedom R25[1]
fri-idrett [fri´/idrett´] (en) track and field 24.39
friluftsområde [fri´lufts/åmrå`de] (et) (outdoor) recreation area 19.40
friluftsteater [fri´lufts/tea`ter] (et) outdoor theater 20.34
frimerke [fri´/mær`ke] (et) postage stamp 17.24
frisk *adj.* well, healthy 16.39; fresh R24
frisøndag [fri´/søn`da] (en) Sunday off R19
fritt *cf.* **fri**
frokost [fro´/kås`t] (en) breakfast 9.23
  til frokost for breakfast 9.23
fru Mrs. 2.19
frue (en) lady, wife R17
frukt (en) fruit 9.19
fryktelig [fryk`t^eli] *adv.* awfully 10.9

fryse (frøs, frosset) [frås`set] freeze, be cold 24.2
frøken [frø´ken] Miss 2.23 ; waitress LL3
frå (*New Norwegian*) = **fra** LL22
fuktig [fok`ti, fuk`ti] *adj.* damp 10.6
fulgte *cf.* **følge**
full *adj.* full 13.8
furu (ei) pine 12.24
fy *excl.* phew (expressing digust) 15.32
fylle (-te, -t) fill 14.4
  fylle bensin get gas 14.4
  fylle ut fill out 17.35
fyllepenn [fyl`le/penn´] (en) fountain pen 6.38
færrest [fær´rest] *sup. adj.* fewest 23.19
  de færreste very few (people) 23.19
fødes (fødtes) be born R23
fødselsdag [føt´sels/da`g] (en) birthday R16
født [føtt´] *adj.* born 15.5
føle (-te, -t) feel 16.3 (R12)
  føle seg feel 16.3 (R12)
følge (fulgte, fulgt) [føl`le, ful`te, ful´t] follow 16.10 (R12); accompany R13
  følge etter follow along after 25.28 (R12)
  følge med accompany 17.37
  følge med tiden keep up with the times R25[2]
følge [føl`le] (et) company R14
følgebrev [føl`le/bre´v] (et) address card 17.34
før *prep.-adv.-conj.* before 2.25 ; until 24.5
føre (et) skiing conditions 19.16
føre (-te, -t) lead 19.3
  føre en samtale conduct, carry on a conversation R21
føreforhold [fø`re/får`håll] (et) skiing conditions R24
først *ord.* first 4.12
  første gang the first time R21
  først i tredveårene in one's early thirties R12
  først klokken to not until 2 o'clock 12.13
førti [før´ti] *num.* forty 25.39
føtter *cf.* **fot**
få *adj.* few R19
  noen få a few R19
få (fikk, fått) get, may 2.17 (*cf. Gram.* 17.1)
  få i orden put in order R19
  få lov til be allowed to 25.32
  få med include, get in 20.39
  få råd til be able to afford R18
  få tak i get hold of, get 11.31
  få øye på catch sight of R14

G

ga *cf.* **gi**

gaffel [gaf´fel] (en) fork 9.31

gal *adj.* wrong, incorrect 24.31 (R22)
  gå galt turn out badly 24.31

gammel *adj.* old 2.7 (*cf. Gram.* 3.3d)

gammeldags [gam`mel/dak`s] *adj.* old-fashioned 15.12

gammelost [gam`mel/os`t] (en) a type of strong Norwegian cheese 15.14

gang (en) time 1.14; motion 25.8 R22
  en gang i tiden once upon a time R18
  en gang til once more 1.14
  i full gang in full swing R22
  med en gang right away 13.18
  noen gang ever 3.14
  noen ganger sometimes R21
  på en gang at one time, at once 18.27
  det var en gang once upon a time R15

ganske *adv.* quite 4.16

garderobe [gardero`be] (en) cloak room 23.30

gate (ei) street 4.6
  nede i gata down the street 18.15

gave (en) gift, present 24.16 (R23)

geitost [jæi´t/os`t] (en) goat cheese 15.14

genser [gen´ser] (en) sweater 24.25

gi (gav, gitt) [ji´, ga´, jitt´] give 9.37
  gi tapt give up R25¹

gift [jif´t] *adj.* married 3.37

gikk *cf.* **gå**

gitt *cf.* **gi**

gjelde (gjaldt, gjeldt) [jel`le, jal´t, jel´t] be valid, be a question of 24.29 (R18)

gjennom [jen`nåm] *prep.* through 5.32

gjensyn [jenn`/sy`n]: **på gjensyn** be seeing you 10.39

gjenta (-tok, -tatt) [jenn´/ta´] repeat R21

gjerde [jæ`re] (et) fence R21

gjerne [jæ`rne] *adv.* gladly, willingly 5.9; usually R12; possibly R13
  like gjerne just as well R17,22
  jeg tar gjerne I'd like 9.10
  jeg vil gjerne I'd like 5.23

gjerning [jæ`rning] (en) deed R23

gjøre (gjorde, gjort) [jø`,re, jo`re, jor´t] do 3.21
  gjøre innkjøp shop 18.14
  gjøre klokt act wisely R23
  gjøre vondt hurt 16.24
  som sagt, så gjort no sooner said than done R21

gjørlig [jø`rli] *adj.* feasible R23

glad [gla´] *adj.* happy, glad 24.13 (R13)
  være glad for at be glad that 24.20
  være glad i be fond of, love 25.31 (R13)
  være glad til be contented R21

gladelig [gla`d^eli] *adv.* with pleasure, gladly R23

glass (et) glass 1.50
  et glass melk a glass of milk 1.50

glassplate [glass´/pla`te] (en) plate of glass R22

glassrute [glass`/ru`te] (en) pane of glass R16

glede (en) joy, happiness 21.12 (R16)

glede (-et, -et) please 2.19
  glede seg (over) be pleased (about) R23
  glede seg til look forward to 24.9
  det gleder meg it's a pleasure 2.19

glemme (-te, -t) forget 5.20

glimrende [glim`rene] *adj.* wonderful, marvelous 23.33 (R16)

god, (-t, -e) [go´, gått´, go`e] *adj.* good 1.1
  god dag hello 1.1
  god tur bon voyage 10.40
  en god del quite a bit R13
  en god stund quite a while R20
  ha god tid have plenty of time 11.34
  vær så god here you are, you're welcome 1.31
  like godt just as well R21
  ha det godt be well off R19
  ha godt av benefit from 5.31
  det kan vi godt we can certainly do that 5.25

Golfstrømmen [gål´f/strøm`men] the Gulf Stream 10.24

golv [gål´v] (et) floor R15

gong (*New Norwegian*) = **gang** LL22

grad (en) degree R24

gram [gramm´] (et) gram 17.30 (*cf. App. 1*)

gran (ei) spruce 12.24

gras *cf.* **gress**

gratis [gra´tis] *adj.* free 21.4

graut *cf.* **grøt**

grave (-de, -d) dig R12
  grave ned bury R12
  grave opp dig up R12

grei (-t, -e) *adj.* nice, fine, convenient 8.3

greie (-de, -d) manage, be sufficient 16.35
  det greier seg that'll do 17.14

grep, grepet *cf.* **gripe**

gress (et) grass R11¹

gresse (-et, -et) graze R11¹

gresshoppe [gress`/håp`pe] (en) grasshopper R11²

gressplen [gress`/ple˙n]·(en) lawn 21.30·(R18)
grind [grinn´] (ei) gate R14
gris (en) pig 15.19
gro (-dde, -dd) grow 15.25
grunn (en) ground; reason R17
  i grunnen in reality, basically R17
  av en eller annen grunn for one reason or another R22
grunnlov [grunn`/lå˙v] (en) constitution 25.9
grus (en) gravel R21
  rive i grus level to the ground R23
grusplass [gru`s/plass˙] (en) gravel-covered area R21
grustun [gru`s/tu˙n] (et) gravel-covered yard R21
grøde (et) growth, produce R25²
grønn adj. green R11²
grønne (-et, -et) become green R25²
grønnsaker [grønn`/sa˙ker] pl. vegetables 9.15
grøt (en) porridge, pudding 15.29
gråte (gråt, grått) cry, weep R21
Gud (en) God R23
gullfisk [gull`/fis˙k] (en) goldfish R22
gutt (en) boy 16.32 (R14)
gymnasium (def. sing. gymnasiet) [gymna´-sium, gymna´sie] junior college 6.22
gå (gikk, gått) [jikk´] walk, go, leave; be show-ing (of plays and movies) 1.11; 8.8
  gå av get off (trains, etc.) 12.15
  gå fottur hike, take a hike 12.30
  gå galt go badly, turn out wrong 24.31
  gå med wear 25.37
  gå med paraply carry an umbrella 10.4
  gå på ski ski, to go skiing 10.25
  gå på universitetet go to the University 22.21
  gå til happen, come about R23
  gå ærend run an errand R14
  gikk og bet was biting R11¹ (cf. Gram. 14.1)
  hvordan går det how are things (cf. Gram. 24.2c)
går: i går yesterday 5.2
  i går kveld last evening R19
gård [gå´r] (en) farm 15.12
  her på gården on this farm 15.12

H
ha (hadde, hatt) have 1.7
  ha det godt be well off R19
  ha det morsomt have fun R17
  ha det travelt be busy 20.38
  ha kjær love R23

ha lett for be inclined to R21
ha lov til be allowed to 11.20
ha lyst på wish, would like 9.9
ha med have, take along 18.11
ha rett be right 14.28 (R11¹)
ha vondt hurt 16.16
ha øvelse be in practice 24.32
ha å have to, be duty-bound to R22
hvordan har De det how are you 1.7
jeg skulle ha I'd like 1.35
hage (en) garden R11²; pasture R15
hals (en) throat; neck 16.22 (R15)
halv [hall´] adj. half 8.37
  halv seks 5:30 8.37
halvannen [halla`en] adj. one and a half 25.1 (R24)
halvtime [hall`/ti˙me] (en) half an hour R14
halvøy [hall`/øy˙] (ei) peninsula 20.14
han, ham, hans [hann´, hamm´, han´s] pron. he, him, his 2.12
handle (-et, -et) shop R13; act R23
hang cf. henge
hans cf. han
Hardangervidda [hardang´er/vid˙da] the Hardanger plateau 12.27
hatt cf. ha
hatt (en) hat R18
hav (et) sea, ocean 12.19
  meter over havet (m.o.h.) meters above sea level 12.19
  til havs at sea R24
havn (ei) harbor 5.15
havre pl. oats 15.26
havregrøt [hav`re/grø˙t] (en) oatmeal 9.24
havs cf. hav

hei (en) heath R24

hei excl. hey 14.21
heilt cf. helt
heim, heime cf. hjem, hjemme
heite (New Norwegian) = hete LL22
hel adj. whole 5.5
  hele the whole, all, all of 5.39
  hele den deilige sommeren the entire lovely summer R17
  det hele everything R25¹
  det hele var it all was R22
  i hele mitt liv in all my life 25.29
  i hele natt all night 5.5
heldig [hel`di] adj. fortunate 19.10
heller [hel´ler] adv. rather, instead 5.25; either 8.32
helst adv. preferably 3.6
  når som helst any time at all 10.3

det er nok helst I guess it's R11[1]

jeg røker helst I prefer to smoke 3.6

helt [he´lt] *adv.* completely 10.2 (*cf.* hel); all the way 19.8

hen [henn´] *adv.* away, off 8.4 (*cf. Gram.* 8.2)

hvor skal dere hen where are you going 8.4

hende (-te, -t) [hen`ne] happen 8.18

det hender det regner it sometimes rains 10.15

hender *cf.* hånd

¹henge (-te, -t) (*trans.*) hang R15

²henge (hang, hengt) (*intrans.*) hang 13.25

henge i stick to it, keep at it 13.25

stå og henge hang around R18

bli hengende ved be detained by R18

henne *adv.* (located) at 17.5 (*cf. Gram.* 8.2)

hvor ligger banken henne where is the bank 17.5

henne *pron. cf.* hun

hennes *cf.* hun

henover [henn`å`ver] *prep.* along R16

hente (-et, -et) fetch, pick up 6.7

her [hæ´r] *adv.* here 2.25

her i dag just today R16

her i landet in this country 14.13

her på gården on this farm (*cf. Gram.* 24.3)

her inne in here 4.21 (*cf. Gram.* 19.2a)

herfra [hær´fra] *adv.* from here LL19

hermetikk [hærmetikk´] (en) canned goods 18.38

herr [hærr´] Mr. 2.9

herre [hær`re] (en) gentleman; lord R23

het (-t, -e) *adj.* hot 10.9; fervent R23

hete (hette or het, hett) be named 2.3

jeg heter my name is 2.4

hilse (-te, -t) greet 2.13

hilse fra bring greetings from R17

hilse på greet LL25

hilse til greet R18

jeg skulle hilse I was supposed to say hello 2.13

hilsen (en) greetings LL16

himmel (en) heaven, sky 10.2

på himmelen in the sky 24.1

historisk-filosofisk [histo´risk-filoso´fisk] *adj.* historical-philosophical 22.30

hit [hi´t, hitt´] *adv.* to here, hither 21.13 (R12) (LL 7)

hjel [je´l] *cf.* sulte

hjelpe (hjalp, hjulpet) [jel`pe, jal´p, jul´pet] help 1.33

hjem [jemm´] (et) home RA pp. 1

hjem [jemm´] *adv.* (to) home (*also* heim) 10 (*cf. Gram.* 8.2)

rope heim til middags call to dinner R15

hjemme [jem`me] *adv.* at home 2.30 (*cf. Gram.* 8.2)

høre hjemme belong, dwell R20

stelle heime take care of the house R15

hjerte [jær`te] (et) heart R25[1]

hjørne [jø`rne] (et) corner 5.30

hode (et) head R11[1]

snu på hodet turn one's head R12

holde (holdt, holdt) [hål`le, hål´t, hål´t] hold 9.31

holde en forelesning give a lecture 22.37

holde på å be busy at 15.17; be in the act of (*cf. Gram.* 14.1)

holde seg i ro take it easy 16.36

holde seg til stick to 24.33

holde seg til meg stay with me R23

holde seg varm keep warm 24.25

holde sengen stay in bed 16.34

holde til stay, have one's haunts R19

holde våken keep awake R23

holdeplass [hål`le/plass`] (en) (bus, street-car) stop R18

Holmenkollbakken [hål`menkåll/bak`ken] the Holmenkoll (ski jumping) Hill 24

Holmenkolldagen [hål`menkåll/da`gen] the Holmenkoll (ski meet) day LL24

Holmenkollrennet [hål`menkåll/ren`ne] the Holmenkoll meet 24.22

hopp [håpp´] (et) jump 24.28

hoppe (-et, -et) [håp`pe] jump 24.29

hopper [håp`per] (en) jumper 24.30

hos [hoss´] *prep.* with, at, at the house of 2.31

hos oss at our house 2.31; in our country, here 24.15

makten er hos folket the power is with the people 25.20

hoste (-et, -et) cough 16.15

hotell [hotell´] (et) hotel 1.22

hovedvei [ho`ved/væi`] (en) main road R14

Hovedøya [ho`ved/øy`a] an island in the Oslofjord R19

hue *cf.* hode (R20)

hun [hunn´], henne, hennes *pron.* she, her, her(s) 8.3

hund [hunn´] (en) dog 6.26

hundre *num.* hundred 4.29

hundrekroneseddel [hun`drekro`ne/sed`del] (en) hundred-*kroner* bill 17.16

hundrevis [hun`dre/vi`s] *adv.* hundreds 19.22

hundrevis av hundreds of 19.22

hus (et) house 6.30

huske (-et, -et) remember 11.16

hustak [hu`s/ta`k] (et) (house) roof R16
hustru (en) wife R23
hva [va´] *pron.* what 1.38
  hva er .. for noe what's 17.36
  hva som what 8.18
hvem [vemm´] *pron.* who, whom 2.5
hver, -t [væ´r, vær´t] *pron.* each, every 10.33
  hver en each R23
  etter hvert gradually R20
  til hver en tid at all times R23

hverandre [væran`dre] *pron.* each other R18
hverdagsmat [væ`rdaks/ma`t] (en) common fare, everyday food 15.9
hverken *cf.* verken
hvete [ve`te] (en) wheat 15.24
hvile (-te, -t) [vi`le] rest 21.25 (R13)
hvilken, hvilket, hvilke [vil´ken, vil´ket, vil´ke] *pron.* which, what (of several) 7.12 (*cf. Gram.* 11.1)
hvis [viss´] *conj.* if 2.38 (*cf. Gram.* 13.2)
hvis [viss´] *pron.* whose R23
hviske (-et, -et) [vis`ke] whisper R20
hvit (-t, -e) [vi´t, vitt´, vi`te] *adj.* white 7.33
¹**hvor** [vorr´] *adv.* where 1.22
  hvor .... enn no matter where 19.31
²**hvor** [vorr´] *adv.* how (with words of quantity) 1.36
  hvor mange how many 1.36
  hvor mye how much 1.42
hvordan [vor´dan] *adv.* how 1.5
  hvordan det (da) how come 11.33
  hvordan går det how are things (*Gram.* 24.2c)
  hvordan har De det how are you 1.7
  hvordan står det til how are you 1.5
hvorfor [vorr´får] *adv.* why 6.14
hybel [hy´bel] (en) (rented) room 22.22
  bo på hybel live in a rented room 22.22
hyggelig [hyg`geli] *adj.* pleasant 2.14
hylle (en) shelf 18.36
hysj [hysj´] *excl.* hush, shhh 15.33
hytte (ei) cabin 12.34
høgd (ei) *cf.* høyde (en)

høre (-te, -t) hear 5.6
  høre av hear from R11¹
  høre hjemme belong, dwell R20
  høre med til be a part of R16
  høre om hear about 23.10
  hør her now listen, say 12.38
høst (en) fall 6.23
  til høsten in the fall 6.23
høy (et) hay 15.27
høy *adj.* high, tall 12.18

  de høyere skolene the secondary schools 25.34
høyde (en) height, heights R24
høyfjell [høy`/fjell´] (et) mountain plateau, heights 12.16
høyre [høy´re] *adj.* right 1.27
  til høyre to the right, on the right 1.27
høyt *adv.* out loud R20; greatly 25.18
høytid [høy`/ti´d] (en) celebration, event 24.19
høytidelig [høyti´d^eli] *adj.* solemn 22.3
hånd [hånn´] (ei) *pl.* **hender** [hen´ner] hand 9.31
  i høyre (venstre) hånd in the right (left) hand 9.31
  gi hverandre hånden shake hands R25¹
håndveske [hånn`/ves`ke] (ei) handbag R19
håpe (-et, -et) [hå`be] hope 10.38
  håpe på hope for 18.9
hår (et) hair 8.15

I

i [i´] *prep.-adv.* in 2.20
  i dag today 4.39
  i ettermiddag this afternoon R24
  i fjor last year 6.24
  i går yesterday 5.2
  i kveld this evening 4.35
  i morgen tomorrow 4.36
  i morges this morning 6.15
  i natt tonight 19.25, last night R24
  i vår this spring 6.32
  i blant among, in between 12.26
  i det samme just then R15
  i drift in operation R24
  i forretninger on business R17
  i første etasje on the first floor 4.12
  i grunnen actually, basically R17
  i hele natt all night 5.5
  i like måte likewise 2.20
  i radioen on the radio R25²
  i siste øyeblikk at the last moment 11.40
  i spissen at the head 25.27
  i ti år for ten years 3.16
  i tre og tre trinn three steps at a time R18
  få tak i get hold of 11.31
  gå i teatret go to the theater 8.6
  ha rett i be right R11¹
  henge i stick to it, keep at it 13.25
  komme i døren come to the door R12
  legge i vei start off 13.20
  prate i vei chat away R20

sulte i hjel starve to death 18.20
ta i armen take by the arm R21
en gang i tiden once upon a time R18
nede i gata down the street 18.15
noe i veien something wrong 14.38
professor i professor of R22
i all fall [iall´fall] *adv.* at any rate 7.16
Ibsenstykke [ip´sen/styk˙ke] (et) play by Henrik Ibsen 23.10
idé [ide´] (en) idea 12.32
idrett [i`/drett˙] (en) sport, athletics 24.34
idrettslag [i`dretts/la˙g] (et) athletic team 24.37
idrettsstevne [i`dretts/stev˙ne] (et) athletic meet 24.27
igjen [ijenn´] *adv.* back, left, behind, again (*cf. Gram.* 13.3) 8.31
bli igjen remain, be left R11²
legge igjen leave (behind) 9.36
nå igjen catch up with R15
stå igjen be left (behind) 13.36
om og om igjen again and again R22
ikke *adv.* not 1.13
ikke annet enn nothing but, just 12.25
ikke engang not even R17
ikke noe nothing 1.32
ikke noe særlig not especially 2.27
ikke noe å takke for don't mention it 1.32
ikke på (with expressions of time) not for R13 (*cf. Gram.* 10.1b)
ikke sant don't you agree, isn't it so 5.37
ikke så snart no sooner than R21
slett ikke not at all 4.31
ikkje (*New Norwegian*) = **ikke** LL22
ille *adj.* bad, terrible R17
i mellom *cf.* **mellom**
i mot *cf.* **mot**
imponerende [impone´rene] *adj.* impressive 12.1
imponert [impone´rt] *adj.* impressed 23.37
importere (-te, -t) [importe´re] import 14.20
indre *adj.* inner R24
ingen *adj. pron.* no, none, no one, not any 3.39 (*cf. Gram.* 11.1)
ingen årsak you're welcome 6.9
det spiller ingen rolle that doesn't make any difference 14.8
ingenting [ing`en/ting˙] *pron.* nothing 16.32
for ingenting for no reason R20
inkludert [inklude´rt] *adj.* included 9.37
inn *adv.* in 4.34 (*cf. Gram.* 8.2)
inn i into 8.19

de hverken visste ut eller inn they knew nothing, were completely confused R22
innbille (-te, -t) [inn´/bil˙le] **(seg)** imagine 21.8
innbille noen tell, give someone the impression 21.8
inne *adv.* inside 4.21 (*cf. Gram.* 8.2)
inne i inside, within = **inni** R19 (**her inne,** *etc. cf. Gram.* 19.2a)
sitte inne med contain, possess R23
innenfor [in`nen/fårr˙] *adv.* within R24
innerst [in´nerst] *adj.* innermost R23
innflytter [inn`flyt˙ter] (en) immigrant R19
inngang [inn`/gang˙] (en) entrance 20.27
inni = **inne i** R19
innkjøp [inn`/kjø´p] (et) purchase 18.14
gjøre innkjøp shop 18.14
innkjøps-sjef [inn`kjøps/sje˙f] (en) head buyer R22
innom [inn`åm] *adv.* in 14.6 (*cf. Gram.* 19.2c)
gå innom, komme innom drop in 14.6, 16.3
innover [inn´/å˙ver] *adv.* in, into 19.3 (*cf. Gram.* 19.2b)
inntil [inn´/till˙] *adv.* until, as many as R22
innviklet [inn´/vik˙let] *adj.* complicated 22.39
interessant (—, -e) [intᵉressang´, intᵉressang´t, intᵉressang´e] *adj.* interesting 5.16
interessert [intᵉresse´rt] *adj.* interested 14.36
internasjonal [internasjona´l] *adj.* international 24.27
intet = **ikke noe** R23
is (en) ice, ice-cream 9.19
iskrem [i`s/krem˙] (en) ice-cream R19
iskrembutikk [i`skrem/butikk˙] (en) ice-cream store R17
isteden [iste´dᵉn] *adv.* instead R19

J

ja *interj.* yes 1.10; well (*cf. Gram.* 16.2)
ja da yes indeed 3.15
ja så is that so, oh 6.35
ja vel certainly, all right 7.12
ja visst yes indeed 18.5
jakke (en) jacket 7.23
jamen [jam`men] *adv.* certainly, surely 12.28
januar [janua´r] January 10
jeg, meg [jæi´, mæi´] *pron.* I, me 1.11
jente (ei) girl R19
jernbane [jæ`rn/ba˙ne] (en) railroad 12.1
jo *interj.* yes (in reply to a negative question) 2.2; *adv.* as you know 2.25 (*cf. Gram.* 18.2)

jo da yes indeed 2.2

jo . . desto . . the . . the . . R21

jobb [jåbb´] (en) job R18

jord [jo´r] (ei) earth R11²

journalist [sjurnalis´t, sjornalis´t] (en) journalist 3.22

jul (en) Christmas 24.5

julaften [ju`l/af˙t^en] (en) Christmas eve 24.12

juledag [ju`le/da˙g] (en) Christmas day 24.14

julekveld [ju`le/kvell´] (en) Christmas eve 24.13

julesang [ju`le/sang´] (en) Christmas carol 24.12

juletre [ju`le/tre´] (et) Christmas tree 24.11

juli [ju´li] July 10

juni [ju´ni] June 10

juridisk [juri´disk] adj. legal, judicial 22.29

jus [juss´] (en) (study of) law 22.26

K

kaffe [kaf´fe] (en) coffee 1.54

kaffekjele [kaf´fe/kje˙le] (en) coffee pot LL18

kake (ei) cake, pastry 9.19; cookie 24.11

kald (-t, -e) [kall´, kal´t, kal`le] adj. cold 4.26

kall (et) call, mission R23

kalle (-te, -t) call 20.15

   kalle for call 25.10

kalvestek [kal`ve/ste˙k] (en) roast veal 9.7

kamp (en) fight, struggle 21.20; (athletic) competition 24.38

kan cf. **kunne**

kanskje [kan`sje] perhaps, maybe 4.4

   kanskje det maybe (so) 8.27

kaptein [kaptæi´n] (en) captain 3.14

kar (en) fellow 15.3

Karl Johan [ka´rl johan´] Oslo's main street 17.8

kart (et) map 5.10

   kart over map of 5.10

kasse (ei) cashier's window 17.0

katt (ei) cat R22

kelner [kel´ner] (en) waiter 9.34

kikke (-et, -et) [kjik`ke] glance, peek 22.2 (R17)

   kikke på glance at 22.2 (R17)

Kikutstua [kji`kut/stu˙a] the tourist cabin at Kikut in Nordmarka 19.25

kilo [kji´lo] (et) kilogram 13.10 (cf. App. 1)

kilometer [kji´lo/me˙ter] (en) kilometer 12.8 (cf. App. 1)

kinn [kjinn´] (en) cheek R16

kino [kji´no] (en) movie theater 8.7

   gå på kino go to the movies 8.7

kiosk [kjås´k] (en) newspaper stand, booth R17

kirke [kjir`ke] (en) church 5.19

Kirkeveien [kjir`ke/væi˙en] street in Oslo 21.28

kjedelig [kje`deli] adj. boring 24.8

kjele (en) saucepan, pot 18.18

kjeller (en) cellar R15

kjellertrapp [kjel`ler/trapp´] (ei) cellar stairs R15

kjemi [kjemi´] (en) chemistry 22.26

kjenne (-te, -t) know, be acquainted with 2.15; feel R16 (cf. Gram. 14.2)

   kjenne til know about R12

kjerne [kjæ`rne] (ei) churn R15

kjerne (-et, -et) [kjæ`rne] churn R15

kjole (en) dress R13

kjær adj. dear R15, LL16

   ha kjær love R23

kjærlighet [kjær`li/he˙t] (en) love R23

kjøkken [kjøk´ken] (et) kitchen R13

kjøkkenutstyr [kjøk´ken/utsty˙r] (et) kitchen equipment 18.17

kjølig [kjø`li] adj. cool R24

kjøpe (-te, -t) buy 4.20

kjøre (-te, -t) [kjø`rte, kjø´rt] drive, ride (in a vehicle) 5.28

kjøtt (et) meat 9.15

kjøttforretning [kjøtt`/fåret˙ning] (en) meat store 18.23

kjøttkake [kjøtt`/ka˙ke] (ei) meat ball 18.38

klage (-et, -et) complain 15.23

   klage over complain about LL23

klar adj. clear 10.2; ready 17.40

klare (-te, -t) [kla`rte, kla´rt] manage, make out 13.4

klarvær [kla`r/væ˙r] (et) clear weather R24

klasse (en) class; grade 6.22

kle (-dde, -dd) dress, clothe 16.33

   kle seg dress 24.25

   kle på seg dress, get dressed 16.33

klima [kli´ma] (et) climate 10.6

klippe (-et, -et) cut 8.15

klok adj. wise R11¹

   gjøre klokt act wisely R23

klokke [klåk`ke] (ei) clock, watch 8.36

   klokka (klokken) fem five o'clock 8.36

   hva er klokka (klokken) what time is it (cf. Gram. 9.1)

klær pl. clothes 8.27

knaus (en) large rock jutting out into the water R19

kne *pl.* **knær** knee R20

kniv (en) knife 9.33

koffert [kof´fert] (en) suitcase, trunk 13.4

koke (-te, -t) boil, cook R15

kolonial [kolonia´l] (en) grocery store
(= **kolonialhandel**) 18.30

kolonialbutikk [kolonia´l/butikk`] (en) gro-
cery store 18.32

kolonialhandel [kolonia´l/han`del] (en) gro-
cery store 18.21

komme (kom, kommet) [kåm`me, kåmm´,
kåm`met] come 2.2; get (to a place) 11.17
(*cf. Gram.* 23.3)

  komme etter follow R14

  komme fram get there, reach a destina-
tion 13.37 (*cf. Gram.* 23.3)

  komme igjen return R25²

  komme med bring 9.35

  komme på get on 19.12

  komme seg inn enter, get in R22

  komme for sent til toget miss the train
11.32

  komme til get to 11.17

  komme til å be going to, will, shall 15.40
(*cf. Gram.* 15.1)

  det kommer an på that depends on 18.2

konduktør [konduktø´r] (en) conductor (on a
train) 11.38

kone (ei) woman, wife 2.18

konfekt [konfek´t] (en) chocolates 1.38

kong [kång] King (term of address) R23

konge [kång`e] (en) king 25.14 (R23)

kongefamilie [kång`e/fami´lie] (en) royal
family 25.26

kongelig [kång`eli] *adj.* royal R23

kongsgård [kång´s/gå`r] (en) palace R23

kongstanke [kång´s/tang`ke] (en) royal
thought, idea R23

konsert [konsær´t] (en) concert 20.35

konsertsal [konsær´t/sa`l] (en) concert hall
22.14

kontor [konto´r] (et) office LL13; R18

  på et kontor in an office R18

kontordame [konto´r/da`me] (en) office girl
3.36

kontordør [konto´r/dø`r] (ei) office door R16

kontorist [kontoris´t] (en) office worker R22

kontorsjef [konto´r/sje`f] (en) office manager
R22

kontortid [konto´r/ti`d] (en) office hours R16

kopp [kåpp´] (en) cup 1.54

  en kopp kaffe a cup of coffee 1.54

korleis [kor´læis] (*New Norwegian*) = **hvor-
dan** LL22

korn [ko´rn] (et) grain 15.22

kornsnø [ko´rn/snø`] (en) granular snow
R24

korridor [korrido´r] (en) corridor 11.14

kort [kår´t] (et) card 17.28

kort [kår´t] *adj.* short 7.24

koste (-et, -et) [kås`te] cost 1.38

kott [kått´] (et) closet, tiny room R19

kraft *pl.* **krefter** (en) power, strength R25¹

kraftig [kraf`ti] *adj.* powerful, strong 20.26
(R15)

krans (en) wreath 25.5

krefter *cf.* **kraft**

krig (en) war 25.32 (R18)

Kringkastingen [kring`/kas`tingen] the State
Radio 19.27

krone (en) *krone*, unit of money 1.39

kropp [kråpp´] (en) body 16.16

kryss (et) cross-roads R12

krysse (-et, -et) cross R14

krystallkule [krystall´/ku`le] (en) crystal
ball R22

ku (ei) cow 15.19

kulde [kul`le] (ei) cold LL24

kule (en) ball R22

kuling (en) gale R24

kulingbyge [ku`ling/by`e] (en) gale with
showers R24

kunne (*pres.* **kan** [kann]; **kunne, kunnet**) can,
be able 1.22 (*cf. Gram.* 2.3)

kunst (en) art 21.14 (R18)

kunstner (en) artist 21.7

kupé [kupe´] (en) compartment 11.1

kusine [kusi´ne] (en) (female) cousin 20

kusma [kus´ma] (en) mumps 16.30

kvarter [kvarte´r] (et) quarter of an hour
R22 (*cf. Gram.* 9.1)

kveld [kvell´] (en) evening 4.35

  i kveld this evening 4.35

  om kvelden in the evening 9.30

  i går kveld last evening R19

kvinne (en) woman R12

kvitt: **bli kvitt** get rid of 16.13

kyst [kjys´t] (en) coast R24

kyststrøk [kjys´t/strø`k] (et) coastal district
R24

L

la *cf.* **legge**

la (lot, latt) (older form **late**) let 3.3

  la oss det let's 5.26

  la drepe have killed R23

  late som pretend R14

labbe (-et, -et) pad along R12

lage (-et, -et) make, prepare 15.14

lagt *cf.* **legge**

lam [lamm´] (et) lamb R11[1]

land [lann´] (et) land, country 3.26
  her i landet in this country 14.13
  på landet to the country R20; in the country R21

landhandel [lann`/han·del] (en) country store R14

landhandler [lann`/han·dler] (en) country storekeeper R14

lang *adj.* long 12.6
  dagen lang all day long R21
  langt far 5.26
  langt på dag late in the morning R15
  i sju lange og sju breie a long, long time R15

langrenn [lang`/renn·] (et) cross-country ski race 24.33

langs *prep.* along (the side of) 11.14

langsom [lang`/såm´] *adj.* slow 14.25

langtfra [lang´t/fra] *adv.* far from it R16

langtur [lang`/tu·r] (en) long hike 18.40

lav *adj.* low 12.21

lavtrykk [la`v/trykk·] (et) low-pressure area R24

le (**lo, ledd**) laugh R19
  le av laugh at R21

ledig [le`di] *adj.* vacant, free 4.1

lefse (en) *lefse* unleavened bread (in a shape of a large pancake) 15.13

lege (en) physician 3.31

legekontor [le`ge/konto·r] (et) doctor's office 16.0

legge (**la, lagt**) [lak´t] lay 8.40
  legge igjen leave behind 9.36
  legge i vei start out, leave 13.20
  legge merke til notice 8.40
  legge ned place (e.g. a wreath) 25.5
  legge seg lie down, go to bed R19

legitimasjon [legitimasjo´n] (en) identification 17.12

lei (-t, -e) bored with, tired of R19; embarrassing R19
  det var leit that's too bad R13; it was embarrassing R19

leie (en) rent 4.10
  til leie for rent 4.10

leie (-de, -d) rent 4.5
  leie ut rent (out) 4.5

lek (en) game R18

leke (-te, -t) play 20.9

lekke (-et, -et) leak 6.12

lekse (en) lesson 1

lengde (en) length R25[1]
  i lengden in the long run R25[1]

lenge *adv.* (a) long (time) 2.34
  så lenge in the meantime 16.4; as long as R18

lenger [leng´er] *adv.* any longer, any more; farther 16.24

lengst *sup. adj.* longest, farthest 12.7
  lengst bak farthest back R22

lengte (-et, -et) long R17
  lengte etter long for R19

lerretsbukser [lær`rets/bok·ser] *pl.* khaki trousers R20

lese (-te, -t) read; study 11.24

lesebriller [le`se/bril·ler] *pl.* reading glasses R22

lett *adj.* easy, light 12.5
  ha lett for å be inclined to R21

lettskyet [lett`/sjy·et] *adj.* partly cloudy R24

leve (-de, -d) live, exist R11[1]

levere (-te, -t) [leve´re] deliver 17.4
  levere fra seg hand over, leave 23.29
  levere inn hand in, drop off 17.4

li (en) mountain slope R *Appendix* 1[1]

ligge (**lå, ligget**) lie, be located; stay in bed 4.37
  ligge over på spend the night at 18.3
  ligge ute sleep outdoors 18.6

ligne (-et, -et) [ling`ne] resemble R13
  ligne på resemble R13

lik similar 2.20
  i like måte same to you, likewise 2.20

like (-te, -t) like 5.4
  like seg be enjoying oneself, like it 5.4

like *adv.* just as, right 4.25
  like gjerne, like godt just as well R17, R21
  like ved close by 20.40
  like ved siden av right next door 4.25

likeså [li`ke/så´] *adv.* just as R23

likevel [li`ke/vell´] *adv.* anyway, after all, just the same (= **allikevel**) 10.27

liksom [lik´såm] *adv.* sort of, in a way R12

lille *cf.* **liten**

Lillebror [lil`le/bro·r] 'Little Brother' R21

litegrann [lit`te/grann·] *adv.* a little 16.25

liten, lite, små, lille *adj.* small, little 2.36 (*cf. Gram.* 11.1 for use of forms)

litt *adv.* a little 1.10
  om litt in a little while R23

litteratur [literatu´r] (en) literature 23.13

liv (et) life 19.40

livskunst [lif´s/kun·st] (en) art of living R16

livsverk [lif´s/vær·k] (et) life work R23

lo *cf.* **le**

logre (-et, -et) [låg`re] wag (a tail) R12

losji [losji´] (et) lodgings 12.35

lot *cf.* la

lov [lå´v] (en) permission 11.20
    få lov get permission, be allowed 25.32
    ha lov be allowed 11.20

love (-et, -et) [lå`ve] promise 8.36

lue (ei) cap 25.37

luft (en) air R16

lukke (-et, -et) [lok`ke] close 15.37

lukt [lok´t] (en) smell, odor 15.32

lukte (-et, -et) [lok`te] smell 15.35

lunge [long`e] (en) lung 16.25

lure (-te, -t) [lu`rte, lu´rt]: lure på wonder
    8.27

lyd (en) sound 14.37 (R11²)

lykke (en) joy, luck R22

lyng (en) heather 12.25

lys *adj.* light, bright 10.13

lyse (-te, -t) light, illuminate R23

lysegrønn [ly`se/grønn´] *adj.* light-green R21

lysegrå [ly`se/grå´] *adj.* light-gray R16

lyst (en) desire 9.9
    ha lyst på want, like 9.9
    ha lyst til å want to, like to 20.19

lystspill [lys´t/spill´] (et) comedy 23.8

lytte (-et, -et) listen (på to) .16.25 (LL1)

lærd [lær´d] *adj.* learned R22

lære (-te, -t) learn 10.30, teach 14.30

lærer (en) teacher 3.34

løp (et): i løpet av in the course of R22

løpe (løp, løpt) run R12

lørdag [lø`rda] Saturday 7

løve (en) lion R11¹

lå *cf.* ligge

låne (-te, -t) lend, borrow 6.1

låve (en) hay barn 15.27 (R14)

M

magasin [magasi´n] (et) department store 7.2

mai [ma´i] May 25.38

Majorstua [majo´r/stu`a] stop on Holmen-
    kollen and Sognsvann lines 19.12

make (en) equal, like, mate 19.40
    maken til the likes of 19.40

makt (en) power 25.19 (R23)

mandag [man´da] Monday 7

mandel [man´del] (en) tonsil 16.32
    ta mandlene have one's tonsils removed
    16.32

mange *adj.* many 1.30
    mange takk thank you very much 1.30

mann (en) *pl.* menn man, husband 14.31
    (R13)

mannefall [man`ne/fall´] (et) dying (of men)
    R23

mars [mar´s] March 24.22

marsjere (-te, -t) [marsje´re, -sje`rte, -sje´rt]
    march 25.25

maskin [masji´n] (en) machine 6.19
    skrive på maskin type 6.19

maskineri [masjineri´] (et) machinery
    14.36

masse (en) lots, lots of 19.12

massevis [mas`se/vi`s] *adv.* lots 13.35
    massevis av lots of 13.35

mast (en) mast 19.26

mat (en) food 3.1
    takk for maten phrase used by a guest to
    thank his host for a meal 3.1

matematikk [matematikk´] (en) mathe-
    matics R22

matematisk-naturvitenskapelig [matema´-
    tisk-natu´r/vitenska`peli] *adj.* mathemati-
    cal-natural science 22.30

matvare [ma`t/va`re] (en) foodstuff 18.24

mave (en) stomach R20

med [me´] *prep.-adv.* with 2.11
    med det samme right away 4.35; at the
    same time 6.39
    med en gang right away 13.18
    med et skip on a ship 3.17
    med vilje intentionally R16
    med visse mellomrum at certain intervals
    R22
    med vold by force R25¹
    bli med, være med come along 4.15, 5.7
    gå med wear 25.37
    gå med paraply carry an umbrella 10.4
    ha med have, take along 18.11
    høre med til be a part of R16
    komme med bring 9.35
    regne med count on R24
    sitte inne med contain, possess R23
    ta det med ro take it easy 14.23
    ta med bring, take along 6.39

medisin [medisi´n] (en) medicine 16.38

medlem [me`d/lem´] (et) member R22

meg *cf.* jeg

meget *adv.* very 2.16; much R18

meire (*New Norwegian*) = mere LL22

mektig [mek`ti] *adj.* powerful; filling 15.31

melde (-te, -t) [mel`le] report (to) R23

melk (en) milk 1.50

melkeforretning [mel`ke/fåret`ning] (en)
    store selling dairy products LL18

mellom [mel`låm] *prep.* between 3.16 (i mel-
    lom = mellom)

seg i mellom among themselves 24.38 (R23)

mellomrom [mel`låm/romm´] (et) interval R22

   med visse mellomrom at certain intervals R22

men [menn´] *conj.* but 2.5

mene (-te, -t) mean 8.28 (*cf. Gram.* 11.2)

mening (en) idea, intention, purpose 18.12

menn *cf.* **mann**

menneske (et) human being, person, (*pl.*) people 21.20 (R13)

mens *conj.* while 3.24

meny [meny´] (en) menu 9.3

mer, mere [me´re] *adj.* more 7.38 (*cf. Gram.* 10.2)

merke [mær`ke] (et) note, notice 8.40

   legge merke til notice 8.40

merke (-et, -et) [mær`ke] mark 13.34; notice R21

   merke opp mark 13.34

merkelig [mær`keli] *adj.* strange, remarkable 13.38 (R12)

meslinger [mes`linger] *pl.* measles 16.30

mest *adj.* most 12.24; *adv.* mostly 15.26

   det meste most (of) 18.22

   for det meste mostly 12.24

meter [me´ter] (en) meter 12.19

   meter over havet (m.o.h.) meters above sea level 12.19

mi *cf.* **min**

middag [mid´dag] (en) dinner 1.47

   til middags to, for dinner R15

middagstid [mid´daks/ti´d] (en) dinner time R15

midnatt [mid´/natt´] (en) midnight R24

midt [mitt´] *adv.* in the middle 9.29

   midt i byen in the middle of the city 17.7

   midt på ettermiddagen in the middle of the afternoon 9.29

midtbygningen [mitt`/byg`ningen] the middle building (of the University) 22.15

midten [mit´ten] the middle 22.4

midtre [mit`re] *adj.* middle R24

midtsommer [mitt´/såm´mer] (en) mid-summer R16

mild [mill´] *adj.* mild 3.12

min [minn´], **mi, mitt, mine** *poss.* my, mine 2.10

mindre [min´dre] *adj.* less, smaller 10.26

minimum [mi´nimum] *adj.* minimum R24

minimumstemperatur [mi´nimums/temperatu´r] (en) low temperature R24

minne (-te, -t) remind 14.26 (R11¹)

   minne på, minne om remind of 14.26

   minnes remember, pay tribute to R25²

minst *adv.* at least 2.37

minus [mi´nus] *adj.* minus R24

minutt [minutt´] (et) minute 5.27

miste (-et, -et) lose 6.15

mitt *cf.* **min**

moderasjon [moderasjo´n] (en) discount 22.13

mogleg (*New Norwegian*) = **mulig** LL22

Monolitten [monolit´ten] the Monolith (in Frognerparken) 21.19

mor (en) mother 2.15

morgen [må`ern] (en) morning 1.3

   i morgen tomorrow 10.34

   i morgen tidlig tomorrow morning 4.36

   om morgenen in the morning 19 (R15)

morges [mår`res] *adv.:* **i morges** this morning 6.15

morn [mår´n] *excl.* hello 1.2

   morn morn hi there 5.1

   morn da goodbye, so long 1.20

moro [mor`ro] (en) fun 24.18 (R14)

morsom [mor`såm] *adj.* amusing, entertaining 5.17

   ha det morsomt have fun R17

   være morsomt be fun 18.6

   noe av det morsomste jeg vet more fun than just about anything 18.13

mot *prep.* toward, against 4.22

   vende mot face 4.22

   tvert i mot quite to the contrary R21

   (i mot = mot)

   ta i mot accept, receive R21

motsatt [mo´t/satt´] *adj.* opposite 8.25

mulig [mu´li] *adj.* possible 4.37

munn (en) mouth R17

museum [muse´um] *pl.* **museer** [muse´er] (et) museum 5.19

musikk-korps [musikk´/kår`ps] (et) band 25.27

mye *adv.* much 1.42

   nokså mye quite a bit 12.22

mykje (*New Norwegian*) = **mye** LL22

møblert [møble´rt] *adj.* furnished 4.11

mørkebrun [mør`ke/bru´n] *adj.* dark brown R19

møte (et) meeting R22

møte, (-te, -t) meet 2.24 (*cf. Gram.* 11.2)

møte-arrangør [mø´te/arangsjø´r] (en) arranger of meetings R22

må *cf.* **måtte**

mål (et) goal 21.20

måltid [mål`/ti˙d] (et) meal 9.26
månad (*New Norwegian*) = **måned** LL23
måned [må`net] (en) *pl.* **måneder** [må`nter] month 4.29
månedslønn [må`nets/lønn˙] (ei) monthly wages R20
måte (en) manner, way 2.20
  i like måte same to you, likewise 2.20
måtte (*pres.* **må; måtte, måttet**) have to, must 1.11 (*cf. Gram.* 2.3)

N

nabo [na`bo] (en) neighbor R25¹
nabolag [na`bo/la˙g] (et) neighborhood 18.14
naiv [nai´v] *adj.* naive R13
naken *adj.* naked R19
nakke (en) neck R15
  ta på nakken shoulder R15
nasjonal [nasjona´l] *adj.* national 24.24
nasjonaldag [nasjona´l/da˙g] (en) Independence Day 25
Nationaltheatret [nasjona´l/tea˙tre] the National Theater (in Oslo) 17.10
natt (ei) *pl.* **netter** [net´ter] night 4.38
  i hele natt all night 5.5
  i natt tonight 19.25, last night R24
  om natten at night R20
nattetime [nat`te/ti˙me] (en) nocturnal hour R23
natur [natu´r] (en) nature 19.10
naturligvis [natu´rli vi´s] *adv.* naturally 15.33 (R11¹)
navn (et) name R19
navnløs [nav`n/lø˙s] *adj.* nameless, anonymous R25¹
ned [ne´d] *adv.* down (motion) 12.31 (*cf. Gram.* 8.2; 19.2)
nede *adv.* down (location) 5.16 (*cf. Gram.* 8.2; 19.2)
nedgang [ne`d/gang] (en) descent, (down) entrance 19B
nedgravd [ne´d/grav˙d] *adj.* buried 20.23 (*cf.* å grave ned)
nedom [ne`d/åm] *adv.* down to R17
nedover [nedd´/å˙ver] *prep.-adv.* down (along) 17.6 (R16) (*cf. Gram.* 19.2b)
nei *interj.* no 1.10; oh, my, well 6.15, 19.35
  nei da no indeed 15.37
  nei vel all right, O.K. (after a negative) 16.37
neimen *adv.* certainly, surely (not) 13.12
nemlig [nem`li] *adv.* that is, you see R14
nese (en) nose R16
nest *adj.* next 9.26
  neste gang the next time R22
nesten *adv.* almost 4.19

nett (*New Norwegian*) = **nettopp** LL22
netter *cf.* **natt**
nettopp [net´tåp] *adv.* just (now) 2.2; precisely LL7
nevø [nevø´] (en) nephew R22
ni *num.* nine 7.19
niende [ni´ene] *ord.* ninth 9
nikke (-et, -et) nod R12
niste (en) food pack R19
nitten *num.* nineteen 25.14
nittende *ord.* nineteenth 19
nitti [nit´ti] *num.* ninety 17.30
nittiøres [nit´ti/ø´res] *adj.* ninety-øre 17.31
noe *adv.* somewhat, a little 16.22
noen, noe, noen *pron.* some(one), something; any, anything 1.32 (*cf. Gram.* 11.1)
  noen få a few R19
  noen gang ever 3.14
  noen ganger sometimes R21
  noe annet something else, anything else 7.28
  noe i veien something wrong 14.38
  ikke noe nothing 1.32
  ikke noe særlig not especially 2.27
  hva er . . for noe what's 17.36
nok [nåkk´] *adv.* enough 6.10; I guess, surely 18.33 (R11¹) (*cf. Gram.* 18.2)
  nok av enough R18
noko (*New Norwegian*) = **noe** LL22
nokså [nåk´så] *adv.* quite 4.18
nord [no´r] *adv.* north R24, LL20
nordaust [noræu´st] *adv.* northeast R24
nordlig [no´rli] *adj.* northerly R24
nordmann [norr´/mann˙] (en) *pl.* **-menn** Norwegian 10.31
Nordmarka [no`r/mar˙ka] Oslo's forested recreational area 18
Nord-Norge [no`r/når˙ge] North Norway R24
nordside [no`r/si˙de] (en) north side 19.25
nordvest [norve´st] *adv.* northwest R24
Norge [når`ge] Norway 2.8
norsk [når´sk] *adj.* Norwegian 1.9
november [novem´ber] November 10
null (et) zero R24
nummer [nom´mer] (et) number; size 4.6
ny (-tt, -e) *adj.* new 4.19
  på ny anew R25¹
nybakt [ny`/bak˙t] *adj.* freshly baked R16
nynorsk [ny`/når˙sk] (en) New Norwegian 22.35 (*cf. Gram.* 22.2)
nysnø [ny`/snø˙] (en) fresh snow R24
nytt *cf.* **ny**
nyttig [nyt`ti] *adj.* useful 11.28

nyttår [nytt′/å‵r] (et) New Year 24.6

nyttårsselskap [nyt′tårs/selska‵p] (et) New Year's Eve party 24.18

nær *prep.* near 5.15

nærme (-et, -et) approach R12
  nærme seg approach R12

nærmere *adj.* nearer, closer LL24

nærmest [nær′mest] *adj.* nearest, closest 13.24

nærmest *adv.* closest to R24

nød (en) need R25¹

nødvendig [nødven′di] *adj.* necessary 16.34

nøyaktig [nøyak′ti] *adv.* exactly, precisely R22

nøye *adv.* carefully, closely R21

nå (-dde, -dd) reach 11.40; attain 21.20
  nå igjen catch up with, overtake R15

nå *adv.* now 1.11; well 5.3; after all R22 (*cf.* Gram. 18.2)

når [nårr′] *adv.-conj.* when 4.34; since that 12 .39
  når som helst any time at all 10.3

nåtid [nå′/ti‵d] (en) present R11¹

O

ofte [åf‵te] *adv.* often 2.10

og [å′, å′g] *conj.* and 1.7; also 15.16 (R11²)
  og så videre etcetera 18.38

også [ås′så] *adv.* also 2.15

oktober [åktå′ber] October 10

olding [ål‵ding] (en) old person 21.12

om [åmm′] *prep.-adv.* about, around 2.10; (with expressions of time) in, during, per (*cf.* Gram. 10.1) 9.30
  om og om igjen again and again R22
  gripe om armen grasp by the arm R23
  minne om remind of 14.26
  se seg om look around 11.36
  tenke seg om reconsider R23
  enig om in agreement, agreed R21
  side om side side by side R11¹
  trangt om plassen crowded 19.17

om [åmm′] *conj.* if, whether 7.17 (*cf.* Gram. 13.2)
  selv om even if R20
  som om as if R12

ombord [åmbo′r] *adv.* aboard 20
  ombord på aboard 20

omkring [åmkring′] *adv.* around 3.26

omtrent [åmtren′t] *adv.* about, approximately 14.17

ond [onn′] *adj.* evil, bad R23

ondskap [onn′/ska‵p] (en) evil R22

onkel [ong′kel] (en) uncle R21

onsdag [on′sda] Wednesday 7

operasjon [åperasjo′n] (en) operation 16

operere (-te, -t) [åpere′re] operate (on) 16.31

opp [åpp′] *adv.* up (motion) 4.15 (*cf.* Gram. 8.2)

oppdage . (-et, -et) [åpp′/da‵ge] discover 25.32

oppe [åp‵pe] *adv.* up (location) 12.27 (*cf.* Gram. 8.2 and 19.2a)

oppholdsvær [åpp‵håls/væ‵r] (et) non-rainy weather R24

opplysning [åpply′sning] (en) information R22

oppmerksom [åppmær′ksåm] *adj.* attentive, aware R24
  oppmerksom på aware of R24

oppover [åpp′/å‵ver] *prep.-adv.* up, upwards 19.4 (R17)

opprinnelig [åpprin′neli] *adv.* originally 22.36

opptatt [åpp′/tatt‵] *adj.* occupied, busy 4.2

opptil [åpp‵/till′] *prep.* up to R21; as many as R22; as much as R24

ord [o′r] (et) word 22.35 (R20)

orden [år′dᵉn] (en) order, arrangement R16
  alt i orden everything fine, O.K. R16
  i tur og orden one after the other R16
  få i orden straighten out, put in order R19

ordentlig [år′ntli] *adv.* really R11²

ordne (-et, -et) [år′dne] arrange 18.26, take care of 17.23

Oslofjorden [os‵lo/fjo‵ᵉrn] the Oslo Fjord 20.11

oslofolk [os‵lo/fål‵k] (et) people living in Oslo 19.10

oss *cf.* **vi**

ost (en) cheese 15.14

ovenfor [å‵ven/fårr′] *prep.* above 12.20

ovenpå [å‵ven/på′] *adv.* upstairs 6.3

over [å′ver] *prep.-adv.* over 5.10; (in expressions of time) past (*cf.* Gram. 9.1)
  over havet above sea level 12.19
  glede seg over be pleased over R23
  ligge over spend the night 18.3
  et kart over a map of 5.10

overfor [å‵verfår] *prep.* opposite, toward R21

overleve (-de, -d) [å‵ver/le‵ve] survive R11²

overnatte (-et, -et) [å‵ver/nat‵te] spend the night 12.33

overvann [å‵ver/vann‵] (et) surface water (on top of ice) R24

P

pakke (en) package 17.25

pakke (-et, -et) pack 14.3

pakke ferdig finish packing 14.3
pakke inn wrap up R14
papir [papi´r] (et) paper 6.2; *pl.* securities, stocks R18
papptallerken [papp´/talær`ken] (en) paper plate 18.19
par [parr´] (et) a couple (of) 1.48
paraply [paraply´] (en) umbrella 10.4
park (en) park 5.20
parkett [parkett´] (en) orchestra seats (behind front section) 23.21
parktante [par´k/tan`te] (ei) 'park aunt' (*cf.* 21.34) 21.32
pass (et) passport 17.13
passe (-et, -et) fit, be suitable 7.23; take care of, watch 21.34
passe på watch, guard R12; take care R19
passe seg watch out, look out 14.21
det passer bra that's fine 17.25
passere (-te, -t) [pase´re, pase´rte, pase´rt] pass R16
passere revy parade past R16
pen *adj.* nice, pretty 7.21
penger *pl.* money 17.21
penn (en) pen 6.12
per [pærr´] (*abbr.* **pr.**) per 17.30
perrong [pærång´] (en) platform 11.36
personlig [pærso´nli] *adj.* personal R22
pike (en) girl 6.28
pille (en) pill 16.39
pipe (ei) pipe 3.6; chimney R15
plante (en) plant 13.40
plass (en) place 2.30; seat R17; square (street intersection) 20 (R16); small farm R14
ta plass all aboard 11.38
trangt om plassen crowded 19.17
plassbillett [plass´/bilett´] (en) seat ticket, seat reservation 11.16
plassere (-te, -t) [plase´re] place R22
pleie (-de, -d) be accustomed, be used to 9.23
plen (en) lawn R21
plikt (en) duty R22
pluss *adj.* plus R24
plutselig [plut`s^eli] *adv.* suddenly R19
poeng [påeng´] (et) point 24.30
polferd [po`l/fær´d] (en) polar expedition 20.18
populær [populæ´r] *adj.* popular 7.31
port (en) gate 21.1
portier [portie´] (en) hotel clerk 4
porto [por´to] (en) postal rate, postage 17.27
postkontor [pås´t/konto´r] (et) post office 17.24
potet [pote´t] (en) potato 9.16

pr. *cf.* **per**
praktfull [prak`t/full´] *adj.* wonderful 19.1
praktisk [prak´tisk] *adj.* practical 18.33
prate (-et, -et) chat 3.3
prate i vei chat away R20
presentere (-te, -t) [presangte´re] present, introduce 2.17
presentere for introduce to LL20
press (en) press R16
presse (-et, -et) press 8.34
primus [pri´mus] (en) camping stove 18.12
prins (en) prince 25.17
pris (en) price 4.7
sette pris på appreciate 25.40
privat [priva´t] *adj.* private 24.40
professor [profes´sor, *pl.* professo´rer] (en) professor 22.38
professor i professor of R22
program [programm´] (et) program 23.30
prosent [prosen´t] (en) percent R18
prøve (-de, -d) try 3.9
puls (en) pulse 16.28
pussig [pus`si] *adj.* strange 20.15
pust (en) breath 16.26
trekke pusten breathe 16.26
pust (et) breath of wind R20
puste (-et, -et) breathe 16.25
pølse (ei) sausage 24.26
varme pølser hot dogs 24.26
på *prep.-adv.* on, in, at 2.27; (in telling time) to 8.37 (*cf. Gram.* 9.1)
på den tiden at that time R22
på en annen måte in another way R21
på en gang at one time 18.27
på ett sted in one place 22.12
på gjensyn be seeing you 10.39
på himmelen in the sky 24.1
på landet to the country R20; in the country R21
på ny anew R25[1]
på værelset in the room 4
bære på carry 18.8
få øye på catch sight of R14
gå på (kino, universitetet) go to 6.23
gå på ski ski 10.25
ha lyst på want, wish 9.9
kle på seg get dressed 16.33
komme an på depend on 18.2
lure på wonder 8.27
lytte på listen to 16.25
komme på avveier get lost R12
minne på remind of R11[1]
røre på seg move 25.4

se på look at 4.14
skrive på maskin type 6.19
stige på get on, enter 18.30
ta på seg put on 8.39
tenke på think about 8.26
vente på wait for 14.1
her på gården on this farm 15.12
ikke på (with expressions of time) not for
R13 (cf. Gram. 10.1b)
med tanke på dette with this in mind R24
midt på in the middle of 9.29
ombord på aboard 20
resept på prescription for 16.38
senere på dagen later in the day 25.37
sikker på sure of, convinced R22
påske [på`ske] (en) Easter 10.33
påsketur [på`ske/tu`r] (en) Easter trip (to the
mountains) LL10

R

rad (en) row 23.24
radio [ra´dio] (en) radio R25²
i radioen on the radio R25²
rage (-et, -et) tower, rise 21.19
rakk cf. rekke
rakte cf. rekke
rar adj. strange 8.16
redd adj. afraid 16.27
redd for afraid (of) 16.27
regn [ræi´n] (et) rain 10.7
regnbyge [ræi`n/by`e] (en) shower R24
¹regne (-et, -et) [ræi`ne] rain 10.3
²regne (-et, -et) [ræi`ne] count R22
regue med count on R24
regne opp enumerate R22
regning [ræi`ning] (en) check, bill 9.34
rein cf. ren
¹reise (-te, -t) travel 3.26
reise fra leave R13
²reise (-te, -t) raise R13
reise seg get up R13
reisesjekk [ræi`se/sjekk`] (en) traveler's check
17.11
rekke (en) row, series R18; number R22
¹rekke (rakk, rukket) [rok`ket] reach, man-
age (to do) 19.24; 23.18
²rekke (rakte, rakt) stretch, reach, hand
(over) R21
ren adj. clean, pure 8.31; sheer R22
rent adv. completely R15
renn (et) (athletic) meet LL24
renne (rant, rent) run R15

rense (-et, -et) clean 8.34
renseri [renseri´] (et) cleaners 8.33
repetisjon [repetisjo´n] (en) pattern practice 1
representant [representan´t] (en) representa-
tive 25.20
resept [resep´t] (en) prescription 16.38
resept på prescription for 16.38
rest (en) rest, remainder 8.40
restaurant [restæurang´] (en) restaurant 1.23
rett (en) right 14.28 (R11¹)
ha rett be right 14.28 (R11¹)
rett adv. right, straight 1.29
rett fram straight ahead 1.29
rett og slett simply R22
rettferdig [rettfær´di] adj. just R22
rettsinn [rett`/sinn`] (et) justice R25¹
retur [retu´r] (en) return trip 11.18
tur retur round-trip ticket 11.18
revy [revy´] (en) revue 23.5 (R16)
passere revy march past R16
rik adj. rich R19
rike (et) kingdom R23
Rikskringkasting [rik´s/kringkas`ting] (en)
National Broadcasting Service R24
riktig [rik`ti] adj. correct, right R22
adv. correctly R14
riktig [rik`ti] adv. really, very 3.10
rimelig [ri`meli] adj. reasonable 4.7
ringe (-te, -t) ring 20.10
det ringer på døren the doorbell rings
R22
ro (en) quiet, rest 14.23
holde seg i ro take it easy 16.36
ta det med ro take it easy 14.23
rolig [ro`li] adj. quiet, calm R12
rolle [rål`le] (en) role 14.8
det spiller ingen rolle it makes no differ-
ence 14.8
rope (-te, -t) call 11.38
rope heim til middags call to dinner R15
rug (en) rye 15.26
rukket cf. rekke
rund [runn´] adj. round R20
rundt [run´t] prep.-adv. around 10.14
rundt om round about R23
døgnet rundt around the clock 10.14
året rundt year round 13.31
rusle (-et, -et) stroll R14
russ (en) members of the graduating class of
gymnasium 25.34
russetog [rus`se/tå`g] (et) parade by the
graduating class 25.37
russisk [rus´sisk] adj. Russian 14.20
rute (en) route, schedule LL11

i rute on schedule LL11

rutebok [ru`te/bo`k] (ei) book of time tables 11.25

rygg (en) back R12

ryggsekk [rygg`/sekk`] (en) knapsack 19.20

rød (-t, -e) [rø´, røtt´, rø`e] *adj.* red 13.32 (R11²)

rødkinnet [rø`/kjin`net] *adj.* red-cheeked R21

rødvin [rø`/vi`n] (en) red wine 9.11

røke (-te, -t) smoke 3.6

røkekupé [rø`ke/kupe`] (en) smoker's compartment (on a train) 11.21

rømmegraut [røm`me/græu`t] (en) cream porridge 15.31

røre (-te, -t) stir 25.4 (R15)

   røre på seg move 25.4

råd (et) advice 16.40; means R18

   gi et råd give advice, advise R23

   bli råd til be enough money for R18

   ha få råd til be able to afford R18

rådhus [rå`d/hu`s] (et) city hall 20.1

Rådhusplassen [rå`dhus/plas`sen] the City Hall Square (in Oslo) 20

S

sa, sagt *cf.* **si**

sakte *adv.* slowly R12; softly R16

sal (en) hall R22

samhold [sam`/håll`]·(et) unity R25¹

samle (-et, -et) collect 22.7

   samle på collect R22

   samle sammen collect, gather up R22

samling (en) collection R22

samme *adj.* same 4.35

   det samme the same 7.17

   i det samme immediately R15

   med det samme right away 4.35; at the same time 6.39

sammen [sam´men] *adv.* together 5.23

   alle sammen all of us LL21

   til sammen (all) together 13.10

samskipnad [sam`/sji`pna] (en) association 22.35

samtale [sam`/ta`le] (en) conversation R21

samtaleøvelse [sam`ta`le/ø`velse] (en) conversation practice 1

samtidig [samti´di] *adv.* simultaneously R18

samvær [sam`/væ`r] (et) company 10.39

   takk for samværet thanks for your company 10.39

sandkasse [sann`/kas`se] (en) sand box 21.36

sang *cf.* **synge**

sang (en) song 24.13

sann *adj.* true 5.37

   ikke sant don't you agree, isn't that so 5.37

sannhet [sann´/he`t] (en) truth R23

sannsynligvis [sansy´nli/vi`s] *adv.* probably 7.18

satt *cf.* **sitte**

satt, satte *cf.* **sette**

sau (en) sheep 15.21

scene [se`ne] (en) stage 23.15 ; scene R23

se (så, sett) see 4.14

   se etter check 14.39 (R12)

   se på look at 4.14

   se seg om look around 11.36

   se . . ut appear, look 6.34

   stort sett for the most part 22.29

seddel, *pl.* **sedler** [sed´del, sed´ler] (en) bill (of currency), bank note 17.15

seg [sæi´] *refl. pron.* himself, herself, themselves 6.27 (*cf. Gram.* 6.5)

seier [sæi´er] (en) victory R25¹

seierstro [sæi´ers/tro`] (en) faith in victory R25¹

seile (-te, -t) sail 3.16

seire (-et, -et) win, be victorious R22

seirende [sæi`rene] *adj.* victorious R25²

sekretær [sekretæ´r] (en) secretary R22

seks *num.* six 8.37

seksten [sæi`st^en] *num.* sixteen 3

sekstende [sæi`st^ene] *num.* sixteenth 16

seksti [sek`sti] *num.* sixty 3

sekund [sekunn´] (et) second R17

selge (solgte, solgt) [sel`le, sål`te, sål´t] sell 7.35

selskap (et) [sel`/ska`p] party LL24

selv [sell´] *pron.* -self 4.40

   for seg selv by herself R21

   selv takk same to you 4.40

   selv om *conj.* even if R 20

selvbetjeningsbutikk [sell`betje`nings/butikk`] (en) self-service store 18.31

selve *adj.* (it)self R19

   selve sommeren summer itself R19

   på selve kulen from the knob itself R22

selvfølgelig [sellføl`geli] *adv.* of course 4.27

selvstendig [sellsten´di] *adj.* independent 25.11

sende (-te, -t) [sen`ne] send 8.29; deliver 8.36; pass 9.22

senderantenne [sen`ner/anten`ne] (en) radio broadcasting antenna 19.27

senere *adv.* later 10.37(9)

seng (ei) bed 4.18

   holde senga stay in bed 16.34

sent [se´nt] *adv.* late 11.32 ; slowly R21

komme for sent til toget miss the train 11.32

sentrum [sen´trum] (et) downtown 19.8

september [septem´ber] September 10

serleg [sæ`rleg] (*New Norwegian*) = **særlig** LL22

servere (-te, -t) [særve´re] serve (food) 12.13

servering [særve´ring] (en) (food) service 23.40

sete (et) seat R21

seter [se´ter] (ei) summer farm (in the mountains) 15.20

sett *cf.* **se**

sette (satte, satt) set, put, place 11.2
  sette etter set out after R15
  sette inn i familiarize with, indoctrinate R22
  sette opp increase R18
  sette pris på appreciate 25.40
  sette seg sit down 11.2

si (sa, sagt) [sak´t] say 1.14; tell 1.28
  du sier ikke det you don't say 21.40
  som sagt, så gjort no sooner said than done R21

side (en) side 4.25
  (like) ved siden av (right) next door 4.25
  side om side side by side R11¹

siden [si`d^en] *adv.-conj.* since, ago 3.19; then 8.6 (*cf. Gram.* 12.1e)
  for . . siden ago 3.19
  lenge siden long ago R22
  lenge siden sist a long time since the last time 15.1

sigar [siga´r] (en) cigar 3.5

sigarett [sigarett´] (en) cigarette 11.22

sikker [sik´ker] *adj.* sure, safe 4.32
  sikker på sure of, convinced R22

sikkerhet [sik´ker/he´t] (en) security R23

sikt (en) sight; visibility R24

silkeføre [sil`ke/fø´re] (et) powder snow conditions R24

sin [sinn], **si, sitt, sine** *refl. poss.* his, her, their (own) 6.27 (*cf. Gram.* 6.6)

sint *adj.* angry R12

sist *adj.* last 11.6
  takk for sist thanks for the last time 11.6
  i siste øyeblikk at the last moment 11.40
  i det siste lately LL25
  lenge siden sist a long time since the last time 15.1
  til sist at last R15

sitt *cf.* **sin**

sitte (satt, sittet) sit 3.3
  sitte fast be stuck R15

sitte inne med contain, possess R23

sitteplass [sit`te/plass´] (en) seat 11.1

sjekk (en) check LL17

sjel (en) soul R23

sjelden *adv.* seldom 14.31 (R12)

sjette *ord.* sixth 6

sju *num.* seven 1; **i sju lange og sju breie** a long, long time R15

sjuende [sju´ene] *ord.* seventh 7

sjø (en) sea, (large) lake 10.22

sjøl *cf.* **selv**

sjøl takk (*New Norwegian*) = **selv takk** LL23

sjømann [sjø`/mann´] (en) sailor R25²

sjøsyk [sjø`/sy`k] *adj.* sea-sick 2.27

sjå (*New Norwegian*) = **se** LL22

skal *cf.* **skulle**

skald (en) poet R23

skaldetanke [skal`de/tang`ke] (en) poetic thought R23

skaldskap [skal`d/ska`p] (en) poetic art R23

skape (-te, -t) create R25¹

skareføre [ska`re/fø´re] (et) crusted snow conditions R24

skarp *adj.* sharp R16

ski [sji´] (en) ski 10.25
  gå på ski ski 10.25

skibakke [sji´/bak`ke] (en) ski hill 19.36

Skiforeningen [sji´/fåre`ningen] the Skiing Association 18.3 (= **Foreningen til Skiidrettens Fremme,** *cf.* R24)
  skille (-te,-t) separate R25²

skilles (-tes, -tes) [sjil`les] get divorced R13
  skilt divorced R13

skip [sji´p] (et) ship 3.17
  seile med et skip sail on a boat 3.17

skitrekk [sji´/trekk´] (et) ski lift 19.35

skitt [sjitt´] (en) dirt R21

skitten [sjit`ten] *adj.* dirty 8.30

skje (-dde, -dd) [sje´, sjed`de, sjedd´] take place, happen R21

skjorte [sjor`te] (en) shirt 8.38

skjønn [sjønn´] *adj.* beautiful 10.19

skjønne (-te, -t) [sjøn`ne] understand 21.13 (R14)

skjønt [sjøn´t] *conj.* although R22

skjøv *cf.* **skyve**

sko *pl.* **sko** (en) shoe R16

skosnute (en) tip of a shoe R21

skog (en) forest 12.22 (R11²)

skogslende [skok´s/len`ne] (et) forest terrain R24

skogsti [sko`g/sti´] (en) forest path R14

skole (en) school 24.39 (LL 11)
  de høyere skolene the secondary schools 25.34

skosnute [sko´/snu˙te] (en) shoe tip R21

skrev, skrevet cf. skrive

skrike (skrek, skreket) scream, cry R21

skrike ut finish crying R21

skritt (et) step R12

skrive (skrev, skrevet) write 3.24
  skrive på maskin type 6.19

skrivemaskin [skri`ve/masji˙n] (en) typewriter 6.18

skrivepapir [skri`ve/papi´r] (et) writing paper 6.6

skuespill [sku`e/spill˙] (et) play 8.10

skuespiller [sku`e/spil˙ler] (en) actor 23.34 (R18)

skuespillerinne [sku˙espillerin`ne] (en) actress 23.36

skulle (pres. skal [skall´], skulle, skullet) shall, is going to, will 1.35; is supposed to 21.10 (cf. Gram. 2.3)
  jeg skal ha, jeg skulle ha I'd like 1.35, 1.36

skulptur [skulptu´r] (en) sculpture 20.7

skvette (skvatt, skvettet) jump, start R17

sky [sjy´] (en) cloud 24.1

skydekke [sjy`/dek˙ke] (en) cloud cover R24

skyet [sjy`et] adj. cloudy R24

skynde (-te, -t) [sjyn`ne] seg hurry 11.35

skyve (skjøv, skjøvet) [sjy`ve, sjø´v, sjø`vet] shove R18

skøyte [sjøy`te] (en) skate 10.27
  gå på skøyter skate 10.27

skøytebane [sjøy`te/ba˙ne] (en) skating rink 21.29

slag (et) blow R22

slags [slak´s] (en, et) kind of 3.7
  hva slags what kind of 3.7
  hvor mange slags how many kinds of 13.38

slalåm [sla`/lå˙m] (en) slalom 24.33

slapp cf. slippe

slapp adj. relaxed R20

slett adv. completely 4.31
  slett ikke not at all 4.31
  rett og slett simply R22

slik (-t, -e) adj. such, like that 16.36; 20.25
  slikt such things, things like that 16.36, 17.38

slik adv. thus, like that 21.11 (R13)

slippe (slapp, sloppet) avoid, get out of 5.36; drop, release, let go R15
  slippe inn let in R22
  slippe ned lower R15

slips (et) tie 8.39

sloppet cf. slippe

slott [slått´] (et) palace 25.25

sluddbyge [sludd`/by˙e] (en) sleet shower R24

slutt (en) end 24.2 (R21)
  bli slutt på be an end to 24.2
  til slutt at last R21

slutt adj. ended R22

slå (slo, slått) strike, hit; mow hay R15
  slå fast determine, substantiate R22
  slå over ende knock over R15
  slåss fight R25²

smak (en) taste LL15

smake (-te, -t) taste 9.14
  smake på taste, savor R19

smal adj. narrow 14.10 (R12)

smelte (-et, -et) melt 13.30

smil (et) smile R21

smile (-te, -t) smile R12

smør [smørr´] (et) butter 18.34 (R15)

smørbrød [smør´brø] (et) sandwich 1.48

smørbrødliste [smør´brø/lis˙te] (en) sandwich list 9.4

smøre (smurte, smurt) [smø`re, smu`rte, smu´rt] grease, wax R24

små cf. liten

småbarn [små`/ba˙rn] (et) pre-school child 21.34

småbåt [små`/bå˙t] (en) small boat R19

småkake [små`/ka˙ke] (ei) cookie R13

småpenger [små`/peng˙er] pl. change 17.18

småsove [små`/så˙ve] (-sov, -sovet) nap, doze R20

småting [små`/ting˙] (en) little thing R13

snakk (et) talk R14

snakke (-et, -et) speak, talk 1.9

snart [sna´rt] adv. soon 9.13
  så snart (som) as soon as 9.13
  ikke så snart no sooner than R21
  snart . . snart . . first . . then R19

snarvei [sna`r/væi˙] (en) shortcut R12

sne cf. snø

snill adj. nice, kind 2.24
  er du (De) snill please 9.22

snu (-dde, dd) turn R12
  snu på turn R12

snute (en) snout R22

snø (en) snow 10.25 (also sne)

snø (-dde, -dd) snow 10.26

snøbyge [snø`/by˙e] (en) snow flurry R24

Sognsvannsbanen [sång`nsvanns/ba˙nen] the Sognsvann (streetcar) line 22.10

sol (ei) sun 4.21
solbrent [so`l/bren´t] *adj.* sun-burned R20
sole (-te, -t) **seg** sunbathe 21.30
solgangsvind [so`lgangs/vinn´] (en) evening (sunset) wind R20
solskinn [so`l/sjinn´] (et) sunshine R23
solsystem [so`l/syste´m] (et) solar system R16
som [såmm´] *rel. pron.* who, which, that 3.34
som [såmm´] *conj.* as, like 2.36
   som om as if R12
   som sagt, så gjort no sooner said than done R21
   først som sist first as well as last, now as well as later R22
   hva som what 8.18
   når som helst any time at all 10.3
   så . . som . . as . . as . . 4.37
sommer [såm`mer] (en) summer 10.9
   om sommeren in the summertime 10.9
sommerlig [såm`merli] *adj.* summery R17
sommernatt [såm`mer/natt´] (ei) summer night R20
sommervær [såm`mer/væ´r] (et) summer weather R16
sorg [sår´g] (en) sorrow 21.12
sove (sov, sovet) [så`ve, så`v, så`vet] sleep 5.5
sovepose [så`ve/po´se] (en) sleeping bag 18.9
sovevogn [så`ve/vång´n] (ei) sleeping car, sleeper 11.30
sovne (-et, -et) [såv`ne] go to sleep R19
spark (et) kick R15
sparke (-et, -et) kick 24.35
   sparke fotball play soccer 24.35
spasere (-te, -t) [spase´re] stroll, walk 25.2
spekekjøtt [spe`ke/kjøtt´] (et) dried mutton 15.16
spesielt [spesiel´t] *adv.* especially R24
spille (-te, -t) play, perform 14.8
   det spiller ingen rolle that makes no difference 14.8
spise (-te, -t) eat 1.46
spisevogn [spi`se/vång´n] (ei) diner 12.11
spiss (en) point 25.27
   i spissen in front, at the head 25.27
spiss *adj.* pointed 20.16
sport [spår´t] (en) sport(s), athletics 24.36
sportsklubb [spår´ts/klubb´] (en) athletic club 24.40
sprang *cf.* **springe**
spredd *adj.* scattered 22.7
   spredd over scattered around 22.7
springe (sprang, sprunget) [sprong`et] run 11.39
sprøyte (en) injection 16.35

språk (et) language 22.26
spørre (spurte, spurt) [spu`rte, spu´rt] ask 8.23
   spørre om ask about R12
stabbur (et) store-house 15.15
stakk *cf.* **stikke**
stakkars *adj.* poor, unfortunate R18
stanse (-et, -et) stop 5.30
stasjon [stasjo´n] (en) station 1.28
stasjonsmester [stasjo´ns/mes´ter] (en) station master R14
stativ [stati´v] (et) rack, stand 19.15
statsbane [sta´ts/ba`ne] (en) state-owned railroad 11.11
statue [sta´tue] (en) statue 25.5
stavkirke [sta`v/kjir`ke] (en) stave church 20.31
sted [ste´(d)] (et) place (*pl.* **steder**) 2.29
   dra av sted leave, set out 13.18
   finne sted take place R22
   til stede present 16.1
steg *cf.* **stige**
stein (en) stone, rock 5.5
steinete *adj.* rocky 13.27
stek (en) roast 9.14
steke (-te, -t) [stek`te, stek´t] fry R19
stekepanne [ste`ke/pan`ne] (ei) frying pan 18.18
stelle (-te, -t) fix, arrange 14.33
   stelle heime, stelle i huset take care of the house, run the home R15
   stelle med take care of, fix up 14.33
sterk [stær´k] *adj.* strong 3.10
stevne (et) meet 24.40
sti (en) path 13.34
stige (steg, steget) climb, rise 18.30
   stige over rise above R25²
   stige på get on, enter 18.30
stigning [sti`gning] (en) rise, climb 19.7
stikke (stakk, stukket) [stok`ket] stick, thrust 16.26 (R14)
   det stikker i brystet I have sharp pains in my chest 16.26
stil (en) style, form 24.30
stille *adj.* still, quiet R13
stillestående [stil`le/stå´ene] *adj.* static R13
stillhet [still´/he´t] (en) quiet, stillness R23
stirre (-et, -et) stare R12
   stirre på stare at R12
stiv *adj.* stiff R24
stod *cf.* **stå**
stoff [ståff´] (et) material 7.34
stol (en) chair 4.17

stolt [stål´t] *adj.* proud 12.2

stor (-t [sto´rt], -e; større 20.26; størst 7.3) *adj.* large, big 3.23

  stort sett for the most part 22.29

  du store verden my heavens R21

  den var det ikke stort ved there wasn't much to that R11²

  sette større pris på appreciate more 25.40

storslagen [sto`r/sla˙gen] *adj.* tremendous 21.6

Stortinget [sto`r/ting˙e] the Norwegian national parliament 25.20

straks *adv.* immediately 14.3

stride (stred, stridd) fight R23

stripe (en) stripe R16

strøk (et) district R24

strøm [strømm´] (en) stream R19

strålende [strå`lene] *adj.* wonderful 10.12

student [studen´t] (en) student 6.24

Studentbyen [studen´t/by˙en] the 'Student City' (dormitories) in Oslo 22.22

Studenterlunden [studen´ter/lun˙nen] the 'Student's Grove,' a park in Oslo 17.6

studenterid [studen´ter/ti˙d] (en) student days R17

Studentsamskipnaden [studen´t/samsji˙pnaen] the Student Association (in Oslo) 22.31

studere (-te, -t) [stude´re] study 22.25

stue (en) living room 3.3; farm house R15

stund [stunn´] (ei) while 3.3

  en god stund quite a while R20

stupe (-te, -t) dive R19

stygg (-t [styk´t], -e) *adj.* ugly, nasty 15.32

  hang så stygt til hung so awkwardly R15

stykke (et) piece 7.30; play, movie 8.8; a way 18.15 (R14) (*cf. Gram.* 18.4)

  atten kroner stykket 18 kroner apiece 7.30

styrke (en) strength R24

større, størst *cf.* stor

størsteparten [stør`ste/par˙ten] the largest share 13.14

støvel [støv`vel] (en) boot 13.26

stå (stod [sto´], stått) stand 1.5

  stå i (en bok, en avis) be printed in 11.25

  stå igjen be left (behind) 13.36

  stå ned ski down LL19

  stå opp get up, out of bed LL10

  stå til tjeneste be of service 7.10

  stå og henge hang around R18

  hvordan står det til how are you 1.5

sukker [sok´ker] (et) sugar 9.22

sulte (-et, -et) starve 18.20

  sulte i hjel starve to death 18.20

sulten *adj.* hungry 9.8

sunget *cf.* synge

sunn *adj.* healthy 13.29

sur sour; nasty, grouchy R11²

svak *adj.* weak R11²

svakhet [sva´k/he˙t] (en) weakness R25²

sval *adj.* cool R20

svare (-te, -t) answer R21

svart *adj.* black R12

svelge (-et, -et) swallow 15.37

svenske (en) Swede R18

Sverige [svær´je] Sweden 25.14

sveve (-et, -et) float (through the air) R15

sving (en) curve 14.21

svær *adj.* huge 19.26

svært [svæ´rt] *adv.* very 5.9

  svært så mange sure a lot of LL14

svømme (-te, -t) swim 24.35

svømmebasseng [svøm`me/basseng˙] (et) swimming pool 21.27

sydpå [sy´d/på˙] *adv.* in the south R25²

sydside [sy`d/si˙de] (en) south side R17

sydvendt [sy`d/ven˙t] *adj.* facing south R24

syk *adj.* sick R19 (LL15)

sykdom [syk`dåm] (en) disease 16.29

sykehus [sy`ke/hu˙s] (et) hospital 3.31

sykesøster [sy`ke/søs˙ter] (en) nurse 16

sykkel [syk´kel] (en) tricycle, bicycle R21

sykle (-et, -et) ride a tricycle, bicycle R21

symbolisere (-te, -t) [symbolise´re] symbolize 21.20

symptom [sympto´m] (et) symptom 16.14

syn (et) sight R21

synd [synn´] (en) a shame 2.28; sin R23

  det var synd that's too bad 2.28

  synes synd på feel sorry for R17

synes [sy`nes, syn´s] think, be of the opinion 3.11 (*cf. Gram.* 4.4); be shown, appear R21

synge (sang, sunget) [song`et] sing 24.12 (R11²)

  synge med sing along LL24

sytten [søt`tᵉn] *num.* seventeen 3

syttende [søt`tᵉne] *ord.* seventeenth 25.38

sytti [søt´ti] *num.* seventy 3

syv *num.* seven 1

syvende [sy´vene] *ord.* seventh 25.15

særlig [sæ´rli] *adv.* especially 2.27

  ikke noe særlig not especially 2.27

søndag [søn´da] Sunday 7

sønn (en) son R23

sønnesønn [søn`ne/sønn´] (en) grandson R22

sør *adv.* south 4.23

sørlig [søˋrli] *adj.* southerly R24

sørover [søˊr/åˋver] *adv.* (to the) south 13.21 (*cf. Gram* 19.2b)

sørvest [sørvesˊt] *adv.* southwest R24

sørvestlig [sørvesˊtli] *adj.* southwesterly R24

søsken *pl.* brothers and sisters 3.33

søster (ei) sister 3.36; nurse 16

søt *adj.* sweet 8.2

så *cf.* se

så *adv.-conj.* so, as, then 1.31 (*cf. Gram.* 16.3)

  så .. (som) .. as .. as .. 4.37

  så lenge in the meantime 16.4

  så vidt barely 11.40

  i så fall in that case 18.10

  ikke så snart no sooner than R21

  ja så oh 6.35

  og så videre etcetera 18.38

  vær så god here you are, you're welcome 1.31

så (-dde, -dd) sow 15.26

sånn *adj.* such, like that R14

  sånt such things, things like that R16

sånn *adv.* thus, like that 21.39

sår *adj.* sore 16.24

T

T [teˊ] (en) T 13.32

ta (tok, tatt) take 1.40; have removed (by an operation) 16.32

  ta av seg remove (clothing) 16.19

  ta av på (en sti) take off on (a path) 19.34

  ta det med ro take it easy 14.23

  ta feil av mistake R13

  ta helst prefer 9.20

  ta i mot accept, receive R21

  ta inn på turn into R14

  ta med take along, bring 6.39

  ta opp av take out of, up from R22

  ta plass all aboard 11.38

  ta på seg put on 19.20

  ta seg av take care of, tend to R21

  ta til hatten touch the hat R18

¹**tak** (et) hold 11.31

  få tak i get hold of 11.31

²**tak** (et) roof R15

takk (en) thanks; thank you 1.6 (for additional phrases of thanking *cf. Gram.* 24.2)

takke (-et, -et) thank 1.32

takknemlig [takknemˊli] *adj.* grateful R17

tale (-te, -t) speak R23

  tale om talk about R23

  tale ut express R23

talerstol [taˋler/stoˋl] (en) podium R22

tank (en) tank 14.5

tanke (en) thought R15

  med tanke på dette with this in mind R24

  han kom i tanker om it occurred to him R15

tankebarn [tangˋke/baˊrn] (et) brain child R23

tankefull [tangˋke/fullˋ] *adj.* thoughtful R23

tankerekke [tangˋke/rekˋke] (en) series of thoughts R22

tatt *cf.* ta

taus *adj.* silent R23

taushet [tæuˊs/heˋt] (en) silence R25¹

te (en) tea 1.55

teater [teaˊter] (et) theater 8.6

  gå i teatret go to the theater 8.6

telefon [telefoˊn] (en) telephone 1.24

telle (talte, talt) count 21.22

telt (et) tent 18.7

temmelig *adv.* rather, quite 24.6

temperatur [temperatuˊr] (en) temperature R24

temperaturendring [temperatuˊr/enˋdring] (en) change in temperature R24

tenke [-te, -t] think, consider; imagine 3.25 (*cf. Gram.* 4.4)

  tenke etter think about, reflect R19

  tenke på think about 8.26

  tenke seg think about, consider 7.12; imagine 15.7

  tenke seg om reconsider R23

  det kan jo tenkes that's a possibility R14

  jeg har tenkt å I've thought about, considered 3.25

tennisbane [tenˊnis/baˋne] (en) tennis court 21.28

terreng [tærrengˊ] (et) terrain 12.3

ti *num.* ten 1.39

tid (ei) time 9.27 (*cf. Gram.* 10.1f)

  en tid a while R13

  en gang i tiden once upon a time R18

  en halv times tid about a half an hour R14

  hele tiden the whole time R14

  nå for tiden nowadays 18.32 (R13)

  på den tiden at that time R22

  til hver en tid at all times R23

  følge med tiden keep up with the times R25²

  ha god tid have plenty of time 11.34

tidlig [tiˋli] *adv.* early 4.36

  i morgen tidlig tomorrow morning 4.36

tiende [tiˋene] *ord.* tenth 10

til [tillˊ] *prep.-adv.* to 1.27; in addition 1.14;

of 18.3 (R14) (*cf. Gram.* 18.3)
til daglig usually R22
til dels partly R24
til fjells to the mountains 10.33
til frokost for breakfast 9.23
til havs at sea R24
til hver en tid at all times R23
til høsten in the fall 6.23
til høyre to the right 1.27
til . . kroner for . . *kroner* 7.30
til leie for rent 4.10
til middags for dinner R15
til rimelige priser at reasonable prices 4.7
til sammen (all) together 13.10
til sist at last R15; **til slutt** finally R21
til stede present 16.1
til venn as a friend R23
til ære for in honor of 25.6
bruke til use for S20
finne noe til find something for 15.16
gå til happen R23
kjenne til know about R12
komme for sent til toget miss the train 11.32
komme til å be going to, will, shall 15.40 (*cf. Gram.* 15.1)
legge merke til notice 8.40
stå til tjeneste be of service 7.10
være glad til be contented R21
av og til now and then, once in a while R12
en gang til once more, again 1.14
flink til å good at 10.28
hvordan står det til how are you 1.5
maken til the likes of 19.40
plass til room for 22.24
til [till´] *conj.* until, before 23.20 (R14, LL13)
tilbake [tilba`ke] *adv.* back 3.29
fram og tilbake back and forth 22.11 (R16)
vende tilbake return R20
tilbakevei [tilba`ke/væi´] (en) return path 18.23
på tilbakeveien on the way back 18.23
tilfelle [til`fel`le] (et) case, instance 19.25
i tilfelle in case 19.25
tillatt [til´/latt´] *adj.* permitted 25.38
time [ti`me] (en) hour 8.21
bestille time make an appointment 16.2
en halv times tid about a half an hour R14
tindrende [tin`drene] *adj.* sparkling R16
ting (en) (*pl.* **ting**) thing 7.7
en del ting a few things 7.7
tirsdag [ti´rsda, tir´sda] Tuesday 7.27
tjene (-te, -t) earn R18; serve R19
tjene hos work for R19

tjeneste (en) service 7.10
stå til tjeneste be of service 7.10
tjern [kjæ´rn] (et) pond 19.21
tjue [kju`e] *num.* twenty 3
tjueannen [kjuea`en] *ord.* twenty-second 22
tjuefemte [kjuefem`te] *ord.* twenty-fifth 25
tjuefjerde [kjuefjæ`re] *ord.* twenty-fourth 24
tjueførste [kjuefør`ste] *ord.* twenty-first 21
tjuende [kju`ene] *ord.* twentieth 20
tjuetredje [kjuetred`je] *ord.* twenty-third 23
to *num.* two 1.37
tobakk [tobakk´] (en) tobacco 3.7
tog [tå´g] (et) train 11.15; parade 25.1
togtabell [tå`g/tabell´] (en) time table 11.25
togvindu [tå`g/vin`du] (et) train window 12
tolv [tåll´] *num.* twelve 9.27
tolvte [tål`te] *ord.* twelfth 12
tom [tomm´, tåmm´] *adj.* empty 14.5
topp [tåpp´] (en) top 5.35
torsdag [tå`rsda, tår´sda] Thursday 7
torv [tår´v] (et) market place 8.19
traff *cf.* **treffe**
trakk *cf.* **trekke**
trang *adj.* narrow 19.17
trangt om plassen crowded 19.17
trapp (ei) stairs 23.30 (R12)
travel [tra´vel] *adj.* busy 20.38
få, ha det travelt be busy 20.38
tre *num.* three 6.33
tre *pl.* **trær** (et) tree 12.23; wood R21
tredje *ord.* third 23.24
tredve [træd`ve] *num.* thirty 7.15
treffe (traff, truffet) [trof`fet] 10.37 (*cf. Gram* 11.2)
tregrense [tre`/gren`se] (en) tree line 12.20
trekke (trakk, trukket) [trok`ket] draw 16.26
trekke pusten breathe 16.26
trenge (-te, -t) need 7.7
det trenges it is necessary 20.30
trengsel [treng`sel] (en) crowd, press 19.18
trett *adj.* tired 21.15
tretten [tret`t^{e}n] *num.* thirteen 17.32
trettende [tret`t^{e}ne] *ord.* thirteenth 13
tretti [tret`ti] *num.* thirty 3
trikk (en) streetcar 5.29
trikkeholdeplass [trik`ke/hålleplass´] (en) streetcar stop R16
tro (en) faith R23
tro (-dde, -dd) think, believe 2.40 (*cf. Gram.* 4.4)
tro hva I wonder what R11[1]
tro på believe in R23
jeg tror ikke det I don't think so 9.5

Trygdekassen [tryg`de/kas`sen] the National Health Plan R18

trygdekassenummer [tryg`dekasse/nom`mer] (et) National Health Plan number 16.37

trygg *adj.* safe, secure R12

trykke (-et,-et) press

Tryvannskleiva [try´vanns/klæi`va] the ski-ing hill at Tryvann in Nordmarka 19.36

Tryvannsstua [try´vans/stu`a] the restaurant at Tryvann in Nordmarka 19.37

Tryvannstårnet [try´vans/tå`rne] the tower on the ridge above Tryvann 19.29

Tryvannsåsen [try´vans/å`sen] the ridge above Tryvann in Nordmarka R24

Tryvasshøgda [try´vass/høg`da] the summit of the ridge above Tryvann R24

trær *cf.* tre

tråkke (-et, -et) tread 19.18

tull (et) nonsense R20

tun (et) yard R21

tung [tong´] *adj.* heavy 13.7;
tungt *adv.* heavily R12

tungvint [tong`/vin`t] *adj.* inconvenient 18.25

tunnell [tunell´] (en) tunnel 12.4

tur (en) trip 2.26; turn 8.22
tur retur round-trip ticket 11.18
etter tur in turn R19
i tur og orden one after the other, in turn R17
ha god tur bon voyage 10.40

turde *cf.* tør

turist [turis´t] (en) tourist 4.3

Turistforeningen [turis´t/fåre´ningen] the Norwegian Tourist Society 12.34

turisthytte [turis´t/hyt`te] (ei) tourist cabin 18.4

turnsko [tu´rn/sko`] (en) gym shoe R20

tusen [tu´sen] *num.* thousand 6.11
tusen takk thank you very much 6.11

tvert *cf.* mot

tvil (en) doubt R23

tvile (-te, -t) doubt R17
tvile på doubt R17

tviler (en) doubter R23

tvilrådig [tvi`l/rå`di] *adj.* confused, in doubt R21

tykk *adj.* thick 24.25 (R13); fat R21

tysk *adj.* German 14.20

Tyskebryggen [tys`ke/bryg`gen] the German Wharf in Bergen 5.18

tyve *num.* twenty 7.19

tyvende [ty`vene] *ord.* twentieth 20

tærne *cf.* tå

tør [tørr´], turde dare R13
det tør kanskje hende maybe it will happen R13

tørke (-et, -et) dry R21

tørr *adj.* dry 10.8
verken vått eller tørt neither drink nor food R15

tørre (-et, -et) dry (out) R11²

tørst *adj.* thirsty R12

tøv (et) nonsense R18

tå *pl.* tær (ei) toe 19.18

tårn [tå`rn] (et) tower 19.28

U

ubehagelig [ubeha´geli] *adj.* uncomfortable, unpleasant 10.11

ubehagelighet [ubeha´geli/he`t] (en) discomfort R18

u-båt [u´/bå`t] (en) submarine R25²

udiktet [u`/dik`tet] *adj.* uncomposed R23

uff *excl.* oh 6.12

ufrisk [u`/fris`k] *adj.* unhealthy R23

ufruktbar [u`frukt/ba`r] *adj.* sterile R23

ufødt [u`/føtt`] *adj.* unborn R23

uke (ei) week 2.37
forrige uke last week R13
midt i uken in the middle of the week R19

ukedag [u`ke/da`g] (en) week-day 7

umulig [umu´li] *adj.* impossible 25.4 (R22)

under [un´ner] *prep.* under R17; during 16.12

undergrunnsbane [un`nergrunns/ba`ne] (en) subway 19.9

underlig [un`derli] *adj.* strange 21.16

undersøke (-te, -t) [un`ner/sø`ke] examine, investigate 16.18

ung [ong´] *adj.* young R18; yngre [yng´re] younger 6.33

ungdom [ong`/dåm`] (en) youth 24.39 (R18)

unge [ong`e] (en) child 21.36 (R15)

universitet [univærsite´t] (et) university 6.23
gå på universitetet go to the university 6.23
ved universitetet at the University 22.37

Universitetsbiblioteket [univærsite´ts/bibliote`ket] the University Library 22.18

unna *adv.* away 17.26
langt unna far away 17.26

unnskyld [unn´/sjyll`] *excl.* excuse me 1.21

unntatt [unn´/tatt`] *adv.* except 16.17

ur (et) clock, watch R17

urett [u`/rett`] (en) injustice, wrong R25¹

urimelig [uri´meli] *adv.* unreasonably R19

uro [u´/ro`] (en) restlessness R22

usagt [u`/sak`t] *adj.* unsaid R20

uskyldig [usjyl′di] *adj.* innocent R22
ut *adv.* out (motion) 4.5 (*cf. Gram.* 8.2)
    be ut invite out 8.1
    leie ut rent out 4.5
    se ut look, appear 6.34
    de visste hverken ut eller inn they knew nothing, were completely confused R22
utafor *cf.* **utenfor**
ute *adv.* out (location) 14.1 (*cf. Gram.* 8.2)
    ligge ute sleep outdoors 18.6
uten *prep.* without 4.24
utenfor [uˋtᵉn/fårr′] *prep.-adv.* outside (of) 17
utenlandsk [uˋten/lanˑsk] *adj.* foreign R22
utfor [uˋt/fårr′] *prep.-adv.* down, off R15
    falle utfor taket fall off the roof R15
utforkjøring [uˋtfår/kjøˑring] (en) downhill (ski) run R24
utgangspunkt [uˋtgangs/pongˑkt] (et) starting point 19.5
uti *adv.* out into R19
utland [uˋt/lannˑ] (et) foreign countries 17.38
utlending [uˋt/lenˑning] (en) foreigner 24.28
utmerket [uˋt/mærˑket, uˋd/mærˑket] *adj.* excellent 7.23
utover [uˋt/åˑver] *prep.-adv.* out along, out over 22.18 (R15)
    utover dagen in the course of the day R24
utpå [uˋtpå] *prep.:* **utpå dagen** later in the day R24
    utpå høsten late in the fall 24
utrolig [utroˋli] *adv.* unbelievably R22
utsikt [uˋt/sikˑt] (en) view 5.38
utslitt [uˋt/slittˑ] *adj.* worn out R25²
utstyr [uˋt/styˑr] (et) equipment 18.1
uvant [uˋ/vanˑt] *adj.* unaccustomed R19

V

vakker [vakˋker] *adj.* beautiful 10.18
valg (et) choice R16
valgt *cf.* **velge**
vanlig [vaˋnli] *adj.* usual 16.30
    som vanlig as usual 23.5
vanligvis [vaˋnli/viˑs] *adv.* usually 9.37
vann (et) water 1.51; lake 13.35
vannkopper [vannˋ/kåpˑper] *pl.* chicken pox 16.30
vanskelig [vanˋ/skeli] *adj.* difficult, hard 12.4
    jeg har vanskelig for å it's hard for me to LL14
vant *adj.* accustomed 14.12
    vant til used to 14.12
vant *cf.* **vinne**
var *cf.* **være**

vare (en) ware, *pl.* groceries R14
vare (-te, -t) [vaˋrte, vaˋrt] last 24.17 (R15)
varm *adj.* warm, hot 4.26
varme (en) heat R19
varme (-et, -et) warm, heat 24.1 (R23)
vaske (-et, -et) wash 8.30
vaskeri [vaskeriˋ] (et) laundry 8.29
ved [veˋ] *prep.-adv.* at, by 3.31
    ved dags lys in daylight R23
    ved sjøen by the sea 10.22
    ved tolvtiden around twelve o'clock 9.27 (*cf. Gram.* 10.1)
    ved universitetet at the University 22.37
    bli ved continue R23
    like ved near by 20.40
    like ved siden av right next door 4.25
    den var det ikke stort ved there wasn't much to that R11²
vedta [veˋ/taˋ] **(-tok, -tatt)** adopt 25.9
veggmaleri [veggˋ/maleriˋ] (et) mural 20.2
vei (en) way 1.28; road 14.9; distance R13
    noe i veien something wrong 14.38
    på vei on the way 18
    fly din vei fly away R20
    legge i vei set out, leave 13.20
    prate i vei chat away R20
veit (*New Norwegian*) = **vet** LL22
veiviser [væiˋ/viˑser] (en) guide R14
vekke (-et, -et) wake 4.36
veksle (-et, -et) change, cash 17.11
vel [vellˋ] *adv.* well, I suppose 3.2 (*cf. Gram.* 18.2)
    vel bekomme you're welcome (after being thanked for a meal) 3.2
    ja vel certainly, all right 7.12
    nei vel all right, OK (*after a negative*) 16.37
velbygd [velˋ/bygˑd] *adj.* well built R13
veldig *adj.* great, huge 20.19 (LL14)
veldig [velˋdi] *adv.* extremely, very 8.2
Velferdshuset [velˋfærds/huˑse] the Student Union 22.34
velge (valgte, valgt) [valˋkte, valˋkt] choose, elect 25.17 (R16)
velkledd [velˋ/kleddˑ] *adj.* well-dressed R16
velkommen [velkåmˋmen] *adj.* welcome 2.8
vende (-te, -t) [venˋne] turn 4.22
    vende mot face 4.22
    vende tilbake return R20
venn (en) friend 2.7
    til venn as a friend R23
venninne [venninˋne] (en) girl friend 6.29
venstre [venˋstre] *adj.* left 1.27
    til venstre to the left, on the left 1.27
vente (-et, -et) wait 5.24

vente (+ *direct object*) expect 24.3 (R12)
vente på wait for 14.1
venteværelse [ven`te/væ´r^else] (et) waiting room 16
veranda [veran´da] (en) veranda R16
verd [vær´d] (et) value, worth R25[1]
verd [vær´d] *adj.* worth R19
det er ikke verdt better not R19
verden [vær´den] (en) world LL13, R16
du store verden my heavens R21
verdenskrig [vær´dens/kri`g] (en) world war R22
verdensmann [vær´dens/mann`] (en) man of the world R22
verk [vær`k] (et) work (of art) 21.8
verken [vær`ken] *conj.* (*also* **hverken**) neither R15
verken .. eller .. neither .. nor R15
verre [vær`re] *comp. adj.* worse R21
verst [vær´st] *sup. adj.* worst 15.38
det var ikke verst that wasn't bad 15.38
vertinne [værtin`ne] (en) landlady 4
veske (en) (shopping) bag R13
vesle = **lille** R15
vest *adj.* west R24
Vestbanestasjonen [ves`tba`ne/stasjo`n^en] the West Railroad Station in Oslo 20.6
Vestlandet [ves`t/lan`ne] Western Norway 12.21
på Vestlandet in Western Norway 12.21
vestlig [ves`tli] *adj.* westerly R24
Vest-Norge [ves`t/når`ge] Western Norway R24
vestside [ves`t/si`de] (en) western side R24
vet *cf.* **vite**
vi, oss [åss] *pron.* we, us 2.30
vidde (ei) plateau, mountain heights 12.28
videnskapelig [videnska´peli] *adj.* scientific (*also* **vitenskapelig**) R22
Videnskapsakademiet [vi`denskaps/akademi`e] the Academy of Science R22
videre *comp. adv.* farther 18.38 (R12)
og så videre etcetera 18.38
vidt [vitt`] *adv.* widely R23
så vidt barely 11.40
viking [vi`king] (en) viking, (Old Scandinavian) pirate 20.25
vikingskip [vi`king/sji`p] (et) viking ship 20.20
viktig [vik`ti] *adj.* important R22
vil *cf.* **ville**
vilje (en) will, intent R16
med vilje intentionally R16
uten vilje selv without a will of his own R23

vill *adj.* wild 12.3; bad-tempered R15
Villanden [vill´/an`nen] The Wild Duck (play by Henrik Ibsen) 23.17
ville (*pres.* **vil** [vill´], **ville, villet**) will, want to 1.14 (*cf. Gram.* 2.3)
jeg vil mer enn gjerne I'd like very much 23.15
jeg vil svært gjerne I'd like very much 5.9
vin (en) wine 1.53
vind (en) wind R24
vindpust [vinn`/pus`t] (et) breath of wind R16
vindstille [vinn`/stil`le] (en) calm R24
vindu [vin`du] (et) window 4.22
vindusplass [vin`dus/plass`] (en) window seat 11.17
vinliste [vi`n/lis`te] (en) wine list 9.3
vinter [vin`ter] (en) winter 10.20
om vinteren in the wintertime 19.13
vintersted [vin`ter/ste`d] (et) winter place R16
vintervei [vin`ter/væi`] (en) winter driving conditions R24
virkelig *adj.* real R22
virkelig [vir`keli] *adv.* really 10.35
vis (-t [vi´st], -e) *adj.* wise R11[1]
vise (-te, -t) show, display 2.38
visergutt [vi`ser/gutt`] (en) errand boy R22
viss certain R22
med visse mellomrom at certain intervals R22
visshet [viss´/he`t] (en) certainty R20
visst *adv.* certainly 20.26 (R18); apparently R18
vite (*pr.* **vet; visste, visst**) know 4.4 (*cf. Gram.* 14.2)
vite om know about 4.5
vogn [vång`n] (ei) (railroad) car 11.13
vognrekke [vång`n/rek`ke] (en) row of cars R14
vokse (-te, -t) [våk`se] grow 13.40
voksen [våk`sen] *adj.* adult, grown-up R21
vond [vonn´] *adj.* bad, harmful; angry 15.35
gjøre vondt hurt 16.24
ha vondt be in pain, have pain 16.16
vri (**vred** [vre´] *or* **vridde, vridd**) twist R21
vri på seg twist, turn away R21
vær (et) weather 10.5
lettere vær clearing R24
være (*pres.* **er** [æ´r]; **var, vært**) be 1.18
være dus say du to each other 12.38
være folk behave properly, be civil R20
være med come along 5.7
vær så god here you are, you're welcome 1.31

det var bra that's fine 1.18 (*cf. Gram.* 3.6)
er blitt has (have) been, become 16.31
(LL15)
værelse [væ`r^else] (et) room 4.1
på værelset in the room 4
værmelding [væ`r/mel`ling] (ei) weather report R24
værvarsel [væ`r/var`sel] (en) weather prediction (warning) R24
værvarsling [væ`r/var`sling] (ei) weather report R24
våken *adj.* awake R23
holde våken keep awake R23
våkne (-et, -et) awaken 23.11
våpen [vå´p^en] (et) weapon R23
vår (en) spring 6.32
i vår this spring 6.32
om våren in the springtime 10.18
vår *poss.* our(s) 2.21
vårsol [vå`r/so`l] (ei) spring sun LL10
våt *adj.* wet R11²
verken vått eller tørt neither drink nor food R15

Y
yngre *cf.* ung
ytre *comp. adj.* outer R24
yttertøy [yt`ter/tøy`] (et) wraps 23.29

Æ
ære (en) honor 25.6
til ære for in honor of 25.6

Ø
øl [øll´] (et) beer 1.52
ønske (-et, -et) wish R23
øre (en) *øre,* 1/100 of a *krone* 1.43
øre (et) ear 16.23
ørret (en) trout 13.37
øst *adj.* east 4.22 (*also* aust [æust] R24)
østafjells [øs`ta/fjell`s] *adv.* east of the mountains R24

Østlandet [øs`t/lan`ne] Eastern Norway 10.26
på Østlandet in Eastern Norway 10.26
øve (-et, -et) practice, accomplish R25¹
øvelse (en) practice 24.32
ha øvelse be in practice, practice 24.32
øvre [ø`vre] *comp. adj.* upper R24
øy (ei) island 5.39
øye (et) eye 15.37 (R14) (*pl.* øyne)
få øye på catch sight of R14
holde øye med keep an eye on LL23
sette øynene på look at R20
være snill i øynene have kind eyes R20
øyeblikk [øy`e/blikk`] (et) moment 6.7
i siste øyeblikk at the last moment 11.40

Å
å *infinitive marker* to 1.32
å *excl.* oh 2.27
å ja oh 20.26
åker [å´ker] (en) field 15.22
på åkeren in the field 15.22
åpen [å`pen] *adj.* open R21
under åpen himmel under the open sky R23
åpent *adv.* openly R13
åpne (-et, -et) [å`pne] open R14
år (et) year 3.16
året rundt year round 13.31
gjennom hundre år for a hundred years R22
i ti år for ten years 3.16
om året a year, per year R22
århundre [århun´dre, å´r/hun`dre] (et) century 22.4
forrige århundre the last century 22.4
årsak [a`r/sa`k] (en) cause 6.9
ingen årsak you're welcome 6.9
årstid [å´rs/ti`d] (en) season 10.16
åssen *cf.* hvordan
åtte *num.* eight 7.15
åttende [åt`t^ene] *ord.* eighth 8
åtti [åt´ti] *num.* eighty 13.10

CREDITS

p. preceding p. 1 Map of Norway, Chr. Schibsteds Forlag. p. 1 P.A. Røstad-Foto. p. 4 Courtesy University of Wisconsin. p. 11 P.A. Røstad-Foto. p. 13 Courtesy Norwegian Embassy Information Service. p. 21 Photograph by Paul Child. p. 25 Courtesy Norwegian America Line Agency, Inc. p. 27 Mittet Foto A/S. pp. 30–31 Photographs by Paul Child. p. 35 Courtesy Norwegian Embassy Information Service. p. 41 Widerøe's Flyveselskap A/S. p. 45 P.A. Røstad-Foto. p. 50 Mittet Foto A/S. pp. 52–53 Photograph by Paul Child. p. 56 Svein N. Aak. p. 57 Svein N. Aak. pp. 56–57 (tapestry) Courtesy Norwegian Embassy Information Service. p. 65 Courtesy Hotel Continental.   p. 72 Svein N. Aak.   p. 75 P.A. Røstad-Foto. p. 79 Courtesy Norwegian Embassy Information Service.   p. 83 Mittet Foto A/S. p. 85 Courtesy Norwegian Embassy Information Service. p. 91 P.A. Røstad-Foto. p. 95 Courtesy Norwegian Embassy Information Service. p. 96 Courtesy Norwegian Embassy Information Service. p. 97 Courtesy Norwegian Embassy Information Service. p. 99 Fotograf Løvtvedt. p. 102 Mittet Foto A/S. p. 106 Courtesy Norwegian Embassy Information Service. p. 107 Svein N. Aak. p. 109 Studentbyen på Sogn. p. 115 Widerøe's Flyveselskap A/S. p. 119 Courtesy Norwegian Embassy Information Service. p. 123 Fotograf Normann Kunstforlag A/S. pp. 126–127 Courtesy Norwegian Embassy Information Service. p. 129 Courtesy Norwegian Embassy Information Service. p. 136 Courtesy Sundts Magasin. p. 143 P.A. Røstad-Foto. p. 146 P.A. Røstad-Foto. p. 157 Courtesy Norwegian Embassy Information Service. pp. 157, 160, 163 Floirestauranten. p. 166 Courtesy Norwegian Embassy Information Service. p. 168 P.A. Røstad-Foto. p. 169 Courtesy Norwegian Embassy Information Service. p. 175 P.A. Røstad-Foto. p. 182 Billedsentralen. p. 184 P.A. Røstad-Foto. p. 186 P.A. Røstad-Foto. p. 193 Birkhaug & Omdal. p. 197 Courtesy Norwegian State Railway. pp. 200–201 Courtesy Rutebok for Norge. p. 202 Courtesy Norwegian State Railway. p. 207 Courtesy Norwegian State Railway. p. 211 Courtesy Norwegian State Railway. p. 214 Fotograf Normann Kunstforlag A/S. p. 217 Courtesy Norwegian Embassy Information Service. p. 219 Mittet Foto A/S. p. 221 P.A. Røstad-Foto. p. 225 Fotograf Normann Kunstforlag A/S. p. 228 P.A. Røstad-Foto. p. 229 P.A. Røstad-Foto. p. 230 P.A. Røstad-Foto. p. 235 Courtesy Norwegian Embassy Information Service. p. 239 P.A. Røstad-Foto. pp. 243–247 Courtesy Kongelig Norsk Automobilklubb. p. 247 Kristiansen & Wøien. p. 249 Photograph by Paul Child. p. 252 P.A. Røstad-Foto. p. 265 A. Devaney Inc. p. 268 Courtesy Norwegian Embassy Information Service. p. 276 © A/S Norske Esso. p. 278 Courtesy Norwegian Embassy Information Service. p. 279 P.A. Røstad-Foto. p. 286 P.A. Røstad-Foto. p. 292 P.A. Røstad-Foto. p. 293 P.A. Røstad-Foto. p. 296 Kristiansen & Wøien. p. 300 P.A. Røstad-Foto. p. 307 Photograph by Paul Child. p. 312 Photograph by Paul Child. p. 313 Mittet Foto A/S. p. 313 P.A. Røstad-Foto. p. 316 P.A. Røstad-Foto. p. 320 P.A. Røstad-Foto. p. 321 Mittet Foto A/S. p. 323 P.A. Røstad-Foto. p. 326 Courtesy Norwegian Embassy Information Service. p. 330 P.A. Røstad-Foto. p. 332 P.A. Røstad-Foto. p. 336 Courtesy Norwegian Embassy Information Service. p. 340 Courtesy Norwegian Embassy Information Service. p. 341 Courtesy Norwegian Embassy Information Service. p. 344 Mittet Foto A/S. p. 348 Billedsentralen. p. 353 Fotograf Normann Kunstforlag A/S. p. 354 Fotograf Normann Kunstforlag A/S. p. 355 Kristiansen & Wøien. p. 369

INDEX OF TOPICS (GRAMMAR AND PRONUNCIATION)

The numerals after the entries refer to the number of the grammar section in which the topic is discussed.

☆ **A. Grammar**

◑ B. Pronunciation